19814

LES DIVERSITEZ

DE
MESSIRE IEAN PIERRE CAMVS
Euesque & Seigneur de
BELLEY.

LIVRE DIXSEPTIESME:
Contenant des Concepts sur les Beatitudes Euangeliques.

A SON ALTESSE.

TOME CINQVIESME.

A LYON,
PAR IEAN PILLEHOTTE
à l'enseigne du nom de IESVS.

M. DCX.

Auec Priuilege du Roy.

A TRES-HAVT,
TRES-PVISSANT
ET TRES-SOVVERAIN
Prince Charles Emanvel
Duc de Sauoye, Prince
de Piedmont, &c.

ONSEIGNEVR,
Ces concepts naiz dans les Estats de
V. A. enfantés pendant les empresse-
mens d'vn Caresme que i'orois de-
uãt son Souuerain Senat de Sauoye,
dictés dans sa capitale de Chambery, se vont rendre à ses pieds comme à leur sacré Genie, & patron tu-
telaire. Si la surface cede au sol, selõ
la maxime des Iurisconsultes, ce bastiment emmoncelé sur l'estendue
de la domination de son sceptre

* 2   doibt

EPISTRE.

doibt appartenir de droict au Souuerain du lieu. I'aduouë que mon emprise sera tenuë plus pour ambitieuse qu'officieuse, d'emprunter vn nom si glorieux & signalé pour rouler mes escrits bien auant en la memoire de la posterité. Ie sçay que l'honneur appartient aux grands, & comme des Soleils qu'ils vont departant leurs rays aux moindres astres, mais le debuoir & la recognoissance sont le partage de l'inferiorité. Aussi, Monseigneur, ce que plus ie desire de ce liure, est qu'il porte à V. A. quelque tesmoignage de mon humble, & deuotieuse seruitude, & vn eschantillon de l'indicible ressentiment que ie nourris en mon ame, pour tant de faueurs, & de graces, qu'à son commandement j'ay receu dans ses terres.

Non si miserum fortuna Sinonem
Finxit, vanum etiam, mendacemque
improba finget.

EPISTRE.

Il n'est rien si disproportionné à V. A. que la bassesse de cest ouurage, trop petit, ie le côfesse pour vn si grand Prince, mais son audace est en l'humilité, son asyle en la bonté de vostre courage, son abiection luy seruira de baze, & il se releuera par son raualement, indigne opuscule sans cest adueu, d'estre presenté à vn Prince si poly & iudicieux.

Pagina iudicium docti subitura videtur Principis, vt Clario missa legenda deo:

pourroy-je dire. Mais si ie me trouuois descheu de cest espoir, dont vostre benignité me nourrrit, trouuant au lieu de grace, vostre iuste mespris dans l'indignité de cest œuure, i'auray tousiours du moins ceste consolation, d'auoir osé, & c'est assez dict vn ancien, és grandes choses: & puis la volonté est la graisse des holocaustes, & la monnoye du plus franc alloy aux grandes ames: Dieu regar

Epistre.

regarda Abel & puis ses presens.

Ut desint vires, tamen est laudanda voluntas:
Hac ego contentos auguror esse deos.
Hæc facit ut veniat pauper quoque gratus ad aram,
Et placeat cæso non minus agna boue.

J'auois bien tousiours faict desseing, depuis mon aduenement à ma chaire, apres auoir rendu à mon Prince le debuoir que ie suis obligé de luy rendre, de porter aussi à V. A. les vœux de ma deuotion à son seruice, poussé par la saincte & visue image de la vertu qui brille en elle, & obligé par le droict des gens, pour auoir la plus grande part de mon diocese estendue dans ses estats de Sauoye, cela exigeoit de moy les loix non seulement ciuiles, qui ne permettent aucune fonction s'exercer sans l'adueu du Souuerain, nous aussi les diuines qui veulent que *Omnis anima*
potesta

EPISTRE.

potestatibus sublimioribus subdita sit, siue Regi quasi præcellenti, siue Ducibus tamquam à Deo missis. Voicy donc, Monseigneur, que *appareo in conspectu tuo, sed non vacuus*, selon le precepte de l'ancienne loy. Ce sont des fruicts de mon estude, proportionnés à mõ pouuoir, non à mon vouloir. Dieu par ceste condition à laquelle il m'a cloüé, ne m'a donné qu'vne voix & vne plume en partage, au lieu de l'espée que m'auoiét laissée & resignee mes ancestres. Pour cruds & indigestes que soient ces fruicts, s'ils sont seulement regardés d'vn seul ray de vostre grace, ils pourront meurir soubs de si fauorables auspices: si c'est trop s'esleuer, mon zele feruent trouuera son excuse dans son accusation. Heureux du moins cest ouurage en ce rencontre, de ce qu'il sera des premiers, qui apporteront leurs applaudissemens a ceste saincte liaison, qui accou-

EPISTRE.

accouple deux couronnes que le malheur tenoit pieça diuisées. Insensible seroy-ie si planté chef d'vne bergerie iouyssante de ce bon-heur, ie n'en portois auec mes ouailles les retentissemens, & acclamations d'allegresse, iusques aux celestes lambris. Ie clorray donc ce pas par des vœux que ie fay au Tres-hault, qu'il desbonde sur V. A. les plus larges torrens de ses graces. Ainsi le ciel propice à nos ardantes prieres, puisse enter d'vn nœud indissoluble la Croix blanche à nos Lys: Belle Croix ennemie conjurée de l'heresie, & qui redonnera, comme nous esperons, à nos fleurs, leur ancienne candeur, ternie par le meslange de ces monstres. C'est le grand bon-heur que nous attendons de cest heureux Hymen de Monseigneur le Prince: Ainsi le grand Dieu seconde tous les desseings de V. A. Ainsi benisse-il sa belle lignée : Ainsi prospere-il

ses

EPISTRE.
ses sainctes intentions.. Ce sont les souhaits que produict du meilleur de son ame,

MONSEIGNEVR,

A Lyon ce 1. de May 1610.

De V. A.

Le tres-humble, & tres-obeissant seruiteur,& tres-deuot Orateur,

IEAN PIERRE E. *de* BELLEY.

ADVERTIS-
SEMENT.

RESOLV d'enuelopper tous mes ouurages soubs le tiltre de, DIVERSITEZ, pour conseruer en vn corps, ce qui se pourroit dissiper à parcelles, & perdre en lambeaux, Voicy entre autres vn liure que ie produis, tout remply de concepts formés sur les Beatitudes Euangeliques. Ie n'ay rencontré sur ce subject qu'vn certain Italien, lequel encores n'en a expliqué que quatre, liure plein de belles choses, mais clair semées, & auec vn embarras & estirement de paroles, ennuyeux pour moy, qui cherche autre marchandise pour me satisfaire. Ie l'ay couru plus pour m'empescher de rien dire apres luy que pour seruice que i'en aye tiré, ainsi que la confrontation pourra faire veoir au curieux, non que ie ne luy aye dit quelquefois.

Væ antiquis mea qui præripuêre mihi:

trouuant là dedans ce que ie pensois auoir forgé de ma teste : quoy que c'en soit, ie monstre comme l'on peut courir en mesme lice sans se choquer. Ie traitte ceste matiere d'une façon toute extraordinaire & farouchement esloignée du train commun. Il pourra estre que quelques vns des auditeurs de mon Caresme de Chambery y remarquent quelques traits & conceptions que i'aye touché en chaire, mais ils seroyent iniustes de m'enuier le seruice de mes inuentions mesmes auant que le iour les esclaire. Ie n'en auois lors que les memoires, ayant esté cest œuure tracé depuis. Pourront les predicateurs y rencontrer quelque chose de leur gibier, quoy que mon humeur & mon dessein soient assez esloignés d'escrire de ces matieres predicables, despendant tout du mouuement & de la promptitude en ceste action. Si les simples y trouuent quelque edification, (& c'est pour eux

que

que i'escris) qu'ils loüent nostre Seigneur, & le prient pour ce pauure Euesque, qui assisté de leurs requestes, leur pourra à l'aduenture presenter quelque chose de mieux.

EXTRAICT DV PRIVILEGE du Roy.

PAR grace & Priuilege du Roy, il est permis à IEHAN PILLEHOTTE, marchand Libraire à Lyon, d'imprimer ou faire imprimer les *Diuersitez de Messire Iean Pierre Camus, Euesque & Seigneur de Belley*, Tomes cinquiesme & sixiesme, & sont faictes defences à tous Libraires, Imprimeurs & autres, d'imprimer ou faire imprimer, vendre & debiter desdits liures: sinon de ceux qu'aura faict imprimer ledit Pillehotte, & ce iusques au terme de six ans, à peine aux contreuenans de confiscations de tous les liures qui se trouueront auoir esté contrefaicts: & de cinq cens escus d'amande, moitié au Roy, & l'autre moitié audit Pillehotte, comme plus amplement est declaré esdittes lettres patentes de sa Majesté. Donné à Paris le 11. iour d'Octobre, mil six cens dix.

Par le Roy en son Conseil

Acheué d'imprimer le 10. Nouembre 1610.

APPROBATIONS.

J'Ay leu attentiuement ces cinquiesme & sixiesme Tomes des Diuersitez de Reueréd Pere en Dieu, Messire Iean Pierre Camus, Euesque & Seigneur de Belley, & comme ledict Seigneur Autheur paroist en d'autres belles occasions, aussi meritant de paroistre par ses escrits, ceux-cy le rendent recommandable, lesquels sont dignes d'estre mis en lumiere. Faict à Lyon ce 9. de Septembre 1610.

  Frere ROBERT BERTHELOT E. de Damas, Suffragant de Lyon.

IEAN CLAVDE DEVILLE Chanoine en l'Eglise S. Paul de Lyon, Docteur en Saincte Theologie, Predicateur, & deputé par Monseigneur Claude de Bellieure, Illustrissime Archeuesque de Lyon, à l'approbation des liures en son Diocese, Certifie auoir leu le cinquiesme & sixiesme Tome des Diuersités, composées par Messire Iean Pierre Camus, Reuerendissime Euesque de Belley, & n'y auoir trouué chose aucune repugnante à la Foy, ou aux bonnes mœurs, ains au contraire tous remplis de mille belles & riches conceptios, & d'vne doctrine qui marque le rare & sublime esprit de l'Autheur. Et pource les ay iugé plus que dignes d'estre mis en lumiere pour le bien & vtilité de toutes ames deuotes, pour le contentement des Doctes esprits, & pour la commodité mesmes de ceux qui s'employent à enseigner le peuple. A Lyon au Cloistre S. Paul ce 10. Sept. 1610.

     I. C. DEVILLE

NOus ANTOINE EMANVEL CHALOM, Conseiller du Roy en la Seneschaussee, & siege Presidial de Lyō, Veu l'Approbation des Docteurs Theologiens cy dessus, auons permis l'impression desdits liures. Faict à Lyon ce 13. Septembre 1610.

    CHALOM. V. G.

TABLE DES CHAPITRES
DE CE LIVRE.

CHAP. I. De la Pauureté d'esprit. p. 1.

II. De la Douceur. 268.

III. Des Larmes. 374.

IV. De la Iustice. 403.

V. De la Misericorde. 445.

VI. De la Pureté de cœur. 486.

VII. De la Paix. 539.

VIII. De la Patience. 563.

DIVERSITEZ
DE MESSIRE IEAN
PIERRE CAMVS
Euesque & Seigneur
de Belley.

LIVRE DIXSEPTIEME.

Contenant des conceps sur les
Beatitudes Euangeliques.

De la pauureté d'esprit.
CHAP. I.

LA question du souuerain bié, est celle qui a le plus questió-né & tourmenté toutes les sectes & escholes de la philosophie payenne; par tout ce n'est que discord & contrarieté.

Mille hominũ species, & rerum discolor vsus,
— Velle suum cuique est, nec voto viuitur vno.

Chacun tire de son costé, & pense auoir faict rencontre du vray; se donnant gain de cause, ce ne sont que disputes,

A

criailleries, subtilitez, ergotifmes, prou de vray femblance, de verité rien, & s'il y en euſt eu, felon le mot d'vn Comicque anciē, ie croy qu'elle fe fuſt perdüe parmy tāt d'altercats, controuerfes & fofiſtications.

Nimium altercando veritas amittitur.

Quand ie repaſſe ces varietés par mon efprit, il me fouuient du demembrement de Penthee par les bacchantes, lequel fut defchiré en pieces à force de tirailler, & de ceſte fille chez Plutarque, qui voulant eſtre rauie par vn de fes pourfuiuans, fuſt fi biē deffendüe par l'autre, qu'elle s'efuanoüit, & pafma entre leurs mains, priuāt les vns & les autres de fa prife en expirāt; la belle Heleine penfa courir la mefme rifque au rapt de Paris. Ceſte pauure verité fille ayfnée du ciel, ainfi mal-menée par les prophanes mains des philofophes infidelles, s'eſt perdüe au lieu de fe laiſſer prendre, à guife de ces vens qui fe gliſſent & s'efcoulent quād on les penfe embraſſer, & de ces couleuures qui s'efchappent plus on les penfe ferrer en les empoignāt, trop libre pour fe captiuer fous leur prife, trop hautaine & eſleuee pour fe reduire fous le modele de leur foibles imaginations, trop fublime pour fe raualler à leur

natu

naturelle cognoiſſance, pieça voyant le monde plongé dans les ſombres erreurs du paganiſme & de l'idolatrie, elle auoit fait eſſor vers le Ciel auec ſa ſœur Aſtrée, comme feignent les poëtes, d'où elle n'eſt point deſcendüe que par la permiſſion de Dieu, & par l'entremiſe de l'Incarnation du verbe.

Ceux qui peu cognoiſſans la nature du metal que l'on appelle du nom de Mercure, voudroient ſans aucune dexterité que de la naturelle & ſimple, le former en certain moule, & le reduire à certaine forme, qui ne void qu'ils perdét le temps, l'huile & le loyſir? car ceſte ſouple & gliſſante matiere s'eſchappe, plus on la penſe reſerrer & contraindre, & s'eſpapille en vn monde de parcelles, plus on la penſe ramaſſer & reünir, il faut vſer de tout plain d'artifices pour en cheuir & l'appliquer à quelque ouurage, tels ſont les Philoſophes anciens en la matiere propoſee: car on les void s'efforçans & eſtudians par les forces naturelles de leurs eſprits & conceptions, de ramener à leurs cognoiſſances le bien ſupreme; qui eſt le centre, où tendent toutes les lignes de la circonference de nos intentions, qui eſt le blanc où visent tous nos desseings, qui est le but & le terme où tendent tous nos pas : mais la notion de ceste verité toute diuine ne leur aiant iamais esté ny reuelee ny enseignee, plus ils ont tasché d'y paruenir, plus ils s'en sont esloignés, plus ils se sont efforcés d'y atteindre, plus il s'en sont destournés, c'est vn point trop soupple & subtil pour se laisser prendre & comprendre, leur grande science & sagesse les a empesché d'y reüssir : car ce bien n'est cogneu & reuelé qu'aux moindres, plus petits & ignorants. *Deus reuelauit ea paruulis, & abscondit sapientibus.*

Qui a iamais pris plaisir de voir des aueugles courroucez, rastonnans pour s'entrebatre en leurs debats & mutineries, c'est vne chose (osté courroux) fort agreable & delectable à considerer, il y a bien plus de contentement à voir escrimer en l'air nos philosophes, ils se desmentent & iniurient l'vn l'autre, se donnent des bastonnades selõ les rencontres, vous diriez à voir leurs plaisantes ergoteries qu'ils folient, dit le poëte, auec la raison, & que selon cest ancien, à force d'y faire les entendus ils n'y entendent rien. *Faciunt nimis intelligendo vt nihil intelligãt.*

Aussi

Aussi certes sont ils vrayement & essentiellement aueugles en ce faict, ils n'y voyent goutte, & cependát ils se gendarment scholaresquement de ie ne sçay quelles raisons specieuses & apparentes, sur lesquelles ils establissent les fondements de leurs opinions.

Iamais le Prothee muable en mille sortes de formes ne se metamorphosa en tant de façons, que ceux cy forgent & bastissent de raisons; mais pluston la verité, dont ils sont enquesté, se desguise en diuerses constitutions pour eschapper leurs chaisnes & leurs prises.

Varro tenu pour le plus sçauant de toute la gentilité, au rapport de Sainct Augustin, qui a en ses liures de la cité fort remué & traicté ceste matiere, en auoit en ses liures ramassé iusques à deux cēts quatre vingts & huict opiniōs toutes differentes, & les aucunes diametrallement opposees; comme peut sejourner la verité parmy tant de discordances & contradictions?

Certes ces philosophes me ressemblēt à ces enfans que l'on void dans les prés, s'empresser à prédre des petits papillons, ou des sauterelles, ces petits animalets s'eschappent de leurs mains à mesure qu'ils les pensent tenir, & se moquent ainsi de leurs embusches, Ænee ne peut embrasser l'ombre de Creüsa qu'il auoit deuant soy.

Ter conatus ibi collo dare brachia circum,
Ter frustra iam prensa manu effugit imago,
Par leuibus vētis, volucrique simillima somno.

Ces philosophes guidés d'vne simple lumiere naturelle, pensoient pouuoir atteindre à comprendre la verité de ce poinct, lequel les mettoit au comble de toute fœlicité : mais comme les Chimistes n'ont encor peu venir à bout de leur desseing, ny les Geometres de la quadrature de leur cercle, aussi les moraux, i'entends de tous ceux qui ont esté hors le Christianisme, n'ont iamais peu trouuer, ny rencontrer ce bien supreme & tresexcellent, qu'ils ont recerché auec tant de contention & d'estude, ils se sont la pluspart formez des idoles creuses & faulses qu'ils ont à guise d'Ixions, embrassees, au lieu de la verité, ceste belle & celeste Iunon.

Celuy qui voudroit retaster leurs discours & ratiocinatiōs, & repasser par leurs pistes & vestiges, l'abondance le perdroit, & le

& le mettroit en autant de peine que la disette. Voy moy ceste fille dans ce iardin esmaillé de mille riches bigarrures; elle ne sçait à quel parterre se rendre, à quelle fleur courir, pour composer son bouquet ou sa guirlande, la quantité luy oste le choix, & d'estend en sorte son esprit qu'il ne sçait où entendre. Celle là plaist à ses yeux, icy ell'est conuiee par le flair, celle cy orneroit beaucoup sa contexture, celle là luy plaist pour sa belle composition, ceste autre pour sa rareté, ce meslange la perd. I'estimerois celuy là autant & plus empesché, qui, parmy vn si grand nombre d'imaginations que i'ay tantost dict, voudroit faire choix des principales & plus agreables, le tiens qu'il seroit contrainct de dire,

Inopem me copia reddit.

Chasque dogme des escholes anciennes a quelque particuliere gentillesse, & quelque fondement probablement soustenable, il n'est point de raison, disoient les Sceptiques, que n'en aye vne contraire esgalement forte, pour estre ces opinions differentes & dissemblables, elles n'en sont pas moins apparentes, ny l'affirmer de ceux là, ny le nier de ceux cy oste le nerf & la force aux argumens de l'aduersaire, où se régera vn esprit en ce mesláge diuers & bigarré? quel filet d'Ariadne pour sortir de ce labyrinthe? Il me souuiét de la perplexité descripte par ce poëte.

Animum nunc huc, nunc dirigit illuc
In partésque rapit varias, pérque omnia versat.

Qui a veu vn voyageur en agonie pour le rencontre de plusieurs chemins, il void vne ame diuisee & empeschee au choix des diuerses routes, qui se présentét en ce train, imaginez Nisus chez le premier des poëtes Romains ayant perdu son Euryale.

Euryale infœlix, qua te regione viarum?
Quáue sequar? tamjam perplexum iter omne
 reuoluam
Fallacis syluæ.

Plus l'oyseau prins à la glu se debat, plus il empaste ses aisles, plus se demeine le lieure prins au filet, plus il s'estrainct & s'empestre.

Plus ces philosophes taschent de desnoüer ceste question, plus elle se rend indissoluble, à guise du nœud Gordien, plus ils s'estudient de s'en deueloper, plus ils s'enfoncent dans les obscurités & intrications, s'amuser a espelucher toutes ces anciennes disputes, seroit-ce pas conter le sable & les flots de la mer, & mesurer l'infiny?

Aussi n'ay ie pas desseigné en ceste entree de retaster ces vieilles redites, & repasser par ces chansons tant de fois battües & reïterees, il me suffit de faire voir & prouuer, que la cognoissāce de la vraye beatitude, en laquelle consiste le souuerain bien, qui a tenaillé & trauaillé toute l'ancienne philosophie, a esté plainement ignoree de tous ceux qui ont voulu la recercher dans les ombres du paganisme & de l'idolatrie, tout ce qu'ils en ont conté n'a esté qu'vn amas d'erreurs & de fantaisies fausses & vaines, ils en ont iugé cōme aueugles de couleurs & Cymmeriens de lumiere, aussi estoient ils en temps de tenebres, non de verité.

Verité que Democrite disoit fort a mon gré estre cachee dans vn puis tresprofond, car s'il est loysible de tirer quelque consideration de ceste sienne resuerie, on peut dire qu'elle s'est manifestee aux hommes, lors que le fils de Dieu est descendu dans l'abisme du neant espousant nostre fresle mortalité & humanité, ainsi parle S. Paul. *Exinaniuit semetipsum*,

A 5

formam serui accipiens, & habitu inuentus vt homo. C'est dans le puis & rauaissement de nostre grand maistre & Sauueur, que ceste verité s'est trouuée, & par sa predication communiquée aux hommes.

Aussi est il appellé ce beau Soleil qui est venu illustrer ceux qui estoient enseuelis dans les tenebres & ombres de la mort, c'est celuy qui a desuoilé tous les ombrages & dissipé tous les nuages, desquels le diable auoit remply l'vniuers auant sa venue. Quand ie considere ces pauures Philosophes enseuelis dans ces noires obscuritez, recercher à tout la lumiere foible & insuffisante de la nature le bien supreme, il me semble que i'en voy qui cerchent quelque chose à tastons, la premiere qu'ils rencontrent, ils pensent que ce soit ce qu'ils demandent, pour petite que soit la ressemblance, à ce qu'ils desirent: aussi pour peu qu'ils eussent de fondemēt pour establir leur bien imaginairement souuerain, ils s'y attachoient, comme à vn corps solide, sans se prendre garde que cela s'esuanoüissoit de leur possession plus auant ils alloyent en la recerche, à guise de la fumee qui se perd en montant & se dissoult en l'air.

En

LIVRE XVII.

Entre les spectacles des anciens, celuy des Andabates tient vn notable rang, s'estoient des gladiateurs qui se battoient à outrance les yeux bandez, & de tous ils faisoient plus rire le peuple, à leurs fausses demarches, à leurs coups orbes & de trauers. La cõsideration des altercats des sectes anciennes est toute pareille, car ils s'entrebattent les yeux bandés, & vont renuersans les propositions fausses, par d'autres aussi, & plus encores. Et il ne se faut pas estonner si celuy qui chemine en tenebres choppe souuét, n'y s'esbahir des erreurs de ces pauures gẽtils cheminants dans les obscurités, ils sont plus dignes de compassion que de mocquerie.

Celuy qui se noye se prend à ce qu'il peut rencõtrer, & ne s'en dessaisit iamais; ces pauures desuoyés, de peur de se perdre dans ce vague des imaginations, se prennent à ce qu'ils voient auoir quelque apparence & fondement en raison: mais tous leurs trauaux ressemblent à l'agitation de la mer, qui n'engendre que de l'escume & brouee qui se ressoult au vent, ce sont des toiles d'araigne, *Telas araneæ texuerunt*, voy moy les araignes, elles s'esuentẽt pour faire leur fresle tissu,

qu'il

qu'il ne faut que le moindre souffle pour despecer & rompre, & ceux cy s'eceruellent à establir & estançonner de raisons, ce qu'il est tresfacile à renuerser, c'est la toile de Penelope qui se deffaict à mesure qu'elle s'aduance, c'est icy le large champ des raisonnemens, chacun y peut adiouster comme bon luy semble, selon qu'il apprendra dans le liure de son inuention propre, onc l'Hydre ne foisonna en tant de testes, que ce subject en diuerses & differentes opinions.

Sainct Gregoire de Nysse parlant des sophistiqueries des philosophes, & s'en mocquant, se sert d'vne fort propre & gentile similitude, voy moy, faict il, ces petits enfans, qui s'amusent auec beaucoup de sollicitude & d'attention, à bastir de boüe, de crachat & de tuileaux, des petites cahüettes & especes de chasteaux, que tantost apres ils prennent plaisir d'abattre à coups de pierre: tels sont les trauaux des philosophes, & principalement en ce poinct de la souueraine felicité, ils bastissent, chacũ comme il peut, & fabriquent leurs opinions, lesquelles tantost apres ils minent & renuersent de fond en comble, voyla que c'est de bastir sur le sable

sable mouuant de la raison humaine, outil souple, ondoyant, & diuers; mais ceux à qui Dieu faict la grace d'estre illuminez des rais de la vraye foy, ils sont bien plus aduisez, de s'establir sur la pierre angulaire & fondamentale de la verité, qui est nostre Seigneur. *Petra autem & lapis angularis erat Christus: homo sapiens ædificat domum suam supra petram.*

Il faict bon voir de dessus la poincte d'vn Roc, sur les falaises ou riuages de la mer, vne nauire agitee de la tourmente, battuë des vents & des flots qui semblét auoir coniuré & conspiré son naufrage, or on la void par des vagues impetueuses esleuee iusques dans les nuees, ores abysmée dans des gouffres profonds, l'on entéd les cris lamétables des mariniers qui deplorent leur prochaine ruyne, les vns empeschez à battre la poupe, pour puiser l'eau que le vaisseau tire creuassé & fendu de toutes parts; les autres empressez à rassembler les cordages rompus & fracassez, les vns à caller les voiles despecez à lambeaux par la violence de l'orage, les autres à radouber & calefeutrer les fentes & briseures, pour tascher de sauuer la barque du peril, bref ce spectacle

ctacle oultre la commiseration & compassion de la misere d'autruy, donne quelque doux ressentiment, non tant pour le mal-heur present, que pour l'aise d'en estre desliuré, vn Poëte ancien a chanté cela fort proprement

Suaue mari magno turbātibus æquora ventis,
E terra magnum alterius spectare laborem.

Aussi de vray parmy les graces & bienfaicts insignes que nous auons receu & receuons tous les iours de la main liberale de nostre createur, celuy doit tenir vn rang bien hault & releué, de la vocation, par laquelle nous luy sommes obligés, de ce que par icelle il nous a retirés des obscuritez de l'erreur, pour nous mettre au iour de la lumiere de la verité; nous sommes au bord & à la rade, nous autres Chrestiens, esleuez sur la cime de ceste haute pierre de la verité Euangelique, laquelle faict clairement & manifestement recognoistre & voir aux plus simples & idiots ce bien Souuerain, duquel toute l'antiquité est en vne si penible enqueste, nous contemplons tous ces pauures insensez piroëtter çà & là au gré de leurs imaginations, vogants où les porte le vent de leurs fantasies, de leur peine

peine nous tirons nostre auantage, heureux d'estre doüés si facilement de ce qu'ils n'ont iamais peu acquerir.

Ces oyseaux nocturnes, comme les hyboux, incapables pour la foiblesse de leur veuë, de supporter l'esclat d'vn beau Soleil, ny mesme la clarté du iour, sont contraincts de voltiger parmy les ombres de la nuict, & cercher leur vie le mieux qu'ils peuuent; tels sont nos Philosophes, lesquels trop foibles pour soustenir les rais de la verité, vont rodás dans les tenebres de leurs opinions erronees.

Mille voyes destournent du blanc, vne seule y arriue, & mille routes destournent du vray, lequel est vnique en soy, comme disoyent les Pythagoriens, mais le mensonge est diuers, ondoyant, muable, bigarré, & sans aucune stable & ferme assiette.

Ils disent que la mer va changeant la couleur de ses eaux selon les vents qui la demeinent & agitent, & chacun de nos Sophistes va diuersifiant son bien souuerain selon la caprice qui le possede: mais comme le Cameleon prend toutes sortes de couleurs, excepté la blanche, aussi eux parmy leurs fantasques resueries

ueries, disent prou de mensonges, mais ils ne peuuent atteindre à la verité.

Certes comme si plusieurs tiroyent de l'arc à vn but parmy des tenebres, à l'aduenture quelqu'vn pourroit dõner dedans, autres bien prés, sans toutesfois le sçauoir eux-mesmes, aussi voyons nous ces aueugles tirer tant de traicts, & de lignes de la circonference de leurs ratiocinations, au centre du bien souuerain, que souuent aucuns arriuent bien prés du poinct, autres y ont attaint, comme ie diray de Plato, mais certes eux-mesmes ignorent la verité, & flottans dans le vague du doubte & de l'incertitude, ne s'en pouuoyét asseurer, à guise de ceux qui songent qu'ils songent encores qu'ils pensent vray, il ne laissent pas d'estre appellés resueurs.

Ils ressemblent à ces petits moucherons, qui bauolent tãt autour d'vn flambeau, qu'ils y bruslẽt en fin leurs aislerettes: aussi pour vouloir prẽdre ce qu'ils ne peuuent comprendre, ils se perdent dans des confusions; ce sont autant de Promethez, qui pour vouloir rauir ce feu du ciel sans la diuine permission, se trouuent punis d'vn pareil sort, rongez sans cesse

du

du vautour de leurs imaginations ; ce sont autant d'Icares, qui pour vouloir s'esleuer trop prés de ce Soleil se trouuent descheuz, fondus, & confondus dans vn ocean d'erreurs & d'anxietudes; ce sont des nouueaux Phaëtons, precipitez pour leur outrecuidance, voulans conduire le char radieux d'vn Soleil, qui les esbloüit & aueugle de sa splendeur.

Escoutez Solon quand il dict que personne n'est heureux qu'apres la mort, diriez-vous pas à ce jargon qu'il a cogneu quelque chose de la vraye felicité qui est eternelle ? De belles ! Il vouloit dire que, *Raro fortuna non mutat fidem, & simpliciter indulget.* Voyant le monde changer si souuent de face, & les hommes si variables en leurs resolutions, il sursoyoit son iugement iusques apres le decez, lequel venu permettoit de parler de la vie passee, & la determiner selon la perseuerance continuee iusques à la fin, voyez comme il se destourne tout à faict du blanc, où l'on pense qu'il vise.

Or sans m'embarrasser à deduire par le menu ce nombre prodigieux d'opinions que l'on pouuoit entasser icy,

B

j'ayme mieux esconiurer ceste tempeste, & la trancher court par vne reduction fort briefue & precise, celuy qui voudroit tout d'vn coup auoir vn peloton de fil, il romproit plustost tout en mille lambeaux que de l'auoir à la fois ; il faut prendre la patience de trouuer le bout, lequel rencontré, on tire ayſément & ſans peine tout l'amoncelage, vſons de la recepte de ce mot *pedetentim*.

Tant que ie peux voir & coniecturer de loing & en gros, tout ce chaos d'opinions bigarrees, me semble pouuoir estre reduict à trois chefs principaux, qui sont

1.*Cap.*1. ceux que S. Iean en sa Canonique m'apprend remplir tout le monde, où il dict n'estre que concupiscence de la chair, conuoitise des yeux, & orgueil de vie, nous auons icy bas trois sortes de commoditez que communement l'on appelle biens, sçauoir de l'esprit, du corps, & de la fortune, qui sont comprins sous ces trois genres d'hõnorable, de delectable, d'vtile. Ce sont là les trois poincts, sur lesquels tournẽt la plus grãd part des mortels, l'honneur, la gloire est le gibier de l'esprit, la richesse de l'auarice, & de l'vtile, & le plaisir du corps ; qui voudra

auec

LIVRE XVII.

auec moy prendre garde de prés à ceste monstrueuse pile des opiniõs des Philosophes, remonstrera qu'elle est soustenuë sur ces trois piliers, & qu'il n'y en a aucune qui ne se puisse ranger sous quelqu'vne de ces categories.

Chasqu'vn party se forme vn bien supreme, selon la passion qui le regente & possede le plus, *eunt in desideria cordis sui, & in adinuentionibus suis*, pour parler auec le Prophete Roy: ils disent que le peintre Arelius peignoit toutes les beautez au patron de celles qu'il aymoit, & chacune de ces sectes se forge & façonne vne beatitude à sa guise, selon l'air qui luy reuiēt plus, iamais les Iardins d'Alcinoüs ne foisonnerent en vne si grande multiplicité de plantes & fleurs diuerses, que ce champ est meslangé de differentes opinions. Si i'auois entrepris de les entasser icy, ie n'aurois meshuy fusée, i'y demeureroiscourt, comme le peintre Pansias, lequel ne peust iamais venir à bout à tout l'artifice de son peinceau, tenu pour vn des plus excellens & industrieux de son siecle, de contr'imiter la dexterité de la bouquetiere Glycera, laquelle sçauoit si dextrement diuersifier le mes-

B 2

lange de ses fleurs en la cõtexture de ses guirlandes, quelle surmonta toute l'estude de ce peintre. Il est autant impossible à ma plume de despeindre & desduire les diuerses & variables imaginations de ces Philosophes.

Disons donc que toutes elles viennẽt fondre dans ces trois chefs proposés; car les vns picquez des plaisirs sensuelz, ont constitué le souuerain bien en la volupté, comme les Epicuriens & leurs adherans : Les autres en biens de fortune, comme Speusippe, Crysippe & plusieurs suiuans, les autres aux biens de l'esprit, cõme en la vertu, en la sapience, en l'honneur, comme les Stoiciens & Peripateticiens : les premiers sont non seulement abominables; mais brutaux ; les seconds ridicules, pour les troisiesmes entant qu'ils se targent de la vertu ils semblent auoir quelque specieuse apparence, mais leur erreur sainement entẽdu, & ce masque léué, on verra que ce n'est que fard, piperie, & vanité; de sorte qu'ils sont tous refutables & reiettables.

Pensés de grace qu'il faict bon voir les Stoiciens & Peripateticiés s'entre-battre & s'entre-manger sur ceste pointille, si le
bien

bien souuerain consiste en l'habitude de la vertu, ou bien es actions vertueuses, ie te prie, mon cher lecteur, pour ta satisfaction & la mienne, permets que ie te face voir le Lyõ par l'ongle, & la piece par l'eschantillon, *ab vno disce omnes*, les Stoiciens soustenoyent à cor & à coy que c'estoit en l'habitude de la vertu qu'estoit le bien souuerain, & le prouuoyent subtilement & rigidement, que ie face effor en la production de deux ou trois arguments de part & d'autre, & ie seray content. Le seul homme de bien est heureux, disoyent-ils : or l'homme de bien & vertueux est vne mesme chose, donc l'hõme vertueux est heureux ; or l'homme est dit vertueux non tant pour les actes que pour l'habitude, la consequence est facile à tirer. Le bien souuerain est stable & fixe, aussi est l'habitude de la vertu, les actions sont incertaines, donc la felicité est en l'habitude, nõ en l'actiõ; la beatitude est suffisante de soy sans aucun besoing des choses externes, comme les actions, ergo, encores les actions dependẽt de la vertu habituelle; pourquoy donc attribuera-on la felicité aux ruisseaux plustost qu'à la source?

Les Peripateticiens repugnent, & crient que la vertu consiste en l'action, selon l'adueu general de tout le monde, donc si la felicité consiste en la vertu, pareillement en l'action. Encores, la possession des biens sans l'vsage est inutile,

Quid mihi diuitiæ si non conceditur vti.

& la vertu sans l'action,

Paulum sepultæ distat inertiæ
Celata virtus.

la conclusion est aisee à faire. Derechef vn peintre est appellé bon, & vn chantre bon, qui peinct & chante bien, & l'homme vertueux qui en faict les œuures, & en ces œuures consiste la felicité. Plus outre, si le bien souuerain consistoit en l'habitude, donc vn homme endormy du sommeil d'Endymion seroit vertueux : vaine la proposition, aussi la consequence.

Les Stoiques repliquent, la vertu est vn loyer prou suffisant à soy, donc elle n'a aucun besoin de l'action, donc l'homme ne seroit vertueux qu'à cause des occurrences, & sans occasion il ne le seroit pas. Voyez le retour vert de la duplique, la vertu est de vray desirable pour soy, non pour autre fin, sçauoir la vaillance

vaillance pour vaincre, la iustice pour rédre à vn chacun son deubt, la patience pour endurer: or endurer & vaincre sont actions, si donc la felicité consiste en la vertu, nous auons raison de dire qu'aussi en l'action, à suiure ces contestes qui ne void que l'on iroit à l'infiny, iusques à l'immortalisation de ces querelles, là dessus ces cerueaux s'entre-heurtent, s'eschauffent, viennent aux conuices, aux mocqueries, c'est vne vraye Comedie que de leur faict, & tout cela sont Chymeres.

Hi motus animorũ atq̃ hæc certamina tanta
Pulueris exigui iactu contacta quiescent.

Chante la Muse Latine des mouches à miel qui se guerroyent, il n'est rien si facile à rembarrer que tous ces efforts & propositions, tous ces broüillars se dissipent au simple rays du Soleil de la verité, qui leur baillera vn *Nego* à ce dogme cõmun que la felicité cõsiste en la vertu. Les voyla bien empeschez : ouy ; mais il faut icy vser de circonspection & distinction : car il y a bien de la difference entre la vertu simple, & la vertu referee à vn object celeste, qui est Dieu, toutes choses se perfectionnent selon leur ob-

B 4

ject, *Si cœlum diligis*, dit S. Augustin, *cœlum es ; si terram, terra ; minus dixi, si Deum diligis, Deus es.* De là disent les Philosophes que l'object donne l'estre à la chose, nostre affection ressemble à la glace d'vn miroir, qui empreint en soy tout ce qu'on luy presente esgalement, le bien que le mal, le faux que le vray, la terre que le Ciel.

Or ces Philosophes qui ne se pouuoyent guinder plus haut restreignoyent la felicité à la vertu simple, laquelle de soy est peu de chose, voire aucuns la rapportoyent à la gloire, à la vanité, vice duquel ont esté entachés presques tous les Philosophes anciens : mais nous, qui voyons plus clair, nous sçauons que la vertu rapportee à Dieu est quelque chose, empruntant sa noblesse de ce diuin object, de sorte que nous pouuons dire que la felicité humaine consiste en la vertu tendante à Dieu, comme la celeste consiste en la ioüissance de ce mesme Dieu, *hæc est vita æterna, vt videamus te verum Deum, & quem misisti Iesum Christum.* Aristote ce genie de nature, descriuant le souuerain bien, dict qu'il consiste en l'exercice de la vertu, ceux qui veulent

souste

souftenir son opinion disent qu'elle est passable pour vn Payen, en ce qu'il a parlé moralement de la felicité de la vie ciuile. Mais certes quant à Platon il est admirable & plainement diuin, quãd il a dit que la souueraine felicité consistoit en l'Idee du bien, il n'est pas icy lieu de discourir de ces Idees, i'en ay ja parlé ailleurs, & il seroit encor besoing de s'estendre dauantage en ceste matiere, mais tant y a que tous les Interpretes sont d'accord que par ceste Idee du bien il a entendu Dieu. Peut-on pas dire que ce Payen parmy les tenebres n'a pas laissé d'atteindre au blanc? Mais certes il est si diuers & flottãt en ceste opinion, qu'on peut dire qu'il a rencontré plustost auec hazard que par prudéce ny science, comme celuy qui tirant les yeux bandés ne laisseroit d'assener son coup bien droit, ils disent que les chats & autres animaux voyent pendant la nuict, ayans les yeux si clairs qu'ils iettent des estincelles capables de les esclairer. Et se void d'vn Empereur ancien, qui lisoit pendant les plus obscures tenebres, ce sõt des yeux forts, & grandement igneés que ceux là, aussi ceste grande ame de Platon, quoy que

B 5

seulement illustree de la lumiere naturelle, n'a pas laissé d'y voir aucunement parmy les plus sombres ombres des erreurs de son siecle, chose veritablement digne d'admiration.

C'est assez discouru, ce me semble, pour monstrer que tous ces philosophes pour grands que fussent leurs cerueaux, neantmoins faute de la vraye lumiere ont erré au poinct du bien souuerain, à plus forte raison erre ce monde depraué & peruers appellé maling par l'escriture, i'entends les mondains aueuglés & mal aduisez, lesquels constituent, comme oublieux de Dieu, leur souueraine felicité en la iouïssance des hõneurs, richesses, ou voluptez humaines, obiects indignes de regenter toute ame bien formee, laquelle estant infinie en ses desirs, immortelle en son esēce, ne peut s'attacher à ces choses mortelles & finies, pour estre & dissemblables à sa nature, & disproportionnees à sa qualité. Si estce que l'on voit communement, les plus grãds & sages cerueaux, selon le monde, s'empresser à l'acquisitiõ de ces facultez terrestres & transitoires, il a de grands biẽs, dict-on, c'est à dire, selon le langage vulgaire, force possessions &
titre

thresors, beaucoup de plaisirs, de grandes dignitez, mais les plus clair-voyans & mieux sensez, sçauent assez combien sont friuoles ces biens apparentieux, qui souuent cachent des venins soubs vne belle escorce, ie n'allumeray point vne lanterne en plain midy, m'amusant à prouuer par infinies raisons, que tous ces biens ainsi nommés sont faux, il n'est point question de demonstration en matiere si claire & visible, c'est vn lieu fort commun en la philosophie morale battu, rebattu, & prostitué mille fois. En quoy il appert visiblement, que vray est ce mot assez cogneu: la sagesse humaine estre vne vraye & pure folie deuant Dieu.

C'est ceste folie que nostre Seigneur descendant en terre, est venu reformer & renuerser: *Stultam fecit sapientiam huius mundi*, & luy a pleu par des choses peu apparentes & côme ridicules sauuer les croyans, comme parle le texte sacré, apportāt la verité, il est venu renuerser les erreurs. Qu'il faict bon voir, au retour du clair flambeau du monde, disparoistre les sombres obscurités de la nuict, qui alloit espandant ses aisles noires sur la terre: or il commence à poindre sur la sommité des

plus

plus sourcilleuses montaignes : or en mõtant plus auant sur l'hemisphere il redore les plus basses collines. Or il espand & estend ses rayons sur les plattes campaignes, or il penetre les plus creux vallons & profonds precipices, *non est qui se abscondat à calore eius* : Le mesme cours a tenu le veritable Soleil de Iustice nostre Redempteur; car voulant porter le grand flambleau de son Euangile par tout le monde, il a commencé à illustrer les Apostres qui estoyent des montaignes esleuées en saincteté, *Dij fortes terræ vehementer eleuati sunt, montes excelsi ceruis*, d'iceux il s'est raualé aux Scribes & Pharisiens, des Docteurs au peuple, & ainsi a illuminé tous ceux qui estoyent en tenebres, d'euoilant les figures de l'ancienne alliance, pour faire paroistre la verité de la nouuelle. Il a ouuert les yeux aux aueugles, non seulement corporels, mais aussi spirituels : le iour discerne tout ce que la nuict rend indifferent, aussi par le moyen de ceste lumiere qu'il rapporte au monde, il a faict discerner & distinguer le faux du vray, le bien du mal.

Comme en mon subiect, ce que le le monde estimoit misere & auoit en horreur,

horreur, il en a faict des guirlandes & des couronnes, & a basti vne eschelle au ciel de ce qui sembloit descendre à la misere & calamité, ce qui paroissoit folie aux yeux du monde il la changée en sagesse. Voyons comment.

Y a il rien qui desplaise tant aux mondains, que la pauureté, l'abiection, le mespris, les pleurs, la souffrance, l'affliction, la faim, la tribulation, la misere, la persecution? & voicy que de toutes ces espines, il faict des roses, & de ces calamités des beatitudes: ce qu'ils demádent est le fast, la vanité, les richesses, bombances, grandeurs, la vengeance, la gourmandise, le luxe, la ioye, les passetemps, & voicy que Dieu contrepointant leur ineptie, leur faict voir leur erreur, par l'opposition de ces contrarietés, rien ne picque tant l'esprit & le corps que le contraste: les couleurs sombres auprès des claires sont releuees par l'esclat de celles là, la priuation faict recognoistre la chose, les picquons embelissent les roses, & les noires espines releuent la blancheur satinée du lys qu'elle entourét; le calme & la bonace n'est iamais tát doux & agreable, qu'aprés vn orage furieux & tempestueuse bourrasque,

rasque, l'amertume releue la douceur du sucre, le temps serain apres la pluye paroist plus delicieux, & le soleil qui a creué vne nuee noire, *tenebrosa aqua in nubibus aëris*, monstre sa face plus lumineuse, & ses rais rebouschez pour vn temps, dardẽt leurs pointes d'vne force plus viue: la clarté du iour est releuee par la tenebreuse obscurité de la nuict, le goust de la santé est esueillé par la maladie, le bien est d'autant plus sensible que le mal a esté rigoureux; ainsi les peintres pour releuer vne beauté luy accarrent vne laideur hydeuse & contrefaicte, & picquent la veuë par l'opposition des couleurs contrariantes. Qui voudra accarrer les beatitudes mondaines aux Chrestiénes, l'exposition desquelles nous auons entreprise en ce traicté, ie m'asseure qu'il aura vn merueilleux contentement, de voir comme nostre Seigneur contrecarre directement toutes les opinions vulgaires & communes, faisant paroistre au monde combien est ridicule sa sagesse. Ouy, la sagesse du monde est ridicule, ou celle de Iesus Christ duë cela de ceste derniere, c'est vn blaspheme & vne impieté: il s'ensuit donc que c'est l'autre qui est fausse.

Viens

Viens çà mondain, en conscience, quel est le plus sage de toy, ou de Dieu, ie m'asseure que pour desesperee que soit ta passion brute & stupide, encores ceste cognoissance te restera elle parmi tes aueuglemēts, d'aduoüer que tō grād Createur est le plus sage, vray & aduisé. Or il met la croix, l'ignominie, la douleur, les larmes, l'affliction, la tristesse, l'abiection, la pauureté entre les beatitudes, & toy pensant le contraire, estimes miseres toutes ces choses: dis donc hardiment que puisque Dieu est vrayement sage, tu es essentiellement fol & insensé.

Voyons encore ce nœud plus particulierement: du temps que nostre Seigneur estoit en ce monde, y auoit il supplice plus honteux & ignominieux que la Croix? & toutesfois il la conuertie en honneur & la rendue si glorieuse, que maintenant les Monarques se sentent bien honorez d'en decorer leurs diademes. Dieu marche en ces procedures tout d'vn autre pied que le commun, il n'est que six instans à creer le monde, il est sept iours à destruire Hierichof, pour redonner la veuë à l'aueugle né il se sert d'vn collyre suffisant pour faire perdre la plus saine veuë, voulant donner

ner les eaux de ces diuines graces à la Samaritaine, il luy demande à boire: bref comme toute la sagesse mondaine est vne pure resuerie deuant sa face, aussi luy semble sage ce qui aux yeux des mondains ne le paroist pas.

Les cieux, à ce que remarquent les spectateurs des globes celestes, ont deux mouuemens principaux, le premier est de l'Orient à l'Occident, qui se faict tous les iours par la violence du premier mobile, l'autre est retrograde qui rebrousse de l'Occident à l'Orient. Le monde va vn train semblable au premier portât ses opinions de l'Orient de la verité, à l'Occident de l'erreur par la force de la passion qui est le mobile premier; mais le sage Chrestiē, & qui suit les pistes de son maistre & seigneur retrograde biē à l'encōtre prenant & embarrassant la pauureté pour les richesses, les austeritez pour les plaisirs les ignominies pour les honneurs; & suyuant son Seigneur selon son precepte charge la croix à bon escient sur ses espaules, *Sapiens*, (dict Seneque, qui ma ouuert le pas à ce concept) *graditur & astra per contrarium mundo iter.* Si les contraires se guerissent par les contraires; c'est ainsi qu'il qu'il faut par des routes diuerses contrepointer le monde & ses pretensions.

Qu'on ne s'estonne donc point si Iesus donne le nom de beatitude à la pauureté, aux larmes, & autres : car ce ne sont point preceptes paradoxiques & esloignés du sens commun, mais des verités tresclaires & apparentes. Il faut tenir au rebours les opinions du monde touchant les richesses, & les plaisirs, & les honneurs pour des paradoxes essentiels, puisque il est tresvray & sans doubte, ny contrarieté que Dieu est infinimét plus sage que le monde.

Voicy vne allegorie bellissime qui ioindra fort bien mon propos. Le bon patriarche Iacob estant proche de son trepas, son fils Ioseph la ioye de son cœur, & le bié aymé de son ame le vint visiter, amenāt auec soy ses deux enfans Manasses & Ephraim, pour receuoir la benediction de leur grand Pere. Quād ce vint à ceste actiō, iugeāt que Manasses, cōme l'aisné deuoit estre preferé à Ephraim, il le mit à la droitte, mais le bon pere inspiré du ciel, croisa les bras, & de ceste façō benit ces deux ieunes adolescens, monstrāt par ceste constitution, que celuy qui selō le mōde, estoit estimé le moindre, estoit le plus grād & acceptable deuāt Dieu.

Tom. 5.   C

Nostre Createur faict le mesme: car ceux qui pour leurs miseres, pauuretés & calamités sont le rebut & la ballieure du monde, *omnium peripsoma*, ce sont ceux qu'il cherit & qu'il ayme; & sur lesquels il faict desbonder le torrēt de ces plus fauorables benedictions. *Circuierunt in melotis, in pellibus caprinis, angustiati, miseri, afflicti, quibus dignus nō erat mundus.* Ainsi va il contrepointant les iugemens des hommes, disposant selon le mot contre leurs propositiōs, plus vn homme est abandonné & delaissé, plus il le soustient. *Pater meus & mater mea dereliquerunt me, Dominus autem assumpsit me, Dominus refugiū nostrum in die tribulationis, Dominus protectio nostra, susceptor noster.* Selō la multitude des douleurs, il multiplie les consolations: c'est le pere des pauures & des affligés: *Cum ipso sum in tribulatione, adiuuit pauperē de inopia; Pater eram pauperū & consolator, suscitans à terra inopem, & de stercore erigens pauperem, parasti in dulcedine tua pauperi Deus, desiderium pauperum exaudiuit Dominus, præparationem cordis eorum audiuit auris eius, non in fine obliuio erit pauperis.* De sorte que quand Dieu enuoye des calamitez selon le monde, se sont des beatitudes selon luy: ie n'entre pas en ceste recerche philoso phique que

les

les choses entrent en nous auec telle composition que bon nous semble & que personne n'est lesé que de sa propre opinion, ce sont subtilitez gentiles, mais communes, disons seulement qu'il est en nous, quand se seroient des dommages réels d'en tirer profit, *faciendo de tribulatione prouentum*. Mais bien souuent ou par impatience, ou par opinion anticipee & preoccupation, nous ressemblons aux escholiers de Theodore l'Atthée, prenans à gauche ce que Dieu nous enuoye à droict.

Il seroit ici beau champ de prouuer que les tribulations sont vne des marques plus precises des enfans de Dieu, car comme les familles marquees de la lettre Tau furent espargnées de l'Ange exterminateur, aussy la Croix & la souffrance en ce monde nous seruent d'exemption de peines en l'autre, c'est la liurée de nostre grand capitaine, que nous sommes indignes de suyure, si nous ne la portons.

Quand on plante des reiettons d'vn rosier, on n'y void qu'vn baston presque sec, desagreable, & plein d'espines: mais l'espoir qu'on a de recueillir des belles & soüefues fleurs, faict predre la peine en gré, donne la curiosité d'arrouser & fumer ce bois pour iouyr vn iour du fruict de ceste follicitude, ces beatitudes Euangeliques reſſemblent à ce tronc poignant & desplaiſant à voir, elles donnent beaucoup de trauail & d'angoiſſe à pratiquer, mais quãd on penſe que par ces pas faſcheux & achoppemens, par ceste eschelle rude des tribulations que lon acquiert les couronnes de l'immortalité, cela fait trouuer le trauail doux, *momentaneum eſt quod cruciat, æternum quod delectat, laborem in victoria nemo ſentit per multas tribulationes*, &c. Si le laboureur ne vouloit jetter ſon grain en terre, & luy laiſſer pourrir, iamais il n'auroit de recolte, & ſi le ſoldat ne vouloit ſe hazarder, quelles palmes & trophées acqueroit il? En la malice Chreſtienne *non coronabitur niſi qui legitimè certauerit*, Et en la meſnagerie de l'ame, *niſi granum frumenti cadens in terram mortuum fuerit ipſum ſolum manet; ad magna præmia peruenitur nonniſi per magnos labores: cœlum vim patitur & violenti rapiunt illud*.

Celuy qui veut cueillir la belle Roſe, il ſe doit reſoudre à la pointure des eſpines, & celuy qui veut auoir le miel, doibt ſouffrir patiemment la pointure des abeilles, & celuy qui veut guerir d'vne bleſſure, ou d'vne d'vne maladie interne, doit endurer & le fer & le feu & aüaller l'amertume de la drogue: on ne paruient au ciel que par les croix, les pleurs, les espines, les miseres, ce sont les eschaliers qui nous y guindent, qui veut s'esleuer au cenacle bien-heureux de la Hierusalem celeste,& au faiste de la saincte Sion, il doit se proposer de surmôter, par la souffrance & patiéce, les chemins montueux & rudes qui y conduisent, c'est là le but où tendent toutes ces beatitudes Euangeliques, desquelles c'est assez parlé en general, ie viens maintenant à les traitter à parcelles.

La premiere qui s'offre en teste, c'est la pauureté de l'esprit. Ie laisse la voye de proceder que ie voy vsiter en l'eschole par les deffinitions, diuisions, distinctions, elle est si battüe, rechantée & prostituée que rien plus: i'aduoüe qu'elle esclaire fort l'entendement, & facilite grandement l'entiere cognoissance de la chose proposee; mais elle me sent au pedente. I'ayme mieux prendre ma routte à l'essort, d'vn vol hautin & esloigné du train commun, cerchant dans mes propres inuentions, de quoy me satisfaire &entretenir l'autruy, peu curieux de radouber les trauaux antiques, & en cest ouurage & en tout autre, ie veux & peux dire à l'abord

Auia Pieridum peragro loca nullius antè
Trita solo, iuuat integros accedere fontes.

C'est la voye des Concepts que i'ay choisie & esleüe, comme la plus gentille, esueillee, subtille, & moins vulgaire, c'est vn beau champ celuy-là, & vne lice ouuerte où chacun peut courir selon son haleine & portee. Voyons.

C'est vne pratique ordinairement vsitee par les medecins, de guerir par l'euacuatiõ toutes les maladies qui prouiénent de repletion, selon cest axiome assez vulgaire, que chaque mal se guerit par son cõtraire. Quelqu'vn sent-il vne indisposition en son corps, aussi tost on ordonne des purgations, legeres premierement & preparatiues, apres selon la tenüe du mal de plus rudes & violentes, pour contrepointer la douleur & la chasser par des antidotes qui luy soyent directement opposés. Ie tiens que les medecins spirituels en la cure des maladies des ames, doiuent se seruir de semblables moyens pour les restituer en leur plaine santé, lors qu'elles en sont desuoyees par les desreiglemens de leurs passions: car comme quand l'accord & cõfonance parfaicte est entre les qualités premieres qui donnēt l'estre à nostre corps ceste constitution entiere s'appelle santé, & du contraste & remüement discordant de ces parties prouient la maladie, aussy en l'arrangemēt droict & iuste des passions consiste la beauté, la paix, la tranquillité de l'ame, laquelle en cest estat est comparee aux Cantiques à vne armee rágee en belle ordonnance, & de l'inordination & desreiglemēt de ces facultés vient la confusion, le vice, l'imperfection, & le desordre ; de sorte que comme les humeurs sont rangees en bōne temperature par les medecins du corps à tout leurs regimes corporels, aussi par les conseils & aduis les Docteurs gueriffent les ames mal constituees, & desmises de leur assiette droitte & legitime. Cōmençons dōc à guerir nos mœurs corrompuës par l'euacuation & dessaisissement des affections inutiles & impertinentes, à l'imitation des Medecins qui commencent par là a restituer les corps en leurpremiere vigueur & entiere santé ; felicité du corps, comme la pauureté d'esprit, qui est le desnuëment des desirs desreiglés qui nous trauersent, est vne des beatitudes Chrestiennes.

Vn des premiers & principaux antidotes contre le poison est le vomissement apres des potions violentes s'il a desia fait quelque seiour & infecté des parties diuerses; ceux qui ont beu & aualé le mortel breuuage & venimeux des richesses, dans la couppe dorée de ceste paillarde de l'Apocalypse figure de la conuoitise des yeux, il faut que soudain ils l'euacuent par le vomissement d'vne saincte & volontaire pauureté.

C'est par là que nostre Seigneur veut que celuy qui a quelque desir de le suiure, commence comme par la porte qui introduict à la perfection. *Nisi quis renuntiauerit omnibus quæ possidet non potest meus esse discipulus.* Et encore plus à clair en l'exemple de ce ieune adolescent, auquel il donne ce conseil s'il veut estre parfaict. *Vade, vende omnia quæ habes, & da pauperibus, & sequere me.*

Mais comme les medecines & drogues plus salutaires, sont souuent les plus ameres, reuesches & malaisées à prendre, aussi ce conseil si souuerain pour se despendre des vices inseparables du monde peruers, est de pratique autant difficile que rare, tesmoing ce mesme adolescent, auquel quand nostre Seigneur eut donné cest aduis,

uis, l'Escriture dit que *abiit tristis*, trouuant ce bolus de mauuais goust à son palais, trop tendre & delicat, & de dure digestion à son estomach trop foible & debile: ainsi rechignent les malades en aualant les potiōs ameres, mais l'esperance qu'ils ont qu'elles leurs seront profitables, leur faict piller patience. A ce pas viendra bien ce traict de Seneca, *O paupertas quàm ignotum bonum es!*

Ouy de vray c'est vn grand bien, puisque cest heureux estat nous met à l'abry des orages & tempestes qui ont de coustume d'accabler les grands riches, *qui magnitudine sua laborant*, entre le rien & le tout. Il y a fort peu à dire, comme ie monstre en quelque lieu, ou ie preuue que les extremités se rencontrēt. Celuy qui a tout n'a plus que desirer, & celuy qui ne veut rien est en pareil degré de repos & tranquillité, aussi est-il dict des Apostres que *nihil habebant & omnia possidebant*, l'auare *est magnas inter opes inops*, & le vray pauure d'esprit, c'est à dire volontaire, est riche parmy les disettes & les necessités plus incommodes.

Ouy la pauureté est vn bien, puisqu'elle nous deliure des prises de nos ennemis. Le bon Ioseph laissa le manteau plustost que de consentir à l'adultere de l'impudique femme de son maistre, & l'homme bien aduisé, sçachāt que par ses richesses ses ennemis l'acrochent, aimera mieux s'en despendre que de perir pour icelles.

Aristippus (quoy que Payē) voyāt qu'elles luy troubloyēt l'ame, & le stimuloyent au vice, les jetta dans la mer, & dict i'estois perdu, si ie ne les eusse perduës ; combien d'ames se sont sainctement sauuees dans la pauureté, qui eussent pery sous le faix des richesses.

Vlysses chargé d'vne tres-belle robe, present magnifique de l'amoureuse Calypso, estant monté sur mer l'ayant sur ses espaules, son nauire fracassé, il se fust perdu soubs ceste charge pretieuse, mais pernicieuse, s'il ne s'en fust despoüillé, aymant mieux se sauuer tout nud sur la rade, que d'estre suffoqué pour sauuer sa belle casaque. Et nous qui voguōs à la mercy des ondes du siecle, pēsons nous gaigner le port surchargés de tāt de superflues possessiōs.

Ioindra bien cecy le mot d'vn philosophe Platonicien, que comme pour nager il faut estre deschargé d'habits, aussi des richesses pour bien viure.

Les Latins appellent l'attirail & le bagage d'vne armee *Impedimenta exercitus* ; &
il se

il se lict du vaillant Scipion qu'ayant retranché ceste suitte inutile, ses soldats en deuindrent plus determinés & plus valeureux, acquerant par leur courage de grandes & signalées victoires: & ie dis que tous ces biens de la terre, apres lesquels les mondains aueuglez béent si impuissamment, ne sont que des empeschemens & embarras, notamment au vray Chrestien, duquel toute la vie n'est qu'vne perpetuelle malice, que s'il les retranche il en deuiendra plus fort, vigoureux, & resolu à combattre toutes les puissances ennemies. Tout ce que l'on retranche en l'Hyuer à la vigne, pousse de plus beau en Esté, & tout ce que l'on reiette en ce monde est rendu au centuple en l'autre, c'est l'Oracle infaillible sorty de la propre bouche de Dieu. *Quicumque reliquerit patrem suum, aut agrum, aut sororem propter me, centuplum accipiet, &c.* Ouy, la pauureté est vn bien, puisque par son moyen les occasions du mal nous sont prescriptes & retranchées, si quelqu'vn tranche la racine d'vn arbre iamais il ne repousse ny pullule ; & par la pauureté la racine de la plus part des vices est retranchée : car comme ce sont les richesses qui les fomentent & incitent ; aussi est-ce la pauureté

pauureté qui les terrasse & abat. Oyons Seneca, *Virtus in propatulo est vitia magno coluntur.* La vertu est commune autant aux pauures qu'aux riches, *nudo homine*, dict ce mesme Philosophe, *contenta est neminem respuit.* Mais pour satisfaire aux vices il faut auoir bien du fonds.

Ce pauure gueux n'a garde d'estre superbe, somptueux, auare, gourmand, sensuel, par ce qu'il n'en a pas le moyen; mais il peut parmy toutes ces incommodités acquerir la vertu, voire y conuertir sa necessité; d'estre bõ parmy les richesses, c'est vne chose autant rare, que d'estre blanc en Ethiopie, & de voir clair parmy les Cymeriens.

La pauureté donc est le fondement de la perfection, qui consiste à decliner du mal, à quoy elle obuie merueilleusement, & à faire le bien à quoy elle conuie grandement, trainant apres soy ceste belle sequelle l'humilité, sa chere & inseparable compagne, la continence, la temperance, la simplicité, la modestie, la douceur, la submission, la sobrieté, l'obeyssance, & ainsi comme en matiere de vice vn abisme en appelle vn autre; aussi ont entre elles les les vertus certaine correspondance & enchaiſ chaifneure, & vn de fes effects plus fignalez & principaux, eft que par le mespris des biens fragiles de la terre, elle porte l'ame à l'afpiration du threfor celefte de l'immortalité, threfor exempt des mains facrileges des larrons, de la vermoullure & de la Iurifdiction du temps.

De l'abondance du fang prouiennent en nos corps vne grande multitude de maladies chaudes & ardentes, que fi on ne le fort par la faignee, fouuent eftant corrompu, il nous donne la mort, & du threfor des richeffes combien void-on proceder de fieureufes maladies en nos ames.

——— Quid non mortalia cogis
Auri facra fames.

Que fi nous ne nous en deffaififfons fouuent elles nous fuffoquent & caufent noftre totale ruyne.

Et pour fuyure cefte comparaifon par vne autre femblable, l'hydropifie eft vne maladie du corps qui donne vne alteration perpetuelle, *Crefcit indulgens fitidicus hydrops, &c.* Or c'eft par l'abftinence qu'elle fe guerit, & par le vomiffement; le defir des richeffes, & la foif de l'or eft vne hydropifie d'ame, laquelle ne peut eftre guerie que par l'euacuation, qui eft la pauureté ou l'abfti l'abstinence des richesses. *Vis Hecatona*, disoit Seneque à son Lucille, *diuitem facere, non diuitijs addendum, sed cupiditatibus detrahendum.*

Continuons, ils disent, & se sont ceux qui nous rapportent des nouuelles de la vie des Leuantins, qu'ils ont ceste mode à toutes leurs maladies & indispositions, d'vser de ieusne, & abstinence, soit que la teste, ou l'estomach, ou les bras leurs facét douleur, ils trouuét ce remede estre generalement bon de le priuer de nourriture. Et cela n'est point tant esloigné de raison que l'on estimeroit; car encores que, selon la diuersité des maux, il faille changer & diuersifier les remedes, à cause de la contrarieté des humeurs qui s'entrebattent & estriuent, estant impossible qu'vn simple, ou recepte, soit si souple de s'accommoder à toutes sortes de langueurs: si est-ce que si ce mot tenu vulgairemét pour maxime est vray, que la bouche en tuë plus que l'espee, estát l'infusion des viades en nos corps qui fait tous ses remuemesnages & tintamarres, si nous n'y infondós rié, par consequét ces douleurs se dissiperont & resoudront au néãt: & en fin il se trouuera que le corps le plus sec, sera le plus sain. Là dessus ie fais

mon

mon retour auec Heraclite, qui difoit, à l'a-uēture, felon mõ propos, que la meilleure ame eſtoit la plus feiche, c'eſt à dire la plus defnuee des affections terreſtres, fimboli-fees par l'eau, defcheante & l'abile fub-ſtance, comme toutes les chofes fublunai-res font foibles & caduques; or l'abſtinen-ce & l'euacuation qui fe fait par la pauure-té, eſt le remede general à tous ces maux: on parle d'vne certaine herbe ditte par les Grecs Panacee, comme qui l'appelleroit l'herbe à tous maux. Et ie tiens que la pau-ureté, eſt le vray fimple accommodable à tous les maux de l'ame, elle remedie aux tumeurs de l'orgueil, à l'hydropifie de l'a-uarice, aux vlceres de la luxure, aux in-flammations du courroux, aux langueurs de la pareffe, aux apoftumes de l'enuie, aux poinctes de l'impatience, aux deman-geaifons des voluptés.

Les catherres, comme fçauent les experts, font des vapeurs qui montent de l'eſtomach au ceruea, & de ce deffus d'allambic eſtans conuerties en eau, ces gouttes tombent fur diuerfes parties du corps, or fur les yeux, or fur les oreilles, or fur les bras, ils fe feruent de certaines poudres pour les diffiper, & en fin de la
dictte

diette : les desirs des biens terrestres sont des vapeurs humides qui souuent offusquent les yeux des plus clair voyans ; car il n'y a vice qui aueugle tant que l'auarice : or ceste maladie catherreuse, ne peut estre dissipee, & consumee par aucun meilleur remede que par vne diette volontaire, d'vne plaine renonciation à toutes ces affections esbloüissantes.

Ceux qui de terrestres veulent deuenir spirituels, doiuent commécer par ce point de desuestir le vieil Adam auec ses desirs, reuestir le nouueau qui soit selon Dieu, *exuite veterem hominem, &c.* Et imiter en cela le serpent, qui se renouuelle quittant sa peau au trou estroict de la pierre, & l'Autour qui se dessaisit de ses vieilles plumes qui l'empeschoient de vouler, tout cela se peut pratiquer par la pauureté.

Plus vn vase est vuide, plus il est aisé à enleuer de terre, & plus vn homme est destaché de la terre par le denuëment de ses biens, plus il est propre à se guider au ciel, tesmoing l'enfant de l'emblesme, belle figure des riches, lesquels se pourroyent esleuer aut ciel, si le fardeau de leurs richesses ne les tenoit agraués & raualés en bas.

Ceste proprieté des Castors est assés
commu

communement cogneüe, ces animaux se voyans poursuiuis par les chasseurs, & proches d'estre reduicts aux derniers aboys, se doutans par certaine naturelle prouidence, que c'est à cause de certaine partie de leurs corps propre à plusieurs vsages, qu'ils sont ainsi recerchez & chassez, ont de coustume de s'en priuer eux mesmes, en s'en retranchans volontairement, contens de se desfaire de cet accessoire, pour sauuer le principal de leur vie. Nous sçauons que le diable nostre capital ennemy nous donne sans cesse la chasse, & nous donne mille assauts à l'occasion des richesses que nous possedons, vaut il pas bien mieux s'en desprendre par la pauureté, que de courre la risque de perdre & abismer nos ames dans le gouffre de la damnation? *Quid prodest homini si vniuersum mundum lucretur, animæ autem suæ detrimentum patiatur?*

Par la cognoissance de soy mesme, sçauent les maistres, on paruient à la sagesse: pour ceste occasion le Dieu du sçauoir & de la sapience, auoit fait inscrire sur le frontispice de son temple, qu'auant qu'y entrer ou eust à se recercher auec la sonde & l'esprouuette, pour tascher d'acquerir ceste cognoissance, comme Platon sur le portail

D

de son eschole, que nul n'y entrast qui ne fust geometre, à l'aduanture aussi tost pour mesurer ses passions, & ressorts interieurs de son ame, que pour compasser des corps: or ne crois-ie point que riē nous aliene tāt de ceste cognoissance comme les richesses, c'est la doctrine du Roy prophete, *homo cùm in honore esset non intellexit, comparatus est iumentis insipientibus : impinguatus est dilectus, & recalcitrauit, dereliquit Deum factorem suum, impinguatus, incrassatus, dilatatus,* au rebours le collire qui nous leue ceste taye, & nous deliure de cest aueuglement, c'est la pauureté d'esprit, laquelle nous fait cognoistre ce que nous sommes, & non pour plus l'homme esleué en honneurs, en biens, en grandeurs, il est sur des eschasses : mais le pauure, il est par terre, & comme la mort nous reduisant au petit pied,

—— *fatetur,*
Quantulâ sint hominum corpuscula;
aussi la pauureté nous met en nostre naturel, & nous faict veoir à l'œil combien nous sommes peu, *substantia mea tanquam nihilum ante te, verumtamen vniuersa vanitas omnis homo viuens:* qui a rendu Iob si eloquent à despeindre les miseres humaines que ceste pauureté?

Mais

Mais comme il n'y a point de medaille qui n'aye font reuers, ny de chose qui n'aye deux anses, disoit Epictete, aussi peut on alleguer contre la pauureté, que souuent elle inuite à choses non seulement deshonnestes, selon le poëte: mais mauuaises & illicites, au reste, qu'elle nous rend mesprisables & le rebut du monde.

Magnum pauperis opprobrium, iubet
Quiduis & facere & pati,
Virtutisque viam deserit ardua.

Aussi d'ailleurs resueille elle l'esprit, picque la languissante paresse, oste l'assoupissement, pousse au bien,

Magister artis ingenyque largitor
Venter —

— Currit mercator ad Indos,
Per mare pauperiem fugiens per saxa, per
ignes.

Et comme nous abusons plus volontiers des richesses, selon la deprauation de nostre nature corrompue, que nous n'en vsons; aussi semble il que nous vsons ordinairement pluſtoſt bien que mal de la pauureté; elle nous faict bons, voire souuent malgré nous: ce pauure n'est pas gourmand & voluptueux, puis qu'il ne peut, mais tout cela n'a point de lieu chez le vray pauure d'esprit, lequel est parmy les richesses, comme Alphee dans la mer, sans en entacher son cœur, ou bien dans la pauureté : aussi content que dans l'abondance des biens, *Magnus ille est*, disoit Seneca, *qui fictilibus vtitur vt argento, major ille qui vtitur argento vt fictilibus*. Les Alcyons font en sorte leur nid que l'eau de la mer n'y entre point, & les gens de bien forment ainsi leur nid de leur cher cœur, que les eaux des affections de la terre ne le peuuent penetrer : tel estoit Abraham parmy ses biens, tel vn bon sainct Louys parmy les pompes royalles. Il se trouue de certaines pommes toutes rouges au dedans, excepté au tour du cœur, où ceste couleur ne porte point sa teinture : telles sont les grandes ames au milieu des biens, quoy qu'elles en soient comblees ; neantmoins leur affection ne s'y porte nullement.

Vn ancien loüe les Fenniés, peuple Germanique, d'auoir trouué dans vne exacte & extreme pauureté, toutes les cómoditez des plus excessiues richesses, *vt ne illis voto quidem opus sit* : le vray pauure d'esprit est tousiours content, gay, enioué : non, il est riche, *quis diues? qui nihil cupit; & quis pauper?*

attia

auarus. Iucunda res est, dict Seneque, *læta paupertas, sed non est paupertas, si læta.*

La pauureté n'est fascheuse qu'à celuy, qui la souffre auec impatience, & qui a empreint en son ame vne fausse opinion des richesses, qu'elles sont de vrays biens, de sorte que s'en voiant priué il s'en fasche; ainsi les femmes qui sōt grosses d'vn fruict informe & d'vn germe faux, sont plus trauaillees que d'vne grosse legitime & parfaicte. Celuy qui sçait esteindre ses appetits dans les bornes du necessaire, & se tenir aux limites de la nature, il n'est iamais pauure; celuy qui les outrepasse pour se ietter dans les vagues des superfluitez & de l'opinion, il n'est iamais riche & à son aise, ceste philosophie est de Seneca, *Si ad naturam viuas numquā eris pauper, si ad opinionem numquam diues.* Il faut si peu pour satisfaire à nature, & luy payer le tribut de sa conseruation, que ce peu est conté à rien; il faut tant pour assouuir le desir effrené d'vne ame conuoiteuse, que le tout & l'vniuers seroit incapable auec sa vastitude de la remplir & rassasier : ce que la nature requiert est en nostre main, on ne se tue & esceruelle qu'apres les choses surabondantes & superflues, *Paratum est quod sat est, ad superflua sudatur.* S. Paul prescrit ces bornes aux legitimes desirs du vray & syncere Chrestien, l'aisance du viure & du vestir. Il n'appartiét qu'à Dieu, disoit Socrate, de se passer de tout, & ceux qui cy bas s'abstiennent de plus de choses, l'imitent de tant plus pres: mais puisque la nature nous a liez à ce miserable estre par les clous diamantins de la necessité, du moins, *habentes alimenta, & quibus tegamur, his contenti simus:* ce desir est reiglé, mais au de là ce n'est qu'inquietude, trouble, desordre, confusion, insatiabilité.

Or quiconque voudra viure & selon nature, & selon Dieu, ie tiens qu'en quelque sens que ce soit parmy le plus grand desnüement & la dissette plus necessitante, qu'il luy est impossible d'estre pauure. Premierement la nature ne defaut à personne, secondement celuy qui est mis entre les bras de Dieu par vne frâche pauureté d'esprit il n'est iamais delaissé, *Iacta super Dominum curā tuam & ipse te enutriet, non dabit in æternum fluctuationem iusto. Spera in Domino, & fac bonitatem, & pasceris in diuitiis eius, beatus cuius nomen Domini spes eius & non respexit in vanitates & insanias falsas.* Il est dict des peruers que, *In multitudine diui diuitiarum suarum gloriantur*, mais dès iustes, qu'ils inuoquent le Seigneur leur vnique appuy & refuge : *nos autem in nomine Dei nostri inuocabimus, ipsi obligati sunt & ceciderunt; nos autem surreximus & erecti sumus*; ainsi, *patientia pauperum non peribit in finem*.

Comme ie remaschois ce traict, *numquam vidi iustum derelictum, neque semen eius quærens panem*. I'ay trouué que ce mot de iuste, venoit merueilleusement bien à ceste sentence, par ce que ce n'est pas assez de dire, Seigneur, ie me resigne à vous, ie croy que vous n'abandonnerez pas vostre creature, vous auez soing, voire du moindre poil de nostre reste, vous repaissez les feres plus sauuages & farouches : il faut aussi estre homme de bien, autrement on court risque de n'estre point exaucé, mais d'estre abandonné de Dieu. Voyez vous ces lys des champs, ils ne filent, ne trauaillent. Il est vray, ces oyseaux ne font aucune prouision ny cueillette, tout cela est veritable, & si Dieu ne les laisse iamais mourir de faim : d'où vient puisque la prouidence de Dieu s'estend sur ces choses & insensibles & desraisonnables, que souuent il retire son soing de dessus l'homme, sa creature chere, crée à son image, le laissant quelquesfois miserablement mourir de faim : mais voyez vous aussi ces lys & ces oyseaux, ils n'offensent point leur createur ; au contraire, ils le seruent selon leur condition, & le loüent en leur ramage, ils n'outrepassent point les bornes de ses loix, c'est pourquoy, il ne retire iamais sa douce & fauorable main de dessus: mais les hommes, au lieu de se contenir dans les barrieres de ses commandemens souuent ils s'en esloignent, au lieu de le loüer, ils le blasphement, au lieu de le seruir ils luy contrarient, de maniere que non seulement il les delaisse, mais il fait destomber sur eux les cataractes de ses indignatiós, les punissant auec des fleaux si rudes, qu'il leur faict aussi rigoureusement sentir la seuerité de sa iustice, qu'aux bons les douceurs de ses consolatiós. Que si vn homme est iuste & droict de cœur, il doit marcher en toute asseurance, & croire que Dieu ne pouuant estre trompeur, il ne sera iamais abandonné de luy tant qu'il ne l'abandōnera point: mais que seulemēt soy, mais toute sa posterité foisonnera en biens, exempte de toutes incommoditez.

Mais

Mais venez çà, s'il en alloit autrement qu'elle iniustice seroit ce? quelque inegalité d'esprit nous possede, d'estre plus iniques enuers Dieu que vers les hommes; esperons nous des faueurs & de l'assistance de ceux que nous auons outragez, & offensez? au rebours n'en attendons nous pas plustost des maux, s'il se presentoit des occasions, esquelles nous eussions affaire d'eux? d'ou vient donc que chargés des crimes enuers la majesté du Treshaut nous voulons encores comme violemment qu'il nous assiste? ce n'est pas qu'en cela il ne tesmoigne sa bonté aux mauuais aussi bien qu'aux bons; faisant, dit l'Euangeliste, luire esgalement son soleil sur les vns que sur les autres: mais pour le moins si l'on en est abandoné, il faut regarder si l'on est iuste, si on ne l'est point, il faut porter patiemment ceste incommodité, nullement s'en plaindre.

Y a-il homme au monde qui aye souffert plus de tribulations que le bon Iob? & toutesfois il estoit iuste, voyez aussi comme apres ses souffrances Dieu la comblé de biens luy & toute sa posterité, *secundum multitudinem dolorum meorum in corde meo consolationes tuæ lætificauerunt ani-*

D 5

mam meam : Dieu envoye la pluye selon le manteau, & l'hyuer selon la robe, & le vent proportionné au voile, mais tant y a que, *numquam vidi iustum derelictum*, &c.

Heureuse pauureté d'esprit qui nous met en despost entre les bras d'vn si bon maistre, si preuoyant & si charitable, *nolite solliciti esse*, dict-il à ses Apostres, qui auoyent tout abandonné pour le suyure, fiez vous en moy, mais tout à faict, plainement, & à cœur ouuert : car celuy qui se desfie de Dieu, il s'en sent abandonné aussi tost, tesmoing sainct Pierre qui enfonça dans les eaux, en perdant la confiance qu'il deuoit à son maistre.

On tire diuerses allegories sur la colombe & le corbeau laschés par Noë apres la cessatiõ du deluge, celle-cy entre autres m'aggree, par laquelle les mondains sont comparez au corbeau, lequel oubliant l'arche qui l'auoit sauué de l'innodation vniuerselle, s'amusa sur des charonghes puantes pour rassasier sa gourmãdise : aussi ces miserables quittans la belle arche de la pieté & deuotion qui les saueroit du deluge du vice, pour paruenir à la beatitude celeste nostre vraye vie & patrie, ils s'arrestent laschement apres les corruptions ptiõs & ordures de l'auarice & des biës de la terre, trahiſſans laſchemët & leur ſciéce, & leur conſcience, & raualäs leurs ames à des objects diſſemblables à ſa nature, ineſ-gaux à ſa dignité, indignes de ſõ excellëce; mais les belles ames appellees colõbes, *veni columba mea, &c. quis dabit mihi pennas ſicut columbæ?* y ſont auſſi rapportees, leſquelles ne trouuant rien de quoy ſe ſatisfaire és biens caduques & fragiles du monde periſſable & trompeur, s'en reuiennent à tout l'oliue de la paix & tranquilité d'eſprit remettre à l'abry de l'arche de la ſaincte pauureté d'eſprit, ou elles ſont dans le trou de la pierre, dans le creux de la muraille à ſauueté des attaintes du monde, du ſang & de l'enfer, ces autours carnaſſiers, qui ne demandent que ceſte proye pour en faire curée.

La mention de ce rameau d'oliue me faict naiſtre ce rencontre, ils diſent que les oliuiers ont ceſte couſtume quand ils ont eſté infructueux & ſteriles en vn annee, de porter doublement l'autre: ie dis là deſſus, que ceux qui en ceſte vie ſont pauures d'eſprit, reçoiuët le centuple, ſelon l'Eſcriture, en l'autre, *beati pauperes ſpiritu, quoniam ipſorum eſt regnum cœlorum.*

Pour

Pour remplir vn vase plein de quelque mauuaise liqueur, & en y infondre vne meilleure, il se faut purger, vuider & nettoyer; & pour estre remply des biens du ciel, il faut estre vuide de ceux de la terre, & ceste euacuation ne se peut faire que par la pauureté de l'esprit; aussi iamais les Israëlites ne mangearent la manne, ce pain miraculeux pestry par les mains des anges, qu'apres auoir mangé toutes les victuailles qu'ils auoient apportees de l'Egypte; nulle ame est capable des consolations diuines qui se delectent és humaines.

Moyse ce grand seruiteur de Dieu & liberateur du peuple, ne peust iamais conferer auec Dieu dans le buisson ardent, ny receuoir de sa main les tables de ses loix, que premier il n'eust despouillé les chausseures de ses pieds, *solue calceamenta de pedibus tuis*: iamais ceste ame qui se veult adonner au seruice de Dieu, & se desliurer de l'Egypte, du monde, de l'esclauage & seruitude du peché, de la tyrannie du diable, ne pourra estre capable de conferer auec Dieu ny de participer à ses secrettes inspirations & amoureuses influences, si tout à l'abbord l'abbord elle ne se dessaisit de ses biens caduques : denotez par les souliers, sinon par effect, au moins de volonté, il faut auoir les pieds nuds, cest à dire les affections desnuées, pour approcher dignement de Dieu; peut-on mieux parler que Seneca, *nemo est Deo dignus, nisi qui opes contempsit.*

Le feu ains que de consommer le bois, en pousse auparauant toute l'humidité, auec laquelle il est incompatible, le sec est le meilleur à brusler; le feu de la deuotion ne peut s'embraser en nos ames que premier elles n'ayent euacué tout ce qu'il y a d'humide; cest à dire de terrestre & caduc.

Et la pauureté seruira de ce feu pour enflammer les ames seiches. Pourquoy non? si le feu poincte en haut naturellement, n'a-il pas en cela quelque conuenance auec la pauureté, laquelle faict d'autant plus fort esleuer l'ame au ciel, que moins elle à de subjet de se tenir raualee contre terre? le feu est si net qu'il purge toutes ordures, incapable de meslange & composition, & le pauure d'esprit a l'ame nette, pure, & nullement gastee de la contagion du peché, si celuy

luy là chasse le mauuais air, & resoult les les humeurs vitiées. Ie dis que la pauureté reigle les mauuaises mœurs, & assoupit les passions, les rengeant sous l'obeissance de la droitte raison, si le feu est le premier des elements, la pauureté est la premiere porte pour s'introduire à la perfection, *si vis perfectus esse*, &c. Les richesses enrouillent & gastent l'ame comme le rouille le fer, & le feu de la pauureté le purge, nettoye, purifie, & fait tomber ceste crouste. Pour redresser vn baston tortu, on se sert du feu, & pour releuer en hault vne ame courbe & appanchee aux biens de la terre, la pauureté est fort vtile, le feu du flambeau esclaire parmy les tenebres, les richesses aueuglent, *cœcus amor nummi*, mais la pauureté esclaire ces obscuritès, le feu eschauffe, & la pauureté emflamme les cœurs à la deuotion: c'est ce qui a rendu sainct François si ardent & feruent, pource il appelloit la saincte pauureté sa dame maistresse, & conductrice: le feu reduit beaucoup de bois à peu de cendre, & la pauureté ayant des-enflé l'hõme le reduit aux cendres de l'humilité, & de la penitence, le feu est le principal instrumẽt de la Chimie, auec lequel l'on produit doit des effects admirables, & la pauureté est l'outil propre à l'acquisitiõ de toutes les vertus qui la suiuẽt, comme les autres animaux l'odeur de la Panthere, & elle produit auec peu de monstre des effects du tout admirables en nos ames, soit au deschassemẽt des vices, soit à l'acquisition des vertus. La vétouse par le moyẽ du feu attire à soy le mauuais sang, & la pauureté euacue toute la corruptiõ des richesses appellees par vn anciẽ le sang de la vie ciuile: on dict cõmunement qu'il faut approcher du feu cõme des Princes: sçauoir ny trop prés ny trop loing, cela est dict sur ce que toute extremité est tenuë pour vitieuse; il est bien vray que comme la trop grande quantité du sang est nuisible, comme le deffaut, aussi le sont les richesses superfluës, & la pauureté excessiue; pour cela Salomon le plus sage Roy que iamais le Soleil esclaira, demande à Dieu l'exemption des grands biens, & de la trop estroite pauureté, *Neque paupertatem, neque diuitias dederis mihi, &c.* si est-ce que comme l'vne extremité approche tousiours plus prés du milieu que l'autre, aussi la pauureté est plus tolerable, & n'excite pas tant au mal que les richesses, oyons ce Poëte,

Paupertas me saeua domat, dirúsque Cupido,
Non metuenda fames, sed metuendus amor.

Voyés comme il redoute plus les fureurs de l'amour, que les rigueurs de la faim: tirons de là que le ioug du monde est beaucoup plus grief & insupportable, que celuy de Iesus, lequel est doux & suaue, *Iugum meum suaue est, & onus meum leue.* Or le ioug de nostre Seigneur est celuy de la pauureté, *Pauper sum ego & in laboribus à iuuentute mea, nisi quis renunciauerit omnibus, &c.* Celuy du monde est l'ambition, la volupté, l'auarice, vices mal-aisez à acquerir, difficiles à conseruer, fascheux à perdre. O que si les mondains pouuoyent bien gouster & sauourer leurs miseres, que tost ils se dessaisiroyent de ces passions qui leur donnent tant & de si cruelles entourses! *Ambulauimus vias difficiles, seruiuimus Dijs alienis, qui non dabant nobis requiem, lassati sumus in via iniquitatis.* Voyés cest ambitieux, qui a sans cesse à guise d'vn Promethé le foye becqueté d'vn Vautour qui le ronge en renaissant,

— — sempérque renascens.
Sic perit, ut possit saepe perire iecur.

Combien de trauaux & fatigues se donne-il pour courre apres l'idole de ses desirs,

LIVRE XVII.

sits, & venir à chef de ses pretentions:
Voyez comme il va par des recommandations tierces, achete des hommes pour le loüer, se tuë pour paroistre, tasche de se souffler plus haut qu'il n'est, & parvenu où son offrenée convoitise le pousse: c'est de nouveau à recommencer, pour aller à vn degré plus haut, il panthele d'ahen, à guise d'vn Sysiphe qui roulle sa pierre d'vne peine sans fin. Voyez cest auare qui tasche auec vn crible d'emplir vn tonneau percé, plus il s'efforce, moins il faict supplice des Danaïdes, demandez luy si les acquests refraischissent son alteration, il vous respondra, quo plus sunt potæ, &c. Ceux qui sont mordus du serpent Dypsas côme luy, meurent d'vne soif insatiable & inextinguible, tout l'or du monde est incapable de l'assouuir, il va, il vient, il trauaille iour & nuict pour accumuler & bastir des chrysolits, qu'il ne faut qu'vn moment pour dissiper, vn petit filet pour les perdre, Cum interierit non sumet omnia, neque descendet cum eo gloria eius. Enquerez ce voluptueux si tantost il sera gorgé de delices, il dira que ces plaisirs des sens, laissent comme des abeilles l'esguillon en la playe, c'est vn vlcere

Tom. 5.   E

qui s'enuenime en le grattant, & s'irrite plus il est fomenté, l'vsage l'aigrit, & les rafraischissemens l'enflamment, voyez cependant que de peines a ce paillard pour venir à chef de ses mal-heureux desseins, que de nuict il passe sans repos, sans dormir, de combien de tempestueuses inquietudes est agité son cœur, comparé par le sage à vne mer bouillante, ô que ces iougs sont lourds & rudes, mais celuy de la saincte pauureté, est aisé, tranquille, plain & de facilité, & de felicité, *Beati pauperes, &c.*

Ce cheual à tout ses riches harnois & caparassons, voyez qu'il a de peine à cheminer droict, il ne peut quasi remuer ses membres, tant il est empestré, ostés luy tous ces inutiles lambeaux, il fera mille gambades, & vireuostes, & sera de plus grand seruice. Ce riche ne faict aucun seruice à Dieu, il est trop embarrassé & empaqueté, mais le pauure qui est libre de toutes ces entraues, il chantra à Dieu, *dirupisti vincula mea, tibi sacrificabo hostiam laudis.*

Les Romains auoient ceste coustume, auant qu'enroller leurs soldats en la milice, de les visiter tous nuds, & si nous voulons

lons bien cóbattre en la milice Chrestienne, ie tiens qu'il se faut mettre à nud & se deuestir par la pauureté des biés de la terre, ainsi comme athletes robustes, nous courrons, *ad propositum certamen*, les corps oings & despouillez nous ne donnerons sur nous aucunes acroches ny prises à nos ennemis.

Le soldat Israëlite voulant espouser vne fille captiue, estoit tenu de luy couper les cheueux & les ongles : si nos ames captiues du peché veulent estre espousees du grand Dieu d'Israël, Dieu des armees, elles doiuent par la pauureté retrancher la superfluité des richesses denotees par les excremés du corps, les cheueux & les ongles.

Quand les enfans d'Israël voulurent aller à la terre promise, ils enuoyarent des messagers en la terre d'Idumee demander passage au peuple, soubs ceste condition de couler si paisiblement ce chemin, & sans leur incommodité, qu'à peine pour leur diligence s'en pourroit-il apperceuoir : au reste auec tant de modestie, que rien n'y seroit pris, non pas seulement vne goutte de l'eau de leurs puits : telles sont les belles ames, les con-

E 2

tinuelles aspirations desquelles tendent tousiours au ciel, vnique centre de leurs desirs, comble de leur vœux, & de leurs intentions plus sainctes, elles passent à trauers ce monde sans y mouiller aucunement l'anchre de leurs esperances, sçachants que c'est icy vn pelerinage, qui nous achemine à la terre de promission, coulant le laict des graces de Dieu, & le miel de ses consolations. C'est pourquoy *velociter transeunt*. Ils n'arrousent pas seulement leurs leures des eaux fades & insipides, des richesses, vanitez, & voluptez qui y sont, à peine en sçauent elles les noms, à peine les cognoissent elles de veuë, *velociter transeunt*. Il me souuient à ce propos de la coustume des chiens d'Ægypte, ces animaux sçachans que les Crocodiles sont frequents en ce païs, & se cachent dans le Nil, ayans grande soif, à cause des ardeurs immoderees du Soleil qui brusle tout en ces contrees, ils ne s'arrestent pas en vn lieu ou riuage de ce fleuue, pour estancher leur alteration, ils vont galopans, & prenans à gorgées diuerses, tandis qu'ils courent l'eau de ceste riuiere, & boiuent ainsi comme en fuyant, & font cela

cela pour euiter les surprinses des Crocodiles, les gens de bien se seruent ainsi à secousses des biens du monde, sçachans que dans ce Nil sont cachez beaucoup de monstres, qui nous attendent pour nous y deuorer, le Nil de vray est vn fleuue qui par son desbord & inondation fertilise l'Ægypte, mais aussy la remplit de Crocodiles & de Serpents: telles sont les richesses, elles engraissent les belles ames & grandes, sçauoir celles qui les sçauent dispenser & despenser, mais tousiours elles engendrent en l'ame bien des tentations & subiects du mal, qui sont autant de viperaux qui les rongent & infectent, & comme les chiens d'Ægypte gardons de nous laisser surprendre aux embusches de nos ennemis, ceux qui dressent des pieges, ils les coũurent de terre & le diable coũure ses lacqs soubs la terre, des richesses temporelles, cest vn appast qui cache vn hameçon dangereux.

——quis enim nescit
Auidum vorata decipi Scarum musca.

Voyez moy comme cest oiseleur espand finement sa glus sur ces halliers.

& auprès y seme un peu de grain pour attraper les petits oysillons, ces animaux simples viennent pour becqueter ceste pasture, & ils se prennent les petits pieds : de là ils se debattent des aisles, & plus ils se demenent, plus ils s'empastent le corps, en fin tout estant colé & r'assemblé ensemble, ils ne peuuent plus se guinder dans les airs : sainct Augustin fera naïfuement bien le retour de ce concept, *Amor rerum terrestrium, visus est spiritualium pennarum*. Nostre ame est, pour la legereté de ses pensees & mouuements, comparee à l'oiseau qui fend les airs d'vne plume legere, mais si elle se prend à la glus des affections terrestres, soudain ses belles contemplations s'abbaissent, elle est tellement retenuë attachée en bas, qu'elle ne peut plus gouster les choses hautes, elle perd sa liberté, & le diable souuent la saisit ainsy empestrée & empastée dans les richesses, comme le mauuais riche nous peut fournir de veritable exemple, *mortuus est diues & sepultus in inferno*.

On a beau crier, prenez garde que ces faux biens ne vous abusent : tout ce ce qui brille n'est pas d'or. Le moufcheron se brusle à la chandelle, faute d'en cognoistre la nature, & nonnobstant que Pan crie, le boucquin de Satyre en la fable veut embrasser le feu, aussi quoy que l'on aduise les hommes de ne se soucier pas tant des biens du monde, si est ce qu'ils ne laissent de les recercher auec ardent & extreme desir, sans considerer que ce sont des ardens & feux volages, qui au lieu de les esclairer dans les tenebres de leurs erreurs, les portent dans les precipices de leur totale ruine.

Celuy seroit estimé vn insensé, lequel aduisé par ses amis, de ne passer pas en tel chemin, renommé de voleries & brigandages ordinaires, ne lairroit toutesfois de s'y precipiter, si luy mesaduenoit, n'accuseroit on pas plustost sa stupide opiniatrise, qu'on ne plaindroit son desastre. Telle est l'ineptie de la plus part des mondains, on les aduertit à cor & à cry, que par la voye des richesses il y a bien du danger, qu'il y a bien des tentations, *qui volunt diuites fieri incidunt in laqueos diaboli.*

Au demourant qu'il est bien difficile de

paruenir au ciel par ceste route, *difficile est diuitem intrare in regnum Dei*, que le chemin de la pauureté, quoy qu'estroit & pierreux, est plus seur & meilleur, que le chemin de sable est dangereux d'engloutir, mais que le rude & raboteux a de la seureté en sa malaisance, & toutesfois aueugles qu'ils sont ils se precipitent à miliers en celuy-là, & n'ont rien tant en horreur que celuy-cy.

O cæcas hominum mentes! ô pectora cæca!
Qualibus in tenebris vitæ, quantisque periclis.
Degitur hoc æui quodcumque est.

On crie à ces enfans qui s'esbatent dans ceste prée, ou à sauter, ou à courre apres des papillons, ou à tistre des guirlandes de mille diuerses fleurettes.

Fugite hinc pueri latet anguis in herba.

Ils n'y prennent pas garde, parce qu'ils sont des enfans, & des hommes faicts, capables de iugement & de raison, serrent les oreilles, *nolunt intelligere vt bene agant*, quand on leur crie à plaine teste, gardez vous de vous arrester trop apres ce pré des
riches

richesses, esmaillé de tant de commoditez apparentes: ô que de serpens & scorpions sont cachez soubs la diapreure de ceste belle tapisserie! Ne courez point ainsy apres ces volages papillons, tous ces biens ne sont que des iouets de petits enfans, *iuuenilia crepundia*, quel aueuglement inepte vous possede? Iusques à quand nouueaux Ixions courrez vous apres des nuées creuses & des phantosmes vuides, quittans la solidité des biens veritables & celestes?

Quand ie vois cest auare courir apres ces richesses, soudain me vient en pensée ceste peinture du plus diuin des poëtes.

Ter conatus ibi collo dare brachia circum
Ter frustra, &c.

Les Geans foudroiez pour auoir entassé les montagnes l'vne sur l'autre, me representét les auares exterminez du ciel, pour vouloir amasser thresors sur thresors, & esleuer des monts d'or.

Mais tous ces amas sont pareils au trauaux inutiles des araignes, lesquelles s'esuentrent à tistre leurs toiles, qu'il ne faut que le moindre souffle pour dissiper &

rompre en mille lambeaux, *telas aranea texuerunt*. Les vers à soye se bastissent auec beaucoup de solicitude vne maison, & il se treuue, quand leur ouurage est acheué, que c'est vn tombeau où ils s'estouffent miserablement : on peut dire des riches, que, *sepulchra illorum domus eorum in æternum*. Au reste, que sont les thresors sinon des cordes de soye. Quoy, les estats & dignitez sinon des fers dorez & prisons magnifiques, tant les hommes, dict vn Satyricque, sont industrieux, à trouuer des artifices pour se trauailler, & donner de la peine?

Criez tous ces mal-heurs à vn riche, il fera la sourde oreille, *surdo narras fabulam*, c'est lauer vn Æthiopien, & parler de clairté à vn habitant de Cymmerie, & discourir de la beauté & des couleurs à vn aueugle. Ceux qui habitent les Cattadoupes du Nil deuiennét en fin sourds, à cause de la grandeur du bruit de ces cheutes d'eau, & ceux qui sont tous les iours au milieu des tintamarres des grandeurs & richesses mondaines, ils deuiennent sourds à la parolle de Dieu, aux sainctes admonitions, aux tonnerres des iugements diuins, à l'harmonie de la gloire

gloire celeste, aux raisons qui peuuent conuaincre leur erreur, nettoier leur crasse, d'estouper leur surdité, desbander leurs yeux.

Si on leur dict que les richesses ne sont que des songes, ils s'en mocqueront, & toutesfois c'est la doctrine sacrée du Roy prophete; *dormierunt omnes viri diuitiarum somnum suum, & nihil inuenerunt in manibus suis*, où les richesses sont appellées songe & rien: mais est à notter qu'il appelle roy, par vne forme de parler vn peu esloignée du commun, les hommes des richesses, non les richesses des hommes, & fort proprement, pour despeindre la nature de l'auare, lequel n'est pas tant possesseur de ses biens, qu'il est possedé par iceux.

Ce concept suiuant m'est eschappé en d'autres rencontres, mais d'vn autre biais, & l'on sçait que les rapports prennent toutes sortes de formes & visages, c'est le col d'vne Colombe qui change de couleur selon les diuers mouuements, ou du col de l'animal, ou du cours du soleil, aussy selon l'aspect de l'ame la comparaison perd sa forme, du mesme point on peut tirer mille lignes
à la

à la circonference, & qu'on ne m'accuse point de repetition, le bon Sainct Hierosme en est tout plain en ses Epistres, comme peuuent remarquer ceux qui les ont tant soit peu praticquees. Tant que nous auons la face vers le Soleil, nous iettons nos ombres derriere, mais si nous tournons le dos au Soleil nous auons aussy tost les ombres deuant: or allans en auant vers le Soleil iamais les ombres n'abandonneront nostre corps, ains l'accompaigneront infalliblement; mais si nous allons apres ces ombres, plus nous nous esloignerons du Soleil, moins attraperons nous nos ombres. I'appelle les richesses des ombres, & dis que plus nous courons apres, plus nous nous esloignons de Dieu nostre beau Soleil, & moins nous les attrapons: demandez à cest auare s'il a attrapé l'ombre de son idole, ou il mentira, ou il aduoüera que non, si au contraire nous courons droit à Dieu sans nous soucier de ces biens, il ne fault pas craindre, quoy que pauures & desnuez de toutes commoditez temporelles, que pour cela elles nous manquent, elles sont du naturel des Crocodiles, qui suiuent ceux qui les fuyent, & fuyent ceux qui

LIVRE XVII.

qui les fuiuent, le chemin abrege, dict Seneca, de paruenir aux richesses, & de les mespriser & reietter, il semble qu'elles viennent par d'espit, la fortune est vne courtisane qui n'aime tant aucuns, que ceux qui font le moins estat d'elle, plus nous recerchons les biens, plus ils nous fuyent, les fuyans, *tunc veniunt vltrò*. Combié les seruiteurs de Dieu ont-ils refusé & reiettent-ils tous les iours des presens qui les pourroiét enrichir, s'ils en auoient aussy bien le vouloir, comme la richesse se renge en leur puissance? C'est ce que i'ay tantost exposé, *numquam vidi iustum*, &c. L'homme de bien fuit-il la vanité, la gloire, l'honneur, tout cela luy redouble, *gloriam qui contempserit veram habebit*, qui mesprise & fuit les richesses, voluptez, & vanitez de la terre, outre qu'elles luy seront rendues au Ciel par vn bien-heureux eschange, il aura encor icy bas vn repos & vn contentement, que tous les biens du monde ne peuuent compenser.

Suiuons, plus les ombres croissent, plus le Soleil est esloigné de nous, plus elles s'appetissent, plus il s'auoysine, & quand il est droict sur nostre zenith, lors il ne faict

faict aucune ombre, plus les ombres de nos affections aux richesses sont grandes, plus le Soleil de Iustice est esloigné de nous, plus elles se dissipent & accourcissent, plus nous nous conformons & vnissons à sa splendeur : mais prenez garde que c'est sur le zenith des pauures d'esprit, qu'il bat, parce qu'ils sont exempts de ces ombres, les voulez vous voir? *Pauperes euangelizantur, esurientes impleuit bonis, & diuites dimisit inanes, parasti in dulcedine tua pauperi Deus*, & l'Eglise l'appelle *Patrem pauperum*.

Quand la Lune est pleine, c'est lors qu'elle est plus loing du Soleil, plus vn homme est resplandissant deuant les yeux du monde, & gorgé des richesses temporelles, moins il est proche de Dieu. Encores cecy, quand ce planete eclypse, c'est lors que la terre est interposee entre luy & le soleil, & quand les affections de la terre s'opposent aux bons desirs d'vne ame, soudain elle perd la lumiere de la grace de Dieu, & deuient toute obscure & tenebreuse.

I'apperçoy vn beau & riche symbole des pauures d'esprit en ces oyseaux dicts Mamgues, appelez par le vulgaire de nom

LIVRE XVII.

nom de Paradis, ils sont d'vn plumage bigarré de mille belles couleurs, ils n'ont point de pieds, mais sont presque tousiours dans les airs, voire mesmes pour faire leurs petits : car le masle a de nature le dos creux, & la femelle le ventre, de sorte que comme dans vne boüette se lians ensemble, ils enserrent leurs petits, que s'ils veulent prendre haleine, & quelque peu de repos, s'attachent auec deux petits filets qu'ils ont à la queuë, aux branches des arbres, ils ne prennent aucune pasture en terre, mais leur principale nourriture est la rosée du ciel ; tels sont ceux qui mesprisent les richesses, belles ames trop genereuses pour se raualer à des objects si indignes de leur grandeur : ils n'ont point de pieds pour descendre en bas, & par les pieds chacun sçait qu'en l'escriture sont entendues les affections, leurs desirs sont tousiours dans le ciel, *conuersatio eorum in cælis*, c'est là mesme qu'il sont esclorre leurs petits, c'est à dire que visent toutes leurs bonnes œuures, leurs trauaux & labeurs, par lesquels ils se colligent des thresors d'immortelle durée. Il viuent de la rosée du ciel, c'est à dire des inspirations diuines, & desalterent

leurs

leurs fatigues par l'attente & espoir de la future beatitude, que si la necessité naturelle les contrainct d'auoir soin de leurs corps, ils ne s'y attachent que par les deux filets tous simples du viure, & du vestir.

Et ce sont là les limites, hors lesquels il n'est ny bon, ny loysible, de pousser ses desirs.

----Hi sunt denique fines,
Quos ultra citráque nequit consistere rectum.

La richesse, comme la meilleure voye, est celle qui est la plus cõmode & mieux faite au corps, non la plus longue & trainante, *fortuna ut toga magis concinna quàm longa probatur.* Et les souliers iustes sont plus aisez pour cheminer, & de plus fructueux vsage que les larges. C'est grand merueille que les plus riches sont mal-heureux, s'ils mesprisent la pauureté d'esprit, c'est à dire, s'ils font tel estat de leurs richesses, qu'ils ne les puissent perdre sans se desesperer. La iouissance de ce bien, dict Seneca, est tant amere, que nous ne sommes point resolus de perdre.

Les anciens defendoient d'apporter des bagues & anneaux precieux aux Sacrifices d'Apollo, de peur que l'esclat esblouissant blouïssant de ces biens caduques, n'esbloüist les yeux des assistans, & retirast leurs ames des pensées plus serieuses & sainctes,& si nous auons enuie de faire vn sacrifice agreable de nos cœurs au grand pere des lumieres,il faut sans doubte mettre bas toutes les affections aux biens caduques, de peur que cela n'empesche en nos ames, des fonctions plus nobles, celestes & releuees.

La terre par ses exhalaisons engendre mille nuages, lesquels ramassez & condensez, nous rauissent la splendeur des beaux rays du Soleil; & les affections terrestres esleuent en nos ames tant de chimeriques broüillards, que nous ne pouuons y voir reluire clairement au dedans la lueur de la grace diuine, sans laquelle nos esprits ne sont que des cauernes sombres, pleines de desordre, & de confusion.

Ruminant vn iour sur ce passage qui semble d'abbord si estrange, par lequel nostre Seigneur enseigne, qu'il est tresque difficile qu'vn riche entre au Ciel. I'ay rencontré vne conception assez gentille & delicatte, là l'escriture ne dict pas absoluëment qu'il est impossible, mais elle donne vne comparaison si pleine de difficulté pour ouurir l'entree du paradis au riche, qu'elle semble approcher de l'impossibilité, *Facilius est*, dict elle, *Camelum intrare per foramen acus, quàm diuitem intrare in regnum Dei*: si ce mot de *Camelus* signifie vn chameau, ou vn chable, ie ne voy pas que ta controuerse soit difficile à decider, en ce que la similitude seroit trop esloignée du sens commun, de faire passer vn chameau par le pertuis d'vne esguille, mais il y a plus de rapport au cable: or quoy que cestuy-cy semble paradoxique, si trouue-ie qu'il n'est point tant hors de propos qu'vn cable puisse passer par le trou d'vne esguille, si vous le despecez filet à filet, en fin successiuement il y passera, tout de mesmes que le riche tout riche, & enflé de biens entre au ciel, il n'y a point d'apparence qu'il puisse passer par ceste porte si estroite qui nous y introduit, *per angustam portam*: mais si petit à petit il s'en dessaisit, donnant telle aumosne à ce pauure, telle somme d'argent pour marier ceste fille necessiteuse, telle quantité de deniers pour subuenir à ce malade, tel reuenu à ceste eglise, ainsi restressy, ie croy qu'il n'est pas impossible

qu'il

qu'il n'aille en paradis, mais autrement i'en fais grand doubte. La belette ayant toute affamée entre par vne petite fente, s'estant saoulée & enflé le ventre, ne peut plus repasser ny s'eschapper, ce qui a donné lieu au poëte de dire

Macra cauum repetes arctum, quem macra petisti.

Ie tire de là ceste consideration morale, que *nudi egredimur de vtero matris nostra, nudi reuertimur.* Nous naissons sans biens & richesses, & nous en mourons aussi desnuez.

Le marchand ne se charge point en son voyage loingtain d'vne denrée qu'il sçait n'estre point de mise en son pays: c'est icy bas nostre pelerinage, où nous sommes exilés du ciel, nostre vraye & legitime patrie: pourquoy donc nous chargeons nous si fort de ces terrestres biens, que nous sçauons n'auoir aucune entrée ny debite au Ciel. Bien mieux aduisés sont ceux *qui thesaurisant sibi thesauros in cælo*: qui mesnagent icy leur salut, cheminans droit en l'obseruance des loix diuines.

Ie veux briser icy ceste longue carriere de la pauureté & mespris des richesses, par ce choix que ie te veux presenter, ô mon ame: aduise donc, de ne

F 2

te mesprendre pas. Ie sçay que le monde, comme ceste paillarde te criera *dormi mecum*, mais ie te prie vse vn peu de ta prudence, & preuoy les mal-heurs, où il t'appelle, pour des biens faussement apparens, il frotte les bords de son hanap de miel, pour te faire aualer vn venimeux & mortel absynthe, ces richesses ne sont que chimeres, nuées, ombrages, vent, des pommes de Gomorrhe, dict Tertulien, belles en l'escorce, mais au dedans de la poussiere menuë, c'est la brouée de la mer qui se dissoult au premier souffle, *velut spuma gracilis, quæ à vente dispergitur*, commodités pleines de mille sollicitudes & inquietudes espineuses, voire au point plus excessif de leurs imaginaires contentements; d'auantage biens mortels & perissables, & que tost ou tard il faut abandonner, au reste qui ne satisfont point l'ame, ains ne font que l'alterer & empresser : en fin biens caducques & terrestres, grossiers & materiels ; de l'autre costé, considere ton Dieu, ton Seigneur qui te propose vne couronne de gloire indicible & imaginable, si tu des-daignes tous ces appats trompeurs, ce sont des biens qu'il te
pre

prepare, lesquels sont infinis, asseurés, eternels, non subiects à corruption & alteration: va donc, ma chere ame, va apres les vestiges de ton bienaymé, cours allaigrement en ce chemin qu'il a luy mesme frayé le premier, *propter nos egenus factus est, vt eius inopia nos diuites essemus.* Il a toute sa vie gardé vne pauureté tresexacte, en sa naissance, en sa mort, en tous les iours qu'il a coulés sur la terre. Disons apres S. Chrysostome sans exaggeration, *nascitur in præsepio, famet in deserto, tenuia panibus hordeaceis celebrat, pauperibus stipatur, asina vehitur, nudus in cruce moritur.*

Peut on despeindre vne extremité plus pauure, vne plus extreme pauureté? reiettons donc tous ces biens, affin de suiure nuds, nostre redempteur nud, comme disoit S. Bernard, eslisons l'imitation de sa pauureté, comme vne des beatitudes qu'il nous a laissees, & quand le monde nous la representera comme hydeuse & desagreable, leuons ce faux masque, & nous y trouuerons sans doubte plus d'aisance & de facilité, que parmy l'abondance des biens temporels, du moins si la necessité nous presse, tenons nous collez à la

F 3

croix de Iesus, & disons que puis que ce bon Sauueur a tenu la pauureté pour heureuse, nous ne consentirons iamais auec le monde de l'estimer mauuaise, nous rejetterons tout ce qui est en la terre, pour n'auoir autre portion que Dieu, *quid mihi est in cælo, & à te quia volui super terram, Deus cordis mei & pars mea Deus in æternum.* Que si nous ne pouuons atteindre, à cause de la condition, en laquelle il aura pleu à Dieu nous constituer, à la pauureté reelle & actuelle, du moins soions, *tanquam non habentes*, pauures d'esprit, c'est à dire de volonté; c'est le moien de se conseruer, comme les pyraustes, dans les flammes, entiers & non corrompus dans l'abondance: arriere donc toutes mondaines pretentions, ie ne veux aucune part en la terre des mourans, lieu de larmes & de miseres, *portio mea Domine sit in terra viuentium, Dominus pars hæreditatis meæ, & calicis mei, tu es qui restitues hæreditatem meam mihi*, puis qu'il est impossible de iouir des biens, & terrestres icy bas, & celestes là haut, ie renonce librement à ceux là passagiers & momentaniers, pour aspirer aux autres eternellement perdurables. Mire toy, mon ame, dans les diuers euenements du riche

glou

glouton, & du Lazare pauure, & là dessus, s'il te reste de la prudéce, forme ta resolution, *recordare quia bona recepisti in vita tua, Lazarus verò mala ; nunc autem ille consolatur, tu verò cruciaris.*

Le Milan est prisé en sa vie par les grands amateurs de la chasse, mais mesprisé en sa mort & ietté à la voirie: la Perdriz au rebours est deschassée en sa vie, recerchée en sa mort, telle est la diuerse issuë du pauure & du riche, celuy-cy est caressé, honnoré, prisé, admiré en ce monde, l'autre rebuté, bassoüé, desdaigné.

In pretio pretium nunc est, dat census honores,
Census amicitias, pauper vbique iacet.

Mais le retour aussy est bien contraire, ie m'asseure que toute ame raisonnable choisira plustost d'estre mal vn moment, pour estre bien à iamais, & neantmoins l'aueuglement du monde porte au contraire, *hic vre, hic seca, vt in æternum parcas*, dict l'Aigle des docteurs.

L'histoire de Saincte Catherine de Sienne est gratieuse, ceste belle ame si pure, & si candide qu'elle surpassoit le lys en blancheur & netteté, visitee souuent par son espoux celeste en ses diuines contemplations : vn iour entre autres luy apparut,

& luy presenta deux courones, l'vne d'or, & l'autre d'espines, & luy demanda si elle desiroit auoir celle là en ce monde, sçauoir celle d'or, & celle d'espine en l'autre: mais ceste Saincte Dame sçachāt que *leue hoc & momentaneum tribulationis nostra, æternum gloriæ pondus operatur.* Choisit aussi tost & embrassa celle d'espine: belles espines qui luy ont produit des roses d'immortalité, belles roses qui iamais ne flestrissent, heureuses les peines qui engendrēt vn si doux & gratieux repos, heureuse la pauureté qui donne de si grandes & amples richesses.

Encores ce concept, il y a grande differēce entre les fins de ces deux animaux, le Cygne & la Syrene, celuy là ne se nourrissant que de bonnes pastures & pour cela animé d'vn beau sang, quand ce vient à son trespas, a de coustume au bord tristement doux des eaux de Meandre, de rouler des chants d'vne melodie fort douce & harmonieuse; l'autre au contraire qui ne vid que de crapaux & ordures, pousse à cest instant, des cris & voix horribles & lamentables. Telles sont les diuerses morts des pauures d'esprit, & des riches auares, ceux là n'ayants
aucu

aucunement attaché leurs affections aux biens de la terre, n'ont par consequent aucun regret de les laisser, au contraire se sentans enleuez des miseres de ceste vie, pour estre participants des felicitez de l'eternelle, ils poussent mille loüanges & chants alaigres de recognoissance à leur Createur, au contraire les auares desolés d'abandonner leurs possessions cheries, meurent auec mille regrets & desespoirs, se iugeans deuoir estre priuez pour leurs conuoitises de l'heureuse eternité. Sus donc mon ame forme ton choix, & regarde si tu n'aimes pas bien mieux quitter volontiers & de bon cœur, ces biens qu'aussi bien par necessité te faudroit il quitter vn iour, regarde que si les richesses sont l'orage la pauureté est le port, & haute de grace à la bry de ces tempestes, si elles sont la tempeste, celle cy est le calme, si les tenebres, elle la lumiere, si les espines, l'autre la rose, si l'inquietude, ceste cy le repos, si la cecité, elle la claire veuë: en fin si les richesses sont la misere, la pauureté est la beatitude, & pour tesmoignage de ton choix loyal & sincere, puis que tõ espoux à embrassé celle-cy & te la proposé, dis hardiment, arriere le monde à tout ses pompes & bomban-

F 5

ces, & viue la pauureté de Iesus.

A tant de la pauureté essentielle qui consiste au mespris des richesses temporelles, ie sens encores que les peres me disent, que ceste pauureté d'esprit representee en ceste beatitude signifie aussi l'humilité & abaissement de l'ame. Parlons donc aussy de ceste vertu, pour l'intelligéce parfaite de ceste beatitude premiere.

Augustin.
l. 1. de ser.
Dom. In
m'nt. Ter-
tull. l.
4. adu.
Marcion.
Cyprian. l.
de 12. abus.
Hieron. In
Epist.
Chrysost.
homil. 15.
In Marc.
l. 14. c. 23.

Sainct Augustin en ses liures de la cité, poursuit au long la description de deux villes bien differentes, voire contraires, l'vne celeste, l'autre terrestre; celle là est edifiée par les belles & precieuses ames, & est d'vne vastitude merueilleuse: car elle commence à la haine de soy, & va aboutir iusques à l'amour de Dieu, & l'autre est bastie par les mondains, lesquels commencent leurs edifices despuis l'amour de soy, & les conduisent & esleuent comme des Geans insensés iusques à la haine de Dieu; aussi celle cy est appelee Babylonne par le mesme pere, c'est à dire cité de confusion & de desordre, parce que *non est pax impiis, sed cor eorum quasi mare feruens*: & l'autre Hierusalem, c'est à dire ville de paix, de repos, & de felicité: or c'est de l'amour propre comme de sa source

source originaire que decoule & surgeonne la superbe & presomption, vice desagreable & contraire à Dieu & aux hommes; & de la haine au rebours, & mespris de soy, que prouient & naist l'humilité, ceste base de toutes perfections & vertus. Que chacun donc rentre en soy & se recognoisse à ceste reigle, & il sçaura de quelle cité il est bourgeois, *sola humilitas diuidit inter filios lucis, & filios tenebrarum*, dict vn pere de l'Eglise, & S. Gregoire en *l. 33. c. 13.* ses morales, tient pour maxime infallible, que la marque & signe plus euident de reprobation est la superbe, & l'abiection, d'election & predestination, *euidentissimum reproborum signum superbia, at contra humilitas, electorum:* à ceste touche on discerne le bon d'auec le mauuais alloy.

Le mesme S. Gregoire a bonne grace, *27. Moral.* quand il appelle ceste vertu, la matrice & origine de toutes les autres: car comme en matiere des vices, *radix omnium malorum superbia*, pourquoy me dira ton point le semblable de l'humilité? Il me semble que ie la voy, comme vn centre, tirant les lignes de diuerses perfections, iusques à la periferie de nostre ame: car les vertus ont certain alliage & cousinage merueilleux

leux entre elles, en la mer vn flot roule l'autre, en vn fleuue vne onde pousse la precedente vague, vn chaisnon tire à soy celuy qui luy est attaché, à mesure que le Soleil entre les tenebres commencent à disparoistre; vn abisme, dict le Psalmiste, appelle l'autre, *Ibunt de virtute in virtutem*: mais certes l'humilité en ceste acquisition doit tenir le premier rang, c'est la legitime mere qui engendre & produit ces heureux germes en nos ames, tous les autres sont faux qui ne sortent de ceste matrice; ouy toutes les perfections qui ont monstre de vertus, ne le sont nullement, si elles ne tirent leur extraction de l'humilité, ou pour le moins si elles n'y visent, tout ce que la vanité, le lucre, l'honneur mondain, la gloire, la reputation, font esclorre quoy que specieux en apparence n'est que fard & tromperie, la vertu est vn ressort de l'ame purement interne, elle est de tant plus excellente que moins elle se monstre & produit, c'est vn vin qui ne vaut rié esuâté, & vne boüette qui perd toute son odeur par l'ouuerture, la monstre, & la parade.

S. Bernard, ce me semble, à pareil dessein, appelloit ceste vertu le fondement de de l'edifice des vertus, voicy ses mots en ses liures de la Consideration au pape Eugene, *virtutum stabile fundamentum est humilitas, quæ si omittatur virtutum congregatio nonnisi ruina est.* Quiconque bastit sans fondement, il ne faict que des mazures ruineuses, fresles, & prestes à crouller. Sainct Gregoire & Sainct Augustin souschantent & souscriuent à ceste mesme opinion & doctrine, voicy leurs tons, celuy là: *Virtutum origo est humilitas & simul fundamentum, de quo prouenit omnium spiritualium altitudo:* celuy cy, *Cogitans magnam fabricam extruere celsitudinis, de fundamento prius cogita humilitatis.* Ce qui m'ouure le pas à ces concepts, prenez garde à ce braue & superbe bastiment, à ceste tour esleuee qui presque va baisant les nuës de sa sommité, haute & sublime, de tant plus qu'il paroit hors de terre, il faut qu'au dedans soyent iettés bien auant les fondements. Que sont ces fondemens, sinon des pierres iettees dans les entrailles de la terre, perdues, & ce semble inutiles, & toutesfois quoy qu'il soit de nulle vsage, c'est la principale partie du bastiment, sans laquelle ne pouuoyent subsister en aucune maniere, les apartemens & estages diuers qui sont dessus la

terre,

terre; telle est l'humilité, c'est vne vertu sombre, morne, toute enfoncee dans l'abiection, enfouye dans la terre, enseuelie dans les profondes tenebres du neant; & toutesfois sans icelle, toutes les vertus ne peuuent subsister que superficiellement en nos ames: Il n'y a point de part en l'arbre si desplaisante & mal agreable que la racine, elle est crasseuse, noire, tortue, laide, difforme, cachee dans les entrailles de la terre, mais si vous la couppez ceste belle tige restera vn tronc sec, inutile poix de la terre & propre seulement à ietter au feu pour estre reduit en cendres: d'elle au contraire si elle est saine, entiere & vigoureuse, procede toute la beauté des fleurs, toute la verdeur des fueilles, toute l'estenduë des branches, toute la force de l'arbre, toute la bōté, vtilité, & delicatesse des fruicts. Ie dis cela mesme de l'humilité, quelle est toute desagreable & maussade, ce semble, elle ne panche qu'à la terre, ne nous faict penser qu'à nostre rien, rabbat toutes nos presomptions, qui nous veulent faire prendre essort contre terre: c'est vne piece qui ne semble en apparence d'aucune mise, & toutesfois c'est d'elle qui vient en estre, toute la beauté de nos bonnes pensees,
tou

toute la bonté de nos bonnes œuures, quiconque seme sans elle espand semence au vent; quoy que nous facions sera insipide & à contrecœur deuant Dieu, s'il n'est assaisonné de ce sel : c'est le seau qui rend de mise au ciel toutes nos bonnes œuures, quoy que nous œuurions nous deuons dire & aduouër que nos sommes seruiteurs inutiles; si nous cheminons autrement nous nous esgarons, & perdons nos pas, faute de ceste bonne & seure guide.

C'est pourquoy nous deuons sur tout auoir l'œil parmy nos actions pieuses, d'aduiser qu'il n'y aye de la zizanie d'amour propre, ou de particulier interest, semé parmy par nostre aduersaire, lequel de toutes parts tend ses filets & pieges, ou pour nous faire tresbucher dans le mal, ou pour corrompre & gaster ce que nous faisons de bien. Il ne faut qu'vn brin d'Absinthe pour gaster toute vne ruchee de miel, qu'vn raisin pourri pour infecter toute vne grappe, & qu'vne pensee d'orgueil pour peruertir beaucoup de bōnes œuures. C'est vne bise violente qui va bruslant de froid tout le rapport des campaignes, broüissant les bourgeons delicats des arbres, & les herbes plus tendres.

Vne

Vne des grandes pertes que fit Iob, pendant les piteuses persecutions qui l'esprouuoient, en le tentant, comme l'or en la fornaise, ce fust la ruine de ses enfans, qui arriua d'vne façon toute estrange; vn vent d'Aquilon vint souffler d'impetuosité contre l'edifice où ils hebergeoyent, renuerse les quatre murailles, fracasse tout & accable sous ceste cheute sept enfans masles & trois filles. Quand le vent impetueux de la superbe, vient vne fois à pousser ses furieuses halenees contre l'edifice des vertus de l'homme de bien, aussi tost il porte le donjon de nostre vouloir par terres l'enuoye contremont, auec vn desbris estrange, les quatre murs des vertus Morales tombent en ruyne & decadence, les trois vertus diuines qui sont les trois filles sont accablees, les sept graces du S. Esprit, & aussi l'effect des Sacremens qui conferent la grace meurt en nous, ce qui est denoté par les sept fils. Voyla vn renuersement estrange, c'est vn des souflets plus puissant de l'Æolle infernal, auec lequel il excite mille tempestueuses bourrasques en nos ames, faisant courre risque du naufrage à la barque de nos cœurs, sur la mer orageuse de ce monde peruers & malin.

Celuy

Celuy qui veut efuiter ces orages, doit imiter les Nautonniers, qui dez auſſi toſt qu'ils ſentent la mer s'enfler & eſmouuoir, ployent leurs voiles, de peur que remplis de trop puiſſantes bouffées, ce qui doit ſeruir à les guider au port, ne fut cauſe de leur ruine, faiſant piroüetter & renuerſer le vaiſſeau. Et les voiles de nos preſomptions ſe calent & abbaiſſent, quand par la pauureté d'eſprit nous deſenflons nos ames & les vuidons de ces vaines penſees qui le bourſoufflent de l'eſtime de ſoy, pour les ranger au petit pied, par le moyē de la recognoiſſance de noſtre deneantiſe, fille aiſnée de l'humilité.

C'eſt grand cas (apprens-ie de S. Auguſtin) comment le Diable ſe ſçait ſeruir accortement & malicieuſement de la gloire, pour faire curée de nos bonnes actions, & les peruertir. Tous les autres vices, dit ce grand homme, ſont fondez ſur des obiects manifeſtement mauuais, & recogneus pour tels, mais l'orgueil, ô qu'il eſt bien plus enioüé, & en ſon luſtre, fondé ſur vne belle actiō que ſur vne honteuſe, c'eſt ſon triomphe plus eſclatant, aduiſez bien, ce voleur, ce paillard, ceſt yurōgne s'il n'eſt du tout reprouué &

Tomus v.   G   tota

totalement perclus de ceruelle, n'a garde de se vanter & magnifier de son imperfection. *Nemo allegans turpitudinem suam est audiendus*, disent les Iurisconsultes, s'il ne veut estre baffoüé d'vn chacun, & tenu pour vilain: mais voyez-vous comme au contraire il y a du lustre & de l'esclat sur la chasteté, sur l'abstinence, sur l'aumosne: considerez ces hypocrites, comment ils tympanisent & produisent leurs bonnes œuures, s'ils donnent vn sol au pauure, ils prennent le temps, qu'vn chacun les voye, s'ils ieusnent, ils exterminent & rendent leurs visages hideux & affreux, pour paroistre tels aux yeux du monde: Ceux-là, *receperunt mercedem suam*, dit le grand maistre: sainct Augustin, sainct Gregoire mesmes, disent que la chasteté est dangereuse qui est accompagnée de l'orgueil, voire vont presque iusques là, de dire, que si de deux maux le moindre est à choisir (quoy que selon le precepte des maistres, il ne faut faire aucun mal pour en produire vn bien, quelque grand qu'il soit.) Il est quelque fois expedient qu'vn chaste superbe deschée de ceste sienne si belle qualité, à fin qu'il s'humilie en ce qui luy a donné occasion de s'esleuer & priser; l'vn peché estant moindre que l'autre,

LIVRE DIXSEPTIESME. 99

l'autre, & l'humilité plus grande & plus parfaicte vertu. Pensez-vous qu'il est dágereux és maisons où la pieté se professe de se glorifier de ses veilles, ieusnes, trauaux, disciplines, pratiquees pour l'amour de nostre Seigneur. C'est ceste tumeur qu'il faut rabbatre autrement, si de bonne heure on ne l'euacuë, elle engendrera vne dangereuse apostume de vanité, puante & insupportable à Dieu & aux hommes. Oyons S. Augustin. *Nisi humilitas omnia quæcunque bene-facimus, & præcesserit, & comitetur, & consecuta fuerit, & proposita quã intueamur, & apposita cui adhæreamus, & imposita qua reprimamur, iam nobis de aliquo bono facto gaudentibus, totum extorquet de manu superbia: vitia quippe cætera in peccatis, superbia verò etiam in rectè factis timenda est, ne illa quæ laudabiliter facta sunt, ipsius laudis cupiditate amittantur.* Epist. 56. ad Dioscorum.

Les Poëtes feignent, ie ne sçay pas quels oyseaux stymphalides, qu'ils appellent Harpies, lesquels auoyent le visage de femme beau & aggreable, & tout le reste d'oyseau rauissant, aux ongles crochues & perçantes, si puants au reste & iettans de telles infections de leurs corps que rien plus: ils content, que tous les iours ils venoyent infecter & deuorer

G 2   tous

tous les mets qui estoyent presentez à la table du Roy Phinee, lequel pour ceste incōmodité s'en alloit mourāt, si le grād Hercules ce dompteur de monstres, & purgeur de la terre, ne l'eust deliuré de ceste misere en les tuant. Ie tiens que les vaines & glorieuses penseees sont semblables à ces animaux, elles ont d'abord ie ne sçay quel visage doux & attrayant, elles s'introduisent en nos ames soubs quelque couleur aggreable & flatteus pretexte, elles s'insinuent quād & la Philautie qui nous est tant naturelle, & si enclauee & entee en nous, qu'à peine nous en pouuons-nous desfaisir auec la vie. Ce qui faisoit dire à Platon, que la derniere robbe que nous despouillōs estoit l'Ambition, mais aussi que d'infectiō elles portent en soy, elles corrompēt toute l'ame, destruisent & deuorent tous les mets plus delicieux & friands de nos actions sainctes & pieuses, les emportēt cōme des Vautours carnassiers dās le vague des airs de la vanité pour en faire curee, que si la grace de Dieu, cōme vn autre Hercules, ne nous purge & deliure de ces monstres, nous courons grande risque de nostre salut. Les cātharides ne s'adressēt qu'aux plus fraisches & vermeilles roses, & aux
plus

plus belles & agreables fleurs : le veneur ne s'amuse point aux bestes puantes & mauuaises à manger, mais aux venaisons plus friandes & delicieuses, l'ombre suit le Soleil, par vne liaison inseparable, & l'orgueil ne suit que les plus signalees actions, les meilleures & plus sainctes œuures, & la plus esclatante lumiere du Soleil de la vertu, pour flestrir les vnes, corrompre & obscurcir les autres.

Le remede à cela est l'humilité, laquelle doit seruir d'vn sel pour assaisonner toutes nos œuures, sans lequel elles sont fades & insipides deuant Dieu, le sel a de l'acrimonie, mais il conserue de la pourriture : est aussi de dure digestion, l'abiection en laquelle nous plonge ceste vertu mais elle maintient aussi nos ames en leur innocence & integrité, le sel est la vie des morts, & la mort des viuás, & ceste vertu resuscite à la grace les personnes qui en estoyent esloignees, & faict mourir à soy & renoncer à leur propre excellence ceux qui pensent estre quelque chose, *cùm nihil sint, substantia mea tanquam nihilum ante te.* Le sel semble animer les chairs mortes, & l'humilité viuifie nos œuures, lesquelles sans cela sont mortes deuant Dieu. Nul sacrifice en la

G 3 loy

loy ancienne se deuoit faire sans sel : & nul holocauste est plaisant à Dieu sans humilité, *Sacrificium Deo spiritus contribulatus, cor contritum & humiliatum Deus non despicies.*

Ce que i'ay tantost dit des fondemēs, me faict souuenir de ce traict, que i'ay remarqué en S. Iean, dās ses reuelations, en commençant la description de la celeste Hierusalem, il dit tout à l'abord que le fondement premier est estoffé de iaspe, *fundamentum primum iaspis*, par la Hierusalem peut estre entendue l'ame qui aspire à la perfection, tendant au temple de paix & de tranquillité, ioinct qu'il est dit, que le Royaume des Cieux est dedans nous, c'est à dire dās les belles ames qui ont rengé leurs passions & affections d'vn bel ordre & agencement. Mais ce premier fondemēt est l'humilité, ce que ie tire de trois ou quatre cōuenances de ceste vertu auec le iaspe. Ceste pierre est bigarree de mille peintures diuersemēt agreables, & i'ay ja prouué que l'humilité est la matrice de toutes les vertus symbolisees par les accoustremens diuersifiez de l'Espouse. Elle est propre (remarquent les curieux des choses naturelles) à esclaircir la veuë, & ceste vertu est celle le qui oste de dessus les yeux de nostre ame, la taye de la mescognoissance, engendree par la presomption, *Homo cùm in honore esset non intellexit.* Troisiememét elle arreste les trop grandes fluxions du sang par sa froideur, & l'humilité tempere les chaleurs immoderees de l'ambition & de la sensualité, qui ne respire que la chair & le sang, en representant combien nous sommes peu de chose. *Verumtamen vniuersa vanitas omnis homo viuens, in imagine pertransit homo.* En fin elle est propre contre les maux de teste, les illusions, & spectres nocturnes, & y a-il entre toutes les vertus aucune plus propre à dissiper les prestiges & fantosmes qui vont roulát dans les cerueaux pleins de vent? y a-il remede plus souuerain contre les migraines de la superbe, qui trauaille tant de testes mal timbrees? Ce n'est donc pas sans raison que celuy qui veut rendre son ame habitation de paix, doit commencer par ce fondement solide de iaspe, pour soustenir fermemét les solides edifices de la perfection, qu'il medite & proiecte.

Cecy en suitte pour la racine. Quand j'ay bien pensé à la recerche de l'intelligéce de ce mot des Cátiques, où l'espoux

accom

accõpare la taille & stature de son espouse à vne palme, *statura tua assimilata est palmæ*; i'y rencontrois que c'estoit à l'aduenture pour signifier la droicture de son intention, ou bien que c'estoit pour signifier la hautesse de ses contemplatiõs, ou encores que ce pouuoit estre le symbole de sa patience & constance, se releuant par despit, ainsi que cest arbre, contre le faix des afflictions plus pesantes, mais qu'elle me peut figurer l'humilité à peine l'eusse-ie creu auant ceste notion; ouy par là l'espoux veut aussi louër sa bien aymee de ceste perfection, car plus cest arbre se poincte droict dans les airs, plus il profonde ses racines dans terre, ce Poëte me reuient :

—— Quantumq; ascendit in auras
Aethereas, tantum radice ad tartara tẽdit.

Et plus vne belle ame desire s'esleuer dans les cieux, plus il luy est besoin de ietter de creuses racines d'humilité, dans la terre de sa deneantise.

Voyla vne philosophie vn peu estrange de prime-face, que pour s'esleuer en haut, il se faut tapir contre bas, encore n'est-elle point si fort extrauagante, que l'on n'en puisse donner quelque similitude en la nature. Voyez moy ce balon, plus vous le poussez roide contre terre, plus il rebondit contremont, plus vne ame s'abaisse, plus ce reiect la repousse en haut, c'est se releuer par son raualle-ment, à guise d'Antee. C'est vn lieu tres-fort commun en l'escripture, que celuy qui s'exalte sera humilié, & celuy qui s'humilie sera exalté. *Omnis qui se humiliat exaltabitur, superbum sequitur humilitas, humilem autem spiritu suscipiet gloria, omnes inuicem humilitatem insinuate, quia Deus superbis resistit, humilibus autem dat gratiam. Deposuit potentes de sede & exaltauit humiles;* & mille pareils passages qu'il seroit long de recoudre icy. Dauantage comme le chemin qui est par destours & ambages és preceptes & ratiocinations, se racourcit & abrege par exemple, ils foisonnent en ce subiect, non seulement és liures prophanes, que ie laisse pour estre cest ouurage tissu d'autre paste; mais dans les seuls sacrez cayers des sainctes Escritures. Iettons l'œil de passade & succinctement sur quelques vns, le premier rang sera de ceux qui ont esté esleuez pour leur humiliation. Sainct Iean Baptiste l'honneur des deserts, marchera en teste, enquis qu'il estoit, à cause des grandes merueilles qu'il œuuroit sur le riuage du

Luc. 1.
Prouerb. 29.
1. Petr. 5.

G 5 Iourdain

Iourdain, admiré pour la grandeur de sa doctrine, la sublimité de son esprit, l'excellence de ses perfections, la saincteté de sa vie, il respond qu'il n'est ny Helie, ny aucun des Prophetes, qu'il n'est qu'vne simple & foible voix qui trompette & criaille la penitēce au milieu des deserts, qu'il annonce la venue d'vn beau Soleil, qui doit dissiper les ombrages & figures du Iudaïsme, & desuoiler les obscures erreurs de la Gētilité, en fin enquis pour ses insignes qualitez, s'il ne pouuoit point estre luy mesme le Messie promis, fuyant comme vn poison toute vaine gloire, il respōd auec tant d'abiection & d'aneantissement qu'on ne peut exprimer rien de si bas, tant s'en faut, dit-il, que ie le sois, que ie ne suis pas digne de luy deslier la courroye de ses souliers. Voyez comme ceste belle Palme iette profondemēt ses racines en terre, aussi nul vent le pourra terrasser: mais voyons comme Dieu le recognoist pour ceste deiection. Il l'apelle par la propre bouche de son fils, plus que Prophete, il declare que de tous les enfans des femmes, il est le plus grand, il le loüe & le prise pour sa pieté & probité, le declare son Precurseur, le cherit comme son parent, peut on souhaiter de plus

plus grands honneurs? Iugez de ceste disparité, celuy là s'estime indigne d'vn office si vil, qu'à peine peut on exprimer ny penser rien de plus raualé, & il est releué au feste de toute sublimité, declaré le plus grand des mortels.

S. Pierre se tenant pour indigne d'abborder son Maistre, qu'il tenoit pour le Christ fils du Dieu viuant, luy crie, *Exi à me Domine, quia ego peccator sum*: au lauemēt des pieds ne pouuāt souffrir ce ministere des mains de son Seigneur, il luy dict, *Domine tu mihi lauas pedes*, ou ce, *tu mihi*, a vne grace nompareille, & faict naistre mille estincelles & lumieres par la confrontation, ainsi qu'en produisent la pierre & l'acier battus ensemble, vous le grand Tout, à moy vn vermisseau de terre, vn vray rien. Et nostre Seigneur recognoissant ce cœur humble, cōme il est le Scrutateur de nos plus intimes secrets, & ressorts cachez, le declare Prince des Apostres, luy donne les clefs des Cieux, le constitue chef de son Eglise, luy donne toutes ses ouailles en charge, l'establit son Vicaire, & Lieutenant en la terre, auec promesse que iamais sa foy ne deffaudroit, que sur ceste roche inesbranlable il edifieroit son Eglise. Peut-on peser

de

de plus grandes prerogatiues?

S. Paul s'humiliant pour les fautes passees, & plein de regret d'auoir tant persecuté pendant ses erreurs l'Eglise de Dieu, quoy qu'il fust esleu Apostre par voye extraordinaire, quoy que doué d'vn monde de graces, quoy que rauy au tiers ciel, quoy qu'admiré de tout le monde, s'estime toutesfois le rebut & la ballieure, voire le plus petit des Apostres, & nō seulement le moindre, mais indigne de ce beau nom, *Ego autem sum minimus Apostolorum, qui non sum dignus vocari Apostolus.* Et pour ceste sienne dejection, voyez, comme Dieu l'exalte. Par ce qu'il ne s'estime pas digne de ce nom d'Apostre, pour cela il est appellé par excellence Apostre, & quand on dit ce nom là seul, cela s'entend de S. Paul.

Le bon Centurion disant auec vn grand ressentiment à nostre Seigneur ces belles & dorées parolles, *Dominus non sum dignus vt intres sub tectū meum*, que l'Eglise à trouuées si excellentes qu'elle nous a ordonnée de les auoir en la bouche & au cœur, lors que nous approchons du Sacrement & sacrifice ineffable de l'Eucharistie, il fust tellement receu de Dieu, que vrayement sa priere fust exaucee, sans que nostre

LIVRE DIXSEPTIESME. 199
stre Seigneur allast chez luy, pour la guerison de son page, où ie remarque vne chose, que nostre Seigneur sur ces parolles d'humilité, loüe la foy. *Non inueni tantam fidem in Israel*; parce qu'encore que ceste vertu traine apres soy l'essein des autres vertus qui la suiuent, comme les abeilles leur chef, il faut que celuy qui croit, aye ceste foy, auec vne grande humilité, car c'est à ceux qui sont nantis de ceste vertu, que la foy est principalemēt donnee, & qu'elle a esté preschee, *veni euāgelizare pauperibus*, dit le maistre, lequel *reuelat secreta paruulis, & abscondit sapientibus*, comme i'espere dire tantost apres plus en son lieu. Contons, Abraham tant comblé des graces diuines, en quel estime se tient-il, pour iouyr si souuent de la presence de Dieu, & de sa conference? *Loquar ad Dominum meum cùm sim puluis & cinis*. Pour cela il a esté tenu pour fidelle seruiteur du tres-haut, que dis-je? pour son mignon & fauory, il se prisoit comme la poussiere, & Dieu a multiplié sa posterité comme la poudre & le sable de la mer. Iacob dit à Dieu, *Domine omnibus miserationibus tuis minor sum*; & pour cela, Dieu desbonde sur luy tous les torrens de ses benedictions, il le fait abonder

en

en biens, le prefere à son frere aisné, le faict pere de douze tribus.

David pour estre devenu Roy, d'une si vile condition que de pasteur, ayant changé sa houlette en septre, & son bonnet de berger à une courône, ne se mescognoissant nullement, disoit ainsi, *ô quis sum ego, aut quæ domus patris mei?* Ce qui me faict ramentevoir d'Agatocles, lequel fils d'un potier, pour estre memoratif de son origine, se faisoit servir à table des pots de terre, mais laissant ce prophane exéple, tirons le retour de l'abiection & humble recognoissance de David, il a esté trouvé selon le cœur de Dieu, il luy a donné victoire sur ses ennemis, & outre la grádeur royale, en laquelle il l'a maintenu, luy a aussi faict d'autres graces particulieres autant signalees, le faisant son chátre divin, & un de ses Prophetes plus grands.

Mais sans nous espandre d'avantage en ceste large campaigne, recueillons-nous par les deux exemples signalez de la mere & du fils. Sainct Bernard ce doux encomiaste de la mere de Dieu, subtilise fort à mon gré, sur ce mot du cantique de ceste bien-heureuse Vierge, *Ecce ex hoc beatam me dicent omnes generationes.* Il confesse

confesse auec tous les maistres, que ceste pure creature, entant q̃ creature finie, n'a peu meriter totalement l'Incarnation du Verbe Eternel, œuure infinie, entree de nostre Redemption, mais que certes, elle a aucunement par ses perfections attiré le cœur de Dieu, & merité l'acceleration & acheminement de ce mystere, mais entre les autres vertus principales, qu'il remarque en ceste belle Princesse, vermeille comme l'aurore, claire comme le soleil, & brillante comme l'estoille du iour, celle qu'il croit auoir le plus aggreé à Dieu, tient que c'est son humilité, ie monstre en quelque autre endroit de mes œuures, comme en l'odeur de la chasteté, le fils de la licorne s'est venu rendre en son seing, mais certes icy, ie suis contraint de donner ma voix à sainct Bernard, car auec son authorité, celle de l'Escriture m'y conuie, voire m'y force: iugez-en, *Respexit Deus humilitatem ancillæ suæ, ecce ex hoc beatam, &c.* voyez comme ce, *hoc*, se rapporte à l'humilité, & de faict, tous les maistres vnanimemẽt tiennent, qu'en l'instant, qu'apres l'ambassade de l'Ange, elle profera ces parolles, *Ecce ancilla Domini, fiat mihi, &c.* elle cõceut le fils de Dieu, dans ses sainctes entrailles

par

par l'operation du S. Esprit, & ces parolles sont elles pas toutes embaumees d'humilité, voyla la seruāte du Seigneur, & en mesme temps qu'elle se dit seruante, elle deuient Mere, qui est le titre le plus excellent qui puisse iamais arriuer à creature, aussi la sapience dict que ce fust pour elle qu'elle pleust à Dieu, *Cùm essem paruula placui altissimo, & de meis visceribus genui Deum & hominem.* Apprens de là, ô mon ame! qu'il y a triple conception du Fils de Dieu, eternelle au Pere, temporelle en la chair, au ventre de la Mere, spirituelle en l'ame Chrestienne qui le choisit pour espoux. Si donc tu as enuie de receuoir dignement dedans toy ce chaste Seigneur, dis mon ame, dis, *Ecce ancilla Domini*, chante auec le Psalmiste, *Ego Domine seruus tuus*, & repete, *Ego seruus tuus, & filius ancillæ tuæ.* Ceste humilité sera si suaue, qu'elle attirera Dieu en toy, par vne chaisne toute dorée, bien plus veritable que la fabuleuse & imaginaire d'Homere. Ouy mon ame! c'est ce grād Dieu qui iette ses yeux fauorables vers ceux qui sont courbez contre terre, *humilia respicit in cœlo & in terra, humiliamini ergo sub potenti manu Dei & ipse exaltabit vos.* Ce beau Soleil illuminera les tenebres

de

de ton neant, ceste belle nuee arrosera tes secheresses & ariditez, ceste claire fontaine fertilisera tout le creux de ton abiection, ainsi le Soleil quoy qu'attaché aux cieux, les vagues espaces lesquels il galoppe en peu d'heure côme vn geant, qui court à grands pas, dis-ie, auec le Psalmiste, ne laisse pourtant de darder contre bas les rais de sa belle lumiere, de laquelle or il redore les sommitez des hautes montagnes, or il darde sur les collines plus basses, or il leiche le dos vny, & esgal des platres & rases campagnes, or il descend dans les vallees plus creuses, or penetre dans les antres plus reculez, illustrant tout de sa lumiere, eschauffant tout par le reject & reflexion de ses rays, qui sont autant de traicts. Ainsi Dieu, ce grand Soleil de Iustice, quoy que seant par dessus les cieux, qui seruient d'escabeau à ses pieds, ne laisse de lancer les rayons de ses graces & de ses lumieres, en estant le Pere, dans les ames qui se raualent contre la terre, *humilia respicit*. Ainsi la nuee portee dans les airs par le vent, venant à se resoudre & fondre en pluye, va espandant ses douces eaux sur toutes les parties de la terre basse. Nostre Seigneur est dit

dit esleué sur vne nuee. *Ascendit Dominus super nubem leuem*, & ceste nuee, qui est la Vierge, nous a comme vne rosée engendré le Sauueur, selon le mot du Prophete, *Rorate cœli desuper, & nubes pluant iustum, aperiatur terra & germinet Saluatorem*, & il va, quoy qu'esleué en haut espandant les douces eaux de ses diuines graces, sur les ames qui sont dans les plus creux abysmes de leur neant & propre abnegation : Ainsi la belle & claire fontaine qui va poussant ses bouillonnantes eaux sur la cime de ceste montaigne où elle surjonne, va decoulant à val la pente, par mille variables replis, & serpentins destours, ses eaux nettes & cristallines, auec vn doux murmure, qui se forme de la collision des pierrettes, & porte quant & soy toutes les graisses qu'elle entraine de ces sommités, dans les vallees plus basses & profondes, les fecondant ainsi par le decoulement de son humide & moitte frescheur, & nostre Seigneur n'est il pas la fontaine d'eau viue rejalissante à l'immortelle vie ? *fons aquæ viuæ salientis in vitam æternã*. Or il sourd sur le feste de la montagne de la celeste Syon, où est son ordinaire

demeu

demeure, & toutesfois par mille voyes qui nous sōt occultes. *Inuestigabiles viæ eius.* Il va decoulāt les douces eaux de ses graces, pleines de graisse & feconditez, *erupit crassitudo super terrā*, dans les ames plus basses & rauallees, dans le mespris & mesestime de soy-mesme. Il seroit biē ici lieu de conferer l'humilité auec les vallees, mais ce sera apres auoir parfourny cette lice des exēples, qui m'a ja emporté bien loin. Venons à celuy du fils. Helas! peut-on imaginer vne abjectiō plus grāde que la sienne. S. Paul pour en parler fait vn grand preambule, desire non seulement des oreilles attentiues, mais des cœurs tendres, flexibles, & preparez au ressentiment. Pesons vn peu les mots, car certes ils sont grandement dignes de consideration: *fratres*, c'est vn mot plein de dilectiō que le nō de frere, & qui entrouure les cœurs pour les faire condescendre à la charité, & les cōbler d'amour, mes freres c'est à dire, enfans de ce bon pere qui nous a frayé vn tel chemin à l'humilité, serons-nous bien si lasches & degenerez de trahir ainsi nostre extraction, & desmentir nostre race, ne suyuans pas les vestiges d'vn tel progeniteur? *Fratres*, mot qui conuie à l'attention, com-

H 2 me

me ayāt en suitte quelque chose de grād, & qui merite d'estre marqué, apres, *hoc & sentite in vobis*, il ne dit pas, escoutez-moy, car ce mot precedent le dit assez, sans l'exprimer, mais ressentir, ce n'est pas le tout que d'ouïr de beaux & signalez exemples, il les faut coucher en nous, les espouser, les taster, gouster, voire les ressentir vifuement, notamment vne ame qui veut faire progrez en l'Illuminatiue, pour se pousser à l'Vnitiuo, doit recueillir ses forces, & bander ses facultez, à ressentir actuellement, ou les douleurs, ou les peines de son cher Espoux.

Hoc & sentite, Oyez le Prophete Roy, *Nolite obdurare corda vestra*, mais, *præparate corda vestra, tollite corda lapidea & date carnea*. Ostez ce bronze qui vous serre la poictrine, fendez ceste pierre dure & insensible, compatissez humainement, & faites voir que ce ne sont point les Tygres, ny les Feres d'Hyrcanie, qui vous ont donné origine, monstrez que vous auez le cœur vn peu plus flexible que le Caucase, *Sentite*, c'est à dire, n'ayez pas seulement l'oreille attentiue pour cōceuoir, & ne vous contentez pas d'enrichir

votre

LIVRE DIXSEPTIESME. 117

vostre entendement, & de l'esclairer de la science, faictes-la passer à ceste volonté, que l'on l'eschauffe, de là faictes-la passer aux mains, c'est à dire, que l'on en voye la pratique, apres, *quod & in Christo Iesu*, ayez le mesme ressentiment dedans vous, qu'a eu nostre Seigneur, est-il raisonnable que le disciple & le seruiteur soit plus exempt que le maistre? quel ordre reuersé seroit ce, de voir celuy-là grád, cestuy-cy petit, celuy-là à son aise, cestuy-cy en peine, celuy-là exalté, cestuy-cy humilié, car lors, *Qui cum in forma Dei esset*, non qu'il aye iamais cessé d'estre grand quant à sa diuinité: car il ne peut n'estre pas, *Tu autem idem ipse es, & anni tui non deficient*, mais ceste façon de parler veut dire au parauant, que pour toy, ô mortel! il eust pris vne autre forme, *non rapinam arbitratus est esse se æqualem Deo*, non certes il n'y a point d'iniure, puis qu'il est consubstantiel, coëgal & coëternel à son Pere, de se dire autant: car luy & son Pere ne sont qu'vn, *In diuinis, ego & Pater vnum sumus. Sed semetipsum exinaniuit*: mais voicy où ie te desire bandée & attentiue, ma chere ame! Il s'est aneanty soy-mesme, est-il possible mõ Dieu que vous de qui l'estre, & l'estre par tout est vne

H 3 chose

chose inseparable, vous qui estes, ie dis priuatiuement à tout ce qui paroist estre, & qui ne subsiste que par vous, comment mon Dieu est-il possible, que vous vous soyez reduit à neant? Certes quand i'entends des grands hommes dire que vous estes tout: *Cœlum & terram ego impleo, cæli cælorum me capere non possunt*, mon ame se perd en ceste grandeur infinie, mais cela m'engendre du respect, & encores ne me semble point cant estrange, quand ie considere que vous estes infiniment plus grãd, que toutes les imaginations des Anges & des hommes ne sçauroyent conceuoir estant assemblees, mais d'ouyr dire que vous vous estes aneanty, certes ceste Philosophie m'est incogneue, ie la puis encores moins conceuoir, dans l'vn vous estes habitant vne lumiere inaccessible, dans l'autre vous auez faict vostre cachette dans les tenebres, mon Dieu ie vous adore & vous admire en l'œuure admirable de la creation de ce bel Vniuers, lequel ie ne peux considerer que tout rauy d'estonnement ie ne crie, *Cæli enarrant gloriam Dei, & opera manuum eius annunciat firmamentum*. Mais quand ie descens de là haut pour vous venir cõtempler

LIVRE DIXSEPTIESME. 119
pler en vostre bassesse, ie ressemble celuy
lequel regardant de la cime d'vne montagne dans vn precipice creux, n'en peut
voir le fond, aussi mon Createur ie ne
conçoy rien en ceste vostre humilité:
helas la Creation de ce monde ne vous
couste qu'vne pareille, mais la recreation & redemption, que de fatigues, de
miseres, de peines, de larmes, de sanglots, de coups, d'ignominies, de douleurs, de sang. Est-il bien possible, mon
doux Sauueur! que quittant le Ciel vostre bien-heureux seiour, où vous iouyssiez de toute eternité de vous-mesme,
sans empruter vostre beatitude d'ailleurs,
vous soyez venu icy bas, changer des delices inenarrables pour leur infinité, en
des miseres indicibles, vous reuestir du
manteau de l'esclaue, vous le fils legitime
du Tout-puissant, que sans cesse il engendre. Dites, *Ego hodie genui te*, car il n'y a
point de passé ny de futur en Dieu. Ce
sont les mots de nostre Apostre, *formam*
serui accipiens; mais encores où vous porte vostre amour desmesuré, c'est à fin
que le Pere Eternel en cest estat, vous
prenant pour le serf qui l'a offencé &
irrité, s'en prenne à vous, & punisse vostre innocence pour ces coulpes. *Christus*

H 4   *pro*

pro peccatis nostris mortuus est, iustus pro iniustis.

Tranchons court, aussi bien ceste meditation nous meneroit trop loing, *& habitu inuentus vt homo*, reuestir la semblance & toutes les infirmitez de la nature humaine, fragile & debile, excepté (sçauent les maistres) le peché & l'ignorance, & se couurir de la peau d'vn homme, homme animal & le plus miserable, & le plus vain de tous, dit vn ancien, abject en son corps, ceste carcasse mourante, la pasture des vers, terre, pourriture, & cendre, victime consacree à la mort, en son ame plein d'aueuglemens, de tenebres, de peché, vous portez ceste figure mon Redempteur, & quel amour vous transporte de faire tant d'honneur & de bien, à ceux qui ne font que vous desplaire, & contrarier à vos loix. Encores, *humiliauit semetipsum*, voyla le mot particulierement affecté à mon subiect, sur quoy ie te diray (ô mon ame!) sera-il bien dit que le grand Tout, aye quitté son throsne, pour s'auillir par delà toute bassesse, & que toy qui n'ez rien de toy-mesme, vueilles t'esleuer par dessus tout, non ie te prie, & doucemēt, fais-toy ceste grace, pour le moins si tu ne veux te contenir,

de

de te tenir à ton neant, ô donc s'il te falloit autant abysmer dans ton rien, comme ce grand Tout a faict, iusques à quels inimaginables cachots serois-tu retiree & enfoncee. Poursuiuons, *factus obediens vsque ad mortem*, belle obeyssance fille aisnee de l'humilité, obeyssance si bien pratiquee par mon grand maistre, pendant le cours de ses ans, que mesme en la mort il ne s'en est pas departy, en voulez vous voir briller quelques bluettes, en son enfance, il estoit subiect à ses parens, *& erat subditus illis*, en preschant il crie, *non veni facere voluntatem meam sed eius qui misit me patris*, agonisant au iardin des Oliuiers, *Pater non mea, sed tua voluntas fiat*. O que de feux pour embraser les ames obeyssantes, mais quel brasier deuorant est-ce icy, *vsque ad mortem*, iusques à la mort. Ouy, mon Sauueur, vostre Pere n'a pas voulu que ce calice passast, il vous l'a fallu aualler & boire, *Quis potest bibere calicem quem ego bibiturus sum. Calix meus inebrians quàm praeclarus est*. S. Bernard medite deuotement là dessus, & dit que comme naissant, Iesus obeissoit à l'edict du Prince téporel, aussi mourant il a obey à l'arrest du grād Dieu Eternel. Ce qu'il tire encores de ces paroles, *& inclinato capite*, inclination mar-

H 5 que

que de subiection, *tradidit spiritum*, helas! quand il nous appelle à l'obseruance de ses saincts cõmandemens, il ne nous meine pas à la mort, mais pluſtoſt à vne vie douce, à vn ioug ſuaue & leger, ſerons-nous bien ſi miſerables de nous rendre des membres refractaires, ayans vn chef ſi facile, docile & ployable. Mais ô mon doux Ieſus, quelle mort vous a-il fallu endurer, pour teſmoignage de voſtre ſubmiſsion & abnegation propre ? ô ſi ie dis que c'eſt l'Epitome & le recueil, le Prince de l'eſchole me crie que c'eſt la plenitude & le comble, de toutes les plus ignominieuſes douleurs, & douloureuſes ignominies. ce ſeroit de la preſumption à moy & trop grande, de vouloir entrer en la deſcription de ce ſupplice, toute l'eloquence humaine, voire Angelique, n'eſtant baſtante de l'exprimer. Et puis ſi ce vaiſſeau d'election s'en taiſt, à quel propos l'abandõner à la foible peinture de ma plume, ſi meſme mon cœur à peine eſt-il capable d'en auoir vn vif reſſentiment. O que i'ayme bien mieux laiſſer aux plũes des belles ames, ceſte haute meditation, & dire tout en ce mot auec S. Paul, *mortẽ autem Crucis*, que noſtre cher Sauueur s'eſt aneãty iuſques à reueſtir la

forme

forme d'vn esclaue, & humilié iusques à la mort; & la mort de la Croix. Voyla son raualleme͂t, voyons apres son esleuation, selon nostre desseing nous poursuyurons auec l'Apostre, *propter quod & Deus exaltauit illum, & dedit illi nomen, quod est super omne nomen, vt in nomine Iesu omne genu flectatur, cælestium, terrestrium, & infernorum*. A s'espandre là dessus en discours, qui ne void iusques où nous meneroient ces parolles bien espluchees, ruminees, & consideres. Mon Dieu i'adore & reuere ceste abiection, qui vous a tellement surhaussé, cest aneantisseme͂t qui vous a rendu si glorieux, ce desnuëment qui vous a faict si puissant. Donnez à mo͂ ame qu'elle vous suyue en ces basses vestiges, en ce beau sentier qui conduict si seureme͂t au ciel, par les conduicts souterrains de l'abiection. Tranchons icy, aussi bien est-ce pauure mercerie que des paroles, & qui plus en a n'en est à l'aduenture pas plus à priser & estimer, & tournons le fueillet, où nous verrons en la contrepointe, l'esgalité de la diuine Iustice, laquelle d'vne esgale balance deprime les superbes, comme elle exalte les humbles, ainsi Themis ceste iusticiere deesse, est feinte & peinte par les Poëtes, ne separer iamais

ses

ses esgaux bassinets des costez de Iuppin.

Tout au commencement du monde Dieu dit à ce serpent glorieux & arrogant, qui se preferoit à tous les animaux que pour punition de son outrecuidance presomptueuse, il ramperoit en apres le ventre contre bas, & mangeroit de la terre, tous les iours de sa vie, & pour aller encor plus haut, *Vnde decidisti de cœlo Lucifer qui manè oriebaris*. Miserable Ange, toy que Dieu auoit creé si parfaictemét beau, que rien ne te manquoit, ny de grace, ny de gloire, pour ne t'estre peu contenir en tes bornes, mais auoir esté si temerairement insensé de t'esgaler à ton facteur, voulant mettre ton throsne aussi haut que luy, *Ponam thronum meum in nubibus cæli, & ero similis altissimo*, pour cest orgueil insupportable, côsidere ie te prie où tu te trouues reduit, de quelles grâdeurs tu ez descheu, en quelles extremitez tu es tôbé.

Saül pour sa superbe fut plus hay de Dieu, remarque vn pere ancien, que pour sa magie, & pour ce, il a esté dejetté de son Empire, & en sa place, vn berger a esté substitué, *eleuans de terra inopem, & de stercore erigens pauperem, vt collocet eum cum principibus, cum principibus populi sui*.

Vasthi, pour sa superbe intollerable, fut

fut honteusement deschassee par Assuere, & la douce & humble Ester mise en son throsne, & substituee à sa place.

Goliath ce geant fier & rogue, qui alloit tonnant des rodemontades, brauant les Israëlites, fut defaict par vn simple berger : pour rabattre la presumption d'Holofernes, Dieu s'est seruy d'vne femme, qui luy a tranché la teste de sa propre espee. Pharao pour son fast, a esté submergé dans la mer rouge, & Nabuchodonosor, pour auoir voulu se faire adorer comme vn Dieu, a esté rendu vn vil animal, paissant l'herbe parmy les champs: nos premiers parés, pour auoir pensé mangeans du fruict deffendu, estre comme des Dieux, ont esté asseruis à mille miseres & calamitez, desquelles ils nous ont laissé successeurs, & que nous ne ressentons que trop, pour ne nous amuser à les despeindre.

Mais voicy de tous les exemples pareils, le plus riche & naïf, en la conference du Pharisien & du Publicain, celuy là entre dans le temple, la teste & la creste esleuee, chantant tout haut ses propres loüanges, & comme reprochant à Dieu ses bonnes œuures, comme si elles ne seruoyent pas plus à nostre vtilité, qu'à
la

la gloire du Createur, laquelle estant infinie, ne peut par consequent souffrir aucune augmentation, chacun sçait ses vanteries ineptes & impertinentes, au cõtraire le publicain ruinant sa poictrine de coups, quoy que moins coulpable que cest hypocrite, à peine osoit aborder le temple, qu'en terreur & espouuante, à peine osoit-il leuer les paupieres & souslever les yeux de terre, mais auec pleurs & gemissemens, s'accusant de ses fautes, confessoit meriter les indignations de Dieu, & deuoir encourir les chastimens de sa iustice, mais il ne faisoit qu'implorer pardon & misericorde, se recognoissant pour le plus indigne pecheur, qui iamais respira soubs la voûte du Ciel, mais en fin, Dieu rendit tesmoignage par son choix, comment il reiettoit le fast & l'hypocrisie, & receuoit à mercy la candeur & la deiection, reprouuant celuy-là, & eslisant celuy-cy, ainsi pour accomplir le cercle de ces diuers exemples, dans les termes premiers, qui nous ont donné l'essor, il se verifie par l'experience ordinaire, que Dieu humilie les orgueilleux, & exalte les petits, & pauures d'esprit. *Valet ima summis mutare, & insignem attenuat Deus obscura promens*

Horat 2. carm. od. 34.

mens. Le soleil rabat contre terre les exhalaisons lourdes & grossieres, & attire plus facilement à soy les subtiles & deliees, ainsi Dieu, *dispersit superbos*, mais il tire à soy les petits & simples. *Sinite paruulos venire ad me: talium enim est regnū cælorū.*

On dit que le bois des figuiers d'Egypte a ceste proprieté toute contraire au bois cōmun, que ietté en l'eau soudain il coule à fonds, mais quand il s'est bien réply & abreuué d'eau, il reuient au dessus, & tellemēt que les aucuns ont remarqué qu'il est si leger, que quasi côme du liege, il se tient sur la surface, il est au contraire des autres sortes de bois, lesquels pour vn temps nagent sur l'eau, mais en fin en estant fort imbus & trauersez, ils coulent à fonds. Or les humbles sont semblables à ce premier bois, car coulans au fonds de leur neant, là ils s'emplissent & comblent des eaux salutaires des larmes, de la componction, des graces diuines, desquelles par apres ils sont sousleuez en haut, iusques dedans les cieux. *Deus ponit humiles in sublimi, qui humiliatus fuerit erit in gloria, & qui inclinauerit oculos saluabitur.* Iob 5. Iob 22.

C'est vne remarque oculairement manifeste, que plus les lieux de la terre sont bas & raualez, plus ils sont gras, fertils & abondans abondance, voyez moy la sommité de ces hautes sourcilleuses montaignes, qui semblent menacer le ciel d'escalade, ou ce sont des neiges perpetuelles, qui les blanchissent & couurent, ou des bises froides & violentes qui courent là dessus, & empeschent la terre de pousser aucune herbe, ou ce sont des rocs steriles & infœconds, incapables presque de nourrir des chetifues broussailles, les campaignes plus basses, sont vn peu plus vtiles, mais les seicheresses les perdent, parce que, ny les torrens, ny les riuieres, ne les arrosent point, mais si vous descendez dans les vallons, vous n'y verrez qu'abondance, & de bleds, *& valles abundabunt frumento*, & de bois, & prairies, la raison de cela est aisee à apprendre de la nature, il est sans doute que deux elemens principaux fournissent, l'vn de matiere, l'autre de forme, l'humidité preste celle-là, & le soleil par sa chaleur, est cause de ceste-cy: or est-il que ces deux principaux outils de la mere nature, sont souuerainement & plainement aux vallons, car les eaux qui cherchent les lieux creux, y decoulent de tous costez, *misit fontes in conuallibus*, elles ne font point de seiour, sur le sommet des montaignes, ny dans les

LIVRE DIXSEPTIESME. 129

les arides plaines, d'où vient que ceste
priuatio d'humeur radicale les priue de
fecondité.

Il y a plus, car le Soleil venant à se ramaſſer, & à reünir ſes rais ſerrez dans les
flancs des couſtaux du vallon, y rend par
conſequent vne chaleur bien plus viſue que non pas ſur le feſte d'vne montagne, qui pluſtoſt diſſipe ſes rayons,
ny ſur le dos eſgal de la plaine raſe, laquelle reçoit bien ces traicts, mais laſ-
chement & d'vn biais gliſſant, mol, &
deſtendu, & puis où la matiere manque
la forme ne peut rien, d'où vient que où
l'humeur & la chaleur ſe trouuās en degré ſouuerain ez lieux bas, de là nuiſt la
fertilité & l'abondance. Ainſi ce n'eſt
point ſur les pointes eſleuees des eſprits
rogues, fiers, & ſuperbes, que deboulent
les eaux des diuines graces, elles cerchēt
les lieux plus bas, les ames plus profondes en leur abiection & recognoiſſance
de leur baſſeſſe, *Deus humilibus dat gratiam*,
& ceſte grace les rend feconds en toutes ſortes de perfectiōs & bōnes œuures.

Encores, *Mitit fontes in conuallibus, inter
medium montium pertranſibūt aquæ*, ou pour
l'interpretatiō moralle de ce verſet nous
remarquerons, que naturellement il n'y

Tom. v. I peut

peu auoir de vallée qui n'aye des deux costés son coustau ou montaigne, or c'est entre ces deux esleuations de terre & de tertres, que les fontaines, les ruisseaux, les fleuues, ont de coustume de rouler à pas nombreux, le decoulement de leurs ondes, dans le vaste sein de la mer, or puisque par les monts nous entendons les superbes, *Omnis mons & collis humiliabitur, & vallis implebitur: montes sicut cera fluxerunt à facie Domini, fundamenta montium conturbata sunt, quoniam Dominus iratus est eis,* disons que les esprits entachés de ce vice de presomption, fondent ordinairement leur vanité ou sur les biens interieurs, ou sur les exterieurs, voilà les deux costés de nostre vallée; mais celuy qui mesprise ces vaines enfleures & tumeurs de gloire, pour s'abbaisser dans le neant, il est tousiours arrosé des graces & benedictiōs du Ciel, lesquelles decoulent cōme les claires eaux d'vne belle fontaine dans les lieux plus profons & plus creux.

Dauantage ainsi humecté de la rosée d'enhaut, & eschauffé des rais du Soleil de Iustice, ie ne doubte point qu'il ne fructifie grandement, & que de luy on ne puisse dire, *sicut lignum quod plantatum est secus decursus aquarum, quod fructum suum dabit*

dabit in tempore suo. Dieu apparut à Abraham en la vallee de Mambré, *Apparuit Deus Abraham in conualle Mambre*, & le consola en son affliction, ainsi, *prope est Dominus ijs qui tribulato sunt corde, & humiles spiritu saluabit*, c'est là que ce bon Patriarche eut quelque reuelation de ce grand mystere de la Trinité, *Tres vidit & vnum adorauit*, & c'est dans la vallee de l'humilité que s'apprennent les mysteres, de tant plus clairement que simplement, *Deus reuelat ea paruulis & abscondit sapiētibus.*

Dieu dit à Hieremie, *Vide vias tuas in conualle, & scias quid feceris*, c'est dans l'humilité que nous acquerons la vraye cognoissance de nous-mesmes, comme l'orgueil nous fait mescognoistre, *homo cùm in honore esset non intellexit*, & ceste recognoissance nous esclaire pour descouurir nos imperfections cachees, *Delicta quis intelligit, ab occultis meis munda me*, pour cela Dauid, *Bonum mihi quia humiliasti me, vt discam iustificationes tuas*, vous voyez comme il apprend dans la vallee de l'humilité à recognoistre ses erreurs & à diriger ses voyes.

La vallee est vn lieu bien plus tranquille & asseuré, que non pas la montagne, la descente de celle-là est douce, la montee

montee à l'autre est rude, & est-il rien si facile, que de s'abbaisser : mais que de trauaux, entreprennent les ambitieux pour s'esleuer & deuenir grands. Au reste il n'y a dans les vallons que les douces halenees des zephirs, mais les vents impetueux & importũs battẽt sans cesse les sommitez des plus hautes mõtagnes.

Sæpius ventis agitatur ingens.
Pinus, & celsa grauiore casu
Decidunt turres, feriuntq; summos
Fulmina montes.

O que de tempestes & orages il y a au train de l'orgueil, où bien souuent les grands sousleuemens, ne font que nous faire tomber & precipiter d'vne cheute d'autant plus lourde.

——tolluntur in altum
Vt lapsu grauiora ruant.

Que seruit au superbe Aman sa grandeur, qui le faisoit quasi aller du pair auec son Prince, sinon de le faire pendre miserablement, au mesme gibet qu'il auoit preparé à Mardochée, ceux qui marchent & dansent sur des cordes esleuees haut en l'air, ils iouent à se rompre le col, & à faire par leur mort, seruir de fable & de risee à tout le peuple assistant & spectateur : i'appelle marcher sur des
cordes

cordes en l'air, que d'estre esleué en des dignitez enuiées & contreroollees de tout le mõde, quand la rouë vient à tourner, & le pied à faillir, chacun faict profit du dommage de ces gens là, personne ne plaint leur malheur, ains chacun se resiouit de leur perte, ceux qui se guindẽt en nos montagnes par des chemins hauts & estroicts, ils doyuẽt aller auec beaucoup de circonspection, car au premier faux pas ils tõbent dãs des precipices affreux, & perdroyent par leur cheute dix mille vies, tels sont ceux qui aspirent aux grandes esleuez, ils doiuent en leurs actions se comporter auec grande circonspection & prudence, car la moindre desmarche est non seulement bastante de les faire deschoir de toutes leurs pretentions & desseins, mais mesmes de les abysmer dãs des gouffres de malheurs perpetuels: mais comme il est bien difficile à ces gẽs qui grimpent ainsi en lieux hauts & presques inaccessibles, que la teste ne leur tourne, aussi *quando fortuna non mutat mentem*, dit cest anciẽ. Tous yeux ne sont pas esgalement forts pour regarder à val vn precipice sãs s'esblouyr, ni tous cerueaux à porter beaucoup de vin sans desmõter leurs rouages & estre offusqués, aussi tou-

I 3 tes

tes testes n'ont pas vne esgale prudence
& conduitte, pour supporter vne bonne
fortune, quelle est la nauire qui ne varie
sur les ondes instables de la mer, & par
l'agitation des souffles qui la remuët, quel
est le voile qui ne s'enfle quād il a le vent
en pouppe, qui me dõnera vn hõme ferme comme vn rocher parmy les diuers
branfles de la fortune ondoyante, & variable en son inconstance, comme la mer,
comme celle-là change de couleur selon
les vents qui la demeinent, apprens-ie de
Pline, aussi souuent les hõmes changent
d'esprit, de visage, & de conditions & humeur, selon les diuers aspects de ce vola-
ge hazard. Ceux-là sont bien plus sages,
& marchent bien plus seurement, qui võt
par le plain; celuy qui est couché plat à
terre, n'a pas peur de tomber de haut:
Qui iacet in terra non habet vnde cadat.
D'où vient cela, dit le plus ingenieux des
Poëtes, que Dedalus se sauue auec des
aisles artistes, & le ieune Icare son fils
est precipité miserablement dans la mer,
sinon de ce que celuy-là rasoit la terre, &
l'autre se trouua fondu & cõfondu pour
auoir voulu guinder sa cire trop prés du
Soleil.

Ouid. 1. *Dum petit infirmis nimium sublimia pennis*
Trist.   *Icarus,*

LIVRE DIXSEPTIESME. 135

Icarus, Icarijs nomina fecit aquis.

Et encores,

Vsibus edocto si quidquam credis amico,
    Viue tibi, & longè nomina magna fuge.
Viue tibi, quantúmque potes illustria vita,
    Sæuum prælustri fulmen ab arce venit.
Effugit hybernas demissa antenna procellas,
    Latáque plus paruis vela timoris habent.
Aspicis vt summa cortex leuis innatet vnda,
    Cùm graue nexa simul retia mergat onus.
Quid fuit vt tutas agitaret Dædalus alas?
    Icarus immensas nomine signat aquas.
Nempe quòd hic altè, demißius ille volabat,
    Nam pennas ambo non habuere suas.
Crede mihi bene qui latuit bene vixit, & intra
    Fortunam debet quisque manere suam.

Trist. 3.

Ce mot, Cache ta vie, si bien descrit par Plutarque, me semble vn souuerain precepte en l'eschole de l'humilité, il n'est q̃ de costoyer le riuage, sans abandonner la terre, il fait trop dangereux & perilleux en haute & plaine mer, *in mari magno & spacioso, sunt pericula, quorũ non est numerus.*
    Alter remus aquas, alter tibi radat arenas.
    Tutus eris, medio maxima turba mari est.
Ceux qui se contiennent auec modestie dans l'abiection & l'humilité, ils vot auec d'autãt plus de seureté que de simplicité, ils sõt à l'abry des vẽts impetueux q̃ coulẽt

I 4   sur

sur la mer du monde, ils ne sont point subiects aux escueils des enuies, aux goufres des calomnies, aux abysmes des trahisons, aux naufrages de mille malheurs, ausquelles risques s'abandōnent ceux lesquels voulans faire essor dās la vanité des hōneurs & grandeurs du siecle, se veulēt monstrer & produire en parade. Ces tableaux & statues cachees dās des cabinets ne sont subiettes à aucune censure, mais quād elles sont en prospectiue publique, chacū y trouue à redire, & n'est si impertinent qui ne reprenne, voire aux plus accōplies, tāt il est mal-aisé de plaire à tout le monde, ce que Iupiter mesme ne peut, dit le prouerbe ancien, les personnes priuees coulent & meinent vne vie douce, pleine de paix & repos, sās trouble & trauerse d'aucū, l'on est caché dās la presse, les estropiats mesmes & vicieux y couurēt leurs imperfections, mais quant on est estallé ez charges publiques, l'on est tasté, cōsideré, iugé, syndiqué de toutes parts: ce ne sont qu'anxietudes, mesdisances, attaintes: la magistratiue, dit vn ancien, fait cognoistre l'homme, c'est à dire, le produit au public tel qu'il est. La Tortuë, dit le grād Historiē hōneur de Padouë, quād elle veut s'estēdre hors son estuy, pousse
des

des mēbres si tendres delicats, & flouëts, q̃ le moindre heurt la peut endõmager, mais si elle se tiét resserree dans sa maisõ. *Impauidam & intactam ferient ruinæ.* Ie fais semblable iugemēt de ceux que ie voy se desplaire en la vie priuee, & qui desesperent de s'esleuer aux charges publiques, pour estre honnorez, respectez, veus & considerez comme les autres, qu'ils voyent en degrez pareils, ô pauures aueuglez & insensez, la mine vous semble douce, mais le ieu est bien plat, desplaisant, & maigre, c'est vn appast doucereux, qui cache souuent l'hameçon d'vne mortelle ruine, il s'est veu peu de gens perir en vne vie retiree, peu de gens se sauuer dãs la publique, ce Soleil brille pour vn tēps, mais il tirera bien tost des exhalaisons qui terniront bien & reboucherõt son lustre, ce pré est esmaillé de belles couleurs, mais les viperes y sont cachees, prenez vous garde de marcher droict,

Improuisum aspris veluti qui sentibus anguē
Pressit humi nitens, trepidusq̃, repētē refugit.

Lors que vous y penserez le moins c'est lors que l'on vous renuersera de fond en comble, vous y perdrez le bien & le mal acquis, comme les plumes d'aigles consumēt les autres, le corbeau animal gourmand

mand estant trop saoul, est contraint de reuomir, & le superflu dont il s'est gorgé & ce qui luy estoit necessaire & à suffisance, ceux qui soubs espoir d'acquerir beaucoup aux grandes & eminentes dignitez, employent vert & sec, de tout leur bien legitimement acquis, ou laissez par leurs predecesseurs, ils y perdēt souuent par vn reuers de fortune, vn croc en iambe, vne charité courtisane, & le drap & l'argent.

Sainct Bernard disoit, que sur la mer de Marseille, de dix galeres, à peine s'en perdoit-il vne, mais que sur la mer des fonctions publiques, de cent ames, à peine s'en sauuoit-il vne, tant il est mal-aisé de se comporter droict & iuste en vne pente si glissante & labile.

Tout ce qui reluit n'est pas or, dit-on, & tout cest apparat fastueux des grandes & releuees qualités, a plus de masque, que de corps solide, & plein, Demosthenes engagé bien auant dans les affaires de la republique d'Athenes, & si auant, qu'il ne s'en pouuoit desgager, ny quitter la partie sans la perdre, ressentant viuement & en homme experimenté les angoisses & trauerses de ceste vie, qui s'entremet des negoces espineux du monde,

ne

ne pouuát faire tomber d'accord le peuple, ceste beste farouche & à cent testes, disoit en se plaignant de tant de trauaux & hazards, que si à l'abord qu'il se poussa en ce train, il en eust recogneu les malheurs & miseres, de deux chemins, dont l'vn eust mené au maniement du public, & l'autre eust conduit au supplice, il eust beaucoup mieux aimé choisir ce dernier, comme n'ayant qu'à franchir le saut vne fois, que d'embrasser l'autre, où à chasque moment on y recoit mille disgraces, plus douloureuses que la mort.

―――― *mortis habet vices,*
Lentè cùm trahitur vita gementibus.

O! combien de grands és cours des Princes & Roys, font vn beau maintien, pour couurir leurs mescontentemens internes! ô combien y font les empressez que le degoust tient & saisit à la gorge, le Roy auoit bonne grace, lequel se sentant la teste chargee de mille soucis, pour la conseruation de son Empire, disoit, picqué d'vn vray & vif ressentiment, que si l'on sçauoit la pesanteur d'vn diademe, à peine le voudroit-on ramasser de la terre, le rencontrant en son chemin: ô que de trenchâtes douleurs & agonies,

agonies, se ressentent souuent plustost sous les manteaux empourprez de la royauté, que sous les mantes grossieres & rudes des villageois & paysans!

Stet quicunque volet petens
Aula culmine lubrico,
Me dulcis saturet quies,
Obscuro positus loco,
Leui perfruar otio,
Nullis nota Quiritibus,
Aetas per tacitum fluat:
Sic cùm transierint mei
Nullo cum strepitu dies,
Plebeius moriar senex.

là mesme oyez vn Roy parlant de sa propre misere:

―――― Dum excelsus steti
Numquam pauere destiti, atque ipsum mei
Ferrum timere lateris, ò quantum bonum est
Obstare nulli, capere securas dapes,
Humi iacentem scelera non intrant casam.

Que si les plus grandes delices, & plaisans diuertissemens des souuerains, sont de se trauestir & desguiser en particuliers pour se depestrer des ordinaires importunitez & sollicitations de tant de gens qui les entournent, tirerons-nous pas de là, vn bel enseignement, qu'il faut que le fast & la pompe des dignitez plus eminentes

eminentes cedent à la douceur, aisance, & contentement, de l'abiection & bassesse, & tirerons aussi tost de là, l'aueuglement de ceux qui mescontens de leur propre condition, affectent desesperement des preeminences, dont ils seront aussi tost saouls, qu'ils en auront gousté, qui ne void que ce sont des papillons volages, legers, & inconsiderez, qui se bruslent aux rets de ses flambeaux, qui ne void que ce sont des perdrix abusees, qui se viennent prendre dans les lacs, pieges, & filets à l'aspect d'vn miroir qui baille au soleil : ô que douce est la guerre, à ceux qui ne l'ont iamais experimentee ; *dulce bellum inexpertis*: mais quand tantost apres on parle à ces ieunes mignons, de faire de longues veilles, pendant les rigoureuses nuicts d'vn hyuer inclement, de patir la faim, la soif, la froidure, & vn monde d'autres incommoditez, qui foisonnent en ce mestier, aussi tost ils seignent du nez, quand on leur parle de s'exposer aux hazards, de courre risque de la vie, de se mesler dans les combats & plus furieux destours, d'aller aux escarmouches violentes, aux assauts sanglants, au premier coup, les voyla deffaillis de cœur, s'il leur faut sonder vne playe, leur

arracher

arracher vne balle d'entre les os, ce ne sont que pasmoisons & laschetez, ils quittent tout là:

   ——— *Sicut Veianius armis*
  Herculis ad postem fixis.

renoncent à la profession qu'ils auoyent si ardemment embrassee, cōbien en voyons nous qui se prennent ainsi chaudement aux lettres, & puis qui se relaschent presque au sueil de l'huis, mais pour ne m'esgarer pas en ceste consideration, cōbien voyons nous de personnes beantes apres l'apparat des Cours des Princes, ils admirent d'abbord ces grandeurs, mais ils ne cōsiderent pas que ces beaux souliers serrent d'autant plus fort qu'ils sont mignonnement faicts, ils ne iettent pas les yeux de leur preuoyance au delà des miseres qui accompagnent inseparablement ces esclats estalez, ceste specieuse amorce les appaste, ils taschent de se fourrer parmy ceste tourbe, aussi-tost, ils y veulent paroistre, & par consequent s'y ruiner & perdre: l'appetit d'estre grands les chatouille, sans preuoir que ceste grandeur est battue de mille orages.

  Quatiunt alta sæpe procella.

Que toute ceste pompe n'est que fumee, & *sicut deficit fumus, deficient*, dit
           le

le Psalmiste, or comment finit elle, voyez moy ceste fumee espoisse, plus elle s'esleue dans l'air, plus elle se dissippe & reduit à neant: aussi plus vn homme est haut en honneurs, plus il est proche de son declin & voisin de sa cheute. Plus le singe grimpe haut, plus il monstre sa vergoigne, & plus vn homme s'exalte, plus honteuse en est sa cheute & son raualement.

L'aigle ne pouuant venir à bout de se repaistre de la tortuë, tant qu'elle est recluse dans sa coquille, vse de ceste inuention, de l'esleuer bien haut dans le vague des airs, la tenant en ses griffes, où estant elle la laisse tomber sur des roches bien dures, où se fendant en esclats, elle faict lors aisement pasture de ceste chair. Le Diable vse souuent d'vn pareil artifice, pour auller les ames, & les rauir à perdition, tant qu'elles se tiennent recluses & resserrees dans l'enclos de l'humilité, il n'en peut venir à bout, mais si tost qu'elles font essor vers les dignitez eminentes, c'est lors qu'il leur dresse mille embusches, pour les precipiter de leurs pretensions & deschoir de leurs desseins. Et

Et comme vne notion traine l'autre, ce mesme oyseau carnassier, ne pouuant par force visue, faire curee du cerf, il a de coustume de s'empoudrer toutes les aisles, & de venir se percher sur le bois de cest animal, & de là secoüer ce sable dans les yeux de ceste beste, laquelle aueuglee court tant qu'elle se precipite de quelque lieu haut, où s'estant brisee & tuee par sa cheute, lors l'aigle s'en repaist à son aise. Voulez-vous sçauoir d'où prouient qu'auec tant d'aueuglement plusieurs mondains se guindent aux honneurs, cela n'est autre chose que l'inuention du Diable, qui leur offusque la veuë, de ceste menue poussiere de reuerences, de respects, de caresses, mais quand ils viennent à estre en fin precipitez de ces lieux hauts où par des disgraces plus qu'ordinaires de la fortune, laquelle, dit vn ancien, *numquam simpliciter indulget*, ou en fin par la mort, laquelle tranche esgallement le fil des iours tant aux grands qu'aux petits,

communia toti
Genti sceptra terens, aeternique fœdera seruans,
Quæ magnos paruósque terit.

C'est lors que l'ennemy faict curee de ces ames perdues. Le bon sainct Anthoine

LIVRE DIXSEPTIESME. 145

ne vid vn iour en vision le monde tout plein de lacqs & de pieges, dequoy s'estonnant, helas! dit il, qui est ce qui se pourra garder d'y estre pris? Il luy fut respondu, que c'estoit le vray humble & le pauure d'Esprit, car comme les poissons qui nagent sur la surface de l'eau, sont sans doubte pris dans les rets des pescheurs, nõ pas ceux qui nagent au fonds, iusques où le filet ne peut atteindre, aussi l'ame humble qui se plonge dans la profondeur de son neant, n'a garde de se prendre aux pieges que le Diable nous tend de toutes parts, par les vanités, les richesses, & voluptés du siecle.

Ainsi les Soldats près à choquer, quãd les armées sont rangées en bataille, ont de coustume, auant que venir aux mains, de baisser les ventres contre terre pour euiter la fureur du canon qui tonne & iouë deuant, & en ceste vie, qui n'est autre chose qu'vne guerre & milice continuelle sur terre, où nous sommes exposés à la merdy de plusieurs furieuses batteries, si nous nous rauallons à la terre, c'est à dire dans l'humiliatiõ, sans doute nous esquiuerons ces coups mortels & dangereux, & de là nous releuerons

Tom. v.   K   plus

plus forts, pour terrasser le Diable nostre ennemy capital.

Ils disent d'Anthée, que par l'attouchement de la terre sa mere, il reprenoit de nouuelles forces pour combattre, & de la recognoissance de nostre vilité, nos ames recoiuent de la force pour bien & vigoureusement guerroier contre le monde, le sang, & l'Enfer.

Les poissons quand ils sentent la surface de la mer agitée des tourbillons des vents furieux & tempestatifs, ont cest instinct de se couler au fond, où ils sont en repos & tranquillité : & les sages qui voyent & recognoissent que les cœurs des ambitieux & superbes sont comme des mers enflées, bouillantes, inquietes, ils se tiennent tapis dans le fonds de leur humilité, où n'y a que douceur, repos, & tranquillité d'esprit.

C'est la leçon que nous donne nostre grand maistre en termes exprés: *Discite à me quia mitis sum & humilis corde, & inuenietis requiem animabus vestris.* Voila que dans la douceur & l'humilité, il met la quietude en laquelle ie tiens, s'il est quelque felicité çà bas, qu'est la beatitude mortelle, or regardez ce progrez, dit Chromatius, si vous voulez

LIVRE DIXSEPTIESME. 147

monter vne eschelle, il faut aller par les degrés, il est impossible de s'esleuer tout à coup : veux tu estre doux, sois premier humble de cœur, *sicut impossibile est secundò sistere gradui, nisi ascenderis primùm, sic homo mitis esse non poterit, nisi prius pauper spiritu fuerit factus*.

Mais ie ne peux tenir la bonde de mes imaginations sur ce, *Discite*, ô bon Iesus! que nous pouuons bien apprendre en vos deportemens, comme dans vne leçon visue & parlante, la vraye & essentielle humilité, c'est pourquoy iustement vous dictes, *Discite à me*. Il est vray que, *Exemplum dedisti nobis, & sicut fecisti, ita & nos faciamus*, est-il pas resonnable que nous *qui à Christo dicimur Christiani*, dic vn pere ancien, insistions aux vestiges de nostre chef, peut bien le membre estre si lasche & effeminé de ne pouuoir souffrir ce que le chef endure, pour petit que soit le passage : on dit que les corps bien proportionnés passent là où la teste peut trauerser, & pourquoy ne suiuons nous pas nostre Seigneur en sa bassesse, si nous desirons estre auec luy exaltez en dignité : allons donc ô ma chere ame, allons, *Exeamus extra castra, improperium eius portantes*, sortons de nos honneurs, des vanités

K 2 du

du siecle, de l'amour propre, des bombaces & pompes mondaines, prenons ceste Croix, embrassôs l'opprobre & l'ignominie, & disons, *facti sumus opprobrium vicinis nostris*. Ie ne doubte point que le monde ne blasonne de lascheté les traicts & actions d'vne ame humble, & qui se plaist dans l'abiect : mais courage, *Elegi abiectus esse in domo Dei mei, &c.* la simplicité des pauures Religieux, par les langues malicieusement viperines des peruers, est estimee folie, *hi sunt quos habent in derisum & in similitudinem improperij* : mais viendra le temps que les fleurs apparoistront, que les fruicts se produiront, apres le rude hyuer de ceste mortelle & miserable vie, & la chance estant tournée, ils diront, *Nos insensati, quid nobis profuit superbia & diuitiarum iactantia, &c. hi quos habuimus in derisum, habentur inter electos Dei.* Bienheureux donc celuy, chante le Psalmiste, qui ne se perd point dans ceste voye des peruers, mais qui suit le chemin battu par nostre chef infaillible.

S. Augustin à Dioscorus subtilement: *Excelsa est patria, humilis via : ergo qui requirit patriam, cur recusat viam?* Celuy seroit estimé impertinent lequel aduerty d'aller

ler par tel chemin, pour paruenir au lieu où il tend, voudroit opiniastrement aller par vn autre qui l'en esloigneroit, chacun crie que le chemin pour aller au ciel est par les valees de l'humilité, à quoy faire donc tant de gens se perdent-ils dans les montaignes des ambitions, se fouruoyans dans les grandeurs, qui les en esloignent d'autant plus qu'ils s'en pensent approcher.

Côme ces Geans, qui, entassans Pelion sus Osse, & montaignes sur montaignes, pensoyent escalader les Cieux, mais ils se trouuerent descheus par mille foudres d'vn dessein si temeraire & outrecuidé. Il y en a des peintures fort delicates chés les Poëtes, notammēt celle cy du Lyrique.

> *Vini temperatam dij quoque prouehunt*   3. Carm.
> *In maius, ijdem odère vires,*   Od. 4.
> *Omne nefas anima mouentes,*
> *Testis meatum centimanus Gygas*
> *Sententiarum, notus & integræ*
> *Tentator Orion Dianæ,*
> *Virgineâ domitus sagittâ.*
> *Iniecta monstris terrà dolet suis,*
> *Mærétque partus, fulmine liuidum*
> *Missos ad Orcum.*

Aussi les superbes pensans à force de grandeurs s'auoisiner du Ciel, ils s'en

K 3   recu-

reculent, car ceux qui sont les plus grands çà bas, seront les plus petits là haut, *vbi erunt nouissimi primi, & primi nouissimi.* Ie veux monstrer cela par vne similitude fort claire & simple. Prenez garde à ces liures de comptes ou regiſtres des marchands. Ils ont ceſte couſtume de mettre au bas de la page, la ſomme totale calculee de toutes les particulieres parties y compriſes, & pour faciliter leurs comptes ſuyuants, ils mettent en teſte du fueillet tourné ce qui aura eſté à la queuë du precedent, auſſi en ceſte vie ceux qui ſont les derniers, plus bas, & plus humbles, ce ſeront les premiers, & les plus eſleuez en l'autre vie, lors que la mort aura tourné le fueillet de la preſente à la future. Pour ceſte occaſion noſtre Seigneur voulant accoiſer la diſſention que l'ambition alloit ſemer parmy ſes Apoſtres, il leur donna ceſte loy que s'ils auoyent enuie d'eſtre grands en ſon Royaume ils fuſſent petits en terre, *diſcite à me quia mitis ſum & humilis corde.*

Plus la Lune eſt voyſine du Soleil plus elle eſt petite, & plus vn homme eſt petit en la conſideration de ſon neant, plus il eſt grand deuant Dieu. Ceux que nous voyons

LIVRE DIXSEPTIESME. 151
voyons plus bouffis & pleins de vents, à cause de ie ne sçay quelles faueurs que la fortune leur preste, cōme la Lune plaine d'vne lumiere empruntee & qui luy eschappera tantost, ô qu'ils sont esloignez de Dieu!

Oyons S. Gregoire, *Tantò quis fit vilior Deo, quantò pretiosior sibi, & tāto pretiosior Deo, quantum propter eum vilior est sibi*, c'est pourquoy est excellent le conseil du sage: *Quanto maior es, tanto magis humilia te in omnibus.* Li. 8. moral.

Ie reuiens à mon *Discite à me*, qui m'a ja tiré si loin, & ie dis auec S. Augustin, que nostre Seigneur ne veut point que nous appreniōs de luy à suyure ses traces, és actions prodigieuses qu'il a faites pendant sa vie, mais il veut seulement, que comme il a caressé l'humilité en tout le temps qu'il a vescu, nous ayons à faire le semblable, *Discite à me*, dit cette lumiere des Docteurs, *non mundum fabricare, non cuncta visibilia, & inuisibilia creare, non in mundo miracula facere, non mortuos suscitare, sed discite à me quia mitis sum & humilis corde.* Or de s'espandre en la consideration des actions esquelles nostre Seigneur a, pendant son sejour en terre, pratiqué l'humilité, ce seroit vn discours de August. de verb. Dom.

K 4 trop

trop longue haleine, de trop grande estenduë, i'ayme mieux le laisser ruminer aux belles ames, que de les abãdóner à la platte & maigre description que i'en pourrois faire: ce sera sur ce plan racourcy qu'en trace diuinement S. Augustin, que l'on se pourra espandre, *O Sancta venerabilisque humilitas, tu Dei filium descendere fecisti in vterum Sanctæ Mariæ Virginis, tu eum fecisti inuolui vilibus pannis, vt nos induceret virtutum ornamentis; tu eum circumcidisti in carne, vt nos circumderet in mente, tu eum corporaliter flagellasti, vt nos à flagello peccati liberaret, tu eum coronasti spinis, vt nos coronaret suis æternis rosis, tu eum infirmari fecisti, qui medicus cunctorum erat, solo verbo sanans omnia & vniuersa, vt infirmos sanaret.* Se dilatent là dessus les beaux Esprits.

<small>Hugo l. 3. de clau- stro anim.</small> Tandis que ie passe à me autre consideration sur ce, *discite*, tirée d'vn bon Docteur. *Discite*, fait il, *à me, quia mitis sum & humilis corde, & inuenietis requiem animabus vestris. Ecce mel humilitatis cum dulcedine mansuetudinis, sicut enim mel concordat in confectionibus medicinæ cum omnibus diuersitatibus specierum, sic humilitatis dulcedine condiuntur omnia genera virtutum.*

Et

LIVRE DIXSEPTIESME. 153

Et ie dis en suitte, que comme aux banquets auec toutes sortes de viandes, l'on mesle du pain, aussi parmy toutes nos bonnes œuures, doit estre l'humilité, sans laquelle elles sont insipides, voire mauuaises.

Est-il pas vray que la viande deuoree sans pain, corrompt & pourrit l'estomac, c'est le pain qui la tient en iuste temperature, & la tourne quant & soy en vn aliment propre & conuenable à la santé, aussi sans l'humilité, toutes les vertus sont imparfaictes, voire tres-nuisibles & pernicieuses à l'ame, si elles sont entachees de superbe: car lors triomphe l'orgueil, quand il est planté & enté sur vne souche vertueuse, toute œuure qui ne tire vie de ceste racine est morte, c'est la saincte & salutaire doctrine des Peres. *Quia origo virtutum in nobis est humilitas,* dit sainct Gregoire, grand Docteur & grand Pape, *illa veraciter pullulant quæ in radice propria, id est humilitate perdurant, à qua nimirum si abscinduntur arescunt, quia non viuificantes se in infimis, humorem humilitatis perdunt.* Et encores: *Qui humilitatem quæ mater est virtutum nesciunt, fructum sui perdunt laboris, & si quæ bona sunt quæ operari videntur, quia surgentis fabricæ robusta celsitude* 27. Moral.

Ibidem.

tudo non fígitur, quæ nequaquam per fundamenti fortitudinem in petra solidatur, soli igitur ruinæ crescit quod ædificant, quia ante malem fabricæ humiliatis fundamenta non procurant.

Entre les autres perfections que le bon sainct Hierosme remarque en sa deuote Paula, celle-cy me semble excellente, qu'il la faict tres-humble emmy vn monde de vertus, qui decoroyent ceste belle ame, ses mots sont à sa mode richement elegans: *Sicut inter multas gemmas pretiosissima micat, & iubar solis paruos igniculos stellarum obscurat: Ita cunctarum virtutes & potentias sua humilitate superauit, minimáque fuit inter omnes vt omnium maior esset, & quantò se plus deijciebat tantò magis à Christo sublemabatur, latebat & non latebat, fugiendo gloriam, gloriam merebatur, quæ virtutē quasi vmbra sequitur, & appetitores sui deserens, appetit contemptores.*

A ce beau passage s'accorde fort ce traict d'vn Ancien: *Gloriam qui contempserit veram habebit.* La voye la plus courte, dit Seneca, des richesses, & ie dis de la gloire, pour y paruenir, c'est le mespris & la fuitte d'icelle. Sainct Hierosme, est-il subtil? Comme l'ombre, dit-il, est inseparable de ceux qui la fuyent; ceux qui se vantent

tent ineptement, des perfections qu'ils n'ont pas, seruent de fable & de risee à vn chacun, & celuy qui se blasme soy-mesme, qui s'accuse, voire des imperfections qu'il a, est excusé & loüé, tant l'humilité aggree, tant l'orgueil desplaist, & à Dieu & aux hommes: *Odibilis Deo atque hominibus superbia*: au contraire,

Laus vera humili sæpe contingit viro.

Parmy les chiffres, chacun sçait que le zero ne sert de rien en soy, mais il augmente merueilleusement, & faict valoir les autres nombres, par son adionction multipliee, voire iusques à l'infiny, de mesmes, parmy le rang des vertus, l'humilité est si petite, qu'à peine la peut-on apperceuoir, car estant totalement immense dans le neant, elle est d'autāt plus essentiellement vraye, que moins elle est cogneuë, & toutesfois, quād elle est iointe à vne autre vertu, elle la faict valoir, mesmes iusques à l'infiny, puis qu'elle la rend meritoire d'vne felicité infinie.

Si l'arbre produit de mauuais fruicts, on dit aussi-tost que cela prouient de la racine pourrie & corrompue, s'ils sont bons & entiers, on iuge aussi-tost, sans la voir, que la racine est saine & vigoureuse, telle est en somme la production de la plante,

Seneca Thyest.

plante, qu'est la disposition de la racine, *bona arbor bonos fructus facit* : ainsi iuge Dieu de la bonté ou mauuaistié de nos œuures, par l'humilité, cachee dans l'interieur de nostre ame.

Certes quand i'ay leu, que par les vallees, les ames humbles pouuoient estre entendues, i'ay pensé que ceste disposition basse de la terre, auoit quelque raisonnable rapport, auec l'abiection de l'ame.

Mais quand i'ay appris, que sainct Anselme appelloit l'humilité vne montaigne, i'en ay esté estonné, c'est au liure de ses similitudes, voicy ses mots : *Humilitas est mons magnus, in cuius summitate lux est non modica, & honestarum personarum, id est, sanctarum virtutum pulcherrima turba, sed qui ad hunc peruenire desiderat, necesse est ut per gradus quosdam ascendat, si hunc montem agnoscere, & inhabitare festinat.* Si est-ce que i'ay pensé là dessus, que comme la montaigne & le vallon sont choses reciprocantes, d'vne enchaisnure si naturelle, & d'vne correlation si vnie & inseparable, que l'vne ne peut estre ditte sans entendre l'autre, & que comme c'est par la pente, que l'on paruient au sommet, aussi pour venir au feste de la perfectió,

il

il falloit commencer par la plus basse marche, qui est l'humilité, laquelle faict la fondamétale base, de l'amoncellement des vertus.

On prise fort ces hommes, que l'on void par leurs merites, estre paruenu de de gré en degré aux grandes charges, de cela est loüé Caton, Paul Æmyle, Cæsar, & tous les plus valeureux personnages, dont l'antiquité face feste, parce qu'ils tenoient & iustement, que c'est en l'eschole de l'obeyssance & inferiorité, que l'on apprend à commander & tenir le dessus, & celuy estre incompetent iuge d'vne chose, qui ne l'auoit experimentés & celuy faict vne acquisition fort solide de vertu, & merite vne gloire signalee, qui commence par les plus bas degrez, notamment par la submission & l'humilité, c'est elle qui abreuue & teint l'ame parfaictement des bônes habitudes: quiconque pense les acquerir sans son entremise, il n'en rapporte que la crouste, la monstre, la surface, & la premiere peau.

Plus nos yeux sont nets & clairuoyâs, mieux nous recognoissons la grande & lointaine distance qui est entre nous & la voute du ciel, & plus nous allons auant

en

en vertu, & profitons en la vie pieuse, plus nous recognoissons combien nous sommes esloignez du sommet de la perfection, & ceste recognoissance engendre en nous vne profonde & vraye humilité: C'est de sainct Iean Bouche-dor, que ie tire ce concept, dont voicy les belles paroles: *Sicut quantò acutius videmus, tanto magis percipimus, quàm longè à cœli regione distamus, sic etiam quantò altius per spiritualem profectum ad virtutis culmen conscendimus, & mentis oculum perpurgamus magis, tanto amplius docemur, quàm sit inter Deum & nos grāde discrimen, tanto clarius cernimus, quàm adhuc humili loco & abiecto iacemus.* Ce que ioindra merueilleusement iuste, ceste belle & remarquable sentence, de sainct Gregoire le grand: *Quantò quis minus se videt, tantò minus sibi displicet, & quātò maioris gratiæ lumen percipit, tantò amplius reprehensibilem se esse cognoscit:* & cest autre de sainct Hierosme, *hæc est in omnibus sola perfectio, suæ imperfectionis cognitio.*

Quand le Soleil darde les rays de sa perruque dorée sur la terre, lors nous voyons ces petits corpuscules, qui pour leur exiguité insecable & indiuisible, sont appellés atomes, & apperceuons que l'air en est tout remply, que nous les humons

&

LIVRE DIXSEPTIESME. 159

& auallons à chafque fouffle, halenee, & refpiration, ce grand flambeau difparoiffant, ou par les tenebres de la nuict, ou par l'interuection d'vne obfcure & espeffe nuee, nous ne les apperceuons plus, si n'eft-ce pas qu'ils ne foyent efpandus & eftendus par tout le vague de l'air. Il eft ainsi en nos ames, quand le Soleil de la grace diuine *illuminat tenebras noftras, illuminat abfcondita tenebrarum, & reuelat secreta cordium*, lors nous y remarquõs iufques aux imperfections plus petites & simples, mais si elle en eft priuee, fes yeux font troublez en forte, que mefmes elle ne fe fent pas faillir, & à peine a elle du reffentiment de ses plus lourdes & fignalees fautes, or c'eft dans l'humilité que l'on apprend à cognoiftre les deffauts, & à diriger ses voyes, felon la droicture des commandemens de Dieu, felon que chante le diuin Pfalmographe, *bonum mihi, quia humiliafti me, vt difcam iuftificationes tuas*, puis que nous en sõmes fur la veuë & les yeux, pouffons encores quelques concepts.

L'œil eft dit, à ce que raifonnent les Etimologiftes, parce qu'il eft caché, *oculus quafi occultus*, & l'humilité qui nous donne vne vraye cognoiffance de nous mefmes mesmes, est vne vertu occulte & resserree dans les tenebres de son neant.

On remarque que les yeux gros & enflez, voyent peu, mais que les plus lointains, sont les enfoncez, comme plus ramassez & reünis : or la vertu ramassee selon l'axiome, est plus forte. Ceux qui sont enflez de superbe & presumption, ne voyent pas plus loin que leur nez, *homo cum in honore esset non intellexit* : ils manquent de ceruelle & de iugement, de s'estimer par des biens exterieurs, perissables & fresles, mais ceux qui plus sages, s'enfoncent dans soy par vne salutaire introuersion, & qui recognoissent ingenuement que toute chair est foin, & quelque grandeur que l'on aille imaginant en vn homme, il est tousiours hōme, & bien lourdement homme, & que pour estre assis sur vn throsne esleué, il n'est point autrement planté, que sur les bancs plus bas, ny sa statue plus alongee, pour estre soubsleué & monté sur des eschasses, c'est à dire que les honneurs & grandeurs, ne metamorphose aucunement la nature de l'homme, ceux-là, dis-je, voyent de bien plus loing, plus nettement, & asseurement.

Comme rien ne nous bande tant les yeux,

yeux, ni les offusque de la taye de mescognoissance, comme la superbe & l'orgueil, aussi rien ne les esclaircit & nettoye comme l'humilité, vertu ce me semble fort bien symbolisée par l'Onyche, pierre precieuse salutaire pour la veuë, laquelle parmy les autres estoit enchassée au pectoral du grand Prestre, sans l'assistance, & l'vsage de la veuë nous ne pourrions rien discerner icy bas, rien œuurer, nous prendrions aussi tost le bien que le mal, les tenebres que la lumiere : & sans l'humilité, ie dis qu'il est bien difficile de cheminer iuste en l'exercice de la vertu, nous ne pourrions discerner le bien du mal, c'est nostre guide & nostre conduite.

Exod. 28.

Et comme en la loy ancienne, il estoit deffendu d'offrir à Dieu pour holocaustes des animaux aueugles, aussi luy sont desagreables des ames aueuglees de superbe, lesquelles cōme les aueugles corporels selon le cōmandement de Dieu, estoyent rejettez de l'entree du temple materiel, sont aussi rebuttees de l'enclos de la celeste & diuine Hierusalem.

Deut. 15.

Les aueugles estoyent aussi forclos du Sacerdoce & sacrificature, enseignement aux Prestres qu'ils doyuent estre d'autant plus humbles, que grāde est la fonction &

Tom. v.　　　　L　　　formi

formidabile, à laquelle ils sont appellez.

Là tend ceste admonition de S. Gregoire, *Tanto quisque debet esse humilior ad serniendum, & promptior ex munere, quanto se obligatiorem conspicit in reddenda ratione.*

<small>Homil. 9. sup. Euan. Math. 25</small>

Mais vne chose admirable aux yeux est, que voyans tout ils ne se voyent pas eux-mesmes, si ce n'est par reiect & reflection, sur la glace d'vn miroir. Cela se peut rapporter aux repreneurs qui voyët le festu en l'œil de leur prochain, sans s'apperceuoir de la poutre qu'ils ont dans le leur, mais ie dis que l'ame est de ce naturel, quelle ne se peut cognoistre que par vne reflexion & introuersion, *Quis enim scit hominum quæ sunt hominis?* Nous voyons directement les fautes d'autruy, mais indirectement les nostres, *Alter alterius culpam*, dit sainct Chrysostome, *cito intelligit, suam autem difficile.* C'est pourquoy il faut se seruir de la glace des beaux exemples, qui sont autant de miroirs, dans lesquels nous pouuons voir nos imperfections, les confrontant aux perfections des saincts & sages personnages, les gestes desquels nous considerons & admirons: c'est l'aduis de sainct Gregoire. *Si vis intelligere qualis es, debes primo intelligere qualis non es, vt ex forma bonorum*

<small>1. Corin. 2.</small>

<small>In Matt. 23.</small>

<small>S. Moral.</small>

norum, metiaris quanta boni indigentia sis deformis, lumen naq́ue debet respicere, qui de tenebris vult iudicare. L'amertume des amandes faict ainsi iuger de la douceur du vin, & la tempeste precedente fait trouuer d'autāt plus gratieuse la bourrasque suyuante, & l'obscurité de la nuict redouble la ioye que l'on cõçoit de la splēdeur du iour, les picquons ornent les roses, & l'esguillon des abeilles donne quelque prix au miel, somme l'ame se picque par cõtrepointe, la perfection se manifeste de tant plus viuemēt qu'elle est accarree à l'imperfectiõ.

Ceux qui nous donnent vne veuë formee par l'emission des rayōs, ils feignent que les deux lignes visuelles qui sortēt de nos yeux, viénent aboutir en pyramide, & en vn poinct qu'ils appellent Cone, sur la chose regardee. Or est-il que par tous les plus sensez Geometres, le poinct est vn beau rien, parce que selon leur regle & definition estāt vne chose indiuisible, & l'indiuisible ne se donnant ny trouuāt en la nature, il s'ensuit que si ce Cone est vn poinct, c'est vn rien, ie tire de là ceste subtile conception, que ces veuës interieures sont bonnes & bien formees, lesquelles aboutissent en la cognoissance de soymesme, dans le centre de neant.

L 2   Et

Et comme les estoilles, qui ont les yeux du Ciel, esclairent au dedās, nullement au dehors. Ie dis que le vray hūble, faict briller toutes les facultez de son esprit, qui sōt les astres du Microcosme, au dedās de soy, sans s'espādre aux choses exterieures, la science desquelles peut apporter quelque ornement & agencement, mais fort peu de profit & vtilité.

Oyons S. Bernard, *Melior es si teipsum cognoscas, quàm si te neglecto corpus sydereum, vires herbarum, complexiones hominum, naturas animalium, cœlestium omnium & terrestrium scientiam haberes. Multi enim multa sciunt, & seipsos nesciunt, cùm summa philosophia sit cognitio sui.* Il se remarque de plusieurs animaux qui iettent des estincelles de leurs yeux, capables de les esclairer & cōduire la nuict, cela se void aussi dans les histoires anciēnes de quelques hommes, ceux qui voyent clair dās les obscures tenebres de leur neant, me ressemblēt uoir en l'ame ce que ceux-là auoyent au corps, & leur conuiennent ces traicts, *Nox sicut dies illuminabitur, & sicut tenebra eius, ita & lumē eius. Nox illuminatio mea in delitiis meis.*

C'est vne marque familiere en l'Optique qu'en plain midy pour voir les estoiles du Ciel, il ne faut que se mettre au fōds d'vn puys,

LIVRE DIXSEPTIESME. 165

puys, fort tenebreux pour sa profondeur & pour iuger des choses hautes, & les recognoistre, il se faut necessairement raualler dans l'humilité, & là sans doubte, mesmes dés ceste vie, elles seront reuelees, *reuelat ea paruulis Deus*. Celuy en l'histoire qui d'vne distance extremement esloignee, voyoit les nauires qui entroyēt dans le port de Pyree, me represente le vray humble, lequel d'autāt plus qu'il s'estime esloigné du Ciel, port de nostre salut eternel, void d'autant plus nettement par quelles routes il y faut aborder.

Encores ne peux-ie laisser ceste misterieuse, & du tout estrange façon de proceder, de laquelle vsa nostre Sauueur, pour redōner la veuë à l'aueugle né, crachant contre terre, & puis luy frottāt les yeux auec la bouë qu'il auoit faicte auec sa saliue, c'estoit ce me semble là vn collyre suffisant de faire perdre la veuë plus entiere & plus saine, mais il n'appartient qu'à l'autheur de la nature de se dispenser de ses loix, & regles communes, ce qui nous peut faire escrier auec l'Apostre, *O altitudo diuitiarum sapientiæ & scientiæ Dei, quàm incomprehensibilia sunt iudicia eius, & inuestigabiles viæ eius*. Mais ie tire de là cest enseignement, que rien ne

L 3   nous

nous excite tant à nous humilier, que la consideration de nostre estre, & de nostre fin, estre qui prouenant de la boüe s'en doit retourner en boüe,

Cedit item retrò de terra, quod fuit antè In terras.

Rien ne nous rend si clair-voyans que la meditation de nostre neant, & de nostre mort,

— mors sola fatetur Quantula sint hominum corpuscula. Heu mortem inuisam quæ sola vltricibus armis Elatos frænas animos.

Ce mot de l'Euangile, *nisi granum frumenti cadens in terrā mortuum fuerit, ipsum solet manet*, me preste ce rencontre, que si nous auons enuie d'estre deuant Dieu vn froment esleu, *frumentum electorum*, & profiter au centuple, en toutes sortes de perfections, nous nous deuons raualler dans la terre de nostre abiection, & pourrir dans nostre neant, c'est cela proprement mourir pour viure, *Deus mortificat & viuificat.* Se mocqueroit-on pas à bon droict de celuy-là, dit S. Iean Chrysostome, comme d'vn hōme impertinent & de peu de ceruelle, qui priseroit de la fange, & des petits caillous, cōme si c'estoit des pierres pretieuses, ou de l'or, mais ne trouueroit-en on pas encores celuy-là máquer de iugement qui reietteroit l'or & l'argent cõme de la poussiere & de la fange, ne sçachant l'vtilité de ces metaux, & combien ils seruent en leur vsage ordinaire. Seneque ce me sēble, mais en vn autre subiect, dit fort subtilement, que celuy-là est grand qui se sert de ses plats de terre cõme s'ils estoyēt d'or, estant satisfaict en sa pauureté, cõme Fabricius qui reietta les presens des Samnites en mangeant ses naueaux, mais celuy-là est plus excellēt qui mange dãs des plats d'argent, & les mesprise cõme s'ils estoyent de terre, il n'y a que l'opiniõ qui soustiēne l'autre, mais cestuy-cy est reellemēt pauure d'esprit parmy les richesses. *Magnus ille est qui vtitur fictilibus vt argēto*, ce sõt les mots de ce Stoique, *maior ille qui vtitur argento vt fictilibus* : mais disons pour reuenir à nostre premier poinct auec la bouche d'or, q̃ le superbe & orgueilleux est plein de la mesme impertinence que nous auons remarquee, car n'estant que bouë, terre, & cendre, *Quid superbis terra & cinis?* Il s'estime & prise comme de l'or, veut auoir le dessus par tout, paroistre sur les autres, sans penser que *substantia eius tāquam nihilum apud Deum*, & que, *vniuersa vanitas omnis homo viuens*, veu que *in imagine pertransit homo*, & que toutes ses pompes seront aneanties par la mort, à guise de ces torrens enflés qui brouissent furieusement pour vne heure, mais sont tantost à sec, aussi, *vidi, impium super-exaltatum super cedros libani, & transiui & ecce non erat*: mais son aueuglement plus grand, est qu'il mesprise & foule aux pieds l'os de l'humilité, de tant bon alloy & mise deuant la face du tres-haut, comme si c'estoit de la bouë & le rebut du monde: mais le vray sage, est celuy qui en esprit d'humilité, recognoissant la vilité de son corps, & des choses basses & transitoires, les reiette & desdaigne comme indignes de sa consideration, s'arrestant à cherir & priser sa chere ame, ce pretieux thresor qu'il porte dans vn fresle vaisseau de terre, & par consequent la cultiuant, l'ornant, l'embellissant de perfection, comme l'image du Createur de l'vniuers, comme l'espouse du grand Dieu, la conduisant par les sentiers de la loy diuine, à l'aquisition de l'or des eternelles felicitez. Voulons-nous entendre les termes de ce grand Docteur? *Sit quispiam qui lutum lutum arbitretur, & tamquam lutum contemnat, alter lutum tamquam aurum & admiretur & plurimi faciat, vter magnanimus*

Homil. 1. in 2. ad Corinth.

mus est? numquid qui lutum nulla admiratione prosequitur? uter abiectus? nónne qui admiratur? Eadem ratione hoc in loco considera, quòd qui se lutum ac puluerem existimat, magni animi est, quod ex humilitate proficiscitur: qui autem neque terram se, neque cinerem intelligit, sed intumescit, & maximam de se opinionem concepit, nónne hic omnium uilissimus est, cùm minima magna sibi esse persuadeat.

Voila qu'apporte l'humilité, de sçauoir recognoistre & separer, *pretiosum à vili*. C'est pourquoy quãd il est besoin de reformer nostre vie, on nous crie tousiours, entrez en vous mesmes, *Reuertere Sunamitis, reuertere ut intueamur te*: on nous chante,

――― *non si quid turbida Roma*
Eleuet, accedas, examénque improbum in illâ
Castiges trutinâ, ne te quæsiueris extrà,
Respue quod non es, tollat sua munera Cerdo:
Tecũ habita, & noris quàm sit tibi curta supellex.

Considerez vous, tastez vous le poux, essayez vous auec la sonde & l'esprouette, laissez les choses exterieures qui ne font que vous empestrer & embarrasser, reuenez à vous, & sachez combien peu de chose est vostre corps, aduisez combien grande est vostre ame, ostez ceste taye qui vous offusque, & ceste deception de veuë, qui vous faict iuger à rebours

bours de la verité, prisans vostre corps, & ayás peu de soin de vostre ame, ame chere fille du ciel, *filia principis*: Est-il sorte de gesne que l'on n'endure, pour remettre le corps en la droitte assiette d'vne entiere & vigoureuse santé, & pour restituer l'ame au chemin, dont elle s'est detraquee, on reiette les conseils.

Vt corpus redimas ferrum patieris & ignes,
Arida ne sitiant ora, lauabis aqua.
Vt valeas animo quidquam tolerare negabis,
At pretiũ pars hæc corpore maius habet.

Seulement on nous demande pour reformer cestuy vostre familier abus, que nous nous recognoissiõs iustemẽt & equitablemẽt, que nous pesiõs à la droicte balãce de la raisõ la valeur de ces deux principales pieces qui nous cõposent, sçauoir le corps & l'ame, & si nous en sommes iuges synceres & vrays, ie m'asseure q̃ nous changerons de notte, desprisans celuy-là par l'humilité, & cherissans celle-là, l'esleuans en de sainctes, hautes & douces cõtemplations pour luy faire reprẽdre son principe, & son centre, qui est le ciel.

Remarquez qu'en la balance quand vn bassinet se leue l'autre s'abaisse infailliblement, aussi quand nous mastinons le corps par macerations & austeritéz,
l'ame

l'ame s'esleue, mais disons pour nostre subiect que quand nous nous humilions, nous nous esleuons: plus nous nous abaissons dans la bassesse de nostre deneantise, plus Dieu nous esleue à la contemplation des choses hautes diuines & celestes.

Plus vous reculez mieux vous sautez, parce que selon l'agitation & le bransle se faict la grandeur de l'eslancement, autrefois deuant que les tonnerres Salmoneens, i'entens les canons, fussent inuentez, ils se seruoyent aux assauts & prises des villes, de Beliers, qui estoyent de grandes poutres & pieces de bois ferrees par vn bout, lesquelles ils faisoyent choquer d'impetuosité contre les murailles, à forces d'hommes, afin de les trouler & abatre, & s'en faciliter la prise & l'entree.

Le Poëte en la prise de Troye faict auec cest engin fracasser les portes.
—*confringunt ariete postes:*

Plus fort on tire à soy la corde de l'arc plus roide & ferme en part la flesche: i'ammoncele tout cela, pour dire, que plus nous nous reculōs & retirōs par l'humilité, plus nous auançons vers la perfection & le ciel: vn precepte de cecy fort agreable se trouue en l'Euāgile, où nous

sommes

sommes aduertis quand nous serons appellez en vn festin en compagnie, de prendre le plus bas lieu, afin que si on nous faict monter plus haut, nous disant: *Amice ascede superius*, ce nous soit vne gloire manifeste, au lieu que si trop temerairement nous nous plations au haut bout auec ignominie on ne nous en face descendre & defalquer.

Si vous allez prēdre l'eau en vne source esleuee sur le feste de quelque lieu eminent, pour la faire descendre dans des canaux, plus vous la ferez venir bas plus sera haut le iallissemēt, parce qu'elle remontera à l'esgal de sa source, & plus vne ame se raualle dans l'abiection, plus elle s'esleue vers le Ciel, *tamquam fons aquæ viuæ salientis ad vitam eternam*. Ie trāsfere ce concept de chez sainct Chrysostome sur ces miennes terres, ie l'eusse bien teu, mais i'ayme mieux luy rendre, parce que, *plenum est ingenui pudoris fateri per quos profeceris, & malle mutuum reddere, quàm in furto deprehendi*, dit le ieune Pline. *Quemadmodum in aqua fit*, dit mō autheur, *vt tantò altius ascendat, quantò illam quisquam ad ima deduxerit; sic quo animus humilior, eò altius atque sublimius operatur*.

La Camomille herbe assez vulgaire, est

Ioan. 4.

Homel. 11. in epist. ad Ephes.

est de ceste proprieté, que plus elle est rauallee côtre terre, & foulee aux pieds, mieux elle vient, mieux elle sent, comme certaines drogues qui ne sentent rien sinon puluerisees: ainsi les belles ames dans le parterre de ce monde, profitent de tant plus qu'elles sont humiliees & aneäties, c'est lors qu'elles espandent vne odeur plus suaue, quand elles sont reduittes en poudre, car *cor contritum & humiliatum Deus non despicies.*

Plus vous creusez vne source, plus elle pousse d'eau, & plus vous tirez, moins vous l'espuisez, au contraire vous l'espurez & la rendez plus claire & nette: encores, plus vn puits est creux & profond, il se remarque par la commune experience, que meilleures en sont les eaux, & ie tire de là, que plus les ames sont raualees dans l'humilité, plus elles sont abondantes en graces diuines, plus fertiles en bonnes œuures, plus pleines de vertus, plus nettoyees & espurees d'imperfections.

Si pour boire en vne fontaine, ou en quelque ruisseu coulant aual vire pree, il faut necessairement se baisser contre terre, dit Cæsarius, en quelques vnes de ses homelies, pourquoy ne nous inclinerons nous

nous pas par humilité, si nous auons enuie d'estancher la soif de nostre ame, des eaux de la fontaine de vie, qui est nostre Seigneur, *Sicut de fonte terreno, & de corporali fluuio non potest aliquis bibere, nisi voluerit se inclinare, ita de vino fonte Christi & sancti spiritus fluuio, nemo aquam viuam haurire poterit, nisi se humiliter inclinare voluerit.*

L'experience a faict remarquer, que pour entendre de bien loing, parmy les tenebres de la nuict, pleine d'vn paisible silence & profond repos, il se faut mettre l'oreille contre terre. Et ie dis que pour auoir quelque cognoissance des choses esloignees, comme des peines & gloire futures, qui selon nos œuures nous attendent en l'autre vie, il se faut tapir contre la terre de l'humilité, & escouter, *quid loquatur Dominus Deus*, & ie m'asseure que, *loquetur pacem*, & que *in humilitate & mansuetudine inueniemus requiem animabus nostris.*

Pour entrer par vne petite porte ou guichet, il faut se raualler necessairemēt, & abaisser la teste, & ie dis que l'entree du ciel est fort estroitte & serree, *intrate per angustum portam*, il se faut appetisser comme des enfans pour y pouuoir entrer:

trer, *Nisi efficiamini sicut paruuli isti non intrabitis regnum cælorum*: N'auez-vous iamais pris garde à la forme de ces miroirs, que pour leur effect l'on appelle ardans, ils sont aucunement creux au milieu, afin que ramassans en vn centre la pluralité des rays du soleil qu'ils reçoiuent: ils puissent ainsi reünis, exciter par la reflexion, vne chaleur violente, laquelle aussi tost engendre du feu qui prend en la matiere disposee à l'opposite.

Il se lit chez Plutarque, que Archimedes par ce moyen, brussoit toutes les naüires & tentes des Romains assiegeans Syracuse, mais si au rebours vous tournez le costé du miroir qui est esleué en bosse vers le Soleil, il reiettera & dissipera les rayons de part & d'autre, & ne se pouuant vnir & assembler, ne sortiront iamais l'effect que l'on en desire. Ce n'est pas le tout d'auoir l'ame claire, nette & pure comme vne glace de miroir, il faut aussi l'auoir creuse, afin qu'elle puisse dans la profondeur de son humilité, receuoir les rays du pere des lumieres, & les sacrees ardeurs du sainct Esprit : car si elle est pour ses perfections enflee & grosse

de

de vanité & superbe, iamais la charité, ceste saincte flamme toute celeste & diuine, ne s'y engendrera & formera.

A propos de miroir, ceste allegorie, pourquoy pensons-nous que Dieu commanda en la loy Mosaïque, de tenir ceste cuuette entouree de mirouers à l'entree du Tabernacle, sinon à l'aduenture pour aduertir les sacrificateurs de ce temps, & les Prestres de la nouuelle alliance, de n'entrer au temple pour sacrifier, sinon *in spiritu humilitatis*.

C'est vne chose oculairement manifeste, que l'abondance du fruict, faict baisser contre terre les branches de l'arbre, & à la campaigne, l'on void sur la fin de l'esté, lors que le soleil par l'ardeur de ses rays a iauny & recuit toutes les moissons, qu'entre les espics qui blondissent la terre, les aucuns sont droits & esleuez, & les autres courbez & appanchez; ceux-la sont vuides, ceux-cy plains, & coustumierement les arbres qui sont infructueux, sont hauts, fueillus, verdoyans, au contraire desagreables & difformes, ceux qui portent du fruict. Ceux emmy la tourbe des mondains à qui l'on voit les crestes leuees, hautains, presomptueux, affectans les grades eminents & esleuez

LIVRE DIXSEPTIESME. 177

esleuez, sont ceux qui sont les plus vuides de bonnes œuures, les moins garnis de perfection, au rebours ceux à qui on void les yeux tournez contre terre, les paupieres raualees, les testes baissees, se cachans de peur de paroistre. Ce sont ces humbles qui sont les plus pleins, les plus parfaicts, & les plus abondans en vertu.

O qu'il est aisé aisé au son de discerner vn tonneau vuide d'auec vn plein, cestuy cy a le son bas, cassé, presque imperceptible, l'autre intelligible & haut. Ces grãds cajolleurs pleins de presumptueuses vanteries, qui ne font, comme des Pharisiés, que publier leurs hauts faicts, *Superbi uaniloqui inflati*, comme parle S. Paul, ils ne sont pleins que de vent, tant s'en faut que leurs mains conuiennent à leurs parolles; le vray humble au rebours, *Abscondit omnia in corde suo*, se retire dans sa cachette, faict sa moisson tout seul, tient la boëte de sa bouche close, en son cœur, il se tient tousiours pour seruiteur inutile, s'estime l'opprobre, le rebut, & la ballieure du monde, s'estonnant de la bonté de Dieu qui se plaist de combler de graces vne si vile & abiecte creature que l'homme, *Quid est homo quia innotuisti ei, aut filius hominũ quoniam reputas eum.*

Tom. v.   M   Entre

Entre les perfections qui rēdent admirable le grand S. Gregoire, celles-cy sont remarquables, qu'il a esté chaste parmy les delices, studieux & grād Escriuain emmy les affaires destourbiers, & empressemēs d'vne si penible & onereuse charge q̃ de Pasteur vniuersel, pauure parmy l'abondance des richesses, tranquille dās les trauaux, & hūble estāt au feste de toute grādeur & honneur, laissant les autres cōme esloignees de mō suject, ie m'arreste principalement à ceste derniere que ie tiens pour la plus excellente cōme plus malaisee: car de vray d'estre humble parmy la bassesse, l'abiection, ou quelq̃ fortune mediocre, c'est vne chose aucunemēt cōmune & proportiōnee à la condition: mais de garder non seulement la mediocrité, mais l'humilité dans la pompe, la magnificēce, & l'apparat, c'est vne chose qui n'appartient qu'aux grandes ames.

Ils disent que les Alcyons, quoy qu'ils facent leur nid sur la mer, le composent neātmoins de telle façon que l'entree est tousiours en haut de sorte q̃ iamais l'eau n'y peut entrer, ie croy que ce grād Apostre tousiours ouuert vers le Ciel, *Omnia arbitrabatur vt stercora*, mesprisoit tous les honneurs mondains, comme de la fumee,

en

en cõparaison de la gloire qu'il attendoit.

On tient que les Pyrauſtes ſont des animaux qui viuẽt dãs des fournaiſes ardentes ſans ſe bruſler, & qu'Alphee le fleuue, paſſe la mer ſans meſler ſes eaux, c'eſt biẽ vn auſſi & plus grand miracle de viure humblement dans les grandeurs, & ne contracter aucune vanité parmy les pompes, c'eſt habiter en Æthiopie ſans bazaner ſa peau.

Iob eſt admiré, ſi eſt bien Noé, & encores Lot d'auoir eſté gens de bien, le premier en Hus, le ſecond ſur la terre enuirõ le deluge, *Quando omnis caro corruperat viã ſuã*, le dernier en Sodome, & en ce poinct S. Gregoire me rauit, conſeruãt ſõ humilité, en vne dignité la premiere du mõde.

Ils diſent que le muſc redouble la ſuauité de ſa ſẽteur és lieux infectez d'odeurs puantes & corrompuës, & où l'humilité paroiſt en ſon luſtre c'eſt parmy les grandeurs & vanitez du ſiecle. Ceſt hiſtorien des ſiecles paſſez, cõſeille fort ſagement, meſmes ſelon la conduitte mondaine, de ſe comporter d'autant plus modeſtemẽt qu'on eſt d'auantage esleué, *Vt quanto maiores ſumus, tantò nos ſummiſsius geramus*: tant il eſt mal aiſé d'vſer ſimplement d'vne grande fortune, & le Poëte tragique excellemment:

M 2 *Quo*

―― Quo fortuna altius
Euexit ac leuauit humanas opes,
Hoc se supprimere magis fœlicem decet.

Vn des enseignemens plus subtils de la Sagesse mondaine, est celuy-cy, d'obuier à l'enuie en se produisant peu, la monstre & l'esclat traine apres soy vn monde de ialousies, lesquelles par apres degenerent en calomnies, impostures, supercheries, *Ecce concepit dolorem, peperit iniquitatem, parturit iustitiã*, à tort ou à droit chascun s'oppose à la fortune du superbe qui vse insolemment du vent qui luy dõne en pouppe, de là cest enseignement d'vn Poëte,

Fortunam reuerenter habe, quicunque repente
Diues ab exili progrediere loco.

Ceux qui veulent paruenir à de grands honneurs, & amples richesses, il faut que ce soit par des voyes occultes, destournees, biaizees, souuent les grãds richards, comme il se remarque mesmes en nos iours, n'oseroyẽt acquerir tãt qu'ils pourroyent bien, ils sont souuent contraincts pour euiter l'enuie de faire leurs grands profits par des mains tierces, tenir des partis soubs des nõs empruntez, faire acheter des possessiõs par des personnes que l'on appelle de paille, en quoy nous voyõs cõme l'humilité est non seulement vtile, mais presque necessaire, voire à ceux qui aspirent aux plus orgueilleuses & sourcilleuses qualitez, de peur que leurs desseins ne soyēt interrōpus par leurs cōpagnons qui se pourroyēt opposer par cōtrecarre à leurs entreprises, & contreminer leurs pretensions, car ceste est, dit excellēmēt vn ancien, la nature des hōmes de guigner & regarder de trauers la prosperité de l'autruy, & principalement d'en vouloir à la fortune heureuse de ceux qui leur ont esté esgaux, nous l'auons veu bien bas, il fait maintenāt du mōsieur, il tranche du grād, la fortune luy pourroit bien donner vn soufflet, vn croc en iambes, il est plus heureux q̃ sage, & le hazard ne pouuant faire les malhabiles sages, les rend fortunez en despit de la vertu, le vray moyen de n'auoir rien est de le meriter. Il n'y a que les indignes qui s'auancent, voila les traicts ordinaires qui roulent dans les bouches des hōmes, quand l'on parle en cōpagnie de quelques vns qui s'esleuent du milieu de la bouë & lie du peuple, où on les a veu trainer & croupir longuement. O qu'il a esté bien dit par vn sage cerueau des siecles passez, que c'estoit vn grād esclauage qu'vne grande fortune, quelle misere est-ce d'estre ainsi en cōtinuelle prospectiue, plaqué comme vne statue dans vne niche

M 3   à la

à la veuë de tout le monde, & ne pouuoir viure auec vne heure de liberté, ne cheminer qu'à pas contez, ne parler qu'en cadence, ne faire rien qui puisse tomber à terre, ô que ceux qui cheminent és lieux hauts ont de peine à prēdre garde à eux, où ils posent leurs pieds, parce qu'il ne faut qu'vn riē pour les perdre, ô que ceux qui viuent ainsi és hautes & eminentes charges doyuent proceder auec beaucoup de circonspection, iamais Argus n'eust tant d'yeux, qu'ils doyuent auoir de considerations en l'ame, pour se diriger & cōduire, la cheute de ceux qui sont ainsi montez sur des eschasses est bien plus dangereuse, que de tomber paisiblement de dessus ses iambes.

Celuy qui veut marcher droict & sans chopper, a ordinairement les yeux à terre, pour se conduire & prendre garde à soy, il en prit mal à Thales d'auoir le nez leué au Ciel pour contempler les astres, sans aduiser à vne fosse qui estoit deuant luy, dãs laquelle sans le secours de sa vieille chambriere il se fust perdu, ordinairement ceux qui vont ainsi vagabondants des yeux, & parcourants de veuë les lieux circonuoisins en cheminant, rencontrent quelque pierre qui les fait tresbucher. Le plus

plus asseuré moyen pour nous conduire droitement en la voye des commandemens diuins est de considerer que nous ne sommes que terre, ce que sonne le mot d'humilité, comme i'espere mostrer plus à plein, par ce moyen nous euiterons tous les mauuais pas, les achoppemens & les pieges que nous auons à nos pieds par les tentations & tribulations, *humiliatus sum & liberauit me*, ceux qui mal-aduisez s'arrestent à contempler les honneurs & vanitez, qui comme des flambeaux errans brillent dans le monde mondain, ils suyuent des ardans qui les conduisent dans les precipices de mille malheurs.

Le Paon est vn animal si glorieusement amoureux de la beauté de son plumage, que pour sa fastueuse pompe il est cómunemét pris pour le symbole de l'orgueil: vous le voyez qu'il faict sa rouë quand le Soleil est clair-luysant, afin de voir par la splendeur de cest astre briller lesdiuerses peintures dont la nature decore sa queuë, selō les assietes diuerses & aspects du Soleil, vous voyez q̄ la bigarreure chāge de visage. Ces miroirs polis semblēt mōstrer des prospectiues, cest animal s'y mire, s'admire, se cōtēple tout gros & bouffi d'aise, belle peinture d'vn hōme vain, notāment

M 4 d'vn

d'vn courtifan, vous le verrez qu'il fe va mirant dans fes habits diuerfifiez de mille fortes de couleurs, côme c'eft animal dedans fes plumes, il croit que chacun doit voir à fa cappe, à fon collet, à fes bottes, quel hôme il eft, or la petiteffe de fes paremēs furmonte la richeffe de la matiere, par l'artifice & l'induftrie, ores l'eftoffe eft fi pretieufe & chere qu'elle furmôte toute façõ, auec cela il fe panade, s'eſſe, rouë le long d'vne rüe, auec fi imperieufe morgue & fierté bouffie, qu'il femble que la terre qui le porte foit indigne de fon faix, à peine daigneroit-il marcher que fur de rofes & des tapis, vous le prendriez pour vn affiquet propre à pendre en vn cabinet de parade, notāment les dames, dont c'eft à leur aduis l'element d'eftre belles & bien parees, pechent en ces exceffiues defpences, perdans & ruinās tout par des inuentions prodiguement nouuelles. Mais reuenōs à noftre animal, fi toft qu'il vient à baiffer les paulpieres cōtre bas, recognoiffant la difparité qui eft entre fes pieds craffeux & terreux, & le refte de fon corps fi agreablemēt beau, il plie foudain tout ce bagage, refferre fes parements, ne pouuāt fouffrir cefte difproportiō fi inefgale, & côme il a la voix defplaifāte, pouffe des accēts piteufemēt efpouuantables:

si vous auez enuie d'eſtonner bien nos mignons & pimpants, tirez leur vn peu l'oreille, & leur repreſentez la craſſe qui eſt en leurs pieds, *ſordes eius in pedibus eius*: monſtrez-leur combien eſt grande ceſte ineptie de couurir ſi pretieuſement leurs corps, ce ſac à vers, ceſte paſture de ſerpens, *cùm mortuus fuerit homo hæreditabit beſtias, ſerpentes & vermes*, ceſte victime deſtinee pour eſtre immolee à la mort, & combien euſt raiſon ce Philoſophe, qui entrant dans vne maiſon richement meublee, ne trouua lieu plus propre à cracher que la face du maiſtre, & ie m'aſſeure que cela deſenflera vn peu ceſte ineptie, qui les faict ſe glorifier de choſes qui leur ſont communes auec des cheuaux caparraſſonnez.

On tiendroit celuy-là pour eſtre eſtropié de cerueau, lequel paré d'vn beau & riche pourpoinct, ſe panaderoit à tout ce veſtement, n'ayãt point de chauſſes pour couurir ſa honte, & pourquoy ne ſe moquera-on pas de ceux qui ſe glorifient pour quelque leur petite perfection, ſans conſiderer combien ils ſont pauures & deſnuez des qualitez neceſſaires pour acquerir vne vraye gloire, ou hõneur ſolide.

Voyez-moy ces pedants, il n'y a gens

au monde qui pensent plus sçauoir, ils pincettent toutes sortes de sciences, & en esfleurent la premiere peau & legere surface, cependant ils se gendarment & s'endimenchent comme sachants toutes choses, au fond est la mesme ignorance: ils vous pourront estourdir de loix, mais cherchez qui vuide vn affaire, ils cognoissent aucunement Galien, nullemét de taster le poux à vn malade, ils auront leu les Peres, & ne sçauroiét auoir vuidé le moindre point de Theologie, & cepédant le monde demeureroit accablé d'affaires, de maladies, d'heresies, auec le sçauoir de ces gens, desquels on peut dire ce traict de sainct Paul: *Semper discentes & nunquam ad scientiam veritatis peruenientes*, & toutefois ils broüillent tout, parlent de tout, s'indiquent tout, semblables à ces frellons qui bruyent assez, mais ne font point de miel, plustost ils gastent celuy des abeilles, aussi ces pontilleux, la pluspart grammairiens, nous ont tantost alteré & grabelé la plus part des autheurs principaux, & à force de les vouloir entendre, on ne les entend plus, nos bons Docteurs du vieux temps, *fortius pedes figebant*, & ne sçauoient pas tant d'inutiles subtilités, dont se repaist ce siecle, aussi delicat délicat que leger, que sert donc à ces gés la science, sinon leur enfler & boursoufler l'esprit de presomption & de vanité: au lieu de leur esclaircir l'entendement, elle leur offusque & obscurcit, des fumees & broüillards de vaine gloire, bien loing de leur diriger la volonté, qu'elle leur peruertit: Sainct Paul excellemment, pour rabattre ces pointes de superbe, qui nous naissent de l'opinion de sçauoir. *Qui* *existimat se aliquid scire, nondum nouit quomodo oportet scire.* Non seulement selon l'Apostre aux sciences diuines, mais mesmes és humaines, cela se remarque, que plus on tire auant en la doctrine, plus l'ō recognoist auoir de pays à faire, le beaucoup sçauoir, dit le Philosophe, engendre encores plus d'occasion de douter. Socrate fut sans doute le plus sçauant homme de tous les siecles passez, & toutefois l'extremité de sa science le conduisit à ce point, de dire qu'il ne sçauoit rien, sinon qu'il ne sçauoit rien. Vn Chrestien sçauant qui recognoist cela auec humilité, merite beaucoup: Spintarus disoit, qu'il n'auoit iamais veu homme plus docte qu'Epaminondas, ny qui parlast moins, c'estoit auoir en cela vne vraye & solide science, & en auoir pris vne teinture pleine, *mensuram refertam,*

1. cor. 8.

Ces grands caiolleurs ordinairemẽt n'en ont que la superficie, mais les sages sçauent que, *non paranda solum sed fruenda sapientia est*, & le sçauoir & l'argent ne vallent rien qu'en vsage & pratique, & ie dis pour la science, qu'elle se doit pratiquer premierement sur soy, l'on parle prou bien de ce que l'on faict : les plus grossiers y sont les maistres. Voyez moy ces esprits egalement sages que doctes, il n'est rien si retenu, posé, *taciturnè altissima flumina minimo sono labuntur*, ces petits cerueaux, imbus de quelques notiõs generales, nageantes dans le vague de leurs fantasies, ils causent à merueilles, & font vn bruit comme ces petits ruysselets qui gazouillent dans des pierrettes. Enfin ie tiens que le sçauoir qui n'est enté sur l'humilité, est plus nuisible que profitable, plus faux & vain, que vray & essentiel.

Tant que la prunelle de l'œil est noire, la veüe est bonne, mais si elle blanchit, comme à la plusparc des vieillards c'est signe que l'humeur visuelle se dissipe, & que deuenant blanche & claire, la veüe defaut, debilitée peu à peu, la raison de cela est que selon l'axiome le noir congrege la veüe, & le blãc la dissipe. Disons
cela

LIVRE DIXSEPTIESME. 189.
cela de la veuë de l'esprit, le noir y peut
symbolizer, la consideration du neant
d'où s'engendre l'humilité, mais le blanc
peut signifier la science humaine & cognoissance des choses exterieures, laquelle comme la sagesse du monde, est
vne folie deuant Dieu, de sorte que les
humbles sont les plus clair-uoyans, parce
que leur veuë est plus ramassée dans le
noir, non disgregee par le blanc.

Qui a iamais pris plaisir de considerer
la prudente œconomie des petites abeilles, vous les voyez empressées à leur be-
soigne, auec vne assiduité & diligence
incroyable, orés elles pillent & succot-
tent des fleurettes en vne prée, or' elles
brouissent sur les parterres d'vn iardin,
or' elles bauollent en l'aire, or' elles retournent portant toutes leurs prouisions à
la maison: mais sur tout ie ne puis assez
admirer ceste preuoyance, & industrie
nonpareille de laquelle elles vsent, lors
que quelque vent impetueux les destourne de leur ordinaire trauail, elles ont donc
ceste coustume de prendre en leurs bou-
chettes les fleurs qu'elles ont cueillies,
pour les porter en la ruche. Et parce que
le vent ne peut estre si foible qu'il ne violente & trauaille leurs petits corps, qui
luy

luy seruent comme de iouet, en les faisant pirouetter, pour se rendre plus fermes, elles prennent entre leurs pieds des petits morceaux de terre, & outre cela volent le plus bas qu'il leur est possible, ainsi petit à petit elles font leur cueillette & seurement, euitans par ce moyen, d'estre emportees loin de leur retraitte, à la mercy des vents. Cela mesme est pratiqué par les bons & sages Chrestiens, lesquels desireux de faire icy bas amas de bonnes œuures, qu'ils puissent transporter dans leur thresor celeste, colligeans diuerses fleurs des vertus, pour en composer le miel de leur perfection, de peur que les vents de l'orgueil ne les emportét çà & là balottans, & ne leur facent perdre leur droitte routte, les esloraint du chemin du Ciel, pour diuaguer dans les fouruoyemens de l'ambition mondaine, qui est un vray dædale & labyrinthe perplex: *in circuitu ambulans impij*, ils font auec chaque fleur de vertu prouision de terre, c'est à dire d'Humilité, laquelle prend sa denomination de cest element, & taschent de conduire le train de leur vie le plus bassement que faire se peut, rampans plustost contre bas, ainsi que des serpéts, que de se perdre dans les airs des vanitez

secu

LIVRE DIXSEPTIESME. 191

seculieres. Ceste conception delicate est de S. Ambroise à qui ie la restitue par ceste citation. *Sicut apes cùm aëris motus suspectos habet, lapillis sæpe sublatis per inania se librat nubila, ne leue alarum remigium præcipitet flabra ventorum, sic qui à vanæ gloriæ vento sibi timet, ne eius impulsu in transuersum rapiatur, suarum culparum & imperfectionum consideratione assumpta, mentis suæ cogitationes librat, vt quantum vana laus attollere potuit, tantum alia deprimat.*

lib. 2 de Virg.

Et l'embleme de cest enfant chez Alciat, pouuoit-il point se ioindre icy, l'esprit duquel sublime & releué se porteroit à l'ambition, si la pierre de l'humilité ne le retenoit contre bas.

Il se remarque que les nids de ces oyseaux qui sont contre la terre, sont les moins subiets à estre deuorez par les oyseaux de proye, mais bien plustost ceux qui sont sur les branches esleuées des grands arbres, d'où nous pouuons tirer cest enseignement, qu'il faict bien plus seur dans vne fortune mediocre & humble, que dans vne apparente.

— *Raris contra bibuntur*
Fictilibus, rarus venit in cœnacula miles.

Le Nil est vn fleuue, comme toutes les histoires font foy, qui arrouse tous les ans

l'Egypte

l'Egypte, & la rend fertile par l'arrousement de ses eaux, sans lequel elle resteroit seiche & aride, pour estre continuellement bruslee des rayons plus cuisants du soleil, & non seulement c'est son humectation qui apporte l'abondance, mais aussi vne certaine bourbe & vase, vn limon gras & espais qu'il roule quand & soy, pour cela en l'escriture il est appellé sale, fangeux, bourbeux: & ie tiens que l'humilité, ceste vertu toute bourbeuse, limonneuse, & comme desagreable, faict le mesme bien au terroir de nostre ame, la rendant grasse & fertile, en toutes sortes de bonnes œuures, comme le Nil faict abonder l'Egypte en fruicts. Mais adulsons que comme ce mesme fleuue feconde par son desbord, *erupit crassitudo super terram*, aussi il perd ceste prouince par ses cocodrilles, qui s'engendrent de ceste bourbe, de mesme ceste mesme humilité qui est si vtile à l'ame quád elle est vraye, sincere, & du profond du cœur, engendre mille poisons & venins pestilentieux, quand elle est feinte & simulée, telle l'õt les hypocrites, ces sepulchres beaux & specieux par dehors, mais tout pourris en l'interieur. Ce Philosophe à quelqu'vn qui luy auoit dit des iniures, & que par
vanité

vanité il auoit endurees, comme apres le courroux il demandaſt à ſon iniuriant, Hé bien que te ſemble de ma philoſophie? Ie l'euſſe tenue pour vraye, luy repartit l'autre, ſi tu te fuſſes teu, il n'eſt rien plus aiſé à voir, que Diogenes le philoſophe Cinicque eſtoit plus faſtueux à tout ſes haillons, que le grand Alexandre auec toute la magnificence & pompe de ſa Cour, vn iour comme il crottoit tous les beaux meubles de Platon, diſant qu'il foulloit aux pieds le faſt de Platō, Ouy, luy repliqua-il, mais auec vn plus grand faſt, la vanité eſt en ſa pōpe en vne humilité & abiection affectee, à ce Philoſophe ancien, qui eſtoit tout deſchiré, ie voy, luy fit vn habille homme, ta vanité par les ruptures de ta meſchante cappe.

Mais laiſſons ceſte vaine & fauſſe humilité, pour parler de la vraye, de laquelle mon principal deſſein eſt de parler. La chaſte & ſaincte eſpouſe en ſon epithalame ſacré, dit vn beau traict, par lequel elle enſeigne, combien ceſte perfection eſt de bonne odeur à l'Eſpoux celeſte, *dum eſſet Rex in accubito ſuo nardus mea dedit odorem ſuum*, le ſecret eſt ſur le mot de nard, pour le deſuoiler, il faut ſçauoir

Tom. v.   N   que

que ceste plante est tres-petite, & des plus odoriferantes estant escrasee, beau symbole de l'humilité en apparence la plus abiecte des vertus, mais la plus suaue, estoit vn des principaux ingrediens, desquels se seruoient les anciens en ces vnguens pretieux, dont les riches s'oignoient les corps, comme estant dessiccatif, chaud, & confortatif, & ceste vertu est vne des principales, & plus necessaires en l'assemblage de la perfection, desseichant les humeurs mauuaises, eschauffant à l'amour de Dieu, & fortifiant les resolutions & determinations au bien, notamment elle desseiche la langue, remarquent Pline & Isidore, & l'humble parle peu, purge le cerueau des vapeurs, l'humble à la teste fort, vuide de fumees, oste la puanteur de l'haleine, l'humble ne se vante point, & y a-il exhalaison de bouche de si insupportable odeur que la vanterie, ayde aux accouchements des femmes, l'humble enfante promptement ses fautes par la confession, & se recognoissant vrayement mauuais, ne ressent point les douleurs & tranchees de la honte & vergoigne que souffrent les pecheurs, qui veulent estre tenus pour bōs estans mauuais, mais d'où vient que nostre

stre espouse toute belle & remplie de perfections, ne fait aucune mention des autres vertus qui estoient dans la cassolette de son cœur, quand il plaisoit à son cher Espoux d'y faire sa demeure, mais seulement du nard? parce que de toutes c'est l'humilité que Dieu cherit, ayme, & prise le plus en vne ame Chrestienne.

C'est ce q̃ nous signifie ce doux amãt, quand en ce mesme pourparler nuptial, il dit à sa bien-aymee, qu'elle a blecé & nauré son cœur, auec vn seul de ses cheueux, *vulnerasti cor meum soror mea, Sponsa in vno crine colli tui*, les cheueux c'est sans controuerse la plus foible & imbecille partie du corps humain, ce n'est qu'vn excrement & superfluité, & toutesfois Dieu a voulu que comme le chef est la premiere partie du corps humain, le poil fust le principal ornement du chef, sans quoy ce n'est qu'vn crane chauue & pelé.

Turpe pecus mutilum, turpis sine frondibus arbor,

Et sine fronde frutex, & sine crine caput.

Ie sçay que les Allegoriques en ce lieu par les cheueux entendent les bonnes pensees, mais aussi ils me symbolisent merueilleusement bien l'humilité, ceste vertu la moindre & plus petite en monstre, de toutes les parties qui composent le premier ornement de l'ame, sans lequel elle est desagreable à Dieu : or ceste vertu est en la pensee & en l'esprit, quoy qu'elle face ses productions & fonctions en l'exterieur, c'est pourquoy le vray hũble est appellé en ceste nostre beatitude pauure d'esprit, mais pourquoy l'Espoux ne parle-il que d'vn cheueu, par ce qu'vn seul aneantissement & acte d'humilité, luy agrée plus que tous les sacrifices & offrandes qu'on luy sçauroit faire, *holocaustum & pro peccato non postulasti, ipse holocaustis non delectaberis, sed cor humiliatum non despicies.* Achab estoit coupable deuant la face du Tres-haut, & à sa premiere humiliation, il luy pardonne, & le reçoit en grace. *Nonne vidisti Achab humiliatum coram me?* L'enfant prodigue n'eust pas plustost fleschy le genouil deuant son bon pere, à peine auoit il proferé ces premiers mots, *Pater peccaui in cælum, & contra te*, que le bon pere de famille, tout baignant & fondant en larmes, le releue, se iette à son col, l'estreint & le baise d'vne affection paternellement tendre, le restitue en son premier honneur, le reintegre en sa maison, le reçoit à bras & cœur ouuert, & luy faict d'aussi bons accueils que

si

si jamais il n'eust failly, que crains-tu pecheur, tant que tu auras cest exemple deuant les yeux, iamais tu n'auras occasion de te desesperer, encores que tu ayes dissipé toute la substance des diuines graces, abusé des dons du Ciel, tenté la misericorde du Seigneur par plusieurs forfaits, reuiens seulement à le recognoistre, humilie toy deuant sa face, *humiliamini sub potenti manu Dei*. Recognois ingenuement ton erreur, *tibi soli peccaui, & malum coram te feci*, fais que comme l'ombre suit le Soleil, la repentance accompaigne le souuenir de tes fautes, que ceste peine & douleur interne, serue à l'expiation d'icelles, *peccatum meum contra me est semper*, disoit le Roy des penitents, sauue toy dans l'arche de refuge de la saincte humilité, vertu porte de la vraye penitence & satisfaction.

Prens garde comme sont composez les haures & ports, qui sont és villes maritines, c'est à dire, qui bordent le riuage de la mer, c'est ordinairement à l'emboucheure de quelque fleuue, on les place en quelque recoing à l'abry destourné des vents orages & bourrasques, les nauires eschappez des escueils & hazards qui sont sans nombre sur la mer, s'y cachent & tapissent à sauueté. Si le monde est vne mer, l'humilité est le haure, qui nous met à couuert de tous les vents de la vanité, des escueils de la chair, & des tempestes, des tentations du malin.

Ce que faict l'ancre en vn nauire, ie tiens que le faict ceste vertu au cœur de l'homme, cest instrument maritime s'accroche au plus profond de la mer, à la terre qu'elle rencontre, & là se tenant fixe & picquee, elle maintient le vaisseau ferme & in-esbranslable, aux plus impetueuses secousses des vents & des flots, elle empesche qu'il ne s'emporte par la hauteur des vagues iusques aux nuees. Celuy qui par vne entiere humilité, se tient attaché & s'arreste à la terre de son neant, il dissipe toutes les vagues des ambitions, & ne se rend point le iouet du souffle de la vanité mondaine.

Le grand Dieu d'Israel, pour sauuer son peuple de la seruitude d'Egypte, de l'esclauage de Pharao, entre autres faueurs miraculeuses qu'il luy departit, celle-cy ne doit estre mise au dernier rang

rang, que pour le conduire droict à sauueté, il luy donna pour preceder ses pas vne colomne, laquelle gouuernée par vne intelligence motrice cheminoit deuant eux, & estoit d'vne nature toute estrange, car la nuict pendant les obscuritez & tenebres qui voylent la terre, elle paroissoit tout en feu, pour seruir de flambeau & de guide à tout cest ost & durant la clarté du iour, elle paroissoit espesse comme vne nuée noire.

Ie tire de là ceste consideration, que si nous auons enuie de sortir de la seruitude du peché, qui impose par ses habitudes vn ioug intolerable & tyrannique sur nos espaules, d'issir des noires ombres & presque palpables de nos aueugles appetits, nous deuons necessairement auoir pour guide, fourriere, & auant-courriere l'humilité, laquelle est vne vertu qui esclaire nos entendemens dans les tenebres de leur neant, & laquelle au rebours paroist sombre, noire, & sans lustre au iour de la prosperité & des honneurs plus esleuez, & il est indubitable, qu'auec ceste seule conduicte nous ne nous foruoyerons point dans les deserts du monde, nous euiterons les surprises,

embu

embusches & attaintes de nos ennemis, & paruiendront en fin à la terre promise.

Il faict bon voir en l'Exode, la disposition de tous les instruments & vtensiles, desquels deuoit estre garny & meublé le tabernacle, notamment en ce qui concernoit l'vsage des sacrifices, les Allegoricques en tirent tout plein de conceptions curieusemét delicates, ie ne m'arresteray à aucune description plus ample, n'estant mon dessein que de parler de ceste piece qui est recommandee tout à l'abord, sçauoir que l'õ n'oublie iamais en aucun sacrifice le trepied, pour receuoir les cendres des victimes immolees, *facies in primis lebetes ad suscipiendos cineres*, auant que de faire vn feu, si les chesnets ou trepieds ne sont bien arrangez, toute la disposition sera imcommode & s'en ira en fumee, à plus forte raison, ceste circonspection deuoit-elle estre gardee aux sacrifices offerts à Dieu, auec crainte & reuerence: or il est aisé à voir que le trepied, est le fondement, la base & le soustien de tout ce qui deuoit estre rangé, bruslé, & consumé dessus, ce qui me represente fort naïuement, que si nous auons enuie d'immoler

moler noz cœurs ces hosties, ces holocaustes si agreables à Dieu, sur l'Autel de la deuotion, pour les brusler & consumer au feu d'vne charité saincte, nous deuons faire prouision de trepied, c'est à dire d'humilité, que nous auons ja dit & assez amplement, estre le fondement de l'edifice de la perfection, ie dis encores autrement pour diuersifier mon imagination, que nos corps & nos cœurs, selon S. Paul, sont les temples saincts & sacrez du sainct Esprit. Or entre les diuers outils, c'est à dire les diuerses perfectiõs, dont ils doyuent estre garnis & meublez, & ce seroit chose facile, mais trop longue, de rapporter & approprier tous ces instrumens aux vertus : la principale piece & fondamentale c'est l'humilité, auec laquelle nous deuons sacrifier à Dieu toutes nos bõnes œuures, si nous desirons qu'elles soyent agreables deuant ses yeux, c'est auec l'esprit de ceste vertu, que nous luy deuons immoller nostre cher cœur, & ses affections plus sinceres & sainctes.

Mais pourquoy ie vous prie, recueillir auec tant de soin & de diligence ces cendres? *ad suscipiendos cines*, où nous remarquerons d'abondant que toutes les cendres des victimes immolees estoyent soigneusement reserrees en quelque lieu honneste & destiné à cela, nullement iettees & mesprisees. A quoy faire si curieusement conseruer ces cendres, comme si ce n'estoit pas vne chose vile, abiecte, & inutile à tout, cela n'est pas sãs mystere, ô que ie voy briller de considerations dans ceste poussiere legere & menuë : cõsiderons vn peu ces contenãces auec la vertu que nous louangerons. La cendre est la matiere premiere, disent les Philosophes, c'est de la pure terre, nullement meslangee des autres elemẽts, & ie dis que l'humilité est la premiere & principale matiere des vertus, qu'elle nous remet *in puris naturalibus*, qu'ils disent, c'est à dire, nous dõne la vraye cognoissãce de nous-mesmes, par laquelle nous aperceuons que nous sommes cendre, & retournerons en la terre, pour luy restituer à nostre mort ce dont nous luy sommes redeuables & tributaires dés l'instãt de nostre naissãce.

Ortum quicquid habet, finem capit.

Voyez cõme le feu reduit à peu de cendres vn gros fagot, & voyez aussi comme l'humilité reduit au neant les plus gros monsieurs à l'instar des petits cõpagnons. Celuy que tu voyois l'autre hier enflé de presumption, de superbe, d'outrecuidãce,

si la

si la fortune luy donne vn reuers, voyez comme ceste disgrace l'abbaisse. Que s'il est reduit au petit pied, dites lors q le grād fagot a rendu peu de cendre, vne couche, dit vn poëte ancien, est capable de cōtenir le corps reduit en cendre, selō la coustume anciēne qui estoit de brusler les corps de l'Empereur le plus puissant qui regenta iamais le monde, & selon nostre mode six pieds de terre peuuēt borner le cours & le corps de celuy, qui par ses conquestes voudroit conquerir tout le mōde. Le Roy de Macedoine Philippus voulant aller à la cōqueste d'vn païs lointain, s'exerça quelques iours au parauāt son expedition au cōbat de la lutte, où ayant trouué plus fort que soy, se releuant d'où il auoit esté porté par terre, & considerant dans le sable imprimee la figure de son corps, voyez combien est conté l'estēduë de celuy, dit-il, qui ne peut trouuer de bornes à son ambition? dont les pretentions ne sont limitees que de l'infini, *ite mortales*, soubschanteroit icy vn Satyrique, *& magnis cogitationibus pectora implete*, iusques où se portent vos imaginations, veu que vous estes si peu de chose, il me souuient à ce propos d'vne vieille rhyme qui n'est point trop destituee de raison,

elle

elle s'en ira toute simple & telle qu'elle est.

Cùm simus limus, cùm res vilissima simus,
Quid superbimus, in terram terra redimus.

Le bon homme qui a pastissé ce distique, auoit à l'aduanture plus de pratique en ceste vertu, que de gentillesses poëtiques: suyuons nos cendres.

Et cõme par le moyen d'icelles, le bon Daniel descouurit la fourbe des Prestres de l'idole, qui venoyent la nuict màger les mets qu'on luy presentoit, aussi ie crois que si nous espandons sur nos cœurs la cendre d'vne vraye humilité, nous y recognoistrons les traces fantastiques que la vanité, la chair, & l'auarice, ceste triple seruitude d'idoles, y vont imprimans, par fausses suggestiõs, & tétations malicieuses.

Le Prince des poëtes Romains, en ceste piece si delicate de ses Georgiques, où il descrit tant naïfuement la mesnagerie & police des petites auettes, dit que quãd enflees de courrous les vnes contre les les autres, elles viennent à faire des combats d'armees, & desseins, pour la preeminence de leurs Roys, que pour dissiper ces animositez qui souuent perdent les ruches entieres, il ne faut que les separer, en iettant de la cendre ou de la poussiere,
dans

dans ces trouppes aiſlees, preſtes à choquer, & ie dis que lors que nous ſentons en noſtre interieur l'entrechoc de nos paſſions qui veulent contrepointer & terraſſer la raiſon, & lors que nous reſſentõs ceſte bataille que Iob & auſſi S. Paul diſent eſtre en nos membres, lors que la chair ſe rebelle contre l'eſprit, & que chacune de ces deux pieces principales eſtriuent de l'Empire, il ne faut pour accoiſer ces bourraſques & tintamarres qui nous inquietent, qu'eſpandre ſur nos ames les cendres d'vne naïfue & entiere recognoiſſance de noſtre deneantiſe. Ie ne m'eſtonne plus ſi noſtre Seigneur en ſuite de ſon diſciple que i'ay rapporté cy deſſus, promet qu'en l'abiectiõ nous trouuerons le repos de nos ames, deſpuis que ie viens d'appreadre d'vn pere ancien ce ſecret, que comme c'eſt pour les ambitieuſes preeminences que viennent les diſſentiõs & inquietudes, auſſi en la marche baſſe & abiecte, il n'y a ny empreſſement, ni conteſtation, & par vne neceſſaire conſequence le repos & la quietude y ſeiournent.

Les Empiriques ont deux ſortes d'extractiõs, l'vne humide qui eſt en eau, l'autre ſeche qui ſe fait en poudre, ie ne m'arreſte

reste qu'à ce dernier Elixir, pour estre de mon subiect, auquel nous voyons qu'en bien peu de poudre ils tirent l'essence l'essence d'vne masse de matiere grosse & excessiue, auec laquelle ils font de grands & merueilleux effects, soit pour conuertir les especes, soit pour la cure des maladies desesperees, ceste poudre est l'humilité, laquelle nous reduisant au neant, conuertit les pecheurs à la vertu, & guerit toutes vitieuses maladies, qui peuuent infecter & corrompre nos ames.

Si la cendre conserue le feu, ie dis que l'humilité conserue toutes les vertus, notamment la charité, ceste vertu enflammee qui les comprend toutes, si nous l'espandons sur l'autel de nostre cœur, nous prattiquerons ce precepte & commandement de nostre Seigneur, *ignis in altari meo semper ardeat*.

La cendre leue & laue les taches, & ceste vertu nous purge de toute ordure, rendant noz ames blanches comme la nege, & comme les vers meurent dans la cendre n'y pouuant prendre nourriture, aussi ne peut durer le ver du peché dans vn esprit humble.

En fin pour trencher ces parallelles, le pain cuit sous la cendre, auec lequel le
Prophe

Prophete Elie paruint à la montagne d'Oreb, fuyant la persecution qui le menaçoit, me figure l'humilité, auec laquelle l'on euite toutes les embusches & attaintes des trouppes aduersaires, & l'on paruient infailliblement par ceste basse marche au feste de toute felicité.

Seroit-ce point à ce port, que l'espoux conuioit sa chere amante aux cantiques, quand il aduise ceste colombelle de se retirer en cachette dans les trous de la pierre pour euiter les griffes de l'oiseau carnacier. *Veni columba mea in foraminibus petræ, in cauerna maceriæ*: ouy mon cher Iesus, & vous estes vous-mesme ceste pierre troüee, ceste retraitte asseuree, & c'est au poinct de vostre plus grande humiliation & aneantissement, que vous faites ceste amoureuse semonce & inuitation, c'est lors que pendant en la croix? *Vbi exinanisti temetipsum.* Vous voyez vostre corps percé & ouuert de toutes parts, c'est là où nous voyons le parfaict exemplaire de toute humilité: ô bien-heureuses playes, ouurieres de nostre guerison & redemption, ie vous adore d'vn esprit humilié, & vous eslis pour estre mes retraictes asseurees, c'est là où se

nichent

nichent toutes les belles & sainctes ames, le vol desquelles ne poincte que vers le Ciel, *Quis dabit mihi pennas sicut columba*, &c. Mais principalement en ceste ouuerture du costé, belle fenestre du cœur, mais plustost fournaise d'amour, où i'eslis mõ perpetuel domicile. *Hæc requies mea in sæculum sæculi, hic habitabo quoniam elegi eam.* A l'imitatiõ du bien-heureux Eleazar Côte d'Arian en Prouence, lequel d'vn mutuel accord & consentement, separé de sa chaste femme Delphine, s'estãt retiré en vn chasteau solitaire aux champs, pour plus aisement vacquer à la meditation & contemplation des choses celestes, alloit souuent vagabondant par les lieux montagnards, viuant incogneu long espace de temps, en des antres sauuages, & lieux retirez de toute humaine conuersation, or se r'enfermant dans des monasteres, ores rodãt par les hermitages, ores s'enfuyant dans les deserts, ceste pauure Dame absente, qui se consoloit fort d'entendre des nouuelles de son mary, enuoyoit souuent s'enquerir de sa santé, & s'enquester de son auancement spirituel, luy communiquant de sa part son progrez à la vertu & perfection, en fin ce bon personnage voulant se desprendre de ses souuenances mondaines

daines, & consoler aussi ceste bonne Dame luy manda, Ma chere Delphine, ne soyez plus si en peine de ma santé, car c'est lors que ie me porte mieux, quand i'en ay le moins, ny de mes voyages que l'on vous a dit estre diuers, car ie ne diuague point; si vous voulez sçauoir le lieu où mon ame heberge continuellement, allez en esprit dans le costé de nostre doux Iesus, amour commun de nos cœurs, & là sans doute nous nous rencontrerons à toute heure.

O mon Dieu donnez-nous cest heureux manoir, affermissez nostre ame en ceste resolution determinee de nous tenir tousiours collez auec vostre Croix, à fin que nous puissions dire auec sainct Paul en vous imitant, *Christo confixus sum cruci*, &c. C'est là, doux Sauueur, les trous de la pierre où vous appellez la Colombe. C'est là où nous serons à sauueté des inuasions de noz coniurez aduersaires.

Sur ce propos de pierre, il me vient en l'esprit vne autre voire deux allegories, qui seront deux coups que ie feray selon le mot commun d'vne mesme pierre. Ce petit morceau de rocher tombât de dessus vne haute montagne, & venant dôner

Tom. v.   O   aux

aux pieds de ce colosse bigarré que le Roy des Assiriens vid en songe, & le reduisant en poudre par son terrassement, me represente fort naïfuement l'effect de l'humilité en nos ames, en ce que ceste vertu n'y a pas plustost fait son entree, que soudain s'aneantissent toutes les affections vaines, auares, & charnelles, symbolisees par les metaux diuers qui composoyent ceste statuë, comme ie fais voir plus à plain ailleurs.

Encores, ie prens garde qu'il est dit de ceste petite pierre, que *creuit in montem magnum*. Aussi l'humilité n'est pas plustost plantee pour fondement en l'interieur de nostre ame, qu'aussi tost elle amoncelle au dessus de soy toute la bande des autres vertus.

Pour cela peut estre entenduë ceste parabole du grain de moustarde, de ceste vertu, lequel, quoy que petit, produit neantmoins vn tresgrand arbre, *Quod minimum quidem est omnibus oleribus, cùm autem creuerit maius est omnibus oneribus,* &c. Telle est l'humilité, petite en apparence, grande en effects & productions, *Omnis qui se exaltat, humiliabitur.*

Enfonçons d'auantage ceste comparaison, ceste graine est aigre & picquante, te; & l'humilité est d'vn goust fort amer & reuesche, à ceux qui sont affriandez & appastez des douceurs & delicatesses des vanitez du monde, elle est d'vn temperament fort chaud, de sorte que l'on s'en sert fort pendant l'hyuer, pour par vne chaleur interne chasser l'exterieure, & l'humilité engendre la charité, & donne vne grande ferueur de deuotion, & de pieté, elle a ceste proprieté de descharger le cerueau de vapeurs, & purger la teste en faisant pleurer, & comment est-ce que les humbles deschargét les véteuses & peccátes humeurs, que l'orgueil & la superbe excite en leurs esprits, sinon par le decoulement de leurs douces & sainctes larmes. En fin si quand ceste graine est escrasee c'est lors qu'elle pousse la force de son odeur, & produit ses effects plus vehements, aussi plus l'humble est opprimé & raualé, plus paroist & esclatte son lustre.

On dit de l'esclandraste, que c'est vne pierre precieuse, laquelle sēble fort rude, grossiere & terne par le dehors, mais si on la casse elle pousse dehors des flāmes & brillemés merueilleux, qu'elle reserroit au dedans de soy, & l'humilité des gés de biē est vne vertu de peu de mōstre exterieure és

O 2 actions

actiōs ordinaires, à peine peut on descouurir les vrays ressorts & branses de ceste perfection d'ame, mais quand les occasiōs plus viues se presentent, qu'il faut patir des opprobres, endurer des contumelies, souffrir des calomnies, accusatiōs & impostures plus atroces, c'est lors que ceste splendeur qui ne seruoit qu'à illuminer l'interieur, se produit en ne se manifestāt pas: celuy qui fait profession d'humilité, & se reuanche des torts, se venge des injures, se despite de la contrepoincte, il n'en a que l'ombre non pas le corps. Le vray humble est de cest escot, *Maledicimur & benedicimus, angariamur & sustinemus.*

Plus les arbres sont battus des vents, plus ils s'affermissent, & iettent leurs racines plus profondement en terre, & plus les iustes sont trauaillez & tourmentez, plus ils s'enfoncent dans l'humilité ou dites autrement, que plus vn homme est esleué en dignité, comme les cedres du Liban, pour vser des termes du Roy Prophete, plus il doit s'humilier deuant Dieu, *quanto maior est,* &c.

Plus vn pau est secoüé & esbranlé, plus il s'enfonce bas, & par consequent s'affermit, plus l'humble est trauersé, plus il s'abbais s'abbaisse, & se cõsolide par ce raualemẽt.

Mais pour mõstrer cõme Dieu est bien contraire en ses iugemens aux opinions du mõde, & qu'il se plaist à renuerser toute ceste sagesse humaine, qui n'est qu'vne pure resuerie, il sera bon de remarquer, qu'en la dispensation de ses gratieuses faueurs, & fauorables graces il eslit tousiours ceux que le monde mesprise, rebutte, & rejette, *humilia respicit in cælo & in terra*. Il Psal. 112. est vray *in cælo*, car il a mis à la place des Anges rebelles & orgueilleux, ceux qui n'auoyent adheré à leur temeraire dessein, estantant les moindres Anges, & opprimant iusques dans le centre de la terre où est l'enfer, toute la bande des esprits reuoltez, qui auoyent esté creés auec plus de grace, & en la terre il se plaist d'esleuer ceux que le monde deprime, selon les loix ciuiles & communes, parmy le droict des gens il n'est rien si vniuersellement receu, que de dõner prerogatiue aux aisnez, il est de telles contrees où les vsages & ordõnances leur sont tellement fauorables qu'ils emportent presque tout le bien, soubs ce specieux pretexte de soustenir l'hõneur & la grãdeur de la maison, & entretenir la famille en son lustre & splendeur, qui se

O 3 pour

pourroit venir par le partage & diuision en diuerses pieces & lopins, quoy que cõtraire à ceste loy rigoureusement fauorable, la loy de nature, estant inique selon Cassiodore, *vt quibus ex eadem substantia competit æqua successio, alij diuitiis affluant, alij paupertatis incommodis ingemiscant.* En quelques autres endroits les loix approchent plus pres la naturelle equité, donnant quelque plus ample partage aux autres enfans: mais certes tousiours les droicts d'aisnesse vont bien haut, & Dieu qui auec sa iuste balance pese tout comme bon luy semble, va souuent redoublant l'esprit aux cadets, & les fait par leurs merites, paruenir à des degrez de fortune de beaucoup plus esleuez, que les conditions de leurs aisnés, cela se remarque tous les iours oculairement parmy le monde: mais pour en produire des exemples comme plus anciens, aussi plus notables & dignes de consideration, ie ne vois quasi autre chose ez sainctes pages, que des puisnez esleus, & choisis de Dieu par dessus leurs aisnez, tout au commencement du monde Dieu regarda sur Abel, & sur son sacrifice, le comble de ses graces, qui tirarent sur luy l'enuie de son frere Cain, laquel laquelle en fin luy causa la mort, celuy-là iuste, cestuy-cy parricide, celuy-là esleu, celuy-cy reprouué.

Apres le Deluge, Iaphet fut preferé à Cham, le petit Isaac a-il pas esté, par le commandement de Dieu faict à Abraham, preferé à Ismaël ? N'est-il pas dit de Iacob & Esau, *Priusquam quidquam boni vel mali fecissent, Iacob dilexi, Esau autem odio habui.* Qui ne remarque, pour parcourir briefuement ceste route d'exemples, comment pour leur peruersité les freres de Ioseph ont esté reduits en des extremitez miserables, & celuy-cy le cadet & plus petit, obiect commun de leurs malicieuses enuies, esleué en de tels honneurs & grandeurs en l'Egypte, qu'il estoit la seconde personne apres le Roy.

Ephraim en la benediction de Iacob, figure de celle du pere Celeste, a esté mis deuant Manasses qui estoit le plus auancé en aage. Moyse a esté sans comparaison plus chery, aymé, & caressé de Dieu que son frere Aaron, quoy qu'il fust puis-né. Le bergerot Dauid, si nous voulons tant soit peu escarter les termes & barres de nostre lice, a-il pas esté preferé à Saul. Salomon le plus petit de ses freres ne leur a il pas jetté de la poudre aux yeux. Daniel n'a-il pas conuaincu les faux vieillards accusateurs de la chaste Susanne. Iudas Machabeen n'a-il pas precedé ses freres plus grands ? Le publicain petit & humble n'a-il pas esté plus acceptable à Dieu que le hautain & arrogant Pharisien ? Et le Lazare n'est-il pas en l'autre vie choisi, & reprouué le mauuais riche ? Et ce que sainct Iean est appellé, *Discipulus quem diligebat Iesus*, qui sçait si ce n'est point à l'aduenture, parce qu'il estoit le plus petit & ieune des Apostres ? Pour cela, dit nostre Seigneur, qu'il est le Pere des petits, & que c'est pour eux qu'il a preparé son Royaume. *Sinite paruulos venire ad me, talium enim est regnum cœlorum.*

Matt. 13.

1. Cor. 1.

Sainct Paul est admirable, quand descriuant la procedure de Iesus-Christ en la redemption du genre humain, il vse de ces mots, pour monstrer qu'il va bien d'vn autre pied, & par vn chemin bien destourné de la commune route du mõde, *Quæ stulta sunt mundi elegit Deus, vt confundat sapiêtes: quæ infirma sunt vt destruat fortia: & ea quæ nõ sunt, vt ea quæ sunt destrueret.* Il n'y a là mot qui ne porte, & ne merite d'estre pesé, il a esleu la folie du mõde, faict-il, pour confondre sa sagesse: ie vous prie n'est-il pas vray que naistre dans vn' estable, viure vne vie languissante & miserable en la boutique d'vn charpentier, conuerser auec des gens de neant, n'auoir pour sa suitte que de pauures pescheurs ignorans, grossiers & rudes, n'euangelizer que la simple populace, conuerser auec les publicains & les pecheresses, triompher sur vne asnesse, ce que nous descrirons & peserons sur la fin plus amploment, mais acheuõs; mourir, & sans s'estédre plus, de la mort de la Croix, Croix le scádale des Iuifs, & la risee & moquerie des Gentils, eslire toute ceste abiection, vilité, pauureté, ignominie, douleur, qui sont les choses que le plus abhorre la sagesse du monde, encores pour en faire les outils de nostre salut & redemption, n'est-ce pas confondre toutes les ratiocinations des ceruaux, qui se pensent les mieux timbrez: coulons legerement, il a esleu, suit nostre Apostre, les choses imbecilles & infirmes pour destruire les fortes & puissantes. N'a-il pas mastiné Pharao par des poux, des moucherons, des grenouilles, fait tuer Holopherne par vne simple femmelette, Goliath, ce geant

O 5   redou-

redoutable & espouuentable, par vn petit
pastre à tout des petites pierres, & semblables traits qui n'appartiennent qu'à la
grande & puissante majesté d'vn tel Seigneur, mais vn traict le nom-pareil & to-
talemēt admirable, est d'auoir par la mort
vaincu & terrassé la mesme mort, *ero mors
tua ô mors*. Ce n'est pas tout pour corol-
laire, il y a vn traict excellent, il a (dit le
vaisseau d'electiō) destruit les choses qui
sont, par celles qui ne sont point, qu'elles
sont ces choses qui sont, sinon les superˊ-
bes, lesquels pensent estre beaucoup, encores qu'ils ne soient rien. *Se putant aliquid
esse cùm nihil sint*, mais quelle est l'autre
qui n'est point, sinon l'humilité, laquelle
est toute immerse dans la profondeur du
neaht, c'est ceste petite pierrette de tantost, qui renuerse la grande statuë.
Or vn enseignemēt qui me semble fort
essentiel & energique pour acquerir ceste belle vertu, c'est de faire vne reflexiō
sur ce que nous sommes, les Ethymologistes sçauent assez communement que
homo vient *ab humo*, de sorte que quand on
nous appelle hommes, c'est à dire terre,
ie demande doncques à mon interieur,
qui suis-je? homme, me respondra-il, mais
quel est c'est hōme, ceste ratiocination

est des meditations de sainct Augustin, c'est de la terre, toutes les fois donc que l'on t'appellera homme, ou que tu te qualifieras tel, souuiens toy de ton origine, taste toy le poux à toy-mesmes, ô mō corps, frotte ta peau, & ie m'asseure que tu en tireras de la terre, & n'y trouueras autre chose, côme la signifiance de terre, est inseparable de tō nō, encores l'est plus ton corps de cest element, qui luy fournit de principale cōposition, pourquoy faire nous esleuōs-nous sur la terre, puisque toutes choses par vne dependance infaillible cherchét leur centre & leur retour.

Repetunt proprios quæque recursus,
Reditúque suo singula gaudent,
Nec manet vlli traditus ordo,
Nisi quod fini iunxerit ortum,
Stabilemque sui fecerit orbem.

Que nos corps tournoyent tant qu'il leur plaira, & vireuoustent sur la terre, tousiours il faut qu'ils retournent à leur principe, & que nostre ame vagabonde tant qu'elle voudra parmy les choses exterieures, qu'elle s'esleue aux dignitez, qu'elle s'enfle de presomptions, qu'elle se rêplisse, de sciences curieuses tousiours il faudra qu'elle reuienne à la cognoissance de soy mesme, laqlle ne luy apportera q̄

ceste

ceste recognoissance que l'homme est terre & y doit retourner. L'aigle à beau se guinder haut à tire d'aile, il faut tousjours qu'elle reuienne fondre à bas, parce qu'elle ne se peut reposer dans les airs, n'y y trouuer pasture propre, ouy bien quelque contentement & esgayement, il y a bien de vray quelque douceur & recreation d'esprit en l'apprentissage des lettres plus douces & humaines, il y a de la delectation és speculations mathematiques, mais de profit spirituel, i'y en voy fort peu, il faut tousiours descendre des questions hautement curieuses, pour venir ramper en terre, y apprendre à estre sage, & à se bien diriger & conduire en la voye de la vertu.

Socrate est loüé, d'auoir tiré la philosophie des cieux, & de l'auoir rendue maniable aux mains des plus simples & grossiers, aussi sa doctrine a elle esté la plus vtile, de tous les siecles qui ont roulé dans les tenebres de la gentilité, il a raualé le vol presomptueusement vain des Philosophes ses deuanciers, tous perchez dans les epicycles, & dans les recherches de la nature.

Laquelle cognoissance ne leur apportoit que de la mescognoissance d'eux-mesmes

mesmes, aussi plus ils estoient doctes, ils estoient d'autant plus insupportablemēt sçauants, gens tout à faict plongez dans l'abstraction, nullemēt practice en aucune sorte d'affaire, ny besongne, voire souuent fort mal morigerez, la plus belle eschole, c'est la science d'humilité où l'on apprend d'abordade ce placart, *Noli altum sapere, sed time.*

Sainct Augustin faict tout à ce propos, vne tirade excellente, en quelqu'vne des homelies, qu'il addresse à ses freres de l'hermitage. *Audite,* fait-il, *miraculum magnum fratres: eleuas te, Deus fugit à te: & accedet homo ad cor altum, & exaltabitur Deus: humilias te, & Deus descendit ad te, quare hoc? quia excelsus Dominus, & humilia respicit vt & alta à longè cognoscit; humilia respicit vt extollat alta à longe cognoscit, vt deprimat: accedit ad Deum Pharizæus, & Deus recedit ab eo: elongat se publicanus, & Deus venit ad eum, &c.* Où ie remarque sur tout, ceste belle & hardie interpretation, du traict premier du Psalmiste, où il dit, que si l'homme pense s'esleuer à la cognoissance de Dieu & s'auoisiner de luy, c'est lors que Dieu s'esleue d'auantage, & se recule de sa cognoissance, plus vn homme pense à pure pointe d'esprit penetrer les

secrets

secrets des mysteres cachez moins il y void, les yeux de son entendement y voyent aussi peu que ceux de l'hybou au soleil, tout veuë sille à l'aspect de cest astre, & tout entendement est confus en la consideration de la Diuinité, aduisez à ce fol, qui pense escheler le Ciel en grimpât sur le feste de ceste montaigne, ou montant sur le haut de ceste tour esleuée qui semble baiser les nuées de sa sommité, plus il s'aduance plus il croit que le ciel se recule de luy, en fin venu au bout de sa penible montée, il se treuue descheu de son esperance, tel seroit vn esprit qui se voudroit alembicquer à la recherche des secrets de Dieu, plus il aduance en ce point & plus il recule, ce Docteur qui est des années à clabauder dans des Escholles, pour former dans la teste de ses auditeurs le traitté de l'incarnation, le mistere de la Trinité, ou autres, au bout de toutes ses ratiocinations, il en est encores au commencement de son Symbole, *Credo in vnum Deum*, & de l'escot de la plus rude & ignorante femmelette, la creance de laquelle est peut-estre d'autant plus seure, & ferme qu'elle est plus simple, l'intelligence est le salaire de la visue & vraye foy, foy qui est d'autant plus entiere & rôde qu'elle est moins curieuse, or l'estre peu curieux est vne qualité inseparable des petits & humbles, dõc ils sont les plus capables des mysteres, & bien souuent les plus entendus, *Deus reuelat ea paruulis*.

L'humilité, pour ammonceler des figures que l'on pourroit facilement estirer, est la maschoire de Samson, chose vile, abiecte & ce semble ridicule, auec laquelle il terrassa les Philistins, & ceste vertu est l'armure plus asseurée que nous puissions auoir pour combattre en ceste milice terrestre en laquelle nostre estre nous oblige, & mesmes estans enrollez soubs le drappeau de la Croix, estendard du Christianisme. C'est la fronde du petit Dauid, aussi est-ce auec son *humiliauit semetipsum* que Iesus à fracassé les portes de l'enfer, & terrassé toutes les bades noires, C'est la verge de Moyse, ouuriere de mille miracles. C'est la verge de directiõ, qui par des voyes basses & destournées, nous conduit en la patrie Celeste. *Virga directionis, virga regni tui*, C'est ceste petite verge de fumée odoriferãte qui s'esleue du desert de ce monde, iusques deuant le throsne de Dieu, *Quæ est ista quæ surgit de deserto, sicut virgula fumi, ex aromatibus myrrhæ & thuris*. Ceste mysterieuse eschelle que le bon Patriarche Iacob veid en sõge, la sommité de laquelle touchoit les Cieux, & de l'extremité posee en terre, me figure encores & represente l'humilité, laquelle toute cachee en terre, ne laisse pourtant de porter les esprits au Ciel, c'est par ceste eschelle que le Verbe Eternel s'est humilié iusques-là, de prendre nostre chair, & reuestir l'humaine fragilité. C'est par ceste eschelle que les Anges montent & descendent, c'est à dire, les bonnes inspirations & celestes pésees, decoulent dans les ames doüees de ceste perfection, mais ce qui est de principal, c'est que ce bon pere, *vidit Dominum innixum scalæ*, c'est à dire que Dieu se repose principalement sur les cœurs humiliez. *Ad quem respiciam nisi ad humilem corde, & trementem ad sermones meos?* Pour monter à vne eschelle, il faut commencer par le plus bas eschelon, & en l'eschelle des beatitudes fort naïfuement representee par ceste mystique eschelle de Iacob, le premier pas est l'humilité ou pauureté d'esprit.

Icy vn traict delicat de sainct Augustin, *omnes delectat celsitudo, sed humilitas gradus est: quid tendis pedem vltra te? cadere vis, non ascendere, à gradu incipe, & ascendisti.*

Sainct Bernard pour monstrer l'excellence

lence de ceste vertu, laquelle il dit comme forcer & violenter Dieu à la misericorde, ratiocine fort proprement sur l'exemple du Roy Manasses, lequel coulpable de mille enormes crimes, venant en fin à resipiscence, & se repentant de ses insignes cruautez & autres forfaits, disoit auec vne grande componction de cœur, *Non sum dignus respicere altitudinem cœli.* O la grande force de l'humilité, disoit ce bon pere, laquelle extorque voire arrache la grace des Cieux. Ce Roy penitent, n'ose leuer les paupieres, pour considerer ces lambris azurez, l'escabeau des pieds du Tout-puissant, & voyla que les Cieux s'abaissent soubs sa veuë, peut-on pas dire, que le Ciel s'est abbaissé soubs luy, puis en a receu le pardon & les benedictions? Tres-bien le Prophete Roy : *Respexit in orationem humilium, & non spreuit preces eorū;* Psal.101. Plus vous battez la pompe contre bas, plus l'eau s'eslance haut, & plus on s'abbaisse en l'oraison, plus elle se guinde aisément deuant la face & le throsne de Dieu. Aussi les peres spirituels en la practique de l'oraison qu'ils appellent mentale, cōmencent tousiours par ce poinct leurs preparations, de s'abbaisser profondement deuant la face de Dieu. Voyez

Tom. v. P mes-

mesme comme dans les Cieux, les vieillards se prosternent sur leurs faces, en la presence de l'Agneau, comme il se lit en en l'Apocalypse, & la saincte vesue domptéresse d'Holofernes, auant que faire son oraison à Dieu, s'humilioit tant qu'il luy estoit possible, ce qui la fit exaucer, aussi dit-elle parlant à Dieu, *Humilium & mansuetorum semper tibi placuit deprecatio.* Et le Sage tranche cela nettemét en ces termes: *Oratio humiliantis se nubes penetrabit, & Dominus aspiciet, & non elongabit.*

<small>Iudith 9.</small>

<small>Eccl. 35.</small>

Chascun sçait que la geometrie est l'art de mesurer les corps solides, & toutesfois ie vous supplie voyez & considerez son principe, c'est vn poinct, chose indiuisible, selon la mesme deffinition de l'Euclide, laquelle ne se peut donner en la nature, selon l'accord & adueu des Philosophes, il s'ensuyura donc que le fondement des corps est vn neát, mais regardez leur procedure, vn poinct se mouuant, font-ils, faict vne ligne, comme si de rien se pouuoit faire quelqua chose, parlant naturellement, ceste ligne se mouuant faict vne surface, continuent-ils, & ils aduoüent qu'en soy, *in cõcreto*, toutes ces trois choses n'ont point de subsistance reelle, mais seulement imaginaire,

naire, *in abstracto*, & la surface se renoüant faict en fin vn corps solide & mesurable, si le fondement des corps est le neant, cōme ie viens de monstrer clairement par ceste induction, & si le neant est l'humilité, nous ne pouuons penser à nos corps que nous ne nous humilions.

Encores ceste consideration : La terre, confessent les Cosmographes, comparee à la vaste estenduë du Ciel, n'est qu'vn poinct, c'est à dire, vn beau rien, & que seront donc nos corps, si nous confrontons leur petitesse auec la grandeur du globe de la terre, sinon l'indicible & inimaginable partie d'vn rien? & toutesfois combien y a-il de gents qui se pensans bien haut montez, croyent estre quelque chose? le Prophete Roy se voyant esleué en ce grade supreme parmy les mortels, en fin reuenant à sa cognoissance, & n'y trouuant qu'vn neant, s'escrie fort bien, qu'il s'est trouué n'estre rien sans y penser, *Ad nihilum reductus sum, & nesciui. Substantia mea tamquam nihilum ante te.*

Ez corps trop chargez d'humeurs, on tire ordinairement le plus gros sang, & il est bon és grandes dignitez, de r'aualler vn peu ses crestes, & rabbattre de ceste

ceste hauteur trop odieuse, l'orgueil des tyrans est souuēt aussi insupportable que leur cruauté. Le Plutarque rapporte les vers d'vn Poëte Grec ancien qui furent dits à Pompee pendant sa prosperité,

D'autant tu es Dieu comme
Tu te recognois homme.

Sur quoy ie resonne, que comme la perfection de Dieu consiste à se cognoistre, aussi fait celle de l'homme, aussi Philippe pour desenfler la vanité dōt sa pompe Royale luy grossissoit le courage, se faisoit dire tous les iours à son leuer par vn page, Sire, souuenez vous que vous estes homme. Les Astrologues remarquent, que iamais la Lune n'eclypse, perdant la participation de la lumiere du Soleil, sinon quand elle se rencontre ez deux poincts de la teste ou de la queuë du Dragon, & iamais nos ames ne perdent tout à faict les rais de la grace Diuine, sinon quand elles sont abandonnées au Dragon de la fierté & superbe, car ce vice les aueugle, les ternit & fait ecclypser tout tout à faict. C'est ce Dragon qui forme tant d'illusions, & de fausses pretensions, dans les imaginations des ambitieux: *Draco iste quem dedisti ad illudendum*

dendum ei. Mais l'humble, *conculcabit Leonem & Draconem.*

La parabolle du leuain, peut encores estre interpretée de ceste vertu, car cõme le leuain seiche la paste, aussi osté l'humilité toutes les humeurs vicieuses de nos ames, il fait leuer le pain, & y a-il rien qui exalte plus que nostre vertu donne le goust au pain, lequel autrement resteroit insipide. Tout œuure qui n'est assaisonnée d'humilité, est de nul goust deuant Dieu, c'est l'ame du pain, & dit l'Aristote, qu'il se diffond par toute la masse, comme l'esprit est diffus au corps, il me souuient du Poëte:

Spiritus intus agit, totámque infusa per artus
Mens animat molem.——

Et ie tiens que l'humilité est l'ame de nostre ame, sans laquelle elle est morte à la grace de Dieu. Considerez ces larges & vastes fleuues, & voyez quelle grande abondance d'eaux ils vont roulans dans le vaste sein de la mer, si vous remontez contre-mont iusques à leur source, peut estre trouuerez-vous que ce n'est qu'vn petit bouillon, où à l'aduenture la sueur de quelque rocher: vous ne vistes onc rien de si peu de monstre, & si nous voulons sçauoir ceux qui entrent en leur

P 2 mort

mort dans les cieux, auec plus de magnificence, & y portent plus grande abondance de bonnes œuures, ce sont ceux qui ont esté les plus petits icy bas.

Pour despeindre vn homme humilié & abbaissé tout ce que l'on peut estre, l'image en est viuante en Iob, ses miseres sont si cogneuës que ie surçoy de les ramenteuoir : mais celle-cy est estrange, que delaissé & abandonné sur vn fumier, nud, transi de faim, & de froid, le corps tout couuert d'vlceres pourris, il racloit la sanie & bouë qui en sortoit, auec vn morceau de tuille rompuë, c'est bien là vne extremité, si ie le dis ainsi, tres-extreme, mais cest estat me represente le pecheur priué de tous ses biens spirituels, l'ame despoüillee du beau & precieux vestement de la grace, toute desfiguree, & vlceree par le vice, mais si en imitant Iob il prend en main vn tect de pot, c'est à dire la terre de l'humilité, ie m'asseure qu'auec cela il nettoyera son ame, & l'espurera de toute immundicité, & comme le bon Iob, se verra restitué en sa pristine felicité.

Il me reuient en memoire vne conception que i'ay tantost oubliee traictât des cendres, & ie le dis parce que ie ne reuaslte ste rien, ie coule ainsi prestement, mais elle se pourra reioindre icy. C'est oyseau que sans nommer on cognoist assés, quãd on dit qu'en son espece il est vnique, a ceste proprieté comme remarque remarquent communement les naturalistes, que se sentant deffaillir les forces par la longueur des ans, il ramasse en l'heureuse Arabie, où il fait son ordinaire seiour, des bois odoriferans qui y abondent, & s'estant basti vn petit bucher, qu'il allume aux rayons ardans du Soleil, il se brusle & consume là dedans, faisant de ses cendres mortes renaistre vn ieune & nouueau en sa place, tels me semblent estre les humbles, lesquels recueillants, pendant le cours de leur vie, les bois suaues de plusieurs perfections, & se consummans dans les cendres de leur humilité, de ceste bassesse s'esleuent à vne vie nouuelle, & eternellement glorieuse.

Archimede le plus grand geometre que iamais le Soleil esclaira, faisoit ceste proposition hardie, que si on luy donnoit vn poinct hors de la terre, il enleueroit auec ses machines, le pied desquelles il foderoit dessus, toute la machine de l'Vniuers, & celuy qui peut gaigner le poinct de de l'humilité chrestienne, ie tiens qu'il luy est aisé de tirer à soy toute la bande des autres vertus suyuantes, infaillibles de celle-cy. Mais d'vn rencontre plus gentil, n'est-ce pas en la force de ceste vertu que nostre Seigneur a dit, *Cùm exaltatus fuero à terra, omnia traham ad me*, ouy mais quelle conuenance de l'exaltation à l'humiliation, helas ! que ceste eleuation aux branches de la croix a bien esté le plus grand poinct de son humilité, *humiliauit se vsque ad mortem Crucis*: quelle ame dõc si insẽsible ne sera attiree à suyure l'abiection de son espoux, le voyãt en ce douloureux estat ? quel est cest esprit si stupide, qui ne sera esmeu d'embrasser ceste vertu, que nostre grand chef a tant cherie en sa mort, & tant pratiquee en sa vie.

Ie clorray ce long, & peut estre ennuyeux, discours, par deux meditations que ie faisois ces iours passez, l'vne sur l'humilité de Iesus en sa naissance, l'autre en son triomphe: voicy la premiere.

Ie ruminois en ma meditation de l'autre hier, apres le mystere de l'incarnation, & ie trouuay en parcourant ceste belle prée, vne fleurette entre autres q m'agrea biẽ fort, & poussa vne odeur qui me sẽbla
fort

fort soüefue. *Domine cōsiderani*, dit le Prophete sur ce subiect de l'incarnation du verbe, *omnia opera tua, & obstupui : in medio duorum animalium cognosceris*. Voyez où il est allé chercher l'abiection mesme de nostre Seigneur, pour l'admirer dauantage. Quoy? Prophete sainct est-il possible que vostre esprit diuinement animé en parcourant les œuures de Dieu se soit arresté à si peu de chose. Ie vous prie, le bransle admirable des cieux, la bigarrure des elements, la diuersité des creatures, n'a elle point esté capable de vous rauir, sans l'aller chercher ie ne sçay où dás vne cresche, au milieu de deux pauures bestes, le bœuf & l'asne, qui temperoient l'inclemence du froid, & rigoureux hyuer par leurs douces halenées, taschans de rendre selon leur foible pouuoir ceste pauure recognoissance au Seigneur de leur estre?

Disons vray, tout le monde aduoüe que de la beauté de l'ouurage de cest vniuers, on monte à la telle quelle recognoissance de la grandeur immense du Facteur. Quand ie pense ou parle de Dieu, dit le pere Sainct Augustin, ie pense & parle d'vne grandeur sans fin, inimaginable & indicible, il n'y a si grossier quand il oit

P 5 seule

seulement le nom de Dieu qui ne conçoiue quelque chose de sublime, releué, & par delà la portée de tout entendement humain, quand on dit que les cieux sont les œuures de ses mains, *opera manuum eius sunt cœli*, on croit qu'il n'appartenoit qu'au Tout-puissant, de produire des choses esmerueillables, quand la foy nous apprend que c'est d'vne simple parole qu'il a tout formé, *dixit & facta sunt*, l'on adore vne telle puissance : bref dites tout ce qu'il vous plaira de magnifique & excellent, mon ame conçoit encore toutes choses plus excellentes de Dieu, *magnus Dominus & laudabilis nimis*.

Mais retirant mes pensees de dessus cest œuure de la creation, quoy qu'admirable, ie trouue qu'il y a encor plus à admirer en celuy de la recreation, & redemption du monde, gasté, peruerty & corrompu. Ie veux conceuoir facilement toute grandeur en Dieu, mais d'y imaginer de l'abiection, bassesse & vilité, ie ne sçaurois, & de la vilité, telle encores qu'elle est presque par delà toute description, faire choses grandes, est tres-conuenable à vn tel maistre & Seigneur, mais de le raualer aux petites, c'est vne chose

chose qui semble indigne de luy.

On faict des questions tres-curieusement inutiles aux escholes, car quelle piece n'y remue-on point, entr'autres celle-cy: Si la diuine prouidence, sçait le nombre de toutes les mouches, fourmis, & autres petits corps, comme les atomes qui sont en l'vniuers, & on respond non seulement qu'ouy, mais qu'il est indigne d'enquerir des choses basses de Dieu, mais en l'œuure de nostre redemption qui est celle que descript nostre Prophete: quelle sorte d'abiection n'a-il point espousee pour l'amour de nous, nous dirons tout, sans nous espandre beaucoup en paroles, quand nous representerons simplement qu'il a quitté le Ciel, son bien-heureux seiour, pour venir icy bas reuestir nostre fresle mortalité, espouser nos calamitez & infirmitez, excepté le peché & l'ignorance, soubs la forme d'vn esclaue, n'est-ce pas cela s'aneantir grandement, *exinaniuit semetipsum, formam serui accipiens, & habitu inuentus vt homo*. Quand Platon a dit que Dieu estoit tout, il a aucunement suiuy sa grandeur en Idee, mais quand nous disons que ce tout s'est fait rie͂, c'est vne philosophie que tous les plus

plus grands cerueaux n'ont iamais peu conceuoir. Que si l'amplitude & immensité de Dieu estend nostre ame & l'espand en admiration, ie trouue encores qu'il y a plus de cause de rauissement en sa bassesse, & comme l'on ne peut comprendre la lumiere inaccessible de son altesse, aussi ne peux-ie sonder l'abysme infiny de sa bassesse, & ie trouue en ce point dernier Dieu plus admirable, qu'au premier, aussi l'vn n'est que l'acte de sa puissance, mais l'autre est l'œuure de son amour extreme, qui l'a reduit à ces extremitez, pour subuenir à nos necessitez, & nous retirer de la gueule beante de l'enfer.

O immense bonté de mon Dieu! qui pour recréer ce monde, qui ne luy auoit cousté qu'vne parole à former, a voulu souffrir tant de miseres en sa naissance, tant d'incommoditez en sa vie, tant de douleurs & d'ignominies en sa mort, helas pour faire dix mille mondes, mon Redempteur, il ne vous faudroit qu'vn seul vouloir, & pour en rachepter vn, pourquoy tant de sang? il ne faut qu'vne parole, *tantum dic verbo*, cessez d'estre inhumain à vous-mesme, tournez plustost la seuerité de vostre iustice sur nos fautes, que

que sur la simplicité de vostre innocence, ces moyens si abiects & miserables sont indignes de vostre grandeur, mais aussi ils sont tres-conuenables à vostre extreme amour, amour que vous auez bien faict paroistre estre plus fort que la mort, puis qu'il vous a conduit au sepulchre, apres vn supplice si farouche.

O que cest œuure de vostre incarnation, entree de nostre redemption, peut bien estre par excellence appelee vostre, puis qu'elle vous couste si cher : tels sont les eslancements qu'vne ame peut pousser en ce sainct exercice, qui sont mieux goustez que proferez, ressentis qu'escrits, auec le bois de pareilles considerations, l'on eschauffe la volonté à l'amour, à l'imitation, à la deuotion; mais voyons vn peu quelque instruction pour l'entendemét; i'ay rencontré de ce traict, sans y penser, vne autre leçon, encor que ce ne soit pas grandement mon humeur, ny mon dessein, de m'arrester à ces pontillies grammeriennes; *Domine opus tuum annorum, viuifica illud,* là dessus se forment diuerses interpretations, c'est la souplesse de l'idiome Hebraïque qui souffre ces diuers visages, i'ay esté au Grec, & il s'accorde auec la premiere, Κύριε, κατανόησα ἔργα οὗ, ᵏ ἐξί̓ς[αι] ἐν μέσῳ, δύο ζῴων γνωσθήσῃ.

Tant y a, que tous les interpretes conuiennent en ce point, que c'est là de l'Incarnation du Verbe que parle le Prophete, il me souuient de ce mot qui va de pareil air, *cognouit bos possessorem suum & asinus præsepe Domini sui: Israël autem me non cognouit*, qui est vn reproche de mescognoissance aux Iuifs, plus ingrats que les bestes. Ainsi sainct Iean, *In mundo erat, & mundus eum non cognouit, & sui eum non receperunt.*

Comme en vn tableau outre la diuersité des couleurs, il y a tousiours quelque traict particulier qui nous plaist d'auantage & arreste nostre œil, aussi en ceste peinture, ie iette principalement ma veuë sur ces animaux, qui me representent merueilleusement bien en ceste estable, l'extreme necessité où estoit reduit en sa tendre naissance le petit Iesus, qui souffre des douleurs insupportables aux corps plus robustes, dés l'instant de son entree en ce monde, ie ne crois pas que l'on peust despeindre la pauureté plus naifuement que la voicy : vne pauure femme chassee de toutes les maisons, accouchant dans vne estable, abandonnee pour estre
en

en ruine & deserte, où n'y a nul abry, estendant son fruict nouueau né sur du sien tout grouillant de vers, & n'ayant dequoy l'enueloper pour le garantir de l'inclemence de l'air, approchant vn asne pour le rechauffer de son haleine: ô doux enfant, ie vous adore, creche ie vous honore, estable saincte ie vous reuere, & vous pauures animaux ie suis enuieux de vostre bon heur : mon cher Iesus, puis que c'est par ces rauualements qu'on se releue à vostre gloire, faictes que ie vous suiue en iceux pour frayer vos pistes & vestiges.

Les deux Cherubins du propitiatoire, affrontez l'vn à l'autre, espandoient leurs aisles dorees sur l'arche, & se regardoient comme rauis en extase, & admirants la manne qui y estoit cachee: ô mon ame, pasme-toy sur ceste pauure creche, & cedent tes paroles au rauissement, y voyant couchee la manne veritable, l'humanité de ton Dieu, au nom duquel tout genouil flechit au Ciel, en la terre, & aux enfers, voyant l'autheur du monde enuelopé en des meschants petits langes & drapelets. Helas! les renards ont leur tasniere & raboulieres, les oyseaux
leurs

leurs nids, les plus farouches animaux leurs bauges & repaires, & le Fils du Tres-haut n'a où reposer son chef, *propter nos egenus factus est, &c.*

Elie pour resusciter l'enfant de la vefue, se racourcit pour se proportionner à sa petitesse, ô doux Iesus, n'estoit-ce pas pour nous redonner la vie, que vous vous estes ainsi deprimé, rauallant vostre grandeur à tel poinct, qu'il est presque inimaginable, donc, ô mon ame, qu'estimes-tu, *Ama amorem illum qui pro te descendit in vterum Virginis, vt ascenderes in sinum Patris, humiliando se, sublimando te, coniungendo lumen suæ diuinitatis, limo tuæ mortalitatis, vt vsque ad hoc humiliaretur Deus, & vsque ad hoc exaltaretur homo*, dis-je, apres sainct Augustin.

Noé en l'arche, a sauué les restes du genre humain, & Iesus en l'arche de nostre humanité est venu nous deliurer du deluge de l'eternel naufrage, qui nous estoit infaillible.

Esleuons-nous vn peu sur ceste bassesse, il me semble que je voys ce grand colosse que Nabuchodonosor vid en songe, rué par terre du coup de ceste petite pierre qui roula de la montaigne, aussi en l'Incarnation du Verbe, qui paroist si petite,

petite, ie vois toutes les vanitez, richesses, & delices du monde, renuersees & terrassees par l'humilité, la pauureté, la chasteté de nostre Saueur, lequel est ceste petite pierre roulant d'en haut, *Petra autem erat Christus, lapis reprobatus, & Angularis, descendens de vertice montium.*

Suyuons. S. Paul dit que Dieu *lumen habitat inaccessibilem*, & le Prophete Roy, que *Posuit tenebras latibulum suum.* Quelle raison de ceste repugnance? que quant à la Diuinité, c'est vne splendeur inscrutable, mais quant à l'humanité c'est vn abisme d'aneantissement si creux & noir, qu'on ne peut profonder ces tenebres, qu'auec la lumiere de la foy.

Il fut dit du Ciel à S. Iean en Patmos, *Apoc. 6.* *veni & vide*, mais de passade vn mot sur ces deux mots, i'y voy vn bel ordre, il faut aller, & puis voir: d'où i'apprends, qu'és mysteres diuins, il faut aller par la foy auāt que d'entendre, ainsi le m'apprend Esaye. *Si non credideritis non intelligetis.*) Et S. Iean *Isa. 7.* apperçoit en sa vision l'Agneau sanglant qui ouuroit le liure qu'aucun que luy n'auoit peu deslier, & aussi tost il vid de la premiere fueille sortir vn cauallier, monté sur vn cheual blanc, brandissant en son poing vn jauelot, & ayant la teste cou-

Tom. v. Q ron

ronnee, les peres triomphent à interpreter ceste apparition, & disent que c'est le mystere de l'Incarnatiō premier de tous, symbolisé par le Cauallier blanc, lequel estoit incomprehensible aux peres de l'ancienne Loy, mais a esté manifesté par le Messie, l'Agneau rouge du sang qu'il a respandu pour nous en son douloureux martyre.

Zach. 1. Poussons & passōs outre, Zacharie parle ombrageusement & obscurement de ce mystere, tout à l'abord de sa Prophetie, quand il dit que pendant les tenebres de la nuict, voyez le Symbole de l'obscurité, il a veu vn Cauallier monté sur vn Cheual roux, sortant d'vne espesse forest de myrthes, qui estoit en vne profonde valee, ce cheual roux ne contrarie point au blanc d'icy dessus, car nostre Seigneur en son humanité à esté blanc d'innocence, & rouge de charité, tel le despeinct son Espouse en son Epithalame. *Dilectus meus candidus & rubicundus:* ceste profonde valee est l'extreme abiection & vilité qu'il a espousee, & ceste forest espesse les ressorts qui cachent le mystere, & le rendent d'autant plus auguste que moins il est comprehensible.

Isaye admirant la profondeur de ce
myste

mystere, & se desfiant de le pouuoir faire croire & comprendre aux hommes, trop grossiers pour le conceuoir, s'escrie, *Domine quis credidit auditui nostro, aut brachium Domini cui reuelatum est?* Ce bras de Dieu est le verbe, selon S. Augustin en ses commentaires sur S. Iean, non que Dieu aye des membres, car il est esprit: mais comme nous nous seruons du bras pour œuurer & faire quelque besongne, ainsi Dieu a par le verbe faict tous ses ouurages. *Omnia per ipsum facta sunt, & sine ipso factum est nihil*, de ce bras parle la Vierge en son Cantique, *Fecit potentiam in brachio suo, dispersit superbos mente cordis sui*, ouy il deschasse les superbes & sages, & les priue de la cognoissance de ce haut mystere, pour le reueler aux petits, *Abscondit à sapientibus & reuelat paruulis*: quelle est la suitte de ce traict preambulaire? la voicy. *Ascendet sicut puer lactens facies eius.* Aussi n'est ce pas vne chose plus que merueilleuse, de voir si bas raualé, celuy qui est si grand que tout esprit est impuissant de l'imaginer, en la contrepoincte de ceste grandeur, & de ce soudain raualement, il me souuient de ce mot. *Ascendunt vsque ad cœlos, descendunt vsque ad abyssos.*

Q 2   On

On lit que quand S. Augustin, cest esprit incomparable, vint à l'interpretation de ces mots de sainct Iean, le verbe à esté fait chair, le poil luy herissa, & la plume luy tomba des mains. Et à l'ambassade de l'Ange qui annonçoit ce mystere prodigieux, la Vierge se transit-elle pas d'estonnement? *Quomodo fiet istud*, toutesfois elle se ravalla aussi tost dãs l'humilité, *Ecce ancilla Domini*, & l'esprit Angelique mesme ne le pouuant declarer, n'allegue que la toute-puissance de Dieu, & l'entremise de son S. Esprit.

Il y a bien prou de figures de ce mysterieux benefice dans l'ancienne alliãce, mais elles sont si sombres qu'à peine l'y peut on recognoistre, dés le commencement du monde Dieu creant l'homme à son image, nous donnoit à entendre par là, qu'vn iour viendroit, qu'il se feroit à son tour, à la semblance de l'homme, *in similitudinem hominum factus, & habitu inuentus vt homo*. En menaçant le serpent seducteur qu'vn iour vn fils de femme luy escraseroit la teste, Dieu vouloit faire sçauoir la future venue de son fils Messie. La retrogradation du Soleil, en estoit aussi vne figure, mais bien obscure, par laquelle nous estions enseignez, qu'vn iour le
Fils

Fils de Dieu, quittant le Ciel son throne Majestueux, se feroit plus petit que tous les neuf ordres des Anges, *Minuisti eum paulo minus ab Angelis*: & se rangeroit à la dernière ligne, qui est la bande des hommes, pour restituer le genre humain en son ancienne dignité & splendeur, à suyure ceste poincte, elle nous conduiroit plus loing & plus haut, que ne permet vne simple meditation.

Ie me rabaisse à la consideration de ce traict des Cantiques, *Indica mihi, dilecte mi, vbi pascas, vbi cubes in meridie*, & ie dis icy, *in media nocte*, helas! si ie vous cerche en cest instant de vostre natiuité, mon cher espoux, ie vous trouueray en vn estable ruyneuse, *in medio animalium*. Quelle abiection est celle-là, mon Redempteur: apprende là, mon ame, puis que le grand Tout pour toy s'est faict rien, du moins pour l'amour de luy à te tenir à ton neāt, puis que tu n'es rien, mets-toy auec les petits pastoureaux à fin de participer à sa chere veuë: car Dieu l'a enuoyé Euangeliser les pauures, si tu es orgueilleuse & superbe, ô! il n'est pas pour toy, va donc en esprit d'humilité, l'adorer dans le palais de cest estable, sur le throne de ceste creche, ayme ses lambeaux & sa pauureté, si tu veux qu'il t'associe à sa gloire, c'en est là le chemin & la voye.

Ie sçay qu'à l'abord cela te semblera vn peu reuesche : mais bon courage, prens toutes ces amertumes, embrasse ces espines, elles te produiront de douces roses en l'arriere saison, & dis, *Fasciculus myrrhæ dilectus meus mihi, inter vbera mea commorabitur*, ayme ceste myrrhe, amere, mais qui te conseruera de corruption, & dis en ceste pauure estable, *Elegi abiectus esse in domo Dei mei magis quàm habitare in tabernaculis peccatorum.* Et encores l'ayant rencontré, *Tenui eum, nec dimittam.*

Mets-le soigneusemēt & amoureusemēt cōme vn seau sur ton cher cœur & sur tō bras, c'est à dire en ta volōté & en tes œuures, c'est son precepte : *Pone me vt signaculū super cor tuum, & super brachiū tuū.* Imprimez viuemēt sō pourtrait dās voſtre affection, auec nō moins de soin que ces amoureux mondains qui portent tousiours sur soy la peinture de l'obiect de leur passiō : Tertulian remarque ceste affection des Pytagoriciens enuers leur maistre, qu'ils auoyēt tous son image ou pēduë au col aboutissante au cœur, ou attachee au bras pour la voir plus souuēt & plus facilement, serōs nous plus ingrats enuers nostre Redēpteur

pteur que ces disciples enuers leur precepteur? *Nunquã,dõc*, dis-ie apres S. Bernard, *Imago crucifixi*, & ie dis en ce suject, *Nascētis Christi, recedat de corde nostro*, mais sur tout mõ ame engraue le biē auãt, *ære perennius*, afin que nul tẽps le puisse effacer, *hunc non imber edax non Aquilo impotens possit diruere*. On dit de S. Ignace qu'apres la mort, on luy trouua graué sur le cœur en lettres d'or le S. nõ de Iesus, ô le vray & sincere amãt: tasche mõ ame d'imiter ce bõ persõnage, ayes tousiours ce pourtrait en l'ame, ce nõ en la bouche & au cœur, & qu'il n'y aye en ton chemin escorce d'arbre où tu n'entailles ces mots, Viue le petit Iesus mon chaste espoux, & l'vnique obiect de mes affections plus sainctes. Voyõs maintenant le triomphe de son humilité.

C'est sur quoy ie venois de mediter, cõsiderant le tableau de l'entree de nostre Seigneur en Hierusalẽ, le iour que l'Eglise appelle des Rameaux. Qui veut voir ceste vertu triomphante, ie croy qu'elle est là en son plus esclattant theatre, de voir le Createur Seigneur & Redẽpteur du mõde, celuy, la grandeur duquel est mieux honnoree & declaree par le silence, que par la parolle, entrer en apparat & põpe celebre dans la premiere ville de Iudée,

Q 4 mon

monté sur vn si vil, abject, voire ridicule animal qu'vne Asnesse, accompagné de pauures pecheurs tels qu'estoyent les Apostres, enuironné de la tourbe du plus menu peuple, ce sont des traicts plus dignes d'admiration que de los.

I'imaginois ceste entree huble & glorieuse tout ensemble, choses qui semblẽt repugnantes & antipathiques, ouy huble: car ce n'est qu'vn pauure Galileen qui triomphe, sa monteure vne Asresse, ses parements de meschans habits deschirez, sa suitte des gueux, ses tapis des ionchees de branchages, tout cela est bas, ouy glorieuse, car c'est le Fils de Dieu, celuy qui donne le brãsle, voire l'estre à l'Vniuers, celuy qui dõne la sãté aux malades, la vie aux morts, qui va œuurãt mille miracles, sa monteure est celle-cy, *Qui ascendit super equos & quadrigæ eius saluatio*, ou c'est autre, *Qui ambulat super pennas ventorum*, ou bien celle-là, *Spiritus Domini ferebatur super aquas*, ou encores, *Terra scabellum pedum tuorum*, ou plustost, *Angelis suis mandauit de te, vt custodiant te in omnibus viis tuis, in manibus portabunt te*. Sa suitte sont les gens de bien, & les gens de bien sont-ce pas les plus grands du monde, si la mesure de la grandeur se prend à l'aulne ou à la reigle de la
iusti

iustice, sa pôpe ce sont des oliuiers & des Palmes, que les Empereurs en leurs plus superbes triomphes ne desdaignent pas, & ces pauures vestemens tous deschirez sōt plus nobles que toutes les tapisseries: car c'est vn signe qu'estās ainsi iettez par le peuple soubs ses pieds, il va plus triomphant de leurs cœurs que de leurs biens. Peut-on voir vne humblesse plus releuee, & vne Altesse plus raüalee.

Ce seroit vn grand champ, d'aller rechercher dans les antiquailleries, l'apparat & magnificence des triomphes Romains anciens, si pompeux & rares, que c'estoit vn des souhaits de sainct Augustin, de pouuoir iouyr de la veuë d'vn, mais i'apprehende à merueilles ces recherches peniblement curieuses & curieusement inutiles, ce n'est là ny mon gibier, ny mon humeur.

I'ayme mieux dire pour me ietter à des considerations plus douces, que ie voy en ceste action la simplicité en son throsne, & la naifueté toute entiere. I'y voy vne beauté sans fard, desdaigneuse des paremens & ornemens estrangers, noble de sa propre noblesse, riche de sa propre richesse, & grande de sa propre grandeur, sans mendier d'ailleurs aucun

Q 5 secours

secours pour releuer pour esclat & son luſtre, & les rides viennēt bien à la vieilleſſe, & la cheueleure chenue, les yeux enfoncez, la peau bazanee, & le verny des antiques eſt leur principal parement & l'humilité n'eſt en ſon iour que parmy la baſſeſſe, la vilité, la deneantiſe : les dames ſçauent aſſez combien les habillements de dueil tous ſimples & ſans affecterie, releuent leur beauté, & la ſimplicité eſt le premier ornement de l'humilité, ce qui eſt beau, ne doit point eſtre couuert, & ceſte toute belle vertu, veut eſtre conſideree toute nue, ſe releuant de ſon propre merite, elle n'en emprunte point d'autre pour ſe faire valoir. Ces Empereurs anciens, qui vſoient de tant de magnificence en leurs triomphes, reſſemblent à ces femmes laides, qui vſent des fards pour ſe faire paroiſtre autres qu'elles ne ſont : le fils de Dieu content d'eſtre ce qu'il eſt, deſdaigne ces artifices, ſoit que par là, il nous vouluſt monſtrer à garder l'humilité parmy les plus eminentes dignitez & les grandeurs plus eſleuees, qui eſt vn des principaux enſeignements qu'on peut & doit tirer de ce triomphe.

Ils diſent que le fleuue Alphee pour
s'aller

s'aller ioindre à la fontaine Arethuse, trauerse la mer Erythree, sans abreuuer ses eaux d'aucune amertume : les belles ames qui trauersent la mer de ce monde malin & peruers, pour se rendre à leur Espoux celeste, vraye fontaine de vie, doiuent tant qu'elles peuuent esuiter le meslange & la contagion de la gloire mondaine : car il n'est rien qui rende l'ame plus odieuse à Dieu que ce vice, vice capital, qui s'adresse directement à sa grandeur, grandeur à laquelle seule est deu l'honneur & la gloire.

Entre les plus notables perfections que l'on remarque au grand sainct Gregoire, celles-cy tiennent le premier rang, qu'il a esté pauure parmy les richesses, chaste parmy les delices, studieux parmy les affaires & occupations de la charge Papale, & sur tout grandement humble parmy les plus sublimes honneurs & grãdeurs du monde, surquoy ie formois tantost des considerations.

Ce conseil du sage est tres-salutaire, *Eccl.* 12. s'il estoit aussi bien pratiqué. *In die honoris tui non extollaris*, & encores, *in die bonorum ne immemor sis malorum*, mais l'experience nous faict voir vn tout contraire vsage, parce qu'il s'en trouue peu à qui les
hon-

honneurs ne changent les mœurs, estant vne chose autant rare que difficile, de s'abbaisser quád on est esleué en dignité.

Tous cerueaux, dit Plutarque, ne sont pas propres pour porter beaucoup de vin, & toutes ames ne sont pas capables de se bien comporter ez grádes prosperitez, on en void plus qui se desbauchent en bon heur que d'autres qui se desesperent en malheur, la patience est plus cómunément pratiquée en celuy cy, que la temperance en celuy-là, & l'abondance du froment faict verser le bled, & la trop grande quantité de fruicts faict rompre les arbres, & le vin pur enyure les plus sages, & la prosperité, est-il escript aux Prouerbes, perd les mal-aduisez, *Prosperitas stultorum occidit illos*.

Mais comme l'on corrige la fureur du vin, par la froideur de l'eau, de peur qu'il ne trouble & aliene l'esprit, aussi l'humble recognoissance de nostre deneantise parmy les plus esclatás honneurs du móde, sert d'vn téperament fort propre pour empescher que nostre ame s'emporte & enleue de sa droitte assiette, c'est vn frein salutaire pour retenir les eslács immoderez de la gloire & du fast, qui transportét quelque fois les plus sages cerueaux.

S. Ber

LIVRE DIXSEPTIESME.

S. Bernard en quelqu'homelie sur ce *serm. 2. in dom. palmar.* triomphe de nostre Seigneur, m'enseigne à ce propos vne consideration excellentissime, il donne à ce passage du Psalmiste, *Cadent à latere tuo mille, & decem millia à dextris tuis*, vne interpretation autant agreable que bonne, il entend par la dextre la prosperité, par la gauche l'aduersité, & tire de là que plus de gens tombent en faute par le bon-heur que par le malheur, & parce qu'il y a tousiours du danger en l'vne & l'autre externe condition de fortune, le Sage la demande à Dieu mediocre, de peur & que la trop grande pauureté ne le precipite en desespoir, & les trop abondantes richesses à la desbauche & deprauation. De là il tire ceste meditation, que comme nostre Seigneur parmy ses plus grandes afflictions a faict voir vne prodigieuse patience, aussi en son triomphe il a voulu faire paroistre vne grandissime abiection & humilité. Voyez les mots de ce Pere, *Licèt multos frangat aduersitas, tamen multò plures extollit prosperitas, sicut scriptum est: cadent à latere tuo mille, sinistro scilicet, per quod signatur aduersitas: & decem millia, id est, multò plures, à dexteris suis, in quibus prosperitas designatur. Denique quia vtrobique periculum est, orat Sapiens,*

Sapiens, & dicit: Diuitias & paupertatem ne dederis mihi: ne fortè aut diuitiæ extollerent in superbiam, aut paupertas deiiceret in impatientiam. Vnde & Dominus, sicut in passione patientiam, ita in hodierna processione, humilitatem exhibere curauit: Non in curribus, & in equis, nec in frenis argenteis, aut sellis auro tectis, sed humilis aselli tergo sedens.

Homil. 67 in Math.

S. Chrysostome philosophant aussi sur ce subiect, monstre que & en ceste action, & presque par toutes celles de sa vie, nostre Seigneur nous a tousiours enseigné ceste vertu d'humilité, comme la pierre fondamentale de toute la discipline Chrestienne, voicy son discours. *Mihi etiam idcirco in Asina sedisse videtur, vt viuendi Philosophia nos erudiret: Regulas enim nobis præbet, ne maiora quàm necessarius vsus exigit, requiramus. Itaque quando etiam nascebatur, non magnificas ædes, non locupletem matrem, sed pauperrimam, & fabro desponsatam, elegit: & in tugurio nascitur, & in præsepio ponitur. Sic discipulos non oratores aut Prophetas, nec genere aut fortuna claros, uoluit, sed inopes valde atque ignotos. Mensa sua hordeaceis nonnunquam panibus, nonnunquam quos discipuli è foro emerant, referta erat. Recumbebat in fæno vestes viles, nec conditionem vulgi excedentes, induebatur. Domum nullam habebat, quumq́; deo loco*

loco in locum transeundum erat pedibus iter faciebat, & quidem ita vt labore plerunque conficeretur. Nunquam in sede, nec in puluinari, sed in ipsa superficie terræ, modò in montibus, modò apud fontes sedet & docet.

Or comme vn pré esmaillé de mille diuerses bigareures, parmy la varieté des fleurs, quelqu'vne nous agrée d'auantage, & arreste nostre veuë, en l'iris, l'vne couleur reuient plus à nos yeux que l'autre, en vne crotesque meslangee de plusieurs corps monstrueux: nostre aspect s'amuse à quelque particularité, par ie ne sçay quelle inclination naturelle, & choix inopiné: aussi en vn tableau plein de diuers rencontres, il semble que nous nous attachions à ce qui a le plus de nouuelleté & estrangeté comme nostre goust s'excite & picque par l'amertume, aussi nostre ame s'esueille par ce qui est le plus inusité, & dient ces maistres qui se meslent d'enseigner la memoire, que les images des choses plus extrauagantes sont celles qui s'impriment le mieux en nostre souuenir, aussi voyant parmy les diuers obiects de la peinture de nostre meditation, ceste asnesse au milieu de ceste pompe, là s'attachent mes pensees, & ce n'est point en vain: car en ce vil & ridicule

dicule animal, ie descouure de secrets & releuez & serieux, ce conte de l'ombre de l'asne, faict par Demosthenes pour renouueler l'attention du peuple, qui se relaschoit en vne cause importáte, est assez commune sans en faire plus longue mention icy, ie ne sçay pas si l'ombre ou l'image de cet animal a quelque effect icy, mais ie sens qu'elle ouure mon esprit à merueilles.

Cest animal est le plus contemptible de tous les animaux, le plus mesprisé, & neantmoins est vn des plus vtiles, & celuy duquel se tire le plus de seruice, beau symbole de l'humble, lequel semblant en apparence le plus mesprisable & le plus vil, est toutesfois tres-grand deuát Dieu, & celuy qui le sert le mieux.

Cest animal est sans cesse occupé à trauailler, peu adonné à ses aises, n'ayát que des bastonnades pour recompense de ses labeurs, le vray humble est celuy qui souffre tous opprobres & toutes afflictions patiemmét pour l'amour de Dieu, qui mesprise tous les plaisirs de la terre, & qui n'attend autre salaire que le Ciel, qui luy est promis, *humiles spiritus salvabit*.

Cest animal s'engraisse & nourrit d'orties & chardons, herbes piquantes, reiettee iettees de tous les autres animaux, l'humble fructifie parmy les tribulations, fait proffit du mespris, & se nourrit des iniures & rebut d'vn chascun.

Battez cest animal tant que vous voudrez, il ne ruë ne mord, il haste son pas, & souffre tout. Ainsi le vray humble possede son ame auec patience, ne rend point mal pour mal, ains plustost biē pour mal, benediction pour malediction.

Cest animal de son temperament est triste & melācholique, & l'humble pleure tousiours ses fautes auec vn cœur contrit & abbaissé, *corde contrito & humiliato*, il va semant en pleurs, pour moissonner en ioye: *Beati qui lugent.*

Cest animal est simple, doux, obeïssāt, toutes qualitez de l'humble, *vt iumentum factus sum apud te, & ego semper tecum.* C'est pourquoy nostre Seigneur pour nous apprendre toutes ces vertus, a triomphé sur cest animal, d'autant que par icelles nous triomphons de nos ennemis, *Ecce Rex tuus venit tibi mansuetus & mitis, sedens super Asinam & pullum.* Psal. 73.

Zach. 9.
Matth. 21.

Les ethymologistes disent que ce mot Asne, vaut autāt à dire que priué de sens, & l'humble en son abiectiō, semble-il pas quelque fois manquer de sens commun?

Tom. v.   R   *Bea*

Beati pauperes spiritu. Ceux qui ont pris garde à sa nature, dient que rarement il môte és lieux hauts, & que difficilement le faict-on passer sur des ponts, où il voye à bas l'eau courante, & y a-il rien que le vray humble fuye plus que les eminentes qualitez, & qu'il haisse d'auantage que de voir beaucoup de gens plier soubs soy, *Aquæ multi populi populi multi*, s'estimant le plus abiect de tous les hommes.

Outre cela nous pouuons encores apprendre par ce symbole, que ce qui semble folie aux hommes, est sagesse deuant Dieu, *Quæ stulta sunt mundi elegit Deus, vt confundat sapientes*, ainsi il a esleu la mort de la croix, pour la redemption du monde, chose ridicule aux Gentils, scandaleuse aux Iuifs, vertueuse aux fideles, il a esleu des pauures pescheurs & ignorans pour annoncer son Euangile, pour conuaincre le monde d'erreur, & rembarrer ses opinions, & destruire ses fausses regles & maximes, *It per contrarium mundo iter.*

L'Asnesse de Balaam eust ce priuilege de voir l'Ange, grace qui ne fut pas faicte à son maistre, ainsi Dieu reuele ses secrets aux humbles, & les cache aux superbes, *Abscondit ea à sapiētibus, & reuelauit ea paruulis, esurientes impleuit bonis, & diuites dimisit inanes.* Mais

Mais ie voy briller la verité de ce triõphe à trauers l'ombre & le nuage d'vne vieille figure: le bon Patriarche Abraham voulant mener son fils Isaac sur vne haute montagne, pour là l'immoler selon le commandement de Dieu, il le charge sur vn asne, & nostre vray Isaac, ayans dans peu de iours esté immolé, pour satisfaire à la iustice de Dieu son Pere, *Immolatus est quia ipse voluit*, & pour satisfaction de noz pechez, le voici qu'il triomphe porté sur vn Asne, qui le meine en Hierusalem, pour de là estre sacrifié sur l'Autel de la Croix au mont de Caluaire.

Encores celle-cy, Saül fut proclamé Roy par le peuple, tandis qu'il cerchoit les Asnes ésgarez de son pere, & icy nostre Seigneur est declaré Roy par les Iuifs, trainant quant & soy vne Asnesse & vn Asnon, voyla les beaux enseignemens que ie tire de ceste humeur Democritique, qui m'a porté sur la consideration de cest animal, & n'est point hors de propos de croire que par ce signe nostre Seigneur nous aye voulu apprendre tant de beaux preceptes d'humilité, de temperance, de patience, de douceur, de mansuetude ainsi par tout il vse de similitudes & paraboles pour endoctriner le peuple, ainsi pour conuier à l'humilité, il monstre des petits enfans, *Nisi efficiamini sicut paruuli isti, non intrabitis in regnum cœlorum.* Ainsi pour faire sçauoir au peuple que la loy qu'il vouloit donner à Moyse estoit vne loy de terreur & de rigueur, ce n'estoit que tonnerres, esclairs, gresles, tempestes, feux, & flammes, autour du mont Sinay: ainsi il apparust à Moyse dans vn buisson ardant sans consumer l'enseignant par là qu'il affligeroit le peuple, mais qu'il ne le destruiroit pas; & qu'il le feroit passer par la flamme & l'eau des tribulations, pour l'introduire au refrigere: ainsi le sainct Esprit descendit sur les Apostres en langues de feu, pour leur signifier qu'il les venoit embraser du feu de la charité: ainsi par la coupeure du manteau de Samuel faicte par Dauid, estoit denotée la transition du sceptre de celuy-là à cestuy-cy: ainsi Elisée enseignoit au Roy Ioas qu'il conquerroit la Syrie, luy commandant de tirer des flesches vers l'Orient: ainsi le despoüillement d'Isaye predisoit au peuple la destruction qui luy arriueroit par les Assyriens: ainsi Ieremie par le brisement de sa bouteille, annonçoit aux Iuifs leur ruine ruïne future : ainsi Osee eut commandement d'espouser vne paillarde, pour exprimer plus naïfuement au peuple ses fornications, qui ammoncelloyent sur sa teste le courroux de Dieu. Ainsi pouuôs-nous dire que ce triomphe sur vne Asnesse, apprend aux grands de garder & obseruer l'humilité, parmy leurs plus sublimes honneurs.

Le bon Ioseph estant deuenu si grãd en Egypte, qu'il estoit la seconde personne apres le Roy, quand ses freres le vindrent treuuer, il les presenta au Roy, ainsi mal equippez qu'ils estoyent, & voulut qu'interrogez qu'ils estoyent, ils respondissent sans fard & desguisement, *Viri pastores sumus, serui tui, & patres nostri*. Et les recogneut ainsi ingenuëment pour ses freres. Helas! combien y a-il de mauuais parens parmy le monde, lesquels paruenus par hazard à quelque grandeur desaduoüent leur famille, mesprisent leurs alliez, font semblant de ne les cognoistre pas? les exemples n'en sont que trop familiers & vulgaires, *Homo cùm in honore esset, non intellexit: comparatus est iumentis insipientibus, & similis factus est illis.*

Vespasien auoit vn sien libertin qu'il auoit affranchy, nommé Cibyllus: cestuy-cy venu a de grands degrez se disoit estre né libre, & mesmes changea de nom, se faisant appeller Lachetes, l'Empereur luy reprochant son ingratitude, & le taxant de superbe, luy dit, que pour vn temps il seroit Lachetes, mais que peut estre si la fortune luy donnoit vn tour de roüe il deuiendroit Ceryllus, ce qui arriua: car ceste grande exaltation ne luy seruit que pour le faire tomber & tresbucher plus lourdement.

Ces mignons que les Princes font si grands en vn moment, vous les voyez aussi tost tirer leurs extractions de la coste de quelque Empereur, ils falsifient des vieux titres, grattent d'anciennes Panchartes, ils sont tousiours descendus de quelque Roy eussent-ils esté laquais ou cuisiniers, il n'importe, pourueu qu'ils iettét de la poudre aux yeux des moins clair-voyans, la renommee *sua per mendacia crescit*. Et puis voyez-leur trancher des grands, il n'est rié si insupportable, le faste est le compagnó inseparable de la noblesse de fraiche datté, & des gens de neant nouuellement esleuez & paruenus aux grades. Les arbres situez sur les hautes montagnes sont les plus battus des vents.

Sæpius ventis agitatur ingens
Pinus.——— Et

Et ceux qui sont aux pluseminentes charges, sont les plus agitez des ventositez de la vaine gloire, aussi comme ces grãds arbres pour s'affermir, iettent de plus profondes racines en terre, aussi les sages & prudents, plus ils sont esleuez en dignité, plus ils s'enfoncent dans l'humilité, & iettent de profondes racines dans la recognoissance de leur neant.

Mais les mal-aduisez qui croyent que l'honneur deu à leurs charges, desquelles ils sont indignes, soit rendu à leurs merites, pour persister aux termes de ma premiere comparaison, ressemblent à l'Asne qui portoit la Deesse Isis, aussi ils auroyent besoin d'vn bastonnier qui les aduisast à bon escient de se recognoistre, & de faire distinction entre leur vilité & leur charge.

On les peut encores comparer à l'Asne sauuage appellé, *Onager*, c'est vn animal farouche, rebours, indomptable, impatient de tout ioug, habitant des deserts, cruel & malin ce qui se peut, qualitez toutes conuenables au pecheur, arrogant, habitant des deserts du monde, où il n'y a que rochers, steriles & infructueux, Lyons de cholere, dragons d'auarice, des precipices de malheur. *Onagri steterunt* Hier. 14.

Iob. 14.
Hier. 2.
Ose. 2.
Iob. 11.

in rupibus, attraxerunt ventum quasi dracones, alij quasi onagri in deserto exorientur. Onager assuetus in solitudine. Onager solitarius Ephraim. Il secoüe toutes loix & tout ioug: *Vir vanus in superbiam erigitur, & quasi pullum onagri se liberum putat.* Il cerche les mõtagnes, c'est à dire, les dignitez du monde.

Mais disons vray, n'est-ce pas vne bestise asinine, de mescognoistre ainsi sa cõditiõ propre, quãd on est paruenu à quelque hõneur? *Si te ignoras, ô pulcherrima*, &c. cõme si pour estre mõté sur des eschasses & patins biẽ hauts, la stature en estoit biẽ plus releuee: & puis que sont ces hõneurs mondains, sinon des petits feux volages qui disparoissent, des estoilles fausses que leur cheute fait discerner d'auec les vrayes, des ombres, des vapeurs qui se dissipẽt à l'esclat d'vn beau iour, des roses qui soudain se flestrissent: que si nous voulons comparer la fausse gloire d'ici bas à celle qui nous attend au Ciel, qui ne void l'infinité de ceste discõuenãce? Apulee en ses transmutatiõs, d'Asne reuint à son humaine forme, ayant mangé d'vne courõne de roses consacree à Ceres: & qui pensera à la couronne des roses immortelles qui nous est preparee au Ciel, qui ruminera bien apres, ie ne doute point qu'il ne

se

se dessaisisse de ceste asinine stupidité, qui le faict mescognoistre.

Encores des nouueaux secrets, serois-tu point, ô mon ame! ceste asnesse liee, sur laquelle il plairoit à ton grand maistre de faire son entree en la celeste Hierusalem? Il est vray, mon Dieu, mon insensible stupidité m'a liee à tant de mauuaises habitudes, que ie ne voy aucun moyen de m'en desprendre, si vostre grace ne me sauue, *funes peccatorum circumplexi sunt me*, tant de liens & de lacs, desquels le monde est tout remply, m'enuironnent de toutes parts, & m'estreignent de nœuds Gordiens, que ie ne peux dissoudre, si vous, mon grand Alexandre, ne tranchez ces obstacles, qui me retiennent d'aller à vous: donc, *dirupe vincula mea, tibi sacrificabo hostiam laudis*, ie vous chanteray des cantiques de loüange, comme à mon Liberateur, à mon Redempteur, à mon Sauueur: ie suis helas! ceste miserable Andromede attachee à tout les chaisnes de mes mauuaises inclinations, au rocher de mon obstination & endurcissemét, preste d'estre deuoree de ces monstres du vice, qui võt nageãts dãs la dãgereuse mer du monde: si vous, grand Perseus, ne bataillez pour moy, si vous n'auez pitié de ma misere,

misere, ne permettez pas que ie serue de proye à ces gueules beates, qui desirent m'égloutir dãs vne eternelle ruine. *Domine non secũdũ peccata nostra retribuas nobis, &c.*

Cruels parents qui tant de fois vous estes opposez au seruice que mon cher Seigneur desiroit de moy, pourquoy ne permettez vous à ses saincts, à ses Apostres, de me destacher de ces liens mondains, pour me conduire à luy en leur saincte compagnie : mais, ô mon ame, combien toy-mesme, ingrate t'es tu renduë reuesche aux douces inspirations & semonces de ton espoux, & interieures & exterieures, soit par les organes de sa parole, soit par des afflictions qui te dressoient à luy : iusques à quand combattras-tu sa bonté par ta malice, son amour par ton desdain, il t'a dit & faict dire, tant de fois que *Dominus his opus habet* : qu'il te veut pour son vsage, qu'il te veut faire triompher quant & luy eternellement en sa Celeste gloire, mais c'est de ton cœur, principalement qu'il veut triompher, *fili præbe mihi cor tuum*, ton corps, il veut que tu le traittes en asne, comme le bon S. François, que tes vestements, c'est à dire toutes tes facultez tu les mettes soubs les pieds, c'est à dire que tu t'en dessaisisses,

si non

si non en effect, du moins d'affection, que tu le recognoisses pour le Roy & le Dieu de ton ame, pour la part de ton supreme heritage, *Deus cordis tui, & pars tua Deus in æternum*. O doux aymāt attirez & rauissez nos cœurs ferrez, bel ambre enleuez à vous la paille de nos vanitez, sang immaculé de l'Agneau sans tasche amolissez la dureté de nos poictrines diamantines, & triomphez, ô nostre grād Capitaine, trióphez puissamment & totalement de nos cœurs, tirez nous apres vous en l'odeur de vos parfums odoriferens, faictes que nous courions apres vous au baume de vostre charité diuine & pretieuse. Mais, ô mon Dieu! faictes moy ceste particuliere faueur qu'enseignant aux autres le chemin de salut, moy mesme ie ne m'en foruoye pas, que ie ne sois pas comme l'asne des estuues, lequel portant le charbon pour eschauffer le baing, où toutes les ordures sont lauees & nettoyees, reste tousiours crasseux & sale, que mes taches pour le moins se purifient, quant & celles des autres : faictes que dans l'hysope amere de ma componction de cœur, & dās la fontaine de mes larmes ie noye mes offences, ie mondifie ma conscience & estouffe mes iniquitez, donnez moy

moy donc, ô grand Dieu, vn cœur contrit & humilié, & faictes que me raualant contre terre, ie me guinde au Ciel, donnez moy le frain de voſtre ſalutaire crainte, qui guide mes pas, & m'empeſche de chopper: ſi ie me rends ainſi ſouple & obeyſſant à voſtre direction, comme vne pauure beſte, ie ne doute point que ie n'entre triomphamment auec vous en l'eternelle Hieruſalem, *vt iumentum factus ſum apud te, & ego ſemper tecum.*

De la Douceur. CHAP. II.

IE me ſeruiray en ce diſcours, de l'artifice des peintres, & imiteray leur conduite: Quand ils ont enuie de mener à chef vn tableau, ils couchent premierement des couleurs mornes & ſombres au fond, puis ils forment des traces, proiects, & crayons informes, enfin ſur ce champ brun & noiraſtre, ils adaptent les couleurs viues & claires, deſquelles ils forment le corps de leur figure: ils ont encores ceſte induſtrie aſſez ordinaire, quand ils ont deſir de faire voir à nos yeux vne beauté, accomplie de toutes les perfections qui peuuent eſtre tracées par leur art, de faire tout ioignant, quelque figure fantaſque, biſarre, & d'vne difformité

formité monstrueusement contrefaicte, afin que par le rejet, & renuoy de ceste laideur, nos yeux trouuent encores plus de symmetrie, polisseure, & adiancement aux lineaments du beau visage qui est tout ioignant, ainsi les contraires se prestent espaule l'vn à l'autre, les couleurs sombres & premieres, releuent le brillemēt des viues & esclatantes, qui sont couchées apres, & la hydeuse laideur augmente le lustre splendide de la beauté: ainsi la sombre nuict faict trouuer plus agreable la lumiere d'vn beau iour, ainsi les espines embellissent les roses, ainsi l'aspreté des noires brossailles, semble redoubler la blancheur satinee du lys, rien ne fait tant nostre contenance, que de considerer vne mauuaise mine en vn autre, le meilleur esquyer du monde ne redresse pas tant nostre assiette, qu'vn pedant ou vn escolier bandé de trauers à cheual, la priuation d'vn bien nous fait mieux iuger de sa valeur, que la iouyssance, le goust des douceurs est insuaue & fade à ceux qui n'ont gousté les amertumes, le blanc espand plus largement sa couleur ioint au noir : aussi sçauent les maistres & experts que la confrontation des contraries, donne vne grande lumiere re esclaircissement à l'entendement, & preste vn iour fort apparant à la chose proposee.

I'ay dit tout cela, parce que i'ay faict dessein, pour faire paroistre d'autant plus belle & agreable, la vertu de douceur & mansuetude, de luy accarrer l'hydeuse laideur de la cholere, afin que nous soyōs excitez à embrasser celle-là, & detester ceste icy: ie vay donc d'abord parler contre le courroux, afin que la douceur en paroisse d'autant plus douce, apres auoir gousté l'aigreur & l'amertume, dont l'ire infecte les cœurs : ie surseoy de dire quel est ce vice que chacun cognoit assez, seulement au nom, estant engagé en ce traicté, en la voye des seuls concepts, qui luy seruent de tiltre, ie me tiendray dans les barres de ceste carriere, où ie tascheray de pousser diuerses tirades & considerations.

Il est vne certaine maladie d'yeux, la cognoissance de laquelle ie laisse aux medecins, laquelle les enflamme & couure de ie ne sçay quelle humeur rougeastre, qui faict paroistre à ceux qui en sont attaints, toutes choses rouges, aussi il se faict certains verres, peints de diuerses couleurs, selon lesquelles, ceux qui regardent au trauers,

trauers, voyent toutes les choses circonuoisines colorees, non que les corps en soient peints: mais c'est pour l'interposition de ce milieu, celuy que le courroux possede, est attaint de pareille maladie en l'ame, l'œil de son entendement est offusqué d'vne humeur acre & enflammee, qui ne luy permet point de voir celuy qui l'offence, qu'auec vn furieux appetit de vengeance, que s'il hayst son ennemy, selon la temperance de sa passion, toutes ses actions luy semblent inparfaictes: mais si par la douceur, comme auec vn remede lenitif, (& ordinairement on se sert ou de laict ou d'eaux douces & benignes, pour estuuer les yeux trauaillez de quelque maligne humeur) on tasche d'oster ceste ardeur d'esprit, si on leue le verre interpolé de ceste passion, soudain disparoistront tous ces desirs, furieux appetits de vengeance & mal-talents ineptement fondez.

Tout ce que l'on void à trauers le verre paroist grand, pource les veuës debiles & foibles, se seruent de lunettes, pour agrandir les obiects, & se les rendre plus visibles, & à trauers la passion de courroux, les petites fautes se monstrēt beaucoup plus grandes.

Et

Et comme les choses grandes au contraire paroissent fort petites de loing, aussi par ce que le cœur du cholerique est aliené & eslongné de l'amour de son frere prochain, pource la satisfaction que luy est faicte, pour extreme qu'elle puisse estre, luy semble legere & presque nulle : mais s'il se radoucit vn peu pour en passer à l'amiable, la moindre parole d'humiliation sera capable de d'esenfler la ferocité de son cœur, d'arracher la rancune de son ame.

Il y a des riches & naïfues peintures de ce vice, & chez les autheurs prophanes, entre autres chez Seneca, & chez les Peres de l'Eglise, mais ie m'abstiés de les representer, cest ouurage estant basty d'autre contexture, pour m'arrester aux concepts. Socrate conseilloit fort exactement l'vsage des miroirs, afin, disoit-il, que les beaux n'enlaidissent point par le vice, la riche marque que la nature auoit emprainte en leurs corps, trahissans laschement vne si agreable prospectiue & frontispice, & aussi que les laids n'adioustassent point à leur naturelle difformité, les deffauts & imperfectiós de l'esprit, ains taschassent de reparer le dechet de leur corporelle beauté, par la spirituelle :

&

LIVRE DIXSEPTIESME. 273

& ie conseillerois fort en mon subiect que ceux qui sont subiects au courroux eussent à se seruir de miroirs pour contempler au changement de leurs faces, les horribles tranles & tranchees, que ceste passion donne à leurs ames, ce sont des pointes & entorses si viues, que celuy qui en est attaint, est bourreau de soy mesme.

Ora tument ira, nigrescunt sanguine venæ,
Lumina Gorgoneo sæuius igne micant.

Les Lacedemoniens pour retirer les ieunes gens du vice de l'yurongnerie, auoient ceste coustume, comme il se lit chez Plutarque, de faire enyurer leurs Ilottes, qui estoient leurs esclaues, afin que considerants en ces pauures serfs les vilans & sales deportemens de ce vice, ils en eussent horreur: aussi vne recepte fort salutaire pour acquerir vne haine parfaicte de ce vice de cholere, ie tiens qu'elle est souueraine de contempler attentiuement les deportemés de l'homme transporté de courroux, ce n'est plus vn homme, c'est vne beste farouche, vne fere sauuage:

Pertinet ad faciem rabidos componere mores,
Candida pax hominibus, trux decet ira feras.

Quand l'eau est troublee, il est im-

Tom. v.   S   possible

possible d'y voir son image, aussi la conception pastorale du Poëte est delicatem ent morale:

----Nuper me in littore vidit,
Cùm placidum ventis staret mare.

Et quand l'homme est en courroux, la raison est toute defiguree, l'vsage en est perdu, *denigrata est super carbones facies eius:* les fonctions de son esprit sont renuersees, il faut que la douceur le mette en son repos & tranquillité, afin dans ceste glace douce & polie, de se pouuoir considerer & contempler en vne assiette remise posee & rassise. Oyons le Prophete Roy, comme en vn traict racourcy, il depeint naïfuement ce vice, *conturbatus est in ira oculus meus, anima mea & venter meus,* l'homme est tout renuersé, toutes ses fonctions peruerties, il escume, esclaire des yeux, tremble & tressue de tout son corps, il faict peur à voir, saisy de ceste chaude fiebure.

—Qui non moderabitur iræ,
Infectum volet esse, dolor quod suaserit & mens,
Dum pœnas odio per vim festinat inulto.
Ira furor breuis est: animum rege, qui nisi paret
Imperat, hunc frænis, hunc tu compesce catena.

Où ce *furor,* suiuy de ce *fremit,* & ce *catena,* me preste iour à ces considerations,

LIVRE DIXSEPTIESME. 275
tions, quád vn cheual ieune & fougueux, impatient de porter vn caualier, souflant des narines, escumant de despit, trepignant sans cesse, secoüant la bride, prenant son frain aux dents, faisant des sauts & escapades à tous moments: en fin pour le renger à la raison & le former à quelque seruice, on le gourmande auec des past d'asne en la bouche, des gourmettes rudes, de camorres & caueçons, des cordes, des poteaux, des gaules: on luy faict vomir son feu & sa fougue à force de le tourmenter: apres cela, il se rend souple & docile, s'aiuste dans ses voltes, se tient droict dans sa lice, se rend prest, non seulement à la main, & à la gaule: mais mesmes à l'air du caualier, ses tempestueuses espaces s'esuanouyssent, il n'est plus reuesche & rebours, de telle maniere doit estre gourmandé & rudement traicté vn esprit fier & violent, subiect à se laisser emporter aux eslans de la cholere.

—furor iráque mentem
Precipitant.—

Le moindre contre-pointe & occasion despitée le met aux champs, il s'enleue à tous propos hors des gonds de la droitte raison, il faut tout au cõmencemét s'oposer auec force & violéce à ces principes.

S 2   *Prin-*

Principijs obsta.---

Parce que, *parua scintilla magnum sæpe excitat incendium*: vn vlcere s'agrandit à mesure qu'on le gratte, & ronge sans cesse le corps sur lequel il s'attache: telle est la rancune, qui mine sans cesse le cœur, dans lequel elle faict de merueilleux escarres: si donc l'on vse de tant d'artifice pour dompter vn cheual rebours, que ne doit-on faire pour reduire à la raison vne ame qui s'en detraque & deuoye. Mais comme souuent les cheuaux genereux, dit vn ancien, se dressent plustost auec vn petit filet, que non pas auec des bastonnades, aussi souuent les plus courageuses ames relaschent leur courroux par des voyes douces : à force de tyranniser vn cheual, il se rend quelquefois d'autant plus acariastre & rebours : mais les escuyers bien aduisez & adextres, s'il s'obstine de n'entrer point en tel lieu, le conduisent doucement à vn autre, sans le violenter, là le font tourneuirer à leur poste, pour luy faire oublier sa premiere verue, ainsi ie tiens que pour vn souuerain & singulier remede en la cholere, est la diuersion & l'eschange: Celuy qui conseilla à Cesar le recit de l'alphabet au premier bouillon de ceste passion, fumeuse &

LIVRE DIXSEPTIESME. 277
& frenetique, ie tiens qu'il le conseilla accortement, sachant qu'il n'est que de gauchir vn peu au coup : si vous opposez des digues en vn torrent, il se bouffira & enflera à l'encontre, & renuersera tout en ce boursouflement. Oyez le Poëte representant cela tres-viuement:

---*Rapidus montano flumine torrens:*
Sternit agros, sternit sata læta, bonúmque labores,
Præcipitésque trahit siluas: stupet inscius alto
Accipiens sonitum saxi de vertice pastor.

Tel est ce cholerique, si vous luy resistez, il s'esleuera & se rēdra insurmōtable.

Bacchā bacchanti si velis aduersarier,
Ex insana insaniorem facies, feriet sæpius.

Mais le destour est bien plus commode & aysé, celuy de qui en sa cholere j'endure vne iniure ou vn tort, viendra demain quād il sera rassis, me faire des prieres, auec mille protestations de pardon, il souffrira non seulement que ie l'iniurie à mon tour, mais que ie le frape & l'outrage, si i'en ay le vouloir: n'est-ce pas ce que nous disoit tantost nostre Poëte, *Infectum volet esse furor, quod suaserit* : toute soudaineté porte en croupe le repentir:

---*Ne frena animo committe calenti,*
Da spatiū tenuēq; morā mala cūcta ministrat
Impetus.

S 3 Ie

Ie viens au, *catena*, vn esclaue fuyard anciennement estoit mis à la cadesne, & l'esprit qui s'eschappe & s'emporte, doit estre retenu, mais pour le faire mieux conuenir auec ce, *furor*, prenez garde à ces insensez & furieux, on les saisit & empoigne, on les lie & garrotte, & pour leur bien, & de peur qu'il ne face aucun tort à l'autruy. Puisque le courroux est vne fureur, pourquoy n'vsera on pas de mesme artifice & violence, pour le bien de la personne courroucée, & pour l'autruy mesme, sur lequel ses frenesies se vomissent? bridons doncques, *& in chamo & freno maxillas nostras constringamus, vt approximemus ad Deum*, & gourmandons ceste capricieuse humeur, qui nous rauit & offusque ceste piece, qui nous distinguant des bestes, nous rend hommes, sçauoir la raison : si la douceur ne peut moderer sa ferocité, vsons de remedes aigres & poignants. C'est le conseil de nostre grand maistre, de nous retrencher d'vn membre qui nous scandalize, estant bien plus expedient d'en estre frustré, & se sauuer, que de se perdre pour son occasion.

Quand quelque taye se forme sur les yeux, par l'accretion & condensation d'vne humeur maligne & visqueuse, qui s'y amasse

LIVRE DIXSEPTIESME. 279

amasse de la cheute du cerueau, quelles sortes de remedes pour douloureux qu'ils puissent estre, n'employe on, ne souffre on, pour tascher de sauuer ceste precieuse & chere partie du corps, sans laquelle disoit le bon Tobie, toute ioye & contentement est perdu en ceste vie, on y employe des eaux cuisantes & bruslantes, des poudres corroziues & mordicantes, ce sont des pointes si dures & transperçantes que l'on souffre, qu'à peine sont elles croyables à ceux qui ne les ont experimentées, le courroux, est vne taye, & cataracte sur les yeux de nostre entendement, qui les offusque & esblouit tout à faict, de sorte que pour l'arracher nous ne deuons pardonner, ny à difficulté, ny à trauail, ny à douleur.

Les nuées sont des exhalaisons crasses & espaisses, lesquelles esleuees en l'air par leur condensation nous ostent l'aspect du Soleil, mais quand cest astre par la force de ses rays a dissipé toutes ces fumées, soudain la serenité se descouure, & sa splendeur en paroist d'autant plus claire qu'elle a esté rebouchée, ie compare le courroux à ces vapeurs les bouttées duquel ne sont pas plustost montées en nos cerueaux, que soudain ils restét sombres,

S 4 enue

en nos cerueaux, que soudain ils restent sombres, enuelopez dans des obscuritez confuses, parmy lesquelles elles ne peuuent discerner le vray du faux, le bien du mal. Or comme dans les nuees, se forment tous les meteores, tepestes tōnerres, gresles, frimats, pluyes, bruines, qui rendent l'air trouble, la terre boueuse, & apportēt mille incommoditez au monde: aussi dās le microcosme le courroux pesle-mesle tout, renuerse tout ordre, donne mille tranchees, trauersé de mille pointes. Mais quand le soleil de la raison peut vne fois dissoudre toutes ces cōfusions, rasserenir ces bourrasques & inquietudes, on void retenir le beau temps, & le bon sens, l'esprit est accoisé, pur & net de tout mesayse.

Quand le feu est dans vne maison, tout s'enfuit, & en vuide, *quis enim habitare possit cū igne deuorante?* Et quād le feu du courroux enflamme vne poictrine, l'ame s'en aliene, auec toute la suitte de ses facultez, & fonctions plus sainẽs.

Qui a veu vn tōneau plein de moust tout nouuellemēt tiré du pressoir, il va bouillāt & escumāt dans le vaisseau, & pousse par le trou de l'étree vne chaleur venteuse, ne iette qu'infectiōs & ordures, q̄ s'il est trop

LIVRE DIXSEPTIESME. 281

trop resserré à force de se debattre & enfler, iette souvēt les fonds du vaisseau qui le contient, il a veu vn hôme courroucé, le sang luy boult dans les veines, il escume telles fois de la bouche, de là luy sort vn flux impetueux d'iniures, de medisance, de calomnies, de mensonges, de faussetez, de parolles sales, *notúmque furens quid passio dictet*, que si on le pense en cest accez fieureux reserrer par contrainte, c'est lors que picqué de desespoir & de rage, il franchit les bornes de toute modestie, creue les fonds du deuoir commun, rompt tous les obstacles qu'on luy propose, renuerse toute raison qu'ō luy sçauroit amener.

Mais i'y voy ceste differēce, que tout ce bouillōnement du nouueau vin, est dōné par singuliere prouidence de la nature, afin de le purger de toutes sortes d'ordures & immondices, cela passé, il reste net & pur, ne souillant au reste par son escume que son exterieur. Mais le cholerique, quoy qu'il vomisse mille maledictiōs & inuectiues, qu'il pousse hors mille iniures qui diffament & deshonorēt son prochain, il ne laisse pourtant d'estre infect & corrompu luy-mesme, tant en l'interieur qu'en l'exterieur.

Tout semblable à l'abeille, laquelle irritee

ritee, picque celuy qui la fasche, mais elle laisse son esguillõ en la playe, & puis apres elle meurt, de sorte que ne faisant qu'vne biẽ petite bube au corps d'autruy, elle ne fait le plus grand tort qu'à elle-mesme; aussi le cholerique pensant blecer autruy tuë son ame, se meurtrit de ses armes propres. ————*Patitur telis vulnera facta suis.* Et se peut dire de luy cõme de l'abeille.
Animámque in vulnere ponit.

Il n'est pas de nouueau de dire q̃ par le Tigre les anciés symbolisoyẽt la cruauté, mais i'ë apris l'autre iour la raisõ en quelque bon autheur, ce n'est point tãt à cause de la farouche estrangeté de cest animal cruel, felon & carnassier, cõme pense le vulgaire, comme parce que quand la Tigresse void qu'estant allee à la pasture on luy a enleué ses petits, elle court toute furieuse à la piste du chasseur, lequel si elle ne peut atteindre, toute enragee elle tourne sa fureur contre soy, & se desfait elle-mesme, s'esgorgeant de sa propre chair. Qui a veu le cholerique enragé d'auoir failly en sa vengeance proiettee, se venger contre soy-mesme. Aman se pendit-il pas pour n'auoir peu venir à bout de supplanter Mardochee, dit-on pas d'vn Empereur ancien qu'il mourut de rage, & de courroux, pour ne pouuoir trouuer

vn pauure fuitif qu'il vouloit faire cruellement massacrer? ainsi les Ourses, chante
vn Poëte anciē, blessees du traict du chasseur le rongent à belles dents, & de rage
s'en despecent les entrailles.

Pannonis haud aliter post ictum sæuior vrsa, V. Pier.li.
Cui iaculum paruâ Lybis amentauit habenâ 12. hiero-
Se rotat in vulnus, telúmque irata receptum gly.
Impetit, & secum fugientem circuit hastam.

Ainsi le mastin mord de despit la pierre q̃
luy est iettee, & dit-on qu'en la chasse du
sanglier, si on le faut, il ne faut pas, à son
homme, d'où vient ceste extrauagance,
de se venger plustost sur soy, que point:
c'est que l'ire desmonte tellement de son
assiete droite, iuste & légitime l'esprit,
qu'elle possede, qu'elle oublie cest amour
naturel qu'elle se doit, & qu'elle ne peut
desmentir estāt rassise, ioinct que plustost
que de manquer d'obiect, sur quoy descharger vostre passion ainsi furieuse, elle
s'en bastira plustost vn fantastique & bigearre, du tout eslongné du vray, qui n'a
veu gorger des balles de dez, mascher
des yeux de cartes, se battre la teste
pour la perte de son argent, il n'a iamais veu les brelans, où ces grimaces
& chimagrees sont ordinaires. On dit
d'vn Empereur ancien, qui despité de
ne

ne pouuoir pour máque de force, reprédre vne ville que ses ennemis auoyent conquise sur luy, ny se venger des algarades & affrons que les soldats luy auoyent faicts, par l'insolence des armes, il s'arrachoit les deux yeux & la barbe, dequoy se mocquant vn courtisan sage & aduisé, Nostre maistre, disoit il, croit à l'auanture que c'est son poil qui luy fait ce tort, ou bien que la pelade donne la victoire. Lit-on pas de Xerxes, que pour auoir esté battu d'vne tempeste, il fit donner les estriuieres à la mer? sont-ce pas là des inepties extremement ridicules? Encores peut-on philosopher sur ce ressort d'ame, & recercher quelque cause de ces branles si extraordinaires: à ce propos, disoit Caton l'ancien, que les fols n'apprenoyent pas tant des sages, que les sages à remarquer les torts desportemés des fols, & cest autre que les mauuaises mœurs ont fait les bonnes loix, aussi ne us pouuós dire l'ame affligee, ne pouuant estre, sans sçauoir à qui s'en prendre, se formera plustost vne fausse apparence pour s'escrimer à guise de ces caualliers qui s'aiustent à courre la lance contre vn faquin de bois, à fin d'estre adextrez, quand il faudra rópre contre des hommes, & à bon escient, nous

LIVRE DIXSEPTIESME

arriue il quelque disgrace, quelle cause de nos malheurs inuentons nous? à qui à tort, ou à droict, ne nous en prenõs nous? De cecy pourriõs-nous pas former quelque concept? En voicy vn tout à point, comme le bras haussé pour assener quelque coup violent & fort, s'il va au vent sans rencontre, peut estre se disloquera-il, ou pour le moins nous fera douleur : & encores,

Ventus vt amittit vires, nisi robore densæ
Concurrant syluæ, spacio diffusus inani.

Il semble de mesme que l'ame estant esmeuë, & esbranslee, si on ne luy propose quelque obiect pour s'abuter & agir, elle se perd dans soy-mesme, se diffond dans des imaginations chymeriques & extrauagantes, ainsi pour rendre vne prospectiue agreable, il n'est pas à propos qu'elle soit à perte de veuë, escartee dans le vague des champs, & de l'air, mais il est à propos qu'elle soit limitee de quelque montagne qui la soustienne par son opposition, & qui la recree par la riche & bigarree tapisserie, qui la rend agreablemẽt diuerse, tant par le meslange des couleurs, que pour la difference des assiettes.

Mais aussi quand le courroux est fondé sur quelque subiect qui semble grief & legi legitime, c'est lorsqu'il triomphe puissamment, & fait vn escarre estrange, notammēt si celuy qui est courroucé, est puissāt pour se venger, c'est ce qui a fait faire tāt d'excessiues cruautez aux Empereurs Romains, & telles que le seul recit & lecture des histoires en fait horreur.

Fulmen est, vbi est cũ potestate, habitat iracũdia, dit fort bien vn Mimiambique, & le Roy des Sages, *Sicut rugitus Leonici, ita & regis ira, & sicut ros super herbam, ita & hilaritas eius:* quand le Soleil passant par l'escharpe du firmament appellé Zodiaque, entre au signe du Lyon, nous endurōs des chaleurs ardantes, & quand l'ire concourt auec la puissance, la force, & quelque ombre de raison, elle fait des esparces terribles.

Sur ceste mention de Lyon, il me viēt vn rencontre: les naturalistes remarquēt que pour son excessiue chaleur, cest animal a la gueule si infecte & puante, que quand il a deuoré la moitié de quelque proye, la laissant là pour estre rassazié, soudain elle se pourrit & corrompt, en sorte que nul animal venant apres s'en peut seruir pour sa nourriture: en fin ceste ardeur interieure est si grande en ceste farouche fere, qu'elle est cause de sa mort, ne finissant gueres que par la la putrefaction de ses intestins: qu'il soit la figure du cholerique, c'est vne chose si commune, que les enfans le sçauent: mais ceste conuenance est bien propre, parce que l'homme courroucé a de si venimeuses dents, qu'il emporte la piece en ses mesdisances, & quoy que ses traicts ne soyent tirez qu'à demy, ils flestrissent toutesfois, & pourrissent tellement toute la bonne renommee du prochain, qu'à peine ses impressions donnees au public se peuuent-elles reparer, en fin le courroux est vne chaude colle, & bile corrompuë, laquelle nō seulement corrompt le corps, mais ce vice peruers & malheureux donne à l'ame vne eternelle mort.

Tous les oyseaux qui auoyent les ongles crochuës, & qui viuoyent de proye, estoyent reiettés des sacrifices en la Loy ancienne, parce qu'ils se nourrissoyent de chair, & ne respiroyent que d'espandre le sang des oyseaux mondes, pour en faire curee: soubs l'ombre de ceste figure, ie vois ceste imaginatiō, que les ames choleriques qui ne respirēt que les vengeances & rancunes, sont immundes deuant Dieu, & indignes de luy estre offertes en sacrifice: voyez cōme ce traict est

expres

exprés & naïf, pour exprimer ce cõcept, *Si offers munus tuum ad altare, & ibi recordatus fueris, quia frater tuus habet aliquid aduersum te, relinque ibi munus tuum ante altare, & vade prius reconciliari fratri tuo:* & ces autres du Prophete Roy, *viri sanguinum & dolosi non dimidiabunt dies suos, virum sanguinum & dolosum abominabitur Dominus.*

Au Leuitique en la dedicace du tabernacle, il estoit commandé d'offrir des petits vinaigriers, enseignemẽt allegorique, qu'en dediant & consacrant à Dieu nos cœurs, ces temples du S. Esprit, selon S. Paul, il faut aussi deposer toute rancune, & cholere figuree par les vinaigriers.

Aux Nombres, les Nazariẽs, qui estoiẽt vne sorte de gens entre les Iuifs, particulierement deuoüees à Dieu, s'obligeoyẽt par serment, de negouster iamais de vinaigre; & ceux qui veulent se cõseruer en la grace de Dieu, doiuent deposer toutes rancunes, *Et sicut Christus ambulauit ipsi ambulare:* c'est ce qui est commandé expressement, que le Soleil ne se couche iamais sur nostre courroux. *Discite à me*, dit nostre Seigneur, *quia mitis sum.*

Or tant l'aueuglement du siecle est grand, mais plustost la peruersion & corruptiõ, il semble que l'ire se targe de l'air de

LIVRE DIXSEPTIESME. 289
de vaillace, & appelle-on les doux & debonnaires, pufillanimes & poltrons: ainfi,
——— *errore sub illo*
Pro vitio virtus crimina sæpè tulit.
Sans aduiser qu'il en est tout au contraire, & qu'il n'y a vice aucun où se manifeste d'auātage l'imbecillité, foiblesse, & impuissance, qu'au courroux, est-il pas vray que c'est le signe d'vn corps bien malade & cassé, de ne pouuoir souffrir le moindre toucher, voyez-moy ces goutteux, ils sont atteints dans les ioinctures d'vne sensible, picquante, & vifue douleur, que les aucuns ne peuuent quasi endurer, qu'on approche leur lict, & ces pointilleux choleriques, qui s'offencent des moindres parolles, n'ont-ils pas les ceruaux feslez, & le timbre de la teste bien delicat, & pour faire voir cela à l'œil, la vengeance fille aisnee du courroux, & sa compagne inseparable, comme l'ombre du corps, & vn appetit lasche & coüard, qui n'agist plus violemment qu'és ames plus foibles & plattes, comme celles des femmes.

Notúmque furens quid fœmina possit.   Senec.
Nulla vis flammæ tumidíque venti   Med.
Tanta nec teli metuenda torti,
Quanta cùm coniux viduata tædis

Tom. v.   T   *Ardet*

Ardet & odit.

Mais Iuuenal parle bien plus energiquement :

Iuuenal.
Sat. 13.

At vindicta bonum vita iucundius ipsâ.
Nempe hoc indocti, quorum præcordia nullis,
Interdum aut lenibus videas flagrãtia causis,
Quantulacumque adeò est occasio, sufficit iræ,
Chrysippus non dicet idem nec mite Thaletis
Ingenium, dulciq́, senex vicinus hymetto,
Qui partem acceptæ sæua inter vincla cicutæ,
Accusatori nolet dari.

Et vn peu apres,

— Quippe minuti.
Sẽper & infirmi est animi exiguíq́, voluptas
Vltio, continuo sic collige, quod vindictâ
Nemo magis gaudet quàm fœmina.

En verité n'est-ce pas vne imbecillité de veuë à l'hybou, de ne pouuoir souffrir les rais du Soleil, & la clarté d'vn beau iour? Et n'est-ce pas manquer de force, de ne pouuoir supporter la moindre offence.

L'homme debonnaire au rebours est le vray magnanime, & a l'esprit sain & entier, le vray courage consiste premierement en l'interieur à se surmonter soy-mesme, à estouffer le courroux au plus fort de sa crise, il reçoit les traicts qui luy sont dardez ou auec diuersion, ou auec patience. O que si les duëllistes, ces monstres desnaturez, qui se coupent la gorge pour vn mot eschappé à la volee, pour vne œillade de trauers, sçauoyent cognoistre & cōsiderer cecy d'vn œil net & pur, nullement offusqué des tayes & brouillars de ce vice miserable, que nous ne verrions pas tant de sang miserablement espandu en pleine paix. Mais quoy? ne vous souuient-il point que la premiere chose que les Philistins firent à Samson, fut de luy creuer les yeux? Le Diable se sert d'vn stratageme pareil, iettant la poussiere de tant de respects humains & raisons mondaines, dans les esprits de ceux qui ont esté offencez, que comme furieux, ils se precipitent inconsiderément à la vengeance, sans aucune forme de raison, ils suyuent la lueur d'vn honneur faux & imaginaire, comme vn ardant pendant la nuict, qui les conduit à grands pas au precipice de leur eternelle ruïne.

Ouy, le courroux aueugle bien tellement l'ame, que l'on ne sçait en cest instant, ce que l'on dit, ny ce que l'on faict. On lit de Philippe qu'estant en cholere, il pronōça vn iour vn arrest, cōtre vn poure hōme qui l'auoit importuné, cestui-cy voyant vne iniquité manifestement iniuste,

T 2   qui

qui luy estoit faicte, luy dit tout haut, qu'il en appelloit, le Roy se mocquant de cela, & à qui luy-dit-il, à vous mesmes, repliqua l'autre, Sire, quand vostre despit sera passé, cela fit penser à soy, à ce Prince d'vn naturel assez doux, qui le lendemain quand sa fougue fust accoisee, luy rendit iustice.

Quand les roüages d'vn horloge sont desbandés, & les ressorts confus, ce n'est que tintamarre, les heures sonnent à tous propos sans aucun ordre, & quãd les brasles interieurs d'vne ame sõt enleuez par la cholere, qui ne void la confusion & le desordre des gestes, des deportemés, des parolles, mais il se faut aussi peu prendre aux inuectiues qui se font en ce tẽps, comme l'on se regle aux sonneries d'vne horloge desuoyee.

Le cœur de l'impie est comparé par le Prophete, à vne mer boüillãte & agitee, qui cognoistra les boüillons de la cholere, y trouuera bien de la conuenance, si la mer est inconstante, est-il rien plus diuers & vagabõd que le courroux? la mer rend salees toutes les eaux douces des fleuues qu'elle reçoit en son sein, & toutes les satisfactions sont desagreables à l'hõme furieux, possedé de ceste passion, cõme vne
araigne

LIVRE DIXSEPTIESME. 293
araigne, il tourne tout en venim, voire les
roses, il y a vn riche exēple de cecy chez
Seneca, en Pison, lequel estant general de l.1.de Ira
l'armée Romaine, cōmanda que l'on fist c.16.
mourir vn certain soldat, lequel estoit re-
uenti sans son compagnon, iugeant qu'il
l'auoit tué, on meine le condamné en la
place pour estre executé, il se debat &
s'excuse, proteste que son compagnon
doit reuenir incontinent, demande quelque iour de delay pour iustifier son innocence, sur ces tergiuersions, debats & remises, voicy arriuer l'autre, lequel pendāt
la presse, crie à l'executeur de la Iustice
qu'il sursoye l'executiō, Pison enflāmé de
cholere cōmande qu'on les face mourir
tous deux, voire aussi le Bourreau, & iugez, dit Seneca, cōbien est subtil le courroux, à trouuer des inuentiōs pour sa des-
charge, il rend pour cause de condānatiō
du premier de ce qu'il estoit ia condāné,
du second pour estre le suiect de la mort
de son cōpagnon, & faut aussi franchir le
saut au Bourreau, pour n'auoir assez tost
exequuté son mandement.
Quantulacumque adeò est occasio, sufficit iræ.
Ie reuiens, si la mer or s'esleue au Ciel, or
se rengouffre dās les abysmes, sont-ce pas
là les mouuemens & extrauagances du
T 3   cour

courroux? Si elle est le receptacle des immondices, y a-il sorte d'ordure que le Diable ne glisse en l'ame du cholerique? Si elle est amere, de quelle aigreur enfiellee est remply le cœur du furieux? Si la mer change de couleur selon les vents qui la tourne-boulent, le courroucé selō les parolles qui luy sont repliquees, va-il pas variant à tous propos les faces & intentions de son ame? si la mer a son flux & reflux, ceste passion a ses accez & remises, si la mer n'a ny fonds ny riue, le courroux, ny rhyme ny raison, si la mer est pleine de monstres, la teste du courroucé est pleine de mille monstrueux desseins : en fin s'il y a mille incommoditez sur mer, il y a encores plus de peine parmy les bourrasques de la cholere. Celuy qui sort de ceste fournaise ardante, & qui, ceste fiebure passee, gouste la paix & la sāté de sō ame, combien void-il de dissemblance entre cest heureux & tranquille estat, plein de douceur & de cōtentemēt, & les agitatiōs inquietes de l'autre, où celuy qui en est saisi vomit feux flammes de toutes parts, & toutesfois ceux qui en ont prins vne habitude, rentrent en ce mesme accez à la premiere mouche qui leur passera de trauers deuant les yeux, semblables à ces

mari

mariniers, lesquels pendant la tourmente & l'orage, font mille protestations, ce peril euadé, de ne s'abandonner iamais aux vagues de la mer, reuenus au port, ils impatientent de retourner sur ces ondes.

Mercator metuens, otium & oppidi
Laudat rura sui, mox reficit rates
Quassas, indocilis pauperiem pati.

<small>Homil. 29 ad popu. Antioch.</small>

Sainct Iean bouche d'or, fait vne excellente similitude, par laquelle il compare l'esprit du cholerique à vne foire où l'on n'entēd que tintamarre, tumulte, murmure des allants & venants, criaillerie des inquans, cajoleries des marchans, clameurs des huissiers, braillemēt des asnes, hurlemens de bœufs, hannissements des cheuaux qui y sont à vendre, vn son confus & turbulent se forme de l'assemblage de toutes ces voix, qui estourdit en sorte les oreilles, que l'on ne peut rien concéuoir. Voyez-vous pas vne naïfue representation d'vn esprit furieux, tāt de pensees diuerses roulent là dedans, que ce n'est que cōfusion & desordre, vous auez beau luy conter des raisons, c'est *surdo fabulā narrare*, vous pēsez l'accoiser par repliques, vous eschauffez sa bile, & iettés de l'huile qui fomēte plustost qu'elle n'esteint ce feu, là l'estourdit l'ēuie, la rācune l'esblouït, l'inordination de ses desirs

desirs le confond & le perd : mais si vous sortez de ce lieu tumultueux, pour iouïr de la douceur d'vne solitude paisible retiree sur le sõmet d'vne mõtagne esleuee, là vous iouïrez d'vn air pur & serain, & verrez les brouillars & nuages à vos pieds, les rais du Soleil y sont vifs & brillants, le vent subtil & agreable, le silẽce y est profond & coy, que s'il est interrõpu, c'est par vn doux murmure, q̃ se forme par le grillotis des fueilles des arbres agitees du zephire, ce sera par le plaisant gasouillemẽt des fontaines, qui võt roulãt vn bruit entrecouppé dãs des pierrettes, ce sera par le ramage des oysillons, desguisans leurs chãsons en mille diuers tons, & variables nõtes, là est l'amenité d'vn Printẽps perpetuel, les fleurs bigarrees, les prairies verdoyãtes, ses antres tapissez de mousse, les arbres espais & fueilleux, ce n'est que cõtentement & suauité, belle representatiõ de l'esprit de l'hõme doux, lequel ayant le courage esleué par dessus soy-mesme, se rit desdaigneusement des torts & iniures qu'õ luy pourroit faire, le bõ Socrate, accusé à faux par des enuieux de sa gloire, boit doucemẽt la mortelle enuie, sans se plaindre de ses calõniateurs, au contraire plein de generosité & courage, il s'escrie.

Anytus

Anytus & Melytus me peuuét faire mourir, mais me faire tort, ilsne sçauroiét: mais d'vn plus chrestien exemple, S. Estienne massacré à coups de pierres, prie pour ses ennemis, à l'imitatiõ de son maistre: ce sõt des ames grandes cela, & qui iouyssent à franches coudees d'vne merueilleuse paix & calme interieur, l'ire est tousiours en rumeur & en trouble, la douceur en tranquillité & asseurance, *quid enim quiete* dit Seneca, *otiosius animi, quid ira laboriosius?* Le Soleil de la grace diuine bien-heure ces ames douces & pures, *beati mites*. Les eaux de la fontaine de vie les arrousent, si on les iniurie ils se taisent, ou s'ils rompent le silence, c'est auec vne modestie si agreable, des responces si gracieuses & courtoises que ces goutelettes d'eau peuuent cauer, creuser, & amolir les plus dures pierres, leurs discours sont des doux zephirs, qui accoisent & rafroidissent les ardantes borrasques du courroux & animosité du prochain: n'est-ce pas cela anticiper par aduance la beatitude future? quand il a esté dit par l'Euangeliste, que le Royaume des Cieux est dedans nous, ie croy qu'il entendoit par le moyen de la douceur & debonnaireté, car qu'est-ce la vraye felicité,

T 5 sinon

sinon vne douceur eternelle, vne perpetuelle iubilation, vne continue liesse, ha! que c'est auecque ces douces & benignes ames, que l'agneau doux & immaculé prend ses cheres delices, *delitiæ eius esse cum filijs hominum.*

Ouy les enfans des hommes, c'est à dire naïfuement hommes, & qui pour cela vsent de douceur & humanité, sans ceste vertu l'homme est vne beste farouche, & n'a rien que le visage d'humain : voyez ie vous supplie comme la nature, mais plustost le Dieu de la nature, s'est porté en la fabrique de l'homme, auec vne prouidence admirable, à tous les animaux il a donné des deffences pour cõseruer leur estre, il a donné les cornes aux toreaux, les ongles aux lyõs, les griffes aux aigles, les dents aux chiens, le venin & l'esguillon aux serpents, mais le seul homme naist tout nud, tout desarmé sans autre bouclier que de sa douceur & raisonnable conduite : & toutefois à ceste creature Dieu a donné l'Empire sur tous les oyseaux du ciel, les animaux de la terre, lesquels il sçait si bien charmer par sa douceur, qu'il les rend dociles & priuez, & leur oste leur naturelle ferocité : ainsi nous voyons que ce que sont les defences

ces aux animaux, est la douceur & humanité à l'homme: c'est ce qui le conserue, c'est ce qui le maintient, ie diray iusques-là, c'est ce qui le faict homme: est-il pas aysé à iuger, comme i'ay faict insensiblement ma transition sur le second pole de ce discours, & qu'apres auoir representé la face hideusement monstrueuse de la cholere, ceste Gorgone & Meduse effroyable qui porte pour criniere des serpents entortillez, qui vomit le feu par la bouche, & qui empierre les poictrines des hommes d'vne acariastrement determinee obstination. Ie suis maintenant sur les couleurs diuerses, desquelles ie pretends orner la face de la mansuetude, voyez desia comme les deux traits de pinceau precedents luy apportent de la douceur & polissure, & comme ia desia on commence à remarquer vne grace atrayante en son visage.

Il n'y a celuy qui ne prenne plaisir à voir la resueuse molesse des ruisseaux argentez, qui vont descoulant aual vne douce pente, leur liquide moiteur, la cause de ce plaisir est tiré par les naturalistes, de ce qu'il y a ie ne sçay quel rapport & conuenance, entre le cristalin de nos yeux & ceste humeur aqueuse formãt nostre

stre veuë, & cest element a causé de la simpathie qui les fait conuenir en leur principe naturel, mais ie m'asseure que nuls yeux prennent tant de plaisir à contempler le clair & limpide bassin d'vne fontaine, comme à considerer les traits riants & guays d'vn visage serain, tranquille & doux, cela rauit & transporte tout à faict les esprits plus reuesches: non, ie ne croy point que ce que l'on dit fabuleusement d'Amphion & d'Orphee, ces deux magnifiques musiciës, qui aux doux accords de leur lyre, esmouuoyent les brutes & les pierres, ne se puisse dire auec verité de l'homme doux, qu'il fend les cœurs plus endurcis & acariastres, il voit ployer & tout fleschir soubs soy, il se veut mettre soubs les pieds & chacun le met sur sa teste. Cicero dit excellemment, *comitas, benignitas, affabilitas, virtutes illæ leniores quæ demulcët hominü animos*, mais il ne dit pas assez ie voudrois auec ce *demulcent, atrahunt, rapiunt*, & des mots energiques, pour exprimer comment ceste vertu entraine les cœurs, par ie ne sçay quelle secrette violence cöme le diamant le fer, l'ambre, la paille.

On dit de la Panthere qu'elle exhale de soy vne odeur si douce & souefue, que

tous

tous les animaux la suiuent à grandes bādes, & noſtre Seigneur doux & humble eſt figuré par ceſt animal, car ſelon le ſon du mot il ſignifie tout: & Dieu eſt il pas definy par Platō, celuy qui eſt tout, ceſt animal eſt moucheté ſur ſa peau, & Ieſus orné & accomply de toutes les perfections qui ſe peuuent, non pas dire, mais imaginer, elle exhale vne bonne odeur, & n'eſt-il pas dit aux cantiques que le nō de l'Eſpoux eſt vne huyle eſpandue. *Oleū effuſum nomen tuum*. Mais oyez & voyez la belle ſuitte, *ideo adoleſcentula dilexerunt te*, par ces ieunes vierges peuuent pas eſtre entendues les ames douces & debonnaires, & c'eſt en ceſte vertu qu'elles ſiuuēt le Sauueur du monde, attirées par l'exhalaiſon de ce pretieux vnguent, *Trahe nos poſt te*, tirez nous, ô cher amant! par les chaiſnons dorez de ceſte ſuaue douceur, charmez, & enleuez nos cœurs, tirez à vous, ô bel aymant, qui nous auez aymé iuſques à la mort, & la mort de la Croix, où vous auez eſté trainé comme vn agneau ſouple ſans ſōner vn ſeul mot, *quaſi agnus innocens ductus ad inmolandum, coram tondente ſe obmutuit, præbuit percutientibus ſe maxillam, ſaturatus opprobrijs*.

O que le doux Ieſus eſt bien proprement

prement appellé de ce nom d'agneau, par le Prophete, animal beau symbole de la douceur & mansuetude : aussi ce mot suit, *ego agnus mansuetus*, l'agneau est priué, simple, nullemét nuisible, il ne mord, ny ruë, ny frappe, tout en est bon, & peau & chair, iusques à son fumier, qui est souuerain pour engraisser les terres, tout cela conuiant à l'homme doux & paisible, lequel tant s'en faut qu'il rende mal pour mal, qu'au contraire, *vincit in bono malum*. L'agneau est fort apprehensif du tonnerre, & le doux ne hayt rien tant que le discord & la criaillerie, sachant que comme les abeilles ne font iamais leur assemblee pour composer leur miel en des lieux où il y aye des echos & retentissements, aussi que la tranquillité de l'ame denotee par le miel, ne peut estre parmy les troubles & contentions : les agneaux, comme remarque le curieux escriuain de l'histoire naturelle, naissant de la mesme couleur que sont les veines de la loüange de leurs peres, & quelles sont les paroles de l'homme tel est souuent son interieur, si elles sont noires, aigres, mesdisantes, iniurieuses, c'est signe de courroux & de bile, *lingua eorum gladius acutus, venenū aspidum sub labijs eorū*. mais si elles sont douces moderees, retenues, c'est signe d'vne

LIVRE DIXSEPTIESME. 303

grande perfection, parce que, comme dit S. Iaques, *qui non offendit verbo, ille est perfectus, eloquia Domini*, dit le Prophete, & que l'on ne permette de dire, *mitis eloquia, casta argentum igne examinatum probatum terræ, purgatum septuplum, & dulciora super mel & fauum, quàm dulcia faucibus nostris eloquia eius & lumen semitis nostris*, sus ce dernier mot ie forme ceste allegorie, il se lit en l'Apocalypse que l'agneau est la lumiere, de la celeste Hierusalem : *lucerna eius est agnus*, & ie dis qu'en l'Eglise militante, les plus esclattans flambeaux, & ceux qui brillent le plus en bon exemple, sont les doux & gratieux: toutes les autres perfections cedent honorablement à la douceur, ainsi les estoiles selon le songe du doux Ioseph, se submettoient à la sienne, marque de ce qui arriua apres, lors qu'ayant ses freres qui l'auoient vendu à sa mercy, il leur fit misericorde. L'agneau est vn animal craintif, & qui ayme son pasteur; & le doux ne redoute rien tant que d'offencer Dieu ou le prochain, en la moindre de ses actions, au plus petit de ses deportements, & porte vne amour respectueux, & vne dilection reuerētielle, à tous ses superieurs notāmēt à ceux qui ont cōmission de son ame, l'agneau recognoist sa mere entre tout le meslange du trouppeau, & flechissant les genoux, il la tette : Le debonnaire & simple ne s'engage point dans les troupeaux des heresies, ces errantes & fausses synagogues, mais recognoissant entre toutes sa mere l'Eglise, il sucçe auec toute humilité & sumission le faict salutaire de la veritable doctrine. Pline remarque encores que les Agneaux qui sont engendrez pendant le vent rude & froid sont meilleurs que durant le vent doux chaud, & encores que ceux de l'hyuer sont plus tendres & delicats, que ceux qui naissent pendant les chaleurs de l'Esté, & ie tiens que c'est lors que le debonnaire est meilleur, quand il ressent de la contradiction, car la vertu est lasche & molle, dict Seneca, sans antagoniste. Les agneaux d'vn an, *Agni anniculi*, tenoyent des premiers rangs entre les holocaustes de la Loy ancienne, & seruoyent principalement pour l'expiation des souillez, par ce que en cest aage, c'est vn mets doux gratieux, & qui represente fort naïfuement la pureté, & de tous les sacrifices plus plaisans à Dieu, il n'y en a aucun qui surpasse celuy d'vn cœur doux & facile. L'Agneau represente l'innocence, & l'homme doux approche en tant qu'il peut de ceste perfection. Lisez le Pseaume

lib. 8. c. 48.

Pseaume, *Domine, quis habitabit in tabernaculo tuo*, &c. Et vous trouuerez que c'est par la douceur que l'on paruient à l'innocence, & de ce degré on paruient au Ciel par la Galaxie, ou cercle de laict.

Le Belier est appellé *Aries* par les Latins, du mot ἀρετή, en Grec, qui signifie vertu: d'où ie tire que l'homme doux comme vn mouton, est celuy qui est doüé de la vraye vertu, qui fait l'homme homme, *homo ab humanitate, & vir à virtute*, disent les clercs. Quand le mouton veut frapper de la teste qu'il a tresdure, il recule en arriere, pour pousser d'vne secousse plus violente, & l'homme debonnaire a la teste fort dure pour resister à toutes les oppositions qui luy sont faictes : mais pour repousser vne iniure, voyez comme il resiste en cedant, *cedendo resistit*. Le roseau dure plus au vent que les grands chesnes, parce qu'il ploye, & ceux-là ne peuuent flechir, on void souuent desraciner ceux-cy, mais les autres iamais : tel est le doux, qui iamais n'est supplanté, parce qu'il sçait comme sage Pilote gauchir à l'impetuosité des flots de la mer courroucee & esmeue.

O combien de naïfues similitudes peuuent representer ceste douce cession plus vtile

Tom. v.   V   & pro

& profitable, voire plus forte que toute opposition, elle sert à l'ame d'vn oreiller mollet, sur lequel elle dort & se repose soüefuement, elle luy sert de gabions, ce sont de certains amas de terre dont on se sert pour fortifier, lesquels receuans les boulets du canõ mollement, & en cedãt, durẽt dauantage à la batterie, q̃ les pierres plus dures, l'esclat & debris desquelles seroit de beaucoup plus grãd: & la mansuetude en prestãt doucemẽt aux violẽces du courroux dure biẽ dauantage, & soustiẽt plus long tẽps l'ame que l'acariastre resistence, laquelle cede ordinairement tout à coup: il n'est rien que la patiẽce, fille aisnee de la douceur ne surmõte, dit le mot ancien. Nous deuõs auoir deux maximes souuerainement empreintes en nos ames dõt l'vne n'est qu'en cõsequẽce de l'autre, l'vne q̃ nous sommes tous imparfaits, ceste regle est si generalement aduoüee d'vn chascun qu'elle reste sans aucune controuerse: en suitte nous deuõs auoir cela determiné, puis q̃ nous ne nous pouuõs dessaisir & desprẽdre de deffauts, de supporter auec moderatiõ & esgalité, les imperfections les vns des autres, *demus alienis erroribus veniã, vt nostris impetremus*, selõ la regle nõ seulement de droit, mais de nature,

LIVRE DIXSEPTIESME. 307

re, de faire à l'autruy, & luy pardōner cōme nous voudrions estre excusés en nos propres erreurs, & de l'inesgalité de ceste balance qui est fort frequente parmy les hommes, de treuuer pesantes les fautes d'autruy, legeres les nostres, viēt le trouble & le tintamarre, & la plus part des contentions & querelles, c'est dequoy ie parle ailleurs contre l'impertinence de ceux qui se fachēt des fautes d'autruy. Or ceste maxime derniere, est à mon aduis, le maistre & principal ressort de la mansuetude, le premier office de laquelle est la souplesse & condescendance, *vasa lutea portamus qui faciunt sibi inuicem angustias*: ce qui m'ouure le pas à ce concept. Voyez que pour transporter des verres ou des pots de terre, on a de coustume de les garnir tout autour, ou de laine ou de paille, de peur que se touchants & entreheurtans l'vn l'autre ils ne se brisent & froissent, parce que leur dureté iointe à leur fragilité pour ne vouloir ceder les casse, tels sōt les esprits minces, froids, & pointilleux, vous ne les sçauriez quasi accoster sans qu'ils s'offencēt des gestes, des parolles, de la mine, ils sōt acariastres & durs, mais ceste dureté ne vient q̄ de foiblesse de courage, ils se froissent plustost que de ceder

V 2 vn

vn tant soit peu, mais vne personne sage & aduisee enduira ses actions de condescendance, aimera mieux ployer que de rompre tout à faict, il prestera comme la laine au coup, aussi voyez moy vne troupe de choleriques, notamment de courtisans pleins de fougue & de rodomontades, à peine peuuent-ils compatir ensemble sans se heurter & mordre: mais les doux & debonnaires conuersent auec aisance parmy le monde, *mansueti autem hereditabunt terra*. Vn ancien disoit que l'ambition estoit mere de la solitude, c'est à dire, rédoit l'homme solitaire, parce que le superbe & furieux estant incõpatible, est aussi delaissé d'vn chascun, mais l'homme estant vn animal sociable, s'il veut viure en la compagnie des autres, il faut qu'il face prouisiõ de l'humanité, ceste belle vertu tiree de son nom, les courroucez maschent tousiours des querelles, ont tousiours peur des embusches, ont plusieurs ennemis sur les bras, *mansueti autem delectantur in multitudine pacis*.

Mais aduisés ie vous prie en vne remarque subtile de la nature, vne consideratiõ ingenieuse, ils disent que si on tire auec roideur quelque grand coup sur l'eau, comme de mousquet ou de canon, que
par

par force cest elemét ne cede point, quoy que rare de soy, & de peu de soustien: on tient qu'en des escarmouches naualles, on en a veu des tuez par le reiect des bales, qui auoyent esté tirees côtre la surface de l'eau: & de fait si vous tirez auec vn arc ou arbaleste, vne fleche dans vne riuiere, elle n'enfoncera quasi pas. Qui n'a veu des plus fortes lames d'espees ne se rompre iamais, battues d'impetuosité contre des pierres, se casser net en frappant sur des coitres de lict. On dit du tonnerre qu'il pardonne aux choses qui luy cedent, & fracasse les dures: il s'est veu des corps auoir les os molus la peau estant entiere, des espees puluerisees dás le fourreau, sás lesion de la guaine, & autres effects extraordinaires, de ce feu vif & penetrât, il est ainsi de la cholere, *furor vt insultat resistenti ita cedenti cedit.* On tient que le Lyon ne se plaist qu'à terrasser les animaux qui se defendent, mais il pardonne aux autres qui se soubmettent à sa force, & c'est l'effect d'vn grand courage, *Parcere subiectis & debellare superbos.* Mais pour monstrer côme le mansuet, à guise des Parthes, combat & surmonte en fuyât, combien en voyons-nous qui flechissent leur courage à la moindre parolle de douceur, qui s'enle-

V 3 ueroyent

Chryſoſt.
hom. 38.
in Geneſ.

tieroyent hors des gōds par vne replique aigre & inſolente: non, l'eau n'eſt pas ſi ſouueraine pour eſteindre le feu, que la douce parole pour aſſouppir l'inflammation du courroux, *ſermo mollis frangit iram, reſponſio dura ſuſcitat furorem*: le fleuue par ſa trop grāde ceſſion rompt le coup de la fleche, & par ſon reiect empeſche la bale de penetrer plus auant, celuy qui dit vne douce parole pour vne iniure, il iette des charbōs ardās à la face du courroucé. Il y a vn exemple fort gracieux de cecy dans le pré ſpirituel, liure tres-bon & ancien, il y a plus de cinq cens ans appreuué par le Concile de Nice. Deux Religieux allās par la campagne, s'eſtoyēt fouruoyez de leur chemin, ils alloyent par contrainte à trauers des terres ſemees, pour regagner leur train & route perduë : vn payſan les aduiſe qu'ils faiſoyent quelq̄ petit degaſt auec leurs pieds, les crie & leur dit mille iniures, q̄ pour des moynes ils eſtoyēt biē meſchās, qu'ils faiſoyent ſemblāt de ſeruir Dieu, mais qu'ils n'eſtoyent que des hypocrites, & tout ce q̄ la fureur peut ſuggerer en ce poinct, apres auoir enduré patiemment auec vn long ſilēce les inuectiues de ce courroucé, enfin le plus ancien luy reſpond. Certainemēt noſtre treſcher frere, tout ce q̄ vous dites eſt vray, & croy

Prou.15.

que c'est Dieu par vostre bouche qui nous dit la verité: car si nous eussions esté bien aduisez, nous n'eussiōs pas ainsi prophané ses biens, & si nous aymions charitablement nostre prochain, nous n'eussions pas faict ce degast à son reuenu: mais confessans que nous auons peché, nous vous en demādons pardon à genoux pour l'amour de Dieu. Ce villageois touché viuemēt au cœur, leur crie luy-mesme merci, & ne pouuant les abādonner, print leur habit, & s'exerça le reste de sa vie à la penitence. Entre vn tas infini de tels exēples qui fourmillent de toutes parts dans les histoires sacrees, i'ay esté consolé de celuy-ci, & ie l'ay particulierement attaché icy, pour faire voir comme le reject de la mansuetude est puissant: celuy q dit des iniures à vn homme doux, il tire des flesches contre vne pierre dure, lesquelles rebroussent aussi tost contre luy, c'est vn Titan qui tire des traicts contre le Ciel de la candeur & modestie, qui tantost apres retomberont auec impetuosité sur sa teste. Si Aristides se fust descouuert à ce pitault, qui sans le recognoistre donnoit sa voix pour son bannissement, ie ne doute point qu'il ne luy eust demandé pardon d'vne offence si indiscrete, mais à quoy faire recercher & rappetasser ceste grãde rapsodie d'exemples tant sacrez que prophanes, touchant la patience & douceur, enuers ceux qui font tort & calõnient: c'est vn lieu si commun que i'aprehende d'y tomber; ioinct que ie ne me sers en ces concepts, que de passade, des exemples. Quand Gedeon surmõta les Madianites, il vsa d'vn stratageme admirable, il les deffit sans armes, sans coup ferir, il ne se seruit que de chandelles qui estoyent allumées dans des pots de terre, en mode de lanterne, & auec le son des trompettes: si nous desirons emporter vne victoire enuers nos ennemis, il ne faut pour cela contester auec les espees, ny respandre le sang, seruons-nous de la lumiere de la parole de Dieu, *lucerna pedibus nostris*, & de la douce trompette des paroles attrayãtes & suppliantes, *canite tuba in Sion*, mon frere, direz vous, i'appelle de vostre cholere à vostre clemence, si ie vous ay offencé pardõnez-moy, ou prestez telle satisfactiõ que vostre iugement propre requerra, pour si peu que ie ne sois bãny de vostre affectiõ, chere affection que ie prise cõme vn thresor.

Ainsi Dieu cõmanda que par le son harmonieux des hautbois Sacerdotaux, l'on
abatit

abatit les murs de Hiericho, ceste bourgade rebelle au peuple de Dieu, & ie tiés qu'il n'y a obstination si farouche, que de douces & humbles paroles ne puissent ramener à quelque raison, on void plus de villes prises à composition que par violence, pource disoit Philippus de son Cyneas qu'il auoit plus conquis de places par la langue de ce sien Orateur, que par la force de ses armes victorieuses.

Si vous voulez desmesler tout à coup vn peloton de fil, vous n'en viendrez iamais à bout, mais si vous le prenez par l'extremité, peu à peu, vous le tirerez à la fin entierement auec patience : de vaincre le courroux d'vne personne eschaufee tout à la fois, il est impossible, l'eau qui vient de dessus le feu, ne peut pas estre rafroidie si tost, il faut temporiser, & le bon sens reuenu, couler insensiblement des excuses, puis de simples raisons, en fin conuaincre par belles remonstrances, l'esprit du passionné, voyez comme il faut commencer par le plus bas degré pour gaigner le dessus. Les places plus imprenables se sappēt en fin par les assiegeants pied à pied : aux assauts plus furieux il n'y a que de la boucherie.

Voyez moy ceste pierre battue de l'acier

cier, elle n'offence personne, ains au contraire elle sert, rendant des estincelles à allumer du feu: tel est l'homme doux lequel battu & persequuté en est d'autant plus vtile, iettant des flammes d'vn amour sainct, capables d'embraser les cœurs plus farouches & glacés, & cela ne se peut il pas naïfuement appliquer, à ceste pierre angulaire nostre Seigneur, *Petra autem erat Christus*, lequel persequuté, & tormenté en sa Passion, à ietté par tout le monde des estincelles d'vn feu Sacré qui embraze l'Vniuers, *ignem veni mittere in terram*, & seroit-ce point pour pareille occasion que Dieu auoit dit au Prophete Ezechiel, qu'il luy donneroit vne face de caillou, afin de pouuoir par son attrayante douceur conuier les cœurs desuoyés du peuple à se conuertir à Dieu. *Verbum enim dulce*, dit le Sage, *multiplicat amicos & mitigat iniurias*, Il y a plus, ie te donneray, dit le Seigneur en ce mesme endroit, vn front de dyamãt; & ce crois-ie pour ce mesme effect: le diamant entre toutes les pierres est la plus dure. Symbole d'vne hayne obstinée, & d'vn courroux opiniastre, il ne se peut briser par aucuns coups de marteau, ny par le feu, ny par aucune force humaine: les Lapidaires pour le rēdre taillable ont

trouué

trouué ceste industrie de le mettre dãs du sang de bouc, encores tout chaud & tiede, & a tant de force ceste molle liqueur, de le rẽdre flexible & accõmodable à toutes formes: ie tiens pour cela, que toutes les rudesses & efforts du monde, ne sont pas tant capables de ployer vn esprit acariastre, lequel s'enfle & cabre plus il est serré & pressé, comme la douceur molle & flechissante, vne parolle douce, vne larmelette, vn flechissement de genouil, font des effects prodigieusemẽt estrãges pour amollir & attendrir des cœurs empierrés, mais y a il poictrine si ferrée, si diamãtine, qui ne fust amollie par la consideration du sang de ce bouc figuré, immolé pour les pechés du peuple, mais plustost cest Agneau immaculé nostre Seigneur, ce prototype de douceur & debonnaireté. On dit plus, que le diamant quelque-fois apres beaucoup de coups, en fin vient à la rupture, mais elle se fait si menu que presq̃ il se reduit en poudre, aussi vn courage battu & rebattu de douces parolles, apres auoir lõg tẽps resisté, en fin pour dur qu'il soit, est contrainct tout à coup de se rẽdre: mais iusques à des extremités merueilleuses, de pitié, commiseratiõ, & misericorde.

On dit que le toreau furieux, lié au figuier, qui est vn arbre qui porte vn fruict tresdoux, accoise sa frenesie & rasseoit sa fougue : la Licorne la plus farouche de toutes les feres, selon le recit des naturalistes, se rend traictable aux tendres mains d'vne simple & douce pucelle, le Remora poisson fort petit arreste auec vne petite pointe le cours impetueux de la plus grande nauire qui cingle sur la mer, i'enfile tout cela pour en faire ce reduict, qu'il ne faut qu'vn petit mot de submission, confit auecque douceur & temperature, pour flechir vn courage irrité, accoiser vne transe de despit, arrester le courant d'vne furieuse manie.

Homil. 4. in Matt.

Quoy? les plus sauuages feres, par l'habitude d'vn bon & doux traictement, perdent leur brutale ferocité, & sera il dit, ratiocine excellemment, sainct Chrysostome, que l'homme qui dompte ceste cruauté naturelle aux bestes irraisonnables, ne puisse refrener les furieux appetits de sa frenetique passion, permettra-il que les bestes, deposant leur barbarie & estrageté deuiennent dociles & priuées, oubliant leur naturel felon, & que luy creé doux & benin, le change en brute, despouillant son humanité par le courroux.

Les serpens mesmes & les viperes, chante

chante vn Poëte, creuent au doux son de la Lyre,

Cantando rumpitur Anguis.

Et pourquoy ne vomirons nous pas le courroux, ce vipereau qui ronge les entrailles de son possesseur, aux douces responces d'vne ame mansuete.

Le serpent pour habiter auec la murene vomit tout son venin premierement, & auant que conuerser auec la compagnie des hommes, il faut de necessité se desprendre de tout maltalent & rancune: le cholerique est vne peste en vne republique, vn monstre qui n'a rien de l'homme que le visage, c'est vn tigre couuert d'vne peau de brebis.

Le lyon roy des animaux ne produit ses ongles qu'à l'extremité, appriuoisé il n'est rien si docile & gratieux, voyre recognoissant: tesmoing l'histoire si commune de l'esclaue Andronicus, & l'homme doux ne se fasche iamais que par contrainte, quãd il y va de la defence de son honneur, qu'il est en conscience obligé de cõseruer, au reste ce n'est que debõnaireté & gratieuseté, c'est vn roy parmy les hõmes. *Intende, prospere procede & regna propter mansuetudinem & iustitiam; sedes ducum superborum Deus destruxit & sedere fecit mites pro* — Eccles. 10.

pro eis. Aussi remarque-on que le Roy des abeilles est sans esguillon, pour enseigner les superieurs d'estre d'autant plus doux que grand est le pouuoir qu'ils ont de nuire. Ainsi le Roy des poissons est le Dauphin, animal de tous le plus doux & philantrope, côme ie montre en quelque lieu par d'agreables histoires, & tous les poissons le suiuent à grádes bandes, pour ce qu'il ne leur est point nuisible, ains il les conduit si dextrement qu'il les sauue de tous dangers.

Vne des principales perfections desquelles estoit doué nostre premier pere en son bel estat d'innocence, estoit la mansuetude, à l'odeur de laquelle tous les animaux accouroient à luy pour luy prester hômage & obeissance, & la douceur n'est pas plustost entrée en nostre ame qu'aussi tost toutes les autres vertus y abordent, pour prester hommage à ceste chere Princesse, à qui toutes les autres cedent honorablemét, c'est ceste perfectiô qui rasseraine les bourrasques de l'ame, qui abbat les vents tempestueux des passions vehementes, qui luy rameine la ioye, la santé, l'alegresse.

Tu dominaris potestati maris, motum autem eius tu mitigas, si le courroux est vne mer tumultueumultueuse, comme nous auons fait voir amplement cy dessus, la douceur en est le calme, si elle met en branste & agitation la Nef de nostre ame, ceste vertu luy sert d'ancre pour l'affermir contre les inuasions de ses vagues.

Moyse parmy vn monde de belles vertus qui le rendoient agreable à Dieu, a trouué principalement grace deuant les yeux de sa saincte Majesté pour sa douceur, comme il se lit aux Nombres. Pour cela il a esté esleu afin de deliurer le peuple d'esclauage, & le conduire à la terre promise. Dauid pour ceste perfection fut mis en le place du superbe Saül : c'est pourquoy il dit en quelque lieu de ses diuins poëmes, *Memento Domine Dauid, & omnis mansuetudinis eius.*

Nostre grand Maistre pour nous enseigner à auoir ceste vertu souuerainement emprainte en nos cœurs, vse souuent de ce mot de Pasteur pour se signifier, & de Brebis ou Agneaux pour nous denoter : il recommande à sainct Pierre chef visible qu'il laissoit à son Eglise à son depart de ce monde, de paistre ses agneaux : *Petre, pasce agnos meos* Soyons donc agneaux si nous voulons estre

estre en la bergerie de l'Eglise, & estre ses bons & legitimes enfans.

Cela me fait souuenir de ce commandement que Dieu fit aux enfans d'Israel de luy immoler tous les ans vn agneau, au iour de leur passage d'Egypte dans les deserts, pour recognoissance de leur affranchissement, & m'apprend que le premier pas que nous deuons faire pour trauerser la penitence & sortir des tenebres du siecle est celuy de la douceur, sans laquelle il seroit impossible d'auancer, eu esgard aux hargnes & picquoteries ordinaires des mondains, contre ceux qui quittent le mal pour embrasser vne plus vertueuse vie, desquelles il ne faut non plus faire d'estat que du vent qui passe, ou des mouches qui bauolent en l'aire.

Es reuelations de sainct Iean, le seul agneau fust trouué digne de deslier le liure à sept seaux ou courroyes, *Dignus est Agnus aperire librum & soluere septem signacula eius.* Par ces seaux les interpretes entendent communement les sept principaux mysteres œuurez par nostre Seigneur desquels ie trouue, que comme les humbles, aussi les doux & debonnaires sont seuls capables, non les hautains & arrogants fondez sur leurs humaines sciences,

sciences, comme nous auons ja prou dit.

Encores, ie remarque vn monde de fois aux Cantiques, que l'espoux pour monstrer à sa bien-aimee qu'vne des perfections qu'il cherit dauantage en elle, est la douceur, l'apelle sa colombe, qui en est le vray symbole, *Veni columba mea in foraminibus petræ*, &c. *Oculi tui columbarum*, &c. *Pulchræ sunt genæ tuæ sicut turturis, vna est columba mea, perfecta mea*: mais ce traict sur tous est delicat à merueilles, *oculi eius sicut columbæ super riuulos aquarum, quæ lacte sunt lota, & resident iuxta fluenta plenissima*: où il n'y a mot qui ne porte vne douceur extreme, de l'eau douce, du laict doux, des yeux doux, des ruisselets doux.

On offroit en la Loy ancienne deux tourterelles pour la purgatiō des souillés, & rien ne purifie tant l'ame de la rancune qui la corrompt, comme la mansuetude: cest oyseau est fort chaud & fecond, & le debonnaire est fort charitable & fructifiant en bōnes œuures, & il les fait, *in absondito*, selon le precepte du grād maistre, comme cest oiseau niche dans des trous de murailles, de peur de l'oyseau de proye; la colombe ayme la cōpagnie, & symbolise en cela de naturel les pigeōs & les

Tom. v.   X   agneaux

agneaux, il n'y a rien si sociable, que le mansuet, cest oyseau produit tousiours deux petits, & le debonnaire nourrit dãs son sein les deux branches de la charité, l'amour de Dieu & celuy du prochain, comble de la perfection chrestiēne, il ne mãge rien d'impur fuyant les charõgnes, ce qui me fait souuenir de ce qui se lit au Genese du corbeau ietté par Noé hors de l'Arche, qui s'arresta sur des voiries & cadauers, & de la tourterelle qui reuint à tout vn rameau d'oliuier, d'où ie tire que les cholériques noirs de rage comme les corbeaux, ne respirans que la boucherie & le sang, n'ont point d'entrée en l'arche du Ciel, cõme les debonnaires figurez par la colombelle, son chant est vne plainte douce, & ce sont les plaintiues voix que lancent les debonnaires sur l'excés de ce mortel pelerinage, pleurans leurs pechés & ceux d'autruy, *quasi columba meditantes gememus: laboraui in gemitu meo.*

[marginal note: Esa. 59. Psal. 6.]

Le sang tiré de dessous l'aisle droite d'vn pigeon, remarque Pline, est souuerain cõtre l'ophtalmie & inflãmation des yeux: y a-il yeux si estincellãs de courroux, que ne modere la douceur colombine ? la colõbe n'a point de fiel, ny le doux de rancune, elle est bien fort oublieuse des desplaisirs

plaisirs qu'ō luy fait, ne laissant de repondre ses œufs au mesme nid où on luy aura rauy ses petits. Si elles ont quelque despit aussi tost il est appaisé.

Quæ modò pugnarant iungunt sua rostra colūbæ.

Et le debonnaire met aussi tost en oubli toutes les iniures qui luy sont faictes, ne laisse de bien faire à celuy qui luy procure du mal, *vincit in bono malum, cum his qui oderunt pacem est pacificus, & loquitur illis etiam si eum impugnent gratis,* sent-il quelque pointe du moindre ressentimēt de despit, aussi tost il la dissipe, & reiette ce vain fantosme, qui veut troubler la paix & repos de son ame. Quelque ancien loüant Cæsar luy disoit qu'encor qu'il eust vne memoire excellente, il estoit neantmoins admirable à oublier les iniures, la loy d'oubli redonna la paix à la Grece, & c'est celle-là mesme qui redonne la quietude à l'esprit, il en prit grandement bien à Auguste de pardonner à Cinna, ce que ie mōstre expres en quelque autre lieu; son Empire n'eust guiere duré s'il eust continué par la cruauté, comme il auoit cōmencé, bien luy prit de se renger au debonnaire conseil de la douce Imperatrice Liuia.

Violenta nemo Imperia continuit diu,
Moderata durant.

La colombe est fort craintiue,

Vt fugit accipitrem penna trepidante columba.

Et le debonnaire a souuerainement empreinte en son ame la crainte de Dieu, comme aussi son amour. Pline veut faire croire que ces oyseaux conçoiuent par les baisers, mais ce qu'il ne dit que par coniecture, nous le pouuons dire auec verité, que les belles & douces ames conçoiuent mille perfectiōs par les baisers & inspiratiōs de Dieu, aussi l'espouse pour se perfectionner, ne desire & respire autre chose en son epithalame, *Osculetur me osculo oris sui*, &c. *Quis det mihi vt deosculer te?* En Esaye, *à timore tuo concepimus & parturiuimus spiritum salutis*, & ceste crainte est filialle, & reuerentielle, compatible auec la charité, & qui mesme, dit quelque Docteur, est és ames baptisees. Les colombes se iouent volontiers en la poussiere, & se baignent en l'eau, & le debonnaire se plaist fort en l'humilité, *Ecce nunc in puluere dormio*, & laue ses pechez dans le bain de ses larmes penitentes, *lacrymis stratum meum rigabo*, disoit Dauid : celuy qui pour sa mansuetude paruint à la Royauté, comme il est tesmoigné au liure des Rois, *Mansuetudo mea multiplicauit me*, il n'est rien si beau à contempler que le col d'vne colōbe lors que

26.

Iob. 10.

Pseau. 50

2. Reg. 22.

que les rais du Soleil battans dessus, il semble que les couleurs se bigarrent & varient, selon les visages & assiettes diuerses, l'ame douce & debonnaire esclairee des rais du Soleil de Iustice, est ainsi diuersifiee & comblee de perfections, *in fimbriis aureis circumamicta varietatibus.* La tourterelle a ceste coustume, apres auoir quelques iours couué ses œufs, les sentant venus à perfection, de casser auec son bec la coquille, pour faire môstre au iour de son petit: & le debonnaire apres auoir long-temps patienté les iniures d'vne personne passionnee, en fin par sa patience & tolerance il rompt la dureté & obstination de son cœur pour en tirer vne douce & chere reconciliation, part & production bien-heureuse de la mansuetude.

Sur tout l'amour coniugal, qui est entre les colombes & tourterelles, est vn bel enseignement aux mariez, que s'ils ont enuie de conseruer leur vnion & accord mutuel longuement, il faut qu'ils pratti‑ quent vne grande douceur en leur con‑ uersation, & vsent d'vne merueilleuse condescendance: les maris doyuent cherir leurs femmes comme des vaisseaux plus fragiles, & les femmes porter vn

Plin.l.10. c.34.

X 3 grand

grand honneur & respect à leurs maris, cõme à leurs chefs & superieurs, & ainsi tout ira d'vn beau brasle & bien compassé, és œconomies priuees & maisons particulieres; aussi remarque Pline és colõbes, qu'en l'education de leurs petits, le masle & la femelle employent vn labeur esgal, & s'y portent d'vne affection pareille, tel doit estre le soin commun des mariez en l'esleuement de leurs enfans.

ibid.

Mais c'est assez vagabondé dans le variable chãp des concepts, enfilons vn peu quelques petites carrieres de considerations dans lesquelles nous puissiõs aprendre non seulement à aymer & admirer, mais aussi à acquerir par pratique ceste douce trempe d'ame : en deux choses particulieres, laissant les autres plus amples. Le debonnaire me semble surpasser l'humaine capacité, en tolerant les iniures, & aymant ses ennemis : ce sont bien-là les deux plus sublimes degrés de la perfectiõ chrestiene, & le plus haut feste où la vertu se puisse guinder, ie tiens que par ces deux aisles *eleuat se homo suprà se*. Examinõs ces deux chefs l'vn apres l'autre. Pour le premier, Apulee en quelqu'vne de ses florides preuue subtilemẽt & delicatement à mon gré le contraire de ce mot du Comique,

LIVRE DIXSEPTIESME. 327

mique, *Pluris est oculatus testis, quàm auriti decem*, c'est vne proposition qui d'abord sēble eslōgnee de la commune notiō, & paradoxique, de dire qu'vn tesmoin d'ouïr dire, soit plus croyable & receuable, que dix q auront veu: mais le prenāt d'vn autre sens & biais que le poëte, rien ne paroistra plus clair & vray, il met en ieu, & pour fōdement principal, ce mot de Socrates à vn ieune adolescent, Parle q ie te voye, par où ce Philosophe le plus grand des siecles passez, vouloit donner à entendre, q pour cognoistre vn homme, & en tesmoigner certainement, il falloit l'auoir entendu: il parloit là de l'homme interne & vray: car sur ceste escorce exterieure qui n'en est que le vestement; mais plustost le sac & tombeau de l'ame, sçauoir le corps, il est difficile de fonder vn iugement asseuré sur sa prospectiue & inspection. Il n'y a aucune fiance au front, dit cest ancien: or est-il que pour cognoistre les ressorts & brasles interieurs de l'esprit, il n'y a point de coniecture plus asseuree, qu'en prenant garde à ce qui sort du rempart des dents: car de l'abondance du cœur la bouche parle.

Quand vne fournaise est biē embrazee, voyez cōme elle pousse par les trous des

X 4   gran-

grandes pointes de flammes, & quand vn homme est en courroux, quelles parolles despitees & fougueuses ne pousse-il hors du rempart de ses dents. L'eau qui bout s'enfle dans son vase, & saute dehors, le moult iette en sa force, sõ escume baueuse, & quelquesfois s'il est trop contrainct iette les fonds, & la mer agitee de vents & tourbillons impetueux, roule des vagues baueuses contre ses bords, outrepassant en ceste violente agitation ses limites prescrits, & qui est celuy tant maistre de soy, & retenu dans les termes de la droite & iuste raison, qui en l'ardeur du courroux, ne s'eslance par de là les carrieres du train & deuoir commun?

De là naissent les parolles iniurieuses, desquelles ie veux parler en ce lieu. Il est certain que les mots sont les signes de nos concepts, & les plus asseurez indices de nos affections & passions; on cachera aussi tost vn charbõ ardant ou vn serpent en sõ sein, sãs s'en plaindre, qu'vne offence sans querimonie. C'est merueille de l'enfant de Sparte qui se laissa rõger le ventre à vn renard, plustost q̃ de manifester sõ larrecin: mais c'est biẽ vn plus grãd miracle, de voir quelques hõmes cacher leurs malcalents & rõger despitemẽt leur frein

sans

sans le descouurir : c'est vne forte & puissante dissimulation, mais il est à aprehender de ses humeurs retenues & taciturnes, qu'à guise de ces mines, estans couuertes & cachées pour vn temps, elles ne facent tout à coup vn merueilleux eschet.

Ceux qui rendent raison des terres-trembles, dient que ce sont des vents cachés dans les entrailles de la terre, qui voulans issir excitent ces grands remuements, qui bouleuersēt souuent des contrées & villes entieres. Ceux qui bouchēt vn fourneau sans luy donner de l'air le font tout creuer: ce ne sont pas quelquefois les pires constitutions & conditions de personnes, que ceux qui disent franchement & promptement ce qu'ils ont sur le cœur, à tort où à droict, il y a bien de la legereté à leur fait & de l'impudēce: mais non tant de malice qu'en ceux qui reposent sur des rancunes, maschants, & ruminans des moyēs de vengēce cruels & horribles, rongeants leurs ongles sur leurs deplaisirs & despits : communemēt les humeurs promptes & libres sont censées les meilleures, & la longue experience la fait cognoistre & recognoistre.

Or comme l'intention iuge nos actiōs, ainsi que ie prouue plus amplement ail-

X 5 leurs,

leurs aussi c'est elle qui donne le poix où la mise aux paroles, lesquelles n'ont force d'offencer que selon le sentiment de celuy qui les profere. Ie diuise en quatre bandes les iniurieuses, ou elles sont dittes par ioyeuseté, ou par zele de Iustice, ou par legereté & sotte accoustumance, ou à dessein de piquer & nuire, de la premiere sorte tout homme de sain iugemēt ne s'en fait que mocquer, mais il y en a d'autres si pontilleux qu'ils s'offencent de tout, comme des corps vlcerés & cauterisés qui crient & se deulent au moindre heurt & attouchemēt: ce sont esprits fresles & minces, vray est qu'il y a aussi certaine gausserie maligne & peruerse qui pince en riant, & mord sans faire semblāt de rien, semblable à l'aspicq qui porte le venin sous vne belle forme, & à la feuille Asphaltite qui cache vn serpent soubs vne escorce specieuse.

——Ridentem dicere verum
Quid vetat?——

font ils apres qu'ils ont outragé vne personne qui n'y aduise pas; ces malicieux meritēt vne iuste reprehension, mais sās aigreur, afin qu'vne autre fois ils ne se flattēt point en leur temeraire impudence, & ils n'estiment point stupides & insensibles

sensibles ceux qu'ils attaquent sous ce masque feint & ridicule.

La seconde façon de paroles proferees de zele prouiēt de ce precepte, *Irascimini & nolite peccare*: ainsi S. Paul apelle les Galates insensés: ainsi les Predicateurs vsent en la reprehensiō des vices de paroles aigres & picquantes, à l'imitation des Prophetes qui vsent si souuēt d'obiurgatiō & opprobres, pour tascher de ramener le peuple à son deuoir, à guise de ces Escuyers adextres qui se seruent de rudes camorres pour dōpter des cheuaux rebours: *hæccine redis Domino Deo tuo, popule stule & insipiens, gens praua atque peruersa, atq; infidelis fili: omnis homo mēdax.* Aussi de vray iamais ne dirōs nous assez d'iniures au desreglement de nos mœurs: voyez moy ce bon pere de famille pour retirer son cher enfant qui se perd dans les desbauches, il luy dira mille iniures vergōgneuses, toutes esloignees de son intētion, le menace de peines alienees de sa volonté, ceux quis ōt embrasez du zele de Dieu, se pōrtēt ainsi passionément cōtre les trāsgresseurs des loix & ordōnances diuines, *Zelus domus tuæ comedit me, & opprobria exprobrātiū tibi ceciderūt super me: perfecto odio oderā illos, & inimici facti sūt mihi.* De maniere qu'ū pecheur reprins

par

par vn homme de bien auec des parolles aigres, voire contumelieuses, s'il luy reste encores quelque bonté en l'ame, & quelque lumiere parmy les tenebres de son aueuglement, tant s'en faut qu'il s'en doiue exasperer, qu'au côtraire il en doit sçauoir gré à ce sage Medecin de son esprit, lequel sçait appliquer le remede violent, voire le fer & le feu au mal qui paroit desesperé. Quant à la troisiesme espece elle est toute pleine d'impertinence & fort frequente entre les Soldats & Courtizās: vous les voyez employer des coups parmy leurs plus exquises caresses, & des mots iniurieux par ie ne sçay quelle assés sorte galanterie, pour tesmoignage d'vne extreme priuauté: aussi voit on naistre de ceste licence des-reglée, souuent des effects pitoyables, plus ils sont pointilleux formans des querelles sur vn neant, plus ils veulent paroistre fouler aux pieds toutes les loix de la ceremonie, sans s'aduiser que de Scylle ils se precipitent en Charybde, d'vne extremité à l'autre, & tout excez est esgallement vitieux. Nous sommes des pots de terre, disoit S. Paul, qui nous cassons & froissons les vns les autres si nous nous pressons trop, *Sumus vasa lutea portantes quæ faciunt sibi inuicem angustias.* Il est

LIVRE DIXSEPTIESME. 333

Il est bon que nous nous enduisions du foirre de la circonspection & condescence, en supportant patiëment les imperfections les vns des autres, comme la façon rebarbatiue & austere est nuisible, aussi est ce peut estre plus la trop grande priuauté, *parit nimia familiaritas contemptum*, la cruche va tant de fois à la fontaine qu'en fin elle s'y casse, ioint que ses libertés trop immoderées, importunent tousiours & taschent au bout du comte, la mouche est vn petit animal, & neantmoins pour trop souuent reuenir en mesme lieu, elle se rend insupportable & fascheuse. I'auiserois volontiers les Courtisans de se desporter les vns auec les autres de ces gestes & desportemens mols, lasches, affettés, & qui sentent à leur fantassin, de ces caresses ineptement accoustumées, par paroles de soy iniurieuses & mauuaises, cela est plein de legereté & niaiserie, cōme peut recognoistre toute teste bien faicte.

Ne laissons pas pourtant de tirer ceste instruction de ceste mode imprudente, cōme les paroles ne sont pas prises cōme elles sonnent, quand ils s'appellent sots, badauts, traistres, ils ne pensent à rien moins qu'à s'offencer, aussi les autres qui sentent l'ame du proferant, ne s'en formalisent

malisent en aucune maniere. D'où vient donc cela? que quant à la contexture des paroles & la prolatiõ, elle est toute pareille, voyez comme c'est l'intention qui fait tout le ieu.

Mais tousiours cela fait quelque breche à l'integrité: car considerez comme la bouche & le cœur sont discordants, chose messeante en tout homme qui a l'hõneur deuant les yeux, ils disent, & ce sont ceux qui se meslẽt de l'Anatomie, que le cœur despart de toutes pars ses influences, cõme les lignes se tirent du centre à la circonference, aussi y a-il des dependances principales, de toutes les maistresses parties du corps, à ce siege principal & dominant: entre autres on remarque fort clairement la relation de la langue au cœur, nous enseignãt la nature par ceste liaison corporelle, l'vnion qui doit estre entre nostre pẽsee & nostre parole, qui est l'organe qui plus la manifeste, c'est donc dementir son estre que d'estre autre en la bouche qu'en la volonté.

Ie viens à la quatriesme mode, & c'est celle principalement qui fait à mon subiect, qui est quand quelqu'vn vse de cõtuices pour en diffamer vn autre, & s'il peut luy rauir l'honneur, luy faisant receuoir cevoir vne honte deuant le monde, & boire le calice amer d'vne vergoigne publicque, cela certes est tant difficile à souffrir, que les plus parfaicts en sortent souuent hors des gonds. Samson endura patiemment plusieurs tourments que luy firent souffrir les Philistins, à son aueuglement, à tourner la mule d'vn moulin: il ne dit mot, mais aux irrisions la patience luy eschappa, & semble que le courroux luy restitua les forces qu'il auoit perdues à la razeure de ses cheueux, quand il croula les piliers qui soustenoient la sale où banquetoient ses ennemis, qu'il opprima quand & soy, disant, *Moriatur anima mea cum Philistinis.* Elizée Prophete tres-parfait, ne pouuant souffrir les derisions des enfans qui l'appelloient chauue, vsa d'vne imprecation qui causa leur ruine.

Iob porta auec vne grande & prodigieuse constance toutes ses pertes, mais celle de la mocquerie de ses amis luy fut la plus sensible. Il est sans doubte que nostre Seigneur Roy glorieux des Martyrs à souffert en sa Passió toutes les douleurs qui se peuuent imaginer, mais certes s'il falloit côtrebalácer ses ignominies, ie ne sçay quelle de ces deux choses luy
a plus

à plus nauré le cœur, car entant qu'homme, il pouuoit auoir vn courage & vne constance forte & puissante, pour resister au ressentiment des douleurs sensibles, mais d'endurer des blasphemes & calōnies, iniures & derisions, il estoit totalement indigne à sa Majesté, à laquelle est deuë tout hōneur, louange & gloire, mais las! ce doux Agneau à beu tous ces Calices pour nostre redemption, *prebuit percutiētibus se maxillā, satiatus est opprobriis*, sa Passion a esté non pas l'Epitome & l'abregé, mais plustost la plenitude & comble de toutes miseres honte & tourments.

Pour reuenir, ce sont les plus grands courages, qui ordinairement se trouuent les moins endurans, quoy que nous châte la Philosophie, que la vraye magnanimité consiste à se surmōter soy mesme, & à dompter sa passion, notamment ceux s'exasperent le plus des iniures, qui font plus expresse profession d'honneur, car si c'est vne chose douleureuse que d'endurer des tourments du corps, de se voir retrācher vn membre, si c'est chose facheuse que de se voir spolié & priué des biens de fortune, combien est-ce chose plus chatouilleuse que l'hōneur, ceste pasture des grādes ames, cest element des esprits
esleuez

esleuez & enflez d'vn beau sang, puis que la vie n'est rien si elle luy est comparee.

C'est vne belle question: mais il n'est pas de ce lieu de la vuider, si vne persone constituee en dignité & charge publique doit prattiquer la patience és contumelies, ou bien en demander par la voye de Iustice reparation. Les deux partis paroissent esgalement forts: car au premier chef c'est le faict du vray chrestien imitateur de Iesus, au second c'est maintenir la dignité à laquelle Dieu appelle, dignité laquelle estant l'exemplaire du peuple, doit par consequent estre conseruee sans tache, pleine de bonne odeur & renommee, sãs laquelle elle sert de scãdale & pierre d'achoppement aux simples. Ie diray cest aduis de passade, que nous deuons en ce fait imiter nostre Seigneur, lequel faussement accusé par les Iuifs d'estre enchanteur, & de se seruir d'arts magiques & de sortileges pour œuurer ses miracles, respond tout simplemẽt qu'il n'estoit point sorcier, & le montre clairement: ces peruers reïterans leurs blasphemes il se taist, ainsi és calomnies & iniures qui nous sont faictes, plusieurs vertus y demandent part, & y veulent estre practiquees, si on m'appele voleur, ie dois estre satisfaict de

Tom. v. Y respon

respõdre tout simplement ie ne suis point tel, si l'õ persiste ie me dois taire, il me suffit d'auoir rēdu le deuoir à la verité, il faut que l'humilité prenne son droict, si on continuë, ie dois encore place à la patience, si on insiste, à la magnanimité: voila vn vn beau & singulier precepte, mais de rare practique en ce temps.

Quelqu'vn se sent-il iniurié & outragé de parolle aussi tost aux recriminations, comme si i'estois biē exempt du soupçon de larrecin, pour ietter ce mesme crime sur celuy qui me le lance, miserable & inepte consolation, c'est le faict des ames plattes d'vser de ces criailleries & recriminations, cela est indigne d'vn cœur genereux & planté en bon lieu, ces hargnes & repliques ne font qu'immortaliser. Les castilles & riottes, à vne bacchante dit Plaute, si vous resistez, vous redoublez sa frenesie, vous n'en verrez iamais le bout.

Ce conseil est bien plus froid & sage, de mespriser ses attaintes & picquoteries, les conuices & mots iniurieux, *Spreta exolescunt, si irascare agnita videntur*. Il n'y a que le vray larron qui s'irrite de se voir taxé de volerie: les galeux se grattent, en se voulans excuser souuent on s'accuse,

il

il n'est si scelerat qui ne se publie innocent, *Respiciens testem non conscientiam*.

Ceux qui se peuuent resoudre aux piqueures des abeilles, ils sont asseurez d'auoir le miel, & ceux qui peuuent souffrir les conuices, sont certains d'auoir le doux miel des satisfactions tantost apres.

La replique en ce faict est pestilente & pernicieuse, cela aigrit les esprits, & destend les affections, c'est ietter de l'huile dans le feu, se taire c'est en oster le bois, mais venir à ce poinct de perfection de rendre de douces paroles pour des fascheuses, *Maledicent & tu benedices, orate pro persequentibus vos, benedicite maledicentibus*. C'est cela ietter de l'eau pour esteindre tout à faict l'embrasement du courroux, *Dulce verbum frangit iram*, dit le plus sage des Rois.

Si est-ce que quelque fois l'eau qui de soy, esteint le feu, est employee pour vn vsage contraire par les forgerons, aussi la douceur des belles ames, sert quelquefois de planche à l'audace inconsideree des esprits rebours, & farouches, aussi faut il, en ce pas glissant, se conduire auecques beaucoup & de consideration, & de circonspection, pour cela disoit Dauid, *Pone Domine custodiam ori meo, & da ostium circunstantiæ labiis meis*, selon les humeurs diuerses de ceux à qui on a affaire, il se faut conduire, & est il fort difficile de donner aucune regle infallible & asseuree sur ce faict: vne ame iuste & raisonnable, doit considerer si le silence sera plus propre que la respõce, à vn fol & insensé de vray ce seroit luy donner gain de cause, de ne luy remonstrer, il faut, dit le sage, luy faire voir sa folie, de peur qu'il n'entre en quelque presomption, *Qui non castigas, irritat*, ioint que ces esprits plats & mousses, *sicut apes amisso aculeo torpent*, ils maistinent ceux qui leur cedent, ployent soubs l'authorité des resistans, *vt insultant ignauis, ita persistentibus cedunt*, à l'instar des Crocodilles, & de l'ombre, qui poursuyuent les fuyants, & fuyent les poursuiuants, aussi de leur repliquer on dira que c'est *irritare crabrones*, voyci vne angustie bien grande. Seroit-il point plus à propos de laisser decocher tous ces traits frenetiques & insensez, contre le roc d'vne ferme & impenetrable magnanimité, afin de les faire rebrousser tout court, contre ceux qui les auroyent lancés, lesquels tantost apres en ressen

LIVRE DIXSEPTIESME. 341

ressentiront les effects, quand ils sçauront que ces ordures, crachees contre le Ciel d'vne belle & innocēte vertu, reuiendrōt à sallir leurs visages, & les remplir de honte & de vergongne. Ie me treuuay vn iour en vne compagnie, où quelque indiscret, par vn despit, appella vn fort honneste homme qui estoit abstème, yurongne, chascū qui le sçauoit le gaussa si fort, qu'il a long tēps, pour ceste ineptie, seruy de fable & de risee en beaucoup de bōs lieux.

Iusques où va la passion, d'aueugler ainsi l'entendement, où pour le moins de l'offusquer en sorte qu'il ne iuge riē de vray: mais tout selon son caprice, à guise de ceux qui voyent toutes choses vertes, à trauers vn verre verd. Ceux qui sur la riue d'vne douce tranquillité, & serenité d'ame, voyent l'orage d'vn esprit agité de courroux, pensez quelle compassion ils ont de voir ces bouillons frenetiques, qui transportent ainsi leur prochain, hors les bornes du train commun.

Nous nous deuons comporter à l'endroit de nostre prochain, que nous voyōs en ces alteres comme feroit vn bon & pieux chirurgien, lequel voyant son cher prochain rongé d'vn vlcere, il le

Y 3 pense

pense quoy qu'il luy die des iniures & menaces ; & luy procurer par tous moyens sa guerison, sachant que c'est la douleur, non sa volonté qui le porte à ces extrauagances, aussi quand nous entendons les inuectiues d'vn de nos freres contre nous, il faut que nous separions sa passion de luy, & ne laisser de l'aymer, & luy procurer sa santé par tous les plus doux & charitables remedes qu'il nous sera possible de trouuer: il faut destourner & gauchir aux coups de son despit, vser de diuersion & industrie, non pas s'opposer droictement à ce torrent, lequel s'enfleroit contre ces obstacles, & enfonceroit toutes sortes de digues.

Il me vient de souuenir encores d'vne certaine sorte de paroles iniurieuses, qui se disent par forme d'imprecation. Il y a des esprits si mal formez & impatiens, que pour la moindre chose qui les contrarie, ils se iettent à des maugréements & blasphemes contre toutes sortes de creatures, voire les insensibles: ie laisse les iuremens qui s'attaquent à Dieu, pour dire vn mot de ces imprecations qui se font contre quelques personnes, voire contre soy-mesmes; tant il y en a qui s'oublient en leur manie & fureur,

reur, de ceux-là parle le Prophete Roy, Psal. 108: quand il dit, *Induunt maledictionem sicut vestimentum, & intrat sicut oleum in ossibus eorū.*

Sur tout il est deplorable & grandement pernicieux, de voir certains peres & meres si excessifs en leurs termes que pour les moindres occurrēces de trauers, ils maudissent de mille imprecatiōs leurs enfans, quelquesfois innocents & tendres: Sainct Augustin rapporte en ses liures de la Cité, vn exēple horrible d'vne li. 22. c. 8. femme laquelle fit encourir à ses enfans la maledictiō qu'elle leur souhaitta. Surius Chartreux en la vie du martyr Zenon, dit qu'vne mere ayant donné à boire à son enfant qui l'en importunoit, & l'ayant maudit, le diable posseda ce pauure enfant: telles & semblables histoires cōmunes se remarquent, fort aisees à rencōtrer.

Quant aux imprecations sur soy-mesme, il y en a deux exēples notables, que i'ay notez en l'ancien testament, le premier est des enfans d'Israël, lesquels murmurans dans les deserts, pour quelques petites incommoditez, souhaitoyent d'estre morts en Ægypte, Dieu les punit pour ceste plainte, & priua ceste generation de l'entree de la terre promise, ceux qui pour si peu de subiect en

Y 4 leurs

leurs protestations ordinaires, mettent si souuent en ieu leur part de Paradis, ils courent grande risque d'en estre forclos, s'ils n'y aduisent.

L'autre est du bon Patriarche Iob, lequel parmy ses miseres extremes, nous voyós lancer des voix fort voisines du desespoir, entre autres celle-cy, *pereat dies in qua natus sum*. Il semble par là qu'il maudisse le iour de sa naissance, mais ruminât là dessus i'ay pensé ceste subtilité, vaille ce qu'elle pourra, i'entéds bien, mousse pour vn autre, mais subtile pour moy, laissons ces ceremonies : d'imputer en cela du peché à Iob, ce seroit faire tort à l'Escriture qui l'appelle iuste & craignant Dieu, aussi de l'accuser d'impatience, ce seroit luy oster le titre qui luy est concedé d'vn comun adueu de miroir de patiéce, pour le sauuer. Que dirons-nous? sinon que ce sainct personnage sçachant que le peché originel que nous contractons en naissât, est cause de toutes les miseres que nous endurós en ceste vie, & sans la misericorde de Dieu causeroit nostre eternelle calamité en l'autre, il se trouuera auoir eu raison de souhaitter q ce iour qui l'a aussi tost produit au peché qu'à la lumiere du iour, perisse, & soit effacé de la memoire des hommes. En

En fin ie ne sçay pas iusques où porte la frenaisie d'aucuns, qui à tous propos se souhaittent mille maux de bouche, desquels ils sont fort alienez de cœur & de volonté. Ils se desirent le col cassé, la peste, la mort, mais si elle les prenoit au mot comme ce veillard en la fable du bō Esope, vous ne vistes iamais gens si estonez ny plus mal disposez à receuoir tous ces fleaux: d'autres, horreur! font des imprecations d'eternelle damnation, se donnent aux Diables, sans considerer combien il se void d'exemples dans les histoires, de persōnes prises au pied leué de Dieu, lequel iustement irrité contre leurs desprauatiōs, les a donnez en proye à Satan, lequel les a enleuez manifestemant au veu & sçeu de tout le monde. C'est merueille comme il se treuue des hommes si accoustumez à ces imprecations, desquelles non seulement le recit mais la pensée est capable de faire herisser le poil, à tout homme qui aura tant soit peu de sentiment des choses diuines & eternelles.

Or en matiere de ces paroles furieuses & freneriques il nous est fort aizé ou de les parer, ou de les rendre nulles, *in vento & rapidâ scribere oportet aquâ.*

En l'escrime des armées pour euiter vn coup, il ne faut qu'vne feinte de corps vne petite retirade, vn contretemps: en cedāt on esquiue l'attainte, aux iniures atroces qui ont de coustume d'eschauffer la bile, il faut vser de quelque cession destournée, & gauchir au coup, ou le parer dextrement, non par des reparties promptes & vertes, qui renuoyent visuement le traict à l'aduersaire, comme celle cy de Caton à Lentulus qui luy crachoit au visage, *Putásne me dicturum te os non habere?* & Socrate frappé à coups de pied de quelque insolent, si vn asne m'en faisoit autant ie ne m'en facherois pas, & Diogenes à vn chauue qui l'iniurioit, Ie loüe, dit-il, tes cheueux, de s'estre retiré d'vn si mauuais crane : & Chrysippe à vn meschāt qui luy disoit des coulces. Tu penses, luy fit-il, parler de toy, & autres semblables qui fourmillent parmy les liures : car cela exaspere dauantage le despit de l'iniuriant, mais cōme de la mesme bouche il est aisé d'allumer le feu en soufflant, & de l'esteindre en crachant dessus, aussi selon que nous respōdons à nostre aduersaire, nous l'appaisons ou animons de plus fort, mais c'est vne imperfectiō lasche & feminine, de repliquer par iniures aux iniures

sem

semblables à l'Echo qui ne gazouille qu'ẽ respondant, c'est signe de peu d'esprit.

Seulemẽt il faut penser que celuy qui nous iniurie est aueuglé de la malueillance, & cõme quãd la fumée nous picque les yeux, elle nous empesche de voir mesme les choses qui sont à nos pieds, aussi le depit nous oste toute aparance de verité pour aparante qu'elle peust estre.

Donnons donc quelques preceptes & moyens, pour nous munir contre ses assauts, & parer à ses inuasions. Le premier sera pris de la beauté de la vertu de douceur, laquelle bien contemplée est pour rauir le cœur plus reuesche & rebours. Le second le grand prouffit qui nous en reuient. Plutarque fait vn beau traicté du bien que l'on peut tirer de ses ennemis où ie renuoye les studieux: mais il est bien vray cela, que les amis soit par compassion, soit par flaterie, soit que l'affection leur face aggreer tous nos deportemens, n'ont garde de nous reprendre si vtilement, ny de corriger nos deffauts comme les ennemis, qui veillent sans cesse pour les espier, ce sont autant de sentinelles propres pour nous faire tenir sur nos gardes. Ceux qui marchent en vn chemin mal asseuré

aduisent

aduisent à leur pas, & les valetudinaires gardent vn regime de vie, euitans les excez, & celuy, qui a des ennemis se dône garde de chopper, de peur d'estre releué par eux: la vertu s'aiguise par la contrepointe. Quelque sage Romain, preiugea le mal'heur de Rome, de la ruine de Carthage q luy estoit vne espine au pied, les villes ne sont iamais mieux remparées & gardées que pendant vn siege, ny le vaisseau mieux soigné & regi que quand le vent est contraire. Quelqu'vn voulant blecer vn tyran, luy creua vne apostume qu'il auoit dans le corps, qui peu à peu le conduisoit au Sepulchre, sans que les medecins y peussent donner remede: aux gens doux, *omnia cooperantur in bonum*. Ils font proffit des reprehensions & s'en purgent comme auec des potions ameres. Les traicts de la mesdisance luy purgent ces vices. Le troisiesme moyen est le grand los de la vertu, car qui est celuy qui ne blasme toute vengeance & qui ne loüe tout pardõ on prise vn Roy de Grece d'auoir pardonné à des Soldats qu'il auoit entendu de ses propres oreilles mesdire de luy, & à Cesar faisant releuer les statues de Pompee son ennemy, il fut dit, qu'en redressant celles là, il auoit eternisé les sé les siennes. Le Quatriesme sera d'avoir commiseratiõ de l'iniuriant, plustost que luy vouloir mal. Quoy? nous plaignons vn malade de corps & pourquoy non ce cher frere qui est en cest instant troublé d'esprit: compatissons donc charitablement à son mal, sans l'augmenter par nos repliques. S. Gregoire en ses dialogues, *lib.4.c.9.* rapporte vn exemple fort naif, à ce propos. Quelque malueillant au temps que la moisson estoit preste à recueillir brusla tous les bleds d'vn bon Abbé appellé Estienne, quelqu'vn luy venant rapporter ce desastre luy dit, ô mon pere, quel malheur vous est arriué, on a bruslé par malice tout vostre reuenu: ô fit-il, mon enfant, le malheur est bien plus grand à coluy qui a fait ce mal que non pas sur moy, ie n'ay perdu que des biens fresles & legers & il a perdu des immortels& à iamais perdurables: Si ce precepte nous semble de difficile practique, nous vserons de ce cinquiesme, de mespriser ces pointes, comme ayans la peau & la resolution assez forte pour y resister, c'est vne ruse de guerre tirée de ce mot, que les connices,

Spreta exolescunt, si irascare agnita videntur.

Nulles gens parlent tant de l'honneur

ou

ou de la noblesse, que ceux qui en ont le moins, ny ne s'offencera d'estre appellé larron, que celuy qui en a quelque notte.

Il faut mespriser ces attaintes & comme des Aigles ne s'arrester à ces mouches. Ioinct (& c'est le sixiesme aduis) que par impatience nous faisons tort à nous mesmes, si celuy qui nous offence est meschant, pourquoy en luy repliquant voulons-nous luy estre semblables. Auec la patience nous possedons nos ames, ne les perdons pas par son opposition, dauantage (& c'est vn septiesme Conseil) de peur de faire paroistre nostre foiblesse & imbecillité c'est le faict d'vn esprit impuissant, de ne pouuoir souffrir vn mot de trauers. Aristiphane taxe Socrates & Poliagrius en vne comedie, celuy là s'en rit, celuy cy s'en pend : à vray dire quel est le plus magnanime ?

— durum patientia corpus
Instruit, vt nulli possit cessare labori.

Aussi affermit-elle l'ame & le patient, comme l'enclume s'endurcit par les coups, comme les Pyraustes se nourrit dans le feu, comme les bons poissons dans l'eau salée de la mer ; comme
l'Athle

l'Athlete, s'affermit par les efforts, & va digerant le fer des plus durs assaults, comme l'Autruche.

Le huictiesme moyen sera l'edification du prochain, car comme si vous ostez le bois du feu il s'estaint, aussi se dissipe le courroux n'ayant point d'opposition, ou bien par vne cession aisée: *lingua mollis confringit duritiam.*

Le neufuiesme, de peur de le faire pecher dauantage, à vne maison qui brusleroit seroit ce pas malice de ietter de la matiere pour l'enflammer encores dauantage, aussi à repliquer aigrement à vn cholere, il semble, qu'on se plaise malicieusement en son mal, & par ce moyen on se rend en quelque sens coulpable.

Le dixiesme, dernier & plus excellent sera, afin de nous conformer à IESVS-CHRIST nostre chef & Seigneur. *Cui* 2.*Petr.*2. *cùm malediceretur non maledicebat, qui cùm pateretur non comminabatur.* Si nous sommes ses Disciples & ses seruiteurs, comme nous nous qualifions de ce tiltre honnorable, deuons nous pas, *sicut & ipse am-* *Ephes.*4. *bulauit ipsi ambulare: nõ est Discipulus supra Magistrum, nec seruus supra Dominũ.* Practiquôs donc franchement ce conseil de S. Paul,

Donan

Rom. 12. *Donantes inuicem, sicut & Deus in Christo donauit vobis,* & encores, *nõ nosmetipsos defendentes charissimi, sed date locum iræ.*

Ie tourne maintenant sur l'autre point, qui est non seulemẽt de pardonner, mais de vouloir du bien à ses ennemis, & c'est là vne des excellences de la loy nouuelle par dessus l'ancienne. *Dictum est antiquis, diliges proximum tuum, & odio habebis inimicum tuum. Ego autem dico vobis diligite inimicos vestros &c.* *Mat. 5.* En ce fait assez difficile cõment il se faut comporter enuers ses ennemis, i'estimerois qu'il faudroit obseruer ceste reigle, de distinguer l'imperfection de la personne, celle là nous la pouuons hayr, parce que tout homme de bien est tenu de hayr le vice & le detester, à l'auanture ainsi se doit entendre ce mot de Dauid, *perfecto odio oderam illos, & inimici facti sunt mihi.* Mais quant à celle cy, il n'est aucunement loisible, parce que c'est nostre prochain, nostre frere capable de beatitutude comme nous, raisonnable comme nous, racheptê du mesme precieux sang que nous: en fin il nous est expressemẽt commandé de l'aimer, & comme nous mesmes, & defendu sur peyne d'vne eternelle mort de le hayr.

De vray ceste separation est vn peu subtile

LIVRE DIXSEPTIESME.

subtile & mal aisee à faire à aucūs, & parce que le vice & l'homme semblent vne mesme chose, ce qui faisoit dire à cest ancien, *qui vitia odit, homines odit*, parce que,

Vitiis nemo sine nascitur,

Nemo expers criminis: & parce que l'on se prend à la personne de son imperfection, & puis la malice de l'ennemi piqué en ceste sorte, ie dis les ames plus douces, qu'à peine en peuuent-elles despouiller le ressentiment.

Mais ie m'en vay ouurir ce ressort par vne similitude fort propre & familiere. Vne bonne mere ayme son bon & cher fils, qu'elle recognoist estre sage, obeïssāt, respectueux, plein d'honneur & de vertu, elle en faict son esperance, & l'establit pour le baston de sa vieillesse, vne fieure chaude le prend, il tombe en frenesie & fureur: il dit des iniures à sa mere, la menace de la battre, de la tuer, luy iette à la teste tous les remedes qu'elle luy apporte, elle persiste tousiours en ses bons offices, & a plus de douleur du mal de son fils, que des contumelies qu'il luy faict: elle sçait bien que ce n'est pas de bon sens rassis qu'il les profere, que c'est la violence de l'excez qui les luy arrache de la bouche,

Tom. v.   Z   ainsi

ainsi voyons-nous qu'elle separe l'infirmité qu'elle hait, d'auec son fils qu'elle aime : nous deuons aymer nostre prochain comme nous-mesmes, & à cela nous oblige la Loy de Dieu, il arriue que la cholere, l'enuie, le despit, le rend frenetique & animé contre nous, il nous frappe, nous pille, nous dit des iniures, nous trauerse, il faut plus plaindre son indisposition d'esprit, que non pas s'esleuer contre luy, & luy rendre mal pour mal, qui ne sçait que la cholere est vne briefue fureur, que l'enuie trouble & offusque l'ame, que le despit enleue l'entendement, ce sont autant de fureurs qui destournent l'ame de son assiette droite & legitime, il faut haïr ceste imperfectiõ, mais quant à la personne, il la faut aymer en Dieu, & la cherir tendrement, prier pour sa santé, & demander au Ciel pardon de ses fautes.

C'est vn discours excellemment bien traicté chez Plutarque, comme on peut tirer profit de ses ennemis, & il monstre des grandes vtilitez qui nous en reuiennent : ie luy laisse ses raisons, pour aller à d'autres, chascun cherit ses imaginations ; il n'y a celuy qui ne sçache, que tout l'Vniuers se maintient par le discordant

dant accord des qualitez contraires, qui le composent, de sorte que la generation de l'vn c'est la corruption de l'autre, & au rebours, la paix se maintient par vne guerre continuelle, & l'vne qualité repugnante repare les deffauts de l'autre, l'excez par l'excez, & la contradiction engendre la temperature, le feu se conserue en bruslant du bois, & l'arbre s'engendre par la corruption de sa semence: ainsi l'entrechoc conserue tout en destruisant, rien n'est exempt de contrepointes; à la pluye succede le beau temps, & à la bonace l'orage, le iour à la nuict, & l'obscurité à la lumiere, tout tremousse & remue en branle & agitation continuelle, la terre est battuë de trois elements, de l'eau, des vents, & du feu: qui tous la rongent & la minent, l'homme est ainsi en vne guerre continuelle sur la terre, selon Iob, battu de trois capitaux ennemis, & quelquesfois la plus cruelle vient de ses proches, *amici mei aduersum me steterunt*, l'homme à l'homme est loup: mais comme la terre tirant vtilité de ses contradicteurs, s'espure par le feu, se nettoye par le vent, se laue par l'eau, aussi si l'homme veut tirer profit de son dommage, il peut se seruir à beaucoup de biens des afflictions & tribulations qui luy arriuent, & notamment de la part de ses ennemis: car par le moyen de leurs reprehensions & mesdisances, il peut corriger ses deffauts, espurer & nettoyer son ame, purger sa conscience, s'affermir en vertu, & s'auancer grandement à la perfection.

Les cheuaux pesants & lasches, sont pressez par la pointe des esperons, & hastez d'aller à coup de gaule: l'esguillon plus pressant & vif, pour nous faire cheminer droit en la voye de la Iustice, & de l'equité, est d'auoir vn ennemy en queuë, qui nous resueille du sommeil lethargique du peché, espiant nos vices, & les reprenant auec aigreur; ce remonstre est de sainct Augustin.

Serm. 4. de verb. Dom. Chrysost. hom. 3. de Dauide & Saule.

Les ennemis, dit la bouche d'or, nous font plus de bien que nos amis: ceux-cy nous laissent faillir, & nous cachent nos fautes, de peur de nous aigrir, leurs blandices nous perdent, à guise, adiouste-ie, de ces singes, qui estouffent leurs petits en les embrassant: mais les ennemis releu ët les moindres de nos pechez, ils crient apres les grands à pleine teste, nous en font telle honte que nous n'auons garde d'y retomber, voire souuent nous

nous reprochent ce que nous n'auons pas faict, & de là pouuons-nous tirer vn grandissime profit, à fin que nous nous en prenions garde, c'est nous aduiser auant le mal, c'est nous dire proprement, Destournez-vous de ce bourbier, escartez-vous de ce chemin, on vous y esgorgeroit : ainsi faut-il prendre ces fausses & calomnieuses meteries, non pas s'en aigrir comme les aucuns, s'empresser à prouuer le contraire, en demander en iustice reparation d'hōneur le vray est fils du temps, il se manifeste tost ou tard: & puis le crachat tombe sur le nez de celuy qui l'a poussé contre le Ciel; *à veritate aberrare, ius sepe aiunt, extingui numquam.* Il peut bien estre que les nuees nous ostent la voüe du Soleil : mais en fin cest Astre les dissipe, & se fait voir, la verité peut estre offusquee des mensonges, iamais esteinte, elle dissoult ces brouillars, perce ces voiles sombres, & darde les rais de sa belle lumiere à trauers ces obstacles, & puis le mespris & le desdain c'est vne braue & genereuse maniere d'estouffer ces calomnies, la recrimination n'y vaut rien, se mocquer du faux a bien plus de grace que de s'en excuser, ceste façō est lasche, celle là vertueusemēt fiere.

Z 3   Mais

Mais vne persuasion plus gentile douce & agreable pour aymer les ennemis, il la tire de sainct Chrysostome : non, ce n'est pas tant pour le profit de nos ennemis que Dieu nous commande & recommande de les aymer, que pour le nostre propre, nō tāt pour estre veus dignes d'estre aymez, que parce que nous sommes indignes de hair aucū: car d'où nous peut venir ceste hayne, sinon d'vne vaine presomption de nous-mesmes, qui nous fait estimer plus que ceux q̄ nous desdaignons. Mais si nous venōs à cōsiderer nostre neant auecques sincerité & ingenuité, il est indubitable que nous n'aurons nulle occasion de nous esleuer contre aucun, nous recognoissans pour les plus viles creatures du monde, dignes de tout rebut & abiection.

Vne autre raison qu'il apporte est, que si nous sommes sages, & nos ennemis frenetiques & fols, nous ferons selon le mot de Caton, qui disoit, que les sages apprenoyent plus & tiroyent dauantage de profit des deportemens des fols, que les fols des enseignemens & instructions des sages.

Anciennement on auoit de coustume d'arracher le fiel aux victimes, auant que

Homil. 13. super Matth. in oper. imperf.

que de les brusler en holocauste; & en l'Euangile, auant que d'offrir son present à l'Autel, il est commandé si l'on a quelque hayne & inimitié, que l'on aille se reconcilier auec le prochain, parce que Dieu ne peut auoir ce present aggreable, qui est offert par vn cœur plein de rancune, & de mal-talent. Le Seigneur eust desagreable le sacrifice de Cayn, pour ce subiect qu'il auoit vne enuie grande sur son frere l'innocent Abel, au sacrifice duquel il regarda: & le Concile de Carthage, defend de receuoir les oblations des freres, qui ne sont pas d'accord.

Cyprian. de simplicit.cler.

4.c.93.

Au Leuitique Dieu commandoit qu'en la feste de la dedicace du tabernacle, les Capitaines luy fissent offre de vinaigriers; si nous voulons offrir à Dieu nostre cœur son vray temple, *corda vestra templa sunt spiritus sancti*, dit sainct Paul, il faut aussi que nous deposions toute rancune, & que nous la remettions à ce Dieu des vengeances, qui dit, *mihi vindictam & ego retribuam.*

Aux Nōbres il estoit deffēdu aux Nazariēs d'vser du vin qui enyure, & de vinaigre, ceux qui sont cōsacrés à Dieu, doiuēt bien se garder de la cholere, qui est vn monstre qui aliene le sens & la raison, & du vin-aigre de la rancune & de l'aigreur contre l'autre.

Les colombes sont des oyseaux fort agreables à Dieu, & fort vsitoz ez sacrifices de la loy ancienne, & les cœurs colombins, c'est à dire, sans fiel, sont les plus belles victimes que l'on puisse offrir & presenter à la Diuinité. Le vin-aigre corrompt le vaisseau où il est, & la rancune l'ame où elle habite, c'est pourquoy, dit sainct Augustin, duquel i'apprends ce concept, il la faut vomir le plustost qu'il est possible : car comme la tigne ronge le drap, la roüille le fer, ainsi fait la haine l'esprit.

Le vin-aigre dissoult les perles, & il n'est aucune vertu que la haine ne perde en nos ames.

Celuy-là seroit estimé bien impudent, lequel tenant des pierres precieuses en ses mains auecques des iettons, iettroit ses pierreries à la teste de celuy qui luy auroit fait tomber ses pieces friuoles & inutiles : celuy qui hait son ennemy pour quelque mal qu'il luy apporte à son corps, ou à ses biés de fortune qui ne sont rien, perd miserablemēt la grace de Dieu, le plus riche
thre

LIVRE DIXSEPTIESME. 361

thresor de son ame; n'est ce pas vn aueuglement extreme. Il me plaist d'aporter i'cy vne nouuelle &, comme ie vois, tolerable interpretatiõ de ce mot de Dauid, *Perfecto odio oderam illos.* Ceste hayne parfaicte ie la prends pour celle qui rend le bien pour mal, qui est le plus haut point de la perfection Chrestiẽne, l'eau esteint le feu, & *sermo mollis frangit iram*: il n'est ame si peruerse qui ne depose son inimitié quand pour son mal elle se verra salariée de bien, ainsi Dauid rompit le mauuais courage de Saül qui le poursuiuoit à mort à toute reste, comme l'on peut remarquer au liure des Roys, où ie rẽuoye de peur de longueur: mais au contraire ceste hayne du prochain qui tasche de luy mal faire, est appelée inique, *odio iniquo oderunt me.* O la belle victoire de surmonter vn cœur obstiné par bien faicts & faueurs! S. Paul, *vince in bono malum.* Cela est vn traict tout Angelique; *si sitit inimicus tuus, potũ da illi, si esurierit ciba illum: hoc enim faciens, carbones ignis congeres super caput eius.*

1. Reg. 24. & 26.

Ps. 24.

Rom. 8.

Prou. 24.

Que si l'on ne peut aller iusques à ce poinct de perfection de faire bien pour mal, du moins il faut supporter auec patience & fermeté ces iniures, lesquelles

Z 5 à guise

à guise de traicts lancez contre vne roche dure, retourneront trauerser leur autheur.

Mais de venir à la hayne, qu'on s'en garde bien, il y va du salut de l'ame. Le Prophete Ieremie vit en vision vne verge veillante sur vn pot bouillāt, signe que la Iustice diuine veille sur les cœurs bouillants de courroux, & forcenants de rancune, la mort est dans le pot, *Mors in olla*, il s'en faut abstenir & retirer.

Hier. 1.
4. reg. 4.

Il n'y a point de moyen d'auoir misericorde, qu'en la faisant, *Iudicium fiet ei sine misericordia qui non fecerit misericordiam*. Nous serons mesurez de Dieu, à l'aulne que nous aurons mesuré l'autruy: *Quâ mensurâ, &c.* Il nous sera pardonné, sur le moule du pardon que nous aurons fait. Vne similitude de cela fort populaire: deux hommes se battent, arriue vn tiers qui les desirant separer, se renge de la part du plus foible, l'autre crie qu'on luy fait tort, de se mettre deux contre luy, le tiers qui n'a autre desseing que leur separation, luy dit, qu'il laisse son ennemy, & qu'il se retirera: Dieu fait le mesme: il void l'homme courroucé contre son prochain, le tyrannisant & malmenant, il se renge du costé de celuy qui endure,

enuoye

envoye des afflictions & trauaux à l'autre, lequel en ses peines ayant recours à la misericorde diuine, elle luy respond, Remets à l'autruy & il te sera remis, si tu pardonnes, il te sera pardonné, si tu persistes à mal faire tu seras opprimé: ainsi se doit entendre la parabole du seruiteur, que ce Roy enuoya en prison, pour n'auoir voulu remettre vne petite somme à son compaignon debiteur, en Sainct Matthieu.

Luc. 6.

Mat. 18.

Ainsi en l'Oraison Dominicale, nous demandons à Dieu qu'il nous pardonne comme nous pardonnons à ceux qui nous ont offencé, de sorte que si nous ne pardonnons pas, & que nous prions en ceste maniere, n'est ce pas dire à Dieu qu'il prenne vengeance de nous?

Et nostre Seigneur qui nous a plus enseigné par exemple que par precepte, & duquel la vie & les actions sont autant de miroirs de perfection, prest à mourir, prie pour ses ennemis: & Sainct Estienne, imitateur de son maistre, proche de rendre son esprit, prie pour ceux qui le lapidoient, auant que de recommander son ame propre;

ce

ce sont des exces de charité cela, qui nous rauissent en admiration.

A ceste vertu qui semble contrarier à la nature, *benefacite his qui oderunt vos, orate pro persequentibus vos*. La difficulté donne vn prix plus haut : car comme ces choses ont plus de merite à croire, qui surpassent le plus toute cognoissance & intelligence, aussi ceste charité est d'autant plus meritoire qui ayme ce qui luy contrarie, où le vin ne croit pas là il est bien plus cher, l'amour de l'ennemy est d'autant plus precieux qu'il est rare, & ceste charité atteint au Ciel vn bien plus ample salaire.

Encores ceste conception, pour monstrer que nous deuons aussi bien donner place en nostre cœur à la personne de nostre ennemy, qu'à celle de nostre amy. Le bô Patriarche Noé receut commandement de Dieu, de receuoir vne couple de tous les animaux de la terre en son arche, s'il eust voulu vser du choix de sa propre fantasie, il eust receu la Brebis, & chassé le loup, pris la colombe, reietté le vautour, accepté les animaux mondes & netz, & rebutté les immondes & sales: mais en cela il eust offencé & côtreuenu au vouloir de Dieu, & ainsi se fust rendu
coul

LIVRE DIXSEPTIESME.

coulpable & digne d'estre comme les autres pecheurs submergé soubz les eaux du deluge : Dieu nous commande de receuoir dans l'arche de nostre affection, tous nos prochains, bons & mauuais, amis ou ennemis, parens ou non : que si nous y aportons du triage, receuans Pierre & reiettants Guillaume, ne nous rendrons nous pas rebelles & refractaires à la loy de Dieu, & n'encourons-nous pas le hazard d'estre engloutis & absorbez dans les cataractes de ses indignations.

Mais apres toutes ces digressions, voyons quelle est la mansuetude : c'est vne constitution d'ame, comme la definit vn Philosophe ancien, ferme, immobile, asseurée, & vne temperature d'esprit douce, moderée, retenuë, côtre les impetueux eslancemêts & furieuses bourrasques de la cholere : c'est vn accoisement & dissipation de courroux, dit Cicero, *depressio* 1. *Rhetor.* *& sedatio iræ:* S. Hierosme, *mitis est quem* In glossa *non rancor vel ira afficit, sed iram æquanimiter* sup. Matt. *sustinet, non irritat nec irritatur, non nocet, nec nocere cogitat :* C'est la mansuetude, dit Isidore, de ne faire aucun tort à celuy duquel on a esté lesé, c'est vaillance de pardonner à ceux qui nous ont offencé : c'est vne grâde gloire de ne nuire à nos ennemis,

mis, en ayants la puissance. *Mansuetudo est si non lædas à quo læsus es, fortitudo si læsus remittas, gloria si cùm potuisti nocere parcas.* J'adiouste que bien faire pour le mal est la perfection, *benefacere his qui oderunt nos.* Le courroux est vne passion violente, vne espece volontaire de fureur, vne furie briefue, elle brouille, trauerse, picque, & enleue l'ame de sa droitte & legitime assiete: c'est vne torture & vne gesne & ne plains pas seulemẽt ceux qui y sont subiects, mais ie m'estonne comment ils se peuuent plaire en vn tel mal. La mansuetude au rebours est vne trempe d'esprit douce, equable, vniforme, aisée, facile, iusques là gaye & enioüée, *exultent mansueti & lætentur.*

Le Prophete, fait Cassiodore là dessus, ne dit pas les doctes: ceux qui ieusnent, ceux qui prient, & autres gens de bien se reiouissent: mais les mansuets, parce que la charité qui regne en leurs cœurs les tient en vne esgale temperature, exempte de desreglement. *Non dixit docti, non ieiunantes, non psallentes lætentur, sed mansueti, quia charitate præcipua habere omnium rerum temperantiam consueuerũt.* Ce mesme autheur, en ses commentaires sur les Pseaumes appelle, *mansuetos quasi manu*

manu confuetos. Les manfuets comme qui diroit faits à la main, de là le mot manfuefaction. *Ij funt,* pourfuit-il, *patientes & mites, qui alienas iniquitates tolerant, nec aliquē grauare præfumunt.*

Les Choleriques sont toufiours en perpetuelle guerre, *non est pax illis, viam pacis nescierunt.* Les defpits, les rancunes, les procez, les querelles, les inimitiez, toufiours les accompaignent, ils n'ont aucun bien qui ne leur soit controuersé ils sont hays d'vn chacun, comme pestes de l'humaine societé, incompatibles auec les humeurs douces & benignes, les doux & debonnaires rauiffent les cœurs d'autruy, attirẽt sur soy l'amitié & bienueuillance du mõde, sont cheris de leurs prochains, agreables à Dieu, iouyffent d'vne profonde paix, & grande tranquillité, tant en leurs biens de l'ame, qu'en ceux de la fortune. *Manfueti autem hereditabunt* Pseau.36. *terram, & delectabuntur in multitudine pacis.* Il n'est celuy qui ne les louë & applaudiffe en toutes leurs actions, *fili in manfuetu-* Eccles. 3. *dine omnia opera tua perfice, & super hominum gloriam diligeris. Per manfuetudinem gloriam* Ibid. 10. *animæ tua concilia,* que s'ils sont bien venus deuant les hõmes, ils sont auffi les mignõs de Dieu, lequel, *exaltabit manfuetos in falutē.* Pf. 149.

Man

Mansuetis dabit gratiam, de toutes les vertus c'est celle que nostre Seigneur nous recommande le plus, comme l'ayant la plus pratiquee. *Tollite iugum meum super vos, & discite à me quia mitis sum, & humilis corde.* Sur quoy S. Augustin, Il ne veut point, dit-il, que nous l'imitions en sa grandeur, en bastissant des mondes, faisant des miracles, & autres actions signalées: mais que nous nous raualiõs à sa bassesse, à son humilité, & sur tout à sa douceur & mansuetude, que nous pardonnions, voire prions, pour ceux qui nous persecutent, *Orate pro persequentibus vos*: que nous suiuions les vestiges de ce doux Agneau, lequel *coram tondente se obmutuit, & dedit percutientibus se maxillam, saturatus opprobriis*.

A vne chose faut-il prendre garde en ceste vertu, de ne l'estimer estre en certaines personnes froides & retenües, que nous voyons rarement en cholere, c'est quelque-fois ou pour n'en auoir les occasions, ou pour ie ne sçay quelle lasche ou melancholique humeur, incapable de contradiction. La vertu n'est rien si elle n'a vn antagoniste pour la contrepointer & exercer, ny la mansuetude, ny la patience paroissent qu'aux effects & remonstres, qui gourmandent celle là le

cour.

matt. 11.

LIVRE DIXSEPTIESME. 369
courroux, celle-cy les afflictions, *sunt qui-* Bern. in
dam limites, dit vn pere de l'Eglise, *sed* Cant.
quandiu nil dicitur vel agitur, nisi pro eorum arbitrio, patebit autem quam longe sint à vera mansuetudine, si leuis oriatur occasio. Nous ne pouuons estre bons, si nous n'auons quelques mauuais, qui nous facent mettre nostre vertu en œuure.
Cui malus est nemo, quis bonus esse potest ? On disoit du Roy Charislaus à Archidamidas, qu'il estoit si doux, que mesme il auoit peine de se fascher contre les meschans: Il n'estoit pas doux, fit-il, mais lasche. Il y a ie ne sçay quelle mollesse feminine qui auoisine ceste vertu, mais en effect elle en est grandement distante & esloignee. Aristote appelle ceste vertu icy vne habitude d'ame tëduë, masle, forte, genereuse, q̃ gourmãde la cholere, par le frein d'vne puissante raison, vne souplesse & flexibilité d'esprit, non point lasche & casaniere, mais ployable & contournable en sorte, q̃ l'aigreur & la hayne n'y puissent auoir de prise. La seuerité, dit S. Ambroise, doibt estre meslangee auec la mãsuetude, pour faire vne douce harmonie, & parfaicte consonãce, celle-là pour conseruer la discipline, celle-cy pour garder l'innocence, *Seueritas & mansuetudo tenendæ vt alterâ di-*
Tom. v. A a *sciplina*

sciplina, alterâ innocentia conseruetur.

l. 19.   Les aucuns, dit sainct Gregoire en ses Morales, sont si rigides & exacts, qu'ils perdent toute douceur & affabilité, par leurs contenances austeres, & gestes rebarbatifs : autres sont si lasches & mollement destendus, qu'ils laissent perdre & aneantir tout ordre & police, faute de laquelle doyuent bien prendre garde, ceux qui ont quelque charge publique & commandement en main, de ne perdre point la discipline pour la douceur, ny par vne trop forte & estroite seuerité : mais de tenir tout en vne droite & juste temperature & equilibre, *sunt nonnulli ita districti, vt omnem etiam mansuetudinem & benignitatem amittant, & sunt nonnulli ita mansueti, vt perdant districti iura regiminis. Vnde cunctis rectoribus vtraque summoperè sunt tenenda, vt nec in disciplina vigore benignitatem mansuetudinis, nec rursus in mansuetudine districtionem deserant disciplinæ, quatenus nec à compassione pietatis obdurescant, cùm contumaces corrigunt ; nec disciplinæ rigorem molliant, cùm infirmorum animos consolantur : regat ergo rigor disciplinæ mansuetudinem, & mansuetudo ornet rigorem ; & sic alterum commendetur ab altero, vt nec rigor sit rigidus, nec mansuetudo dissoluta.* Ainsi nous

nous portons-nous toufiours aux extremitez vitieufes, pluftoft que de cheminer droitement en la voye de la vertu : & en celle-cy il fe faut donner de garde de la trahifon de la lafcheté. Il faut ployer, comme ces bonnes lames, iufques aux gardes, & non pas rompre, il faut refifter en flechiffant, & vaincre à guife des Parthes, en fuyant.

Ceux qui defconfeillent aux Princes toutes forces pour fe maintenir, prenans la bien-vueillance pour toute garde, ils font en vne trop loingtaine extremité, pour eftre affeurez d'vne fere fi bigearre & fauuage, qu'vn peuple : le trop de fang nuit autant que le trop peu, le trop de force eft tyrannique, n'en auoir point engendre du mefpris.

On reprochoit à quelque Empereur qu'il fe familiarifoit trop, & que cela rabbatoit de fon authorité : Ie la veux bien, dit-il, auoir plus molle & mouffe, pourueu qu'elle foit de plus longue duree, & pleine de plus d'affeurance & folidité. Si eft-ce que la hayne & le mefpris à vn fouuerain doyuent fembler eftre efgalement infupportables. Si eft-ce que comme des deux vices,

A a 2 il y

il y en a tousiours quelqu'ũ qui s'auoisine plus pres de la vertu, l'affabilité grande a bien plus d'air de mansuetude, qu'vne reuesche austerité : mais comme par diuers moyens on paruient à mesme fin, & que contraires causes produisent souuét semblables effects, il sert quelquefois pour accoiser vne bourrasque de cholere, ou dissiper quelque tumulte ou esmotion seditieuse, d'y apporter vne grauité austere & imperieusement magistrale.

Ac veluti magno in populo, cùm sæpe coorta est
Seditio, sæuitq̃, animis ignobile vulgus,
Iamq̃ faces & saxa volant, furor arma ministrat:
Tum pietate grauem ac meritis si fortè virũ quẽ
Conspexère, silent, arrectisq̃, auribus adstant:
Ille regit dictis animos, & pectora mulcet.

Encores voyez-vous qu'en ceste peinture, il faut que la douceur & la benignité soiẽt ioincte à ceste seuere cõtenance, cela ploye & contourne les esprits comme l'on veut. Comme le Soleil venant à remonter sur nostre hemisphére, chasse les tenebres de la nuict, ainsi la mansuetude entrant en nos ames, en chasse tous les brouillards & nuages des despits, courroux & rancunes. Et comme les traits fendent l'eau aysement, sans luy nuire en quelque façon, de mesmes par ses mœurs douces
& fa

LIVRE DIXSEPTIESME. 373

& faciles, le mansuet reçoit toutes sortes d'attaintes sans s'en sentir offencer, & resiste au mal en ostant tout obstacle de resistance. Tel en guerre sauue sa vie pour se mettre franchement à la mercy de ses ennemis, qui y fust demeuré s'il eust fait l'obstiné ou acariastre.

Mais encores à propos, il est dit que les mansuets heriteront la terre, *Beati mites, quoniam ipsi possidebunt terram; mansueti autem, hæreditabunt terram.* Nos maistres demãdent quelle terre, si celle-cy où nous traînons ce miserable estre, ou celle des viuans au ciel, où Dauid demandoit son heritage: *Portio mea sit in terra viuentium*: où Iob esperoit de voir Dieu *Credo videre bona Domini in terra viuentium.* Ie trouue ceste opinion plus selon moy, qui leur donne l'vne & l'autre, parce que le debonnaire est trãquille & paisible possesseur de ce qu'il a en ce monde, & puis apres sa mort il est iouïssant de l'Eternel repos. Sainct Basile tombant sur ceste promesse de nostre Seigneur, *Cælestis Ierusalem*, dit-il, *non est bellatorum spolium, sed mansuetudine præditorum hominum sperata hæreditas.* I'acheue par vn mot excellẽtissime du tragique Seneca, & qui sent bien fort au christianisme:

Quisquis est placidè potens

Dominúsque vitæ, seruat innocuas manus,
Et incruentum mitis Imperium gerit,
Animóque parat, larga permensus diu
Fœlicis æui spatia, vel cœlum petit,
Vel læta fœlix nemoris Elisÿ loca.

Des Larmes.   CHAP. III.

ILs alloyent (chante le Psalmiste Roy, des gens de bien) iettans leurs semêces en pleurs, & à leur retour ils ont recueilli vne ample moisson auec ioye & allegresse. Non, le gras desbord du Nil ne fertilise point tant par son arrousement & douce moiteur les steriles aridités de l'Egypte, bruslee des rais plus ardents du Soleil, comme les larmes fecondent vne ame la plus seche & infertile en bonnes œuures: non, le bois planté pres des eaux, selon la conception du Roy Prophete, ne profite point tant en la production de bōs fruicts & en l'entretien de ses fleurs, & de ses fueilles, cōme le penitent, arrousé de l'humidité de ses larmes, va poussant de fruicts dignes d'estre presentez deuant Dieu, comme il abonde en bons desirs, comme il s'accroist de belles esperances, esperances desquelles, en perseuerant en cest estat, il ne sera iamais confondu, *sicut lignum quod plantatum est secus decursus aquarum,*

rum, quod fructum suum dabit in tempore suo, & folium eius non defluet, & omnia quæcumque faciet prosperabuntur.

Non, la douce rosee, ny la pluye du prin-temps, ne font point tant de bien aux plantes & herbes qui sont sur la terre, comme les larmes font aduancer l'ame à la perfection: *quasi imber & ros super herbam & stilla super gramina.*

Il est escrit au Genese, que *Spiritus Domini ferebatur super aquas*, au desbrouillement du chaos; & en la conuersion d'vne ame quand il est question d'en separer les tenebres de la lumiere, la terre du Ciel, & les qualitez antipathiques, & contrariantes, l'esprit du Seigneur s'espand volontiers sur les ruisseaux des larmes qui prouiennent de l'amertume & componction du cœur. Larmes ameres: mais qui nourrissent les plus belles ames, comme le meilleur & plus friand poisson se trouue dans les eaux salees de la mer.

La voix du Seigneur, dit le Psalmiste, brise & fracasse les cedres du Liban, fait crouler les rochers, trembler les deserts, & tout ce qu'il s'estend plus au lõg ne veut dire, selon les interpretes, autre chose,

chose, sinon que les pecheurs plus reuesches, obstinez & acariastres, sont en fin touchez par l'apprehension des iugemens de Dieu, en la consideration desquels, si tost qu'ils commencent à s'espandre en larmes, aussi tost Dieu est¯e sa main misericordieuse sur ces eaux: *Dominus super aquas multas.* Helie, comme il se remarque au liure des Rois, n'eust pas plustost arrousé d'eau son sacrifice, que voila aussi tost le feu du Ciel qui desc¯ed dessus, en signe manifeste qu'il estoit acceptable deuant Dieu. Le Psalmiste sçachãt que le cœur est le plus noble & precieux holocauste que l'on puisse presenter à Dieu, voyez comme dans le grand Pseaume de sa plus viue penitéce il l'arrouse premierement de larmes, & puis il conclud, *cor contritum & humiliatum, Deus, non despicies.*

C'est ceste eau d'hysope amere, auec laquelle il dit en ce mesme lieu que Dieu rendra son ame plus blanche que la niege. Quel est, à vostre aduis, ce *fluminis impetus qui lætificat ciuitatem Dei,* sin¯o les larmes qui coulent à gros randons des yeux des pecheurs? Puis que les sainctes pages nous dictent, *gaudium esse in cœlis super vno peccatore pœnitentiam agente;* que l'on n'aille plus recerchant curieusement quel est ce *fons*

aquæ

[marginal: 3.Reg.18]

aquæ vivæ salientis ad vitam æternam: c'est la source des larmes, laquelle tirant son origine du regret d'avoir offencé Dieu, remonte naturellemẽt iusques à ceste mesme source, pour auoir deuant le throsne de ceste saincte maiesté pardon du delict qui la faict rouler & couler.

En verité i'aduoüe bien qu'és autres efforts & accidens humains, qui ne s'attachent qu'aux biẽs exterieurs, cõme pour la perte des amis, le saccagement des faueurs de l'inconstante fortune, & n'est pas estre homme, mais plustost c'est dementir la generosité d'vn courage masle & viril que de s'abandonner aux larmes mais pour regretter son peché, celuy est de tant plus homme, & homme de bien, qui s'y plonge le plus, & qui en iette de plus amples torrens.

Ceste mer de fonte, & ces vaisseaux pleins d'eau pour lauer les holocaustes, que Salomon fit faire en son magnifique tẽple, que signifie tout cela, sinõ que pour dignement sacrifier nostre cœur à Dieu, il le faut plonger dãs vne mer de larmes? Voyez iusques où Dauid s'y enfonce: *Lauabo per singulas noctes lectum meum, & lacrymis stratum meum rigabo.* Escoutez Esaye *Quis dabit capiti meo aquam, & oculis meis fon-*

Aa 5

tem lacrymarum, &c.

Plus les eaux du deluge croissoiēt, plus l'arche s'esleuoit au ciel: & plus nous versons de larmes, plus nostre ame s'esleue haut: mais encore cecy sur le deluge: il n'arriua pour autre occasion sur la terre que pour la repurger & nettoyer de ses iniquitez, parce que lors, *omnis caro corruperat viam suam*, & lors que nous nous sōmes peruertis par le vice, il n'y a point de meilleur expedient, que de nous plonger dans vn deluge de larmes.

Si fuyāts l'Egypte du monde nous trauerson la mer rouge des larmes penitētes, il n'y a auctun doute que tous nos ennemis resterōt submergez dās ces ondes, & nous y passerons à sauueté pour gai[gner] la terre promise.

Ce sont ces eaux salutaires où nous pouuons estouffer & suffocquer les Dragons des vices qui nous trauaillent, & ne recherchent que nostre ruine, *conquassasti capita Draconum in aquis*: ainsi Sainct Pierre dans les larmes submerge son lasche peché, Ezechie par ses pleurs obtient pardō de ses fautes, & prolongation de sa vie pour faire penitence, ainsi Dauid par ses gemissements abolit son adultere, ainsi Esther par ses pleurs acquiert la saluation rion du peuple de Dieu, ainsi la Magdeleine a sa remission, parce que, *lacrymis rigauit pedes Iesu.* A ceste derniere peut naïfuement conuenir ce traict, *Plorans plorauit in nocte, & lacrymæ eius in maxillis eius.*

Les peintres remarquent que rien ne releue tant l'ageancemét d'vn beau visage, que de le voir les yeux gros, baignez de larmes, & ces perles arrangées par leur decoulement sur les ioües: que si cela apporte de l'ornement au corps, ie vous prie combien en apporte-il plus à l'ame, quand ce sont des vrayes & non feintes larmes.

Naaman pour se nettoyer de sa lepre, fust aduisé par vn Prophete de se plonger dás le fleuue du Iordain, qui se nomme en Hebrieu, ruisseau du Iugement: & pour se purger de la contagion du peché qui infecte l'ame, il n'est rien de pareil que se baigner dans les pleurs, que tireront de nos yeux la consideration de l'horreur du peché, & l'apprehension des iustes Iugements de Dieu. Oyez la ratique de Dauid, *Exitus aquarum deduxerunt oculi mei, quia non custodierunt legem tuam. Iustus es Domine, & iustum Iudicium tuum.*

Le

Le Soleil par sa chaleur va fondant les neiges, & la crainte de la Iustice de Dieu fond la glace des cœurs plus obstinés, pour la faire couler & rouler en deuotieuses larmes.

C'est la verge de Moyse, auec laquelle si on touche les ames plus empierrées, elles surgeonnent des eaux: *percussit petram & fluxerunt aquæ, & torrentes inundauerunt.* Estoit-il rien plus endurcy en sa vie que la Magdeleine, pour ce appellée pecheresse, elle n'est pas plustost touchée de ceste salutaire verge de direction, qu'aussi tost les bondes de ses yeux estant leuées pousserent & iaillirent des torrents de pleurs. O que l'Espoux a bonne grace au Cantique, quand il compare les yeux de sa bien aymee aux piscines d'Esebon, belles piscines, qui bouillonnoyent des ruisseaux perennes. Les yeux qui sont les plus tendres aux larmes, sont ceux qui plaisent le plus à Dieu.

Si ceste interpretation nouuelle, que ie vay donner à vn traict de ce mesme chāt nuptial est vn peu trop hardie, au moins elle sera subtile & delicate: *Vulnerasti cor meū*, dit l'amāt, *soror mea, spōsa, in vno oculorū tuorū.* Il y a telle sympathie & correspōdance entre nos deux yeux, qu'ils se portēt en mesme

Livre Dixseptiesme. 381

mesme téps d'vn pareil air en toutes leurs fonctions, leur rapport se fait en vne vniq cellule, autrement ou nous verrions tout double, ou nous verriós plusieurs choses à la fois, & l'vn & l'autre est impossible, de sorte que si l'vn s'esleue l'autre le suit, & se rabaissent en mesme moment. Il est ainsi en la fonction du pleurer, car si tost q l'vn pousse vne larme, aussi tost il est secõdé de son compaignon, par interualle si bref qu'à peine est-il perceptible. Or pour mõstrer combien le pleur est agreable à Dieu, & sa promptitude à secourir & exaucer l'oraison de ceux qui le prient auec ceste ayde, l'Espoux dit, qu'à peyne l'autre œil secõde-il son compaignon, qui a commécé à verser sa douce liqueur, que son cœur est blessé & fort incliné à exaucer la priere faicte: *Vulnerasti cor meũ in vno oculorum tuorum.*

Les perles tiennēt vn notable reng entre les pierres appellées precieuses, notamment si elles sont blanches, nettes & rondes: les pleurs qui prouiennent d'vn cœur rond, net & candide, sont fort precieux deuant Dieu: & comme ces perles se forment par l'agitation de la mer, aussi les larmes par les esmotions du cœur: les Latins les nommēt *vniones*: & ie tiēs qu'il
n'est

n'est point de ciment ny plus forte colle, pour vnir & ioindre inseparablement nos ames auec le diuin Espoux, comme ce decoulement de nos yeux.

Le Baptesme par l'eau & le S. Esprit nous purge de toutes sortes de pechez, & les larmes sont vn second Baptesme, qui purifie nos ames de toutes taches, *Flabit spiritus eius, & fluent aquæ*, dit le Psalmiste: dont ie tire ceste imagination, que comme c'est le vent austral qui par sa chaleur dissoult les nuées, & les fait fondre en pluye, de mesme quand le doux vent du Sainct Esprit daigne espandre ses aisles sur vn ame pecheresse, il tire aussitost vne douce rosée de ses yeux.

Les Chimistes font de certaines eaux, lesquelles cõtiennẽt en leur petite extractiõ, la force & vertu d'vne biẽ grosse masse de matiere: & ie tiẽs qu'vne goutelette, d'eau, vne larmette extraicte par le feu d'vne charité saincte, de la cõpositiõ de nos cœurs, a plus d'effect & de force pour attirer sur nous la misericorde de Dieu, que toutes les plus belles oraisons & prieres, que l'esprit humain puisse inuenter.

Oratio, dit S. Hyérosme, *Deum lenit, sed lacryma cogit: hæc vngit, illa pungit. Nemo ad Deum aliquando flens accessit*, dit la bouche d'or

LIVRE D'IXSEPTIESME. 383

d'or, *qui non quod postulauerit acceperit, nullius ab eo beneficium dolenter optauit, qui non impetrauerit: ipse enim est qui consolatur flentes, dolentes curat, pœnitentes infirmat.*

L'eau, dit le Poëte, caue la pierre, & il se fait de certaine eau q̃ pour sa vehemence on appelle forte, laquelle rõge le fer: telle est l'eau des larmes, il n'est cœur si dur qu'elles n'amollissẽt, & flechissent à condescẽdre à leur requeste. *O lacryma humilis,* (Hyeron. in epist.) *tua est magna potentia, tuũ regnum maximũ, tu tribunal Iudicij non vereris, tuis accusatoribus silentiũ imponis, nõ est qui te accedere vetet, si sola intraueris, vacua nõ redibis: magis crucias Diabolũ quàm pœna inferni: quid plura? vincis inuincibilem, ligas omnipotentem, inclinas Deum.*

Ie me suis quelquesfois estõné de ce traict du Psal. *auribus percipe lacrymas meas,* cõme si l'on pouuoit entendre des larmes: mais ce mot d'ũ poëte a leué mõ estõnement.

Interdum lacrymæ pondera roris habent.

Notamment enuers Dieu, lequel lisant dans nos cœurs, & sondant nos plus intimes pensees, y void aussi clair qu'il entẽdroit nos paroles. Moyse esleuãt son ame à Dieu par vne priere mentale, Dieu luy dit, *Quid clamas ad me?* On peut crier en sõ cœur: *De profundis clamaui,* & encores, *clamaui in toto corde meo, exaudi me Domine.*

Esther

Esther se presenta toute dosolée deuant Assuerus, lequel à ceste contenance interina sa requeste : *Exaudiuit Dominus vocē fletus mei, Dominus orationem meam suscepit.*

Ie fais encores ceste remarque, sçauoir que les larmes par vne diuine alchymie transforment nos ames : c'est vne liqueur qui se forme cōme dans vn alambic, nostre cerueau y sert de couuerture où s'amasse l'eau & les yeux degouttent; & qui fait ce ieu, est le feu d'vne charité saincte, qui ard & enflamme nostre poictrine, & par cest elixir de sales nous sommes purifiez, de vitieux rendus vertueux, de terrestres celestes.

Par les holocaustes moüelleux, dont fait mention le Roy des Prophetes & des Psalmistes, *holocausta medullata offeram tibi* : i'entens l'oraison accompaignée des larmes. Oyons S. Gregoire, approchant de c'est air : *Holocaustum siccum est bonum opus, quod orationis lacrymæ non infundunt, holocaustum pingue est, quādo hoc quod bene agitur cor de humili etiam per lacrymas irrigatur.* S. Ambroise parlant des larmes de S. Pierre dit, que ses plus belles oraisons ont esté des pleurs : *Lacrymas Petri lego, satisfactionē non lego : sic quod defendi non potest, ablui potest: lauant lacrymæ delictū, quod pudor est dicere vel confiteri,*

Psal. 10.

super Luc.

LIVRE DIX-SEPTIESME.

confiteri, lacryma veniam non postulat, sed obtinet, & derechef, *flevit amare, ut lacrymæ lavarent delictum, tu humiliter lacrymis dilue culpam: non invenio quid dixerit, sed quòd flevit.* Il y a encores vn beau lieu de S. Augustin à sa deuote Proba, qui sera fort proprement consù icy: *Absit ab oratione multa precatio, sed feruens perseueret intentio: nam multum loqui, est in orando rem necessariam superfluis agere verbis, multum autem precari, est eum, qui precatur, diuturna cordis oratione pulsare: nam plerumque hoc negotium plus gemitibus quàm sermonibus agitur, plus fletu quàm affatu.* Et les voix de plusieurs eaux, chez le Psalmiste, qu'est-ce que l'instante priere des larmes?

Le Psalmiste vse encores d'vne mode de parler esloignee de l'vsage cõmun, en matiere de larmes: *Fuerunt mihi,* dit-il, *lacrymæ panes die nocte;* il deuoit ce semble plustost dire *potus*: mais il a dit ainsi, ratiocine vn interprete ancien, parce que le manger a quelque chose de plus solide que le boire. L'eau n'a point de soustenement, si a bien le pain, *panis cor hominis confirmat,* c'est à dire corrobore, renforce, affermit. Pour preuue de cela ie demande aux spirituels, si parmy les larmes qu'ils vomissent de leurs yeux durant leurs feruentes meditations, ils ne font pas des resolutions & determinations de

Tom. v.   B b   lon

longue & constante durée.

Le serpent auant que de boire à vne belle & douce fontaine, a de coustume de vomir tout son venin, & quiconque desire estancher l'ardente soif de son ame, *sitiuit anima mea*, &c. à la source viue des larmes penitentes, il doit premierement renoncer à tout peché, & imiter le serpent en ce vomissemét: mais nō en ce qu'apres auoir beu de la belle eau claire, il raualle ce mesme poison qu'il auoit desgorgé sur vne pierre: car qui autrement pleureroit ses pechez sans dessein de les reietter, & d'y renoncer, me ressembleroit à celuy qui laueroit vne tuile auant qu'elle fut sechee au fourneau, plus il la penseroit nettoyer, plus il feroit de boüe, & d'ordure: cela n'appartient qu'aux hypocrites, lesquels,

Vt flerent oculos, erudiere suos.

Pleurs semblables à ceux des cocodrilles, qui ne tendent qu'à tromper & deceuoir: ils ne les roulent que deuant le monde: mais ils rient à cachette. Or

Ille dolet verè qui sine teste dolet.

Mais celuy qui poussé de vrayes larmes de contrition, fuit toute conuersation & compagnie, ainsi faisoit Iob: *Sinite me vt plangam paululum dolorem meum, priusquàm* Isaye 11. *vadam*, &c. Et Isaie: *Discedite à me, quia amarè*

amarè flebo: non consolamini me. Le Prophete Roy: *Ecce elongaui fugiens, & mansi in solitudine, sicut nycticorax in domicilio, & sicut passer solitarius in tecto, attenuati sunt oculi mei: meditabor vt columba.* Et encores: *Renuit consolari anima mea*, &c. Il fust prophetisé de la boucherie des petits innocents, *vox in Rama audita est ploratus atque vlulatus multus, Rachel plorans filios suos, & noluit consolari, quia non sunt.* Belle peinture d'vne ame lamentablement contristee, d'auoir perdu par son peché les graces desquelles son Createur l'auoit ornee.

La fille de Iephthé sçachant que la resolution de son pere estoit de la sacrifier, ne le pria pas de luy sauuer la vie, mais seulement de luy permettre d'aller seulette vagabondant parmy les montagnes esgarees, plorans sa virginité sterile & infecõde, parce que c'estoit vn malheur du temps de la Loy Mosaïque, de n'auoir point produit de lignee, & ces ames n'ont-elles pas bien subiect de gemir amerement, qui ont escoulé la plus grand part de leurs iours inutilemẽt, sans enfanter aucunes bonnes œuures, qui puissent seruir à leur saluation.

L'Espoux au Cantique compare sa chere sœur à vne colombe, qui fait son seiour ordinaire pres du courãt des eaux, *iuxta fluẽta*

ple-

plenissima, enseignement que les ames qui iettent plus grande abondance de larmes sont les plus cheries de Dieu.

Psal. III. *De torrente in via bibet, propterea exaltabit caput*; I'entends par ce torrent l'abondance des pleurs, desquels qui boit en ceste vie, est en l'autre esleué en gloire: c'est la promesse infaillible de nostre beatitude, Eccles. I. *Beati qui lugent*. Les eaux des fontaines, quoy que douces, viennent toutesfois de la mer: mais elles s'espurét par descōduits soubsterrains, & ne se faut pas estonner si les pleurs qui prouiennent de l'amertume de nostre componction de cœur, sont doux deuant Dieu: car ils s'adoucissent passants par les ressorts de nostre interieur.

Les eaux ameres de Mara furét adoucies par l'iniection de certain bois: & ie m'asseure que si pleurans, nous entremeslons dans nos larmes quelque portion du bois de la croix du Sauueur du monde, par le moyen de la meditation, nous trouuerons douce nostre douleur, à comparaison de la sienne tranchante & transcendante. Ceste amante desesperément passionnee, chez le Prince des poëtes Romains, se courrouce principalement contre son fuitif Enée, de ce que contemplât ses cruelles langueurs, il n'auoit peu seulement estre esmeu à espandre vne larme, Oyons la:

Nam

LIVRE DIXSEPTIESME. 389

Nã quid dissimulo, aut quid me ad maiora reserno? Æneid.
Num fletu ingemuit nostro? num lumina flexit? 4.
Nũ lacrymas victus dedit, aut miseratus amãtē est?
Non tibi diua parēs, generis nec Dardanus author,
Perfide, sed duris genuit te cautibus horrens
Caucasus, Hircaniãq́; admorunt vbera tigres.

Quelle brute insensibilité dõc nous possede, qui voyons nostre doux Redempteur, si cruellement & inhumainement traicté en la croix, le contemplons toutesfois auec des paupieres seiches.

Respicite immiti traiectum pectora ferro,
Pectora, fœdatásque manus, perfusáque tabo
Ora, cruentatúmque caput, crinésque reuulsos
Aspicite, & plenos lacrymarum fundite riuos.

On dit que les harpies apres auoir deuoré vn homme, si elles se mirent dans le cristal d'vne eau, cognoissans en leur visage qui tire sur l'humain, la forme de celuy qu'elles ont tué, desesperees se desfont elles-mesmes: si nous ne sõmes plus brutaux que ces farouches monstres, contemplans nostre Sauueur mort pour nos propres fautes, si nous ne nous destruisons, parce que ce seroit contre ses loix, au moins aneantissons ces pechez, qui luy ont causé vne si sãglãte & cruelle fin. Holofernes lieutenãt de Nabuchodonozor, assiegeant Bethulie, s'auisa d'vne ruse, afin de matter ses assiegez par la

Bb 3   soif,

soif, de coupper tous les tuyaux, & aqueducs des fontaines, qui portoient l'eau en la ville, ce qui fut cause qu'en peu de iours les tenants furent reduicts à vne disetteuse extremité, & si tost que le diable nostre capital ennemy a dressé tous ses artifices pour s'emparer de la Cité de nostre ame, la premiere ruine qu'il fait, est d'en retrancher tant qu'il peut les conduits des larmes, sans lesquels elles restent arides, seches en deuotion, & miserablement languissantes, Ceste fōtaine des iardins, & puits d'eaux viues, aux cantiques, n'est autre q̄ la source des larmes laquelle va arrousant tous les parterres du iardin de nostre ame, & le peuplāt de fleurs de bons desirs, de fruicts de bonnes œuures. Au paradis terrestre, il y auoit vne fōtaine, dit l'Escriture, qui humectoit tout ce lieu de delices, & les pleurs font le mesme effect en vne belle ame, laquelle est vn vray paradis, *regnū cælorum est intra nos.* C'est aussi vn puits d'eau viue duquel plus on en tire d'eau meilleure elle est, les pleurs des belles ames s'abonnissent plus ils sont frequemment tirés, ioint qu'il y a ie ne sçay quelle delice, & liquefaction agreable d'ame à les vomir.

―――― *Est quædam flere voluptas*
Expletur lacrymis egeritúrque dolor.

2. Reg. 23 Dauid souhaitoit auec vne cordiale passiō, d'estancher sa soif de l'eau de la cisterne de

LIVRE DIXSEPTIESME. 391

Bethleem, & c'est de ceste eau q̃ Dieu desire de la citerne creuassée de nostre ame, & de ceste eau que nostre Seigneur demãdoit instammẽt à la Chananee, à laquelle il souhaitoit voir decouler des larmes de regrets & cõponctiõ, pour ses desbauches passees.

Ce fut au bain de Siloé où nostre Seigneur enuoya l'aueugle, apres luy auoir frotté les yeux de boüe, & s'estãt laué de ceste eau la veuë luy fust restituee, & c'est par le moyen des larmes que nous dissipons l'aueuglement que le peché apporte à nos ames.

Ioan. 9.

La probatique piscine guerissoit toutes sortes de maladies pour incurables & desesperees quelles fussẽt, il n'est peché si enorme qui ne puisse estre effacé par les pleurs. La faute de S. Piere a esté annullee parce que, *fleuit amarè*. Que si l'on fait tant de cas de certaines eaux de fleurs, qu'on tient seruir à l'augmentation de la beauté, ou à la cõseruatiõ du corps humain, ou à l'esclaircissement de la veuë, pourquoy ne sera prisee dauantage l'eau de pleurs, qui fait bien de plus rares & admirables effects en nos ames: *fletus*, dit Cassiodore, *cibus est animarum, corroboratio sensuum, absolutio peccatorum, refectio mentium, lauacrum culparum.*

Cassiodor. in Ps. 41.

Quãd vne maisõ est embrasee, nous y portõs de l'eau pour tascher d'esteindre le feu,

Bb 4

& quand les flammes de la concupiscence eschauffent nos ames, il n'est point de remede plus souuerain pour estouffer ces feux que l'eau salutaire des larmes.

Que si au contraire nos ames sont eschauffees des embrasements d'vne charité saincte, ces mesmes larmes y peuuent seruir par antiperistase, pour les entretenir, parce qu'elles ressemblent à l'eau des forgerons, qui embrase plustost qu'elle n'esteint la fournaise flambante.

Il se fait de certaine essence de vin, que le vulgaire abusiuement appelle eau de vie, laquelle a vne qualité merueilleusement susceptible du feu : & les larmes, elixir du vin de l'amour qui nous possede, ont vne merueilleuse sympathie & conuenance auec le feu de ceste mesme charité.

Et ce que les anciens auec plus de vanité que de verité disoyent de Venus qu'elle estoit conceuë des flots de la mer, estoit ce point pour nous enseigner couuertement que les larmes sont la pasture d'amour?

Nec lacrymis crudelis amor, nec gramina riuis,
Nec cythiso saturantur apes, nec rore cicadæ.

Ce que les poëtes content de Myrrha est vne pure fable, ils feignent qu'ayāt esté violee par force, estāt transformee en vn arbre de son nom, elle porte tousiours toute in-
sensi

LIVRE DIXSEPTIESME. 396

sensible qu'elle est vn tel desplaisir & regret de son malheur, que sans cesse elle iette des larmes, qui sont ces gouttes aromatiques & odoriferentes que distile cest arbrisseau: mais ie tire de ceste fatasie ceste moralité, que si nous estions bien aduisez & autāt sensibles que ceste plante, pour tant de fautes que volontairemēt nous commettons tous les iours, nous deurions sans cesse rouler des pleurs, pleurs amers comme la myrrhe, mais beaucoup plus soueflairās deuāt Dieu.

Le cerf pressé des chasseurs, se voyāt aux abbois & derniers periodes de sa vie, pousse des cris & gemissemens accompagnez de larmes pitoyables: tel est l'homme iuste, lequel assailly & poursuyui viuemēt des tentations, lance des plaintiues prieres vers le ciel, pour implorer la misericorde diuine, oyons Dauid duquel; *quemadmodum ceruus desiderat ad fontes aquarum, ita desiderat anima ad Deum fontem viuum*: il escrit; *laboraui clamans, raucæ factæ sunt fauces meæ, rugiebā à gemitu cordis mei*, car pour ses larmes elles ne sōt que prou frequentes en ses Pseaumes: on dit plus, que les larmes que roule le cerf en ceste agonie sont fort vtiles & medicinales: mais elles n'approchent en rien des beaux effects des larmes penitentes.

Les naturalistes nous disent, que quand

Bb 5 l'Ai

l'Aigle veut muër, elle va premierement se lauer dans vne claire fontaine, & puis elle espand & estend ses aisles au Soleil, lequel faisāt tōber toutes ses vieilles plumes, treuuāt de l'humidité cōme matiere toute preste & disposée, y communicque sa chaleur, laquelle fait repousser aussi tost de nouueaux cottons: de ce r'ajeunissemēt parloit le Prophete Roy en ces mots, *renouabitur vt Aquila iuuentus tua*, où il dōne vn enseignement à l'ame pecheresse pour se reformer, d'imiter cest oyseau, en se plongeant dans la source des larmes, & ainsi trēpée, se presenter aux rais du grād Soleil de Iustice, lequel luy fera despouiller aussi tost les mauuaises habitudes, pour en reuestir de vertueuses & nouuelles, c'est cela proprement se desprendre du viel Adam, pour s'abiller d'vn nouuel hōme qui soit selon Dieu.

Le premier homme iuste fust Abel, lequel nous signifie pleur selon l'idiome hebraïque, d'où ie tire coste consideration q̄ les larmes des pecheurs nous rendent iustes : en tesmoin de quoy, i'appelle tous les exemples que i'ay ia allegué.

La vigne taillée iette des gouttelettes d'eau fort cordialle & purifiee, nous sommes des pampres qui nous raportons à la vigne qui est nostre Seigneur, lequel dit luy mesme,

LIVRE DIXSEPTIESME. 395

ego sũ vitis, vos palmites, & pourquoy ne iettõs nous point des cordiales & purgatiues larmes, nous voyans retranchez de la grace de nostre Sauueur, grace vraye vie de nostre ame, par le peché qui luy dõne la mort? Si vous arrosez le tronc de la vigne de ceste eau mesme qu'elle a distilé, cela la fait abõder au possible, & ie treuue que nulle ame fructifie tant, que celle qui se baigne dans ses propres pleurs.

L'eau meslée auec la cendre nettoye toutes les immondices, & les larmes penitentes ioinctes à la cẽdre de l'humilité, & eschauffées au feu d'vne charité feruente, sont vne lexiue souueraine pour blanchir nos ames, pour sales qu'elles fussẽt au parauãt: c'est la doctrine d'Isaye, parlant des larmes, *si fue-* *Isa. 1.* *rint peccata vestra vt coccinum, quasi nix dealbabuntur.*

L'eau est d'vne compositiõ claire & diaphane, & les pleurs communiquent ceste leur propriété à l'ame, de la rendre pure & nette.

Que si l'eau de la mer ne peut endurer de corps mort, mais le iette à la rade, aussi les larmes vomissẽt & poussẽt de nos cœurs les charongnes de nos pechez & vitieuses affections. Ceux qui sont mordus des bestes enragées se plongent dans l'eau de la mer,

&

& ceux-là guerissent de la morsure du peché, qui se iettent dans la mer des larmes.

Ie remarque au Genese, que iamais les plates ne germarēt que premier elles n'eussent esté arrousées de pluye, & tous les bōs desirs de nos cœurs ne peuuēt reüssir, s'ils ne sont arrousez de la douce pluye des larmes.

S. Augustin de la cité de Dieu, fait mention d'vne fontaine d'estrāge nature, en ce qu'elle esteint les flambeaux allumez, & allume les esteints : la source des larmes est de semblable effect, esteignāt en nos cœurs les ardeurs des concupiscences, & allumant les ardeurs de la deuotion, esteintes par la froideur de nostre insensibilité, en ce qui concerne le seruice de Dieu.

Si Thales dōnoit le principe à l'eau, peut-on pas donner aux larmes, l'entrée de la penitence, & de la conuersion du pecheur? mais selon la conception d'vn pere, comme apres la pluye nous voyons que le beau Soleil nous rameine sa belle face.

Chrysost. sup. Mat.

Non semper imbres nubibus hyspidos
Manant in agros.

Aussi apres la rosée des pleurs, la tranquillité reuient à nostre ame, *Euntes ibant & flebant, &c.* & cōme nostre Seigneur premier que de ressusciter le Lazare ietta abondāce de larmes, aussi faut-il que le pecheur qui
veut

veut ressusciter à la grace de Dieu, son ame morte par le vice, *super mortuā ploret, & faciat luctum super vnigenitum*: c'est à dire, pleure la misere de son cher cœur.

Le ver qui ronge le bois naist du bois mesme, & le pleur qui prẽd son origine du peché tue, ronge & dissipe le peché.

Or vne des causes principales, entre vn monde de miseres qui nous enuironnent, qui nous peut & doit tirer les larmes de nos yeux, ie croy que c'est le desir de nostre chere patrie, qui est le ciel, & les incommoditez de ce miserable estre, que nous trainotons languissamment en ceste vallee de miseres & de mort. Voyez comme toutes choses sont inquietes iusques à ce qu'elles ayent treuué leur centre, qui est le lieu de leur repos & tranquillité, l'eau est en perpetuel decoulement. Le feu en agitation & eslancement continu, parce qu'ils sont arrachez de leur lieu naturel: nos ames ainsi tiennent leur origine & tirent leur estre du ciel, doiuent elles donc pas estre en perpetuelle agonie & anxietude, iusques à ce que elles soient de retour en ceste leur vraye & naturelle demeure, de là tant d'eslancemẽs & bouttées de Dauid & de S. Paul, qui tous deux desirent le detachemẽt de leurs ames pour aller iouyr du lieu & repos attendu

leurs

leurs traicts sõt assés cogneus, & q est ce bãny, ie vous supplie, qui ne souspire tous les iours la priuatiõ de sa chere patrie, ses foyers domestiques, la cõuersatiõ de ses proches. Il y a des peintures de ces regrets fort naïsues, dãs les ouurages du plus ingenieux des Poëtes. Ce traict du Psalmiste est energique entre tous à ce propos, *Heu mihi quia incolatus meus prolongatus est, habitaui cum habitantibus cedar, multum incola fuit anima mea.*

Cela me fait souuenir de ces lamentatiõs & chansons piteuses du peuple captif, qu'il alloit roulãt sur les riues du fleuue de Babylon, si biẽ representées par le Prophete Roy en ce beau Pseaume, *Super flumina Babylonis*, duquel il me souuient d'auoir autre-fois tracé ceste paraphrase:

Couchez sur la riue estrangere,
De la doux-coulante riuiere,
Qui baigne les murs Idumois:
Iettans sur Sion nos pensées,
Et sur nos liesses passées,
Nous lancions de piteuses voix.

Nous auions accroché a l'erte,
A la saussaye passe-verte,
Nos pauures instruments muets:
Ausquels vn souffle qui gringotte,
Faisoit entonner quelque notte,
Comme de douloureux motetz.

Ainsi accablez de miseres,

LIVRE DIXSEPTIESME.

La rage de nos aduersaires,
Pour nous tourmenter d'autant plus:
Chantez nous, disoient ils, des Odes,
Selon vos Hebraiques modes,
Mariant vos voix à vos Luts.

   Dequoy vous sert tant de langage,
A detester vostre seruage,
Charmez ceste captiuité,
Chassez ceste melancholie,
Par la douceur de l'harmonie,
De quelque chant de pieté.

   Nous leur repliquions au côtraire,
Las comment se pourroit il faire,
Que nous puissions en ces mal'heurs,
Chanter nos hymnes de louanges,
Captifs en des terres estranges,
Aggrauez de mille douleurs.

   Ce n'est pas, ô ma Cité saincte,
Cité donc l'Image est emprainte,
Si viue dans mon souuenir,
Que pour rien iamais ie t'oublie,
Plustost que ma dextre endormie,
Puisse percluse deuenir.

   Plustost ma langue charmeresse,
Toute engourdie de destresse,
Soit attachée à mon palais,
O chere Sion, que ta gloire
Puisse eschapper de ma memoire,
Ou que ie t'oublie iamais.

   Tu ne seras onc effacée,

Douce

Douce Cité de ma pensée,
Tousiours ie te proposeray,
Pour subiect de resiouïssance,
A mon cœur plein de desplaisance,
De toy ie le contenteray.

Mais Seigneur ne mets en arriere
L'inhumanité meurtriere,
Qu'ont exercé dessus Sion,
Les fils d'Edom, en la iournée
Que leur cruauté forcenée,
Causa sa desolation.

Ils crioient par tout au pillage,
Au feu, au sang, & au carnage,
Qu'on destruise les bastimens:
Tout soit mis à la boucherie,
Que tout sente nostre furie,
Qu'on enleue les fondemens.

Helas! Babylon miserable,
Puis qu'il faut qu'ũ tel mal t'accable,
Pour supplice de tes forfaicts;
Par la main du Dieu qui tout vange
Heureux! qui te rendra le change
De ces maux que tu nous as faicts.

Heureux qui esgallant aux herbes
L'orgueil de tes Palais superbes,
De comble en fond te ruinera:
Et qui arrachant de mammelle
Tes petits tendrons, leur ceruelle
Contre le roc escrasera.

On

Belle peinture d'vne ame, laquelle desireuse de sa retraicte, pour se rejoindre à son principe ne faict que lamenter, comme vne Tourterelle gemissante priuée de son pair, *renuit consolari anima mea*, dict le Psalmiste, lequel quoy que paruenu au degré de royauté, qui est le feste de toute sublimité parmy les hommes, desdaigneux toutesfois d'arrester toutes ses considerations sur les fresles vanitez, voluptez & richesses du siecle, au contraire ne se plaisoit qu'aux pleurs, ses consolations se multiplians selon la mesure de ses desolations, *secundum multitudinem dolorum meorum*, dit-il luy mesme à Dieu, *consolationes tuæ lætificauerunt animam meam*, traict cousin de nostre beatitude, où les pleureurs sont consolez, *quoniam ipsi consolabuntur*.

Et ie remarque encores auec vn bel esprit vne subtilité, en ces mots, *super flumina*, par les fleuues sont entendües les choses perissables. Or il faut gemir dessus ces eaux, en les mesprisant, non dessous; c'est à dire pour l'amour d'elles, les larmes sont trop precieuses pour estre employees à plaindre des choses si basses & viles, elles ne doiuēt couler que pour le regret du pché, ou pour l'enqueste & desir de l'eternité.

O qu'il y a bien de difference entre les larmes & les larmes, celles qui sont employées pour le faux amour du monde, perissent auec son object; celles la seules sont meritoires que le seul amour de Dieu tire de nos yeux. Notez, Les enfans pleurent, mais c'est par instinct naturel, parce que la nature, comme sage mere, a voulu que les premiers augures de nos futures calamitez fussent les pleurs de nostre naissance; c'est l'vnique chose que l'homme puisse faire sans apprentissage.

Les hypocrites roulent des larmes, mais feintes & de Cocodrille, pour deuorer le prochain; si vous rauissez le thresor de l'auaricieux il ne fera que se l'amenter tout le reste de ses iours, & peut estre se desfera de desespoir & fascherie.

Helas! combien de faux & aueuglés amoureux, celebrent encores la feste appellee Adonia par les Anciens, iettans des larmes pour des ialousies, des inconstances, des priuations. L'ambitieux descheu de ses pretentions, noye ses yeux en larmes; le vindicatif baigne ses prunelles en ses pleurs ayant failly à son mal-heureux dessein,

deſſein; l'enuieux pleure comme Aman pour la proſperité de l'autruy. Le deſeſperé pleure & hurle comme vn enragé, *Faciam planctum quaſi Draconum, & luctum quaſi Struthionum, quia deſperata eſt plaga eius,* Les damnez pleurent, *Ibi erit fletus, & ſtridor dentium,* voire les larmes viennent aux yeux par vne ioye grande & exceſſiue, comme il ſe remarque en mille exemples; mais tous ces pleurs ſont vains & inutiles, parce qu'ils ſont ſous les fleuues.

Heureux celuy qui meſnageant plus ſagement la ſource de ſes pleurs, ne les laiſſe que pour des bonnes oraiſons, ou pour l'amour de ſon Createur, ou pour lauer ſes offenſes, ou pour commiſeration de ſon prochain, ou pour le deſir de la celeſte Hieruſalem, & regret de ce terreſte pelerinage : heureuſe pluye de larmes, qui nous apporte tantoſt apres la douceur & ſerenité de mille diuines conſolations.

De la Juſtice.

CHAP. IV.

L n'eſt ny de mon deſſein, ny de ceſte preſente matiere de diſcourir de la Iuſtice, entant que

vertu morale & politique moins de m'espandre & estendre sur sa description ; ceste Iustice que nous auons icy, qui nous est denotée en ceste beatitude quatriesme est en quelque sens dissemblable, aussi le nerf de la difference & distinction est aucunement declaré par ce mot de faim. Ils remarquent deux ordinaires acceptions de Iustice, l'vne qu'ils appellent speciale, l'autre plus generale & plus large, celle la demõstre seulement & declare vne vertu particuliere qui tient vn notable rang entre celles que le vulgaire appelle communement cardinales, comme qui diroit autour desquelles, comme és enuirons de certaines exieux ou poles, tournent toutes les perfections qui peuuent tomber en la vie ciuile ; c'est ceste vertu apres laquelle toute la Iurisprudence est occupée, de qui l'office distributif ou commutatif consiste à rendre à vn chacun ce que luy appartient, & est legitimement deu.

Cela suffira pour monstrer la difference qui est entre ceste acception simple & commune & la plus excellente & signalée telle quelle est declarée en ceste beatitude, pour laquelle acquerir il ne suffit pas d'aller tout simplement & rondement en

ses

ses voyes sans decliner ny à droicte, ny à gauche dans les routes de l'iniustice & de l'iniquité, ou ce n'est pas assez d'auoir la volonté dressée au bien, mais il est requis de luy auoir ardente & enflammee, voire tendante à la perfection, desireuse de la grace, & amoureuse de la gloire; laquelle feruer est merueilleusement bien representée par ces deux puissans appetits de la faim & de la soif: car comme celuy qui en est saisi, oublie tout autre soing que celuy qui luy peut apporter dequoy appaiser son desir par le rassasiement; aussi celuy qui vne fois peut donner à son ame ce sainct appetit de la iustice, ressentira aussi tost l'effect de ce que disoit Plato, parlant de la vertu, que si elle se pouuoit voir, *mirabiles in animis nostris excitaret amores sui.*

Ce n'est pas assez pour l'acquest de ceste presente beatitude de vouloir la Iustice, il la faut exercer, & encores la reduire tellement en acte que tousiours nous ayōs graué & imprimé en nostre ame vn extreme desir de mieux faire encores par apres, s'il est possible; c'est la doctrine du grand sainct Hierosme: *Non sufficit nobis velle iustitiam, nisi iustitiam faciamus & esuriamus, vt sub hoc exemplo numquam nos satis iustos, sed semper esurire opera iustitiæ intelligamus.* Et ie trouue vne raison excellente de cela chez S. Chrysostome, *quoniam omne bonum,* dit-il, *quod non ex amore ipsius boni, qui est animæ fames, faciunt homines, ingratum est ante Deum.* Cela mesme faisoit dire à S. Augustin, *Minus Domine te amat qui te propter aliquid amat, & te non propter te amat.* C'est ceste pointe d'amour qui donne goust & prix à toutes nos œuures; c'est la marque du Prince qui les rend de mise & de franc alloy au ciel; c'est la pierre de touche qui discerne le billō d'auec la monnoye receuable; c'est ceste diuine & spirituelle alchymie qui conuertit tout en l'or de la charité, qui seul est acceptable deuant Dieu.

Or comme en la faim corporelle quoy que rassasiée pour l'heure presente, toutesfois aussi tost que la digestion sera faicte elle reuiendra de plus beau, & ainsi tousiours faut-il iusques à la mort reparer le deffaut de nostre descheante substance par le soustien des viandes propres & conuenables à nostre nature; ainsi l'homme de bien, & qui a vne grande faim de iustice, desire non seulement *declinare à malo*, mais aussi *facere bonum*: & encores ne se

contente

contente pas de se purger des plus lourdes & signalées imperfections ; mais faict tout ce qu'il peut pour s'exempter des moindres taches pour purifier & nettoyer son ame de toute soüilleure ; c'est la ceste belle faim de l'ame recommadée en ceste beatitude ; faim qui esguillonne d'aller *de virtute in virtutem, vt videatur Deus deorum in Syon.* Et cest appetit dure aux iustes iusques à la mort; parce qu'ayans faict prouision d'vne vertu, aussi tost l'appetit leur renaist de passer à l'acquisition d'vne autre ; passans ainsi leurs iours en cest heureux exercice qui doit en fin couronner leurs chefs des guirlandes de l'immortalité, tissues de roses qui iamais ne flestrissent.

Au reste quelque amas qu'ils facent, ils ne sont iamais contens, en quoy leur faim est heureuse, & leur auarice loüable; tresbien S. Bernard, *Numquam iustus arbitratur se comprehendisse, numquam dicit satis est, sed semper esurit, sititque iustitiam ; ita vt si semper viueret, semper quantum in se est iustior esse contenderet.*

Et comme celuy qui est saisi de ceste faim que les Medecins appellent Canine, vuidant & digerant aussi tost par vne excessiue chaleur d'estomach la viande qu'il a aualée n'en deuient pas pour cela plus gras & replet; ains au rebours seiche sur les pieds, se faisant tout ethicque; ainsi le iuste plus il va accumulant les thresors des perfections Chrestiennes qu'il acquiert au moyen de ceste faim de Iustice, moins il s'enorgueillit, moins il s'estime : au contraire, il est tres-vuide de presomption, il se tient pour pauure & indigent, *Mendici pera semper inanis.* Et selon le precepte de nostre Seigneur en S. Luc apres auoir fait tout son possible, & en l'obseruance des commandemens de Dieu,& en l'exercice des bonnes œuures, tousiours il crie qu'il est vn seruiteur inutile,tremblant de se representer deuant la face de son Maistre, comme ayant les mains desgarnies, faute d'auoir bien faict profiter son talent, *Cùm omnia feceritis dicite serui inutiles sumus.*

Ainsi le bon & deuot S. Hilarion apres auoir coulé dans les deserts septante ans de vie auec toute la pieté, l'austerité & l'integrité qui se peut nō pas dire, mais à peine imaginer; redoute neantmoins & trēble d'effroy estant sur le poinct de sa mort, quoy que ce fust le pas où il deuoit, desliuré des entraues de ceste mortelle prison

prison du corps, enuoier son ame iouir de la recompese de ses trauaux passez, & dire auec S. Paul plein d'vne amoureuse & filialement cordiale confiance; *Bonum certamen certaui, cursum consummaui, fidem seruaui, de reliquo restat mihi corona iustitiæ, quam reddet mihi in illa die iustus Iudex.*

Celuy qui a faim, quoy qu'il aye de grandes possessions & thresors dãs ses coffres, se tient toutefois pour le plus pauure & miserable du monde; ainsi le fabuleux Mydas, duquel le souhaitté attouchement par vne insatiable auarice conuertissoit tout en or, iusques aux viandes qui luy estoient apposees, mourant de faim parmy l'excez & l'abondance de son or.

Effugere optat opes, & quæ modo vouerat odit.
Ainsi Alexandra tança grandement auec son pouruoieur d'armee, lequel sans songer aux viures en viandes necessaires pour les hommes & les cheuaux n'auoit eu autre soing que de porter de l'argent, & pour luy monstrer sa bestise il commanda que deuant luy on mit tous ces thresors dans les mangeoires des cheuaux pour luy apprendre comme sa preuoiance auoit manqué, & son amas auoit esté inutile.

*Non possidentem multa vocaueris
Ritè beatum, rectius occupat
Nomen beati, qui deorum
Muneribus sapienter vti,
Durámque callet pauperiem pati,
Peiúsque letho flagitium timet.*

Ce que i'allois par essay ainsi traduisant.

*Ie n'appelle point heureux
Cil' qui a bien des richesses:
Ce beau nom merite mieux
Celuy la qui des largesses
De Dieu iouit sagement,
Et au reuers de fortune,
Supporte patiemment
La pauureté importune,
Fuyant le vice plus fort
Qu'il ne feroit pas la mort.*

Ie tire de ceste longue consideration cé reduict que celuy qui est perpetuellement affamé de iustice quelque recolte de vertu qu'il aille moissonnant, se plaind neantmoins tousiours de sa pauureté, de sa disette, de ses imperfections, demeurant

Magnas inter opes inops.

Heureuse faim, desirable appetit qui nous pousse

poussé ainsi hors du lict de la faineantise, pour aller à la queste & au pourchas de la vertu, possession non iamas assez desiree, ny trop peniblement recerchee.

=-----*Inde lupi, ceu*
Raptores atra in nebula, quos improba
  ventris
Exegit cœcos rabies, catulique relicti
Faucibus expectant siccis.

Quoy? Si l'apprehension de la faim corporelle faict que le laboureur plein de sueur & d'ahan appanché sur son coûtre fend par vn iournalier trauail le dos de la plaine auec son soc, voyant ses bœufs pantelans & fumans soubs le labeur, si l'artisan se resueille & se leue deuant le Soleil pour gaigner son pain en la sueur de la face, si le pedant veille toutes les nuicts, vsant plus d'huile que de vin, pour viuotter en clabaudant apres de la marmaille, si le Iuge va tenailler sa raison sur ses sacs pour en tirer du profit, *mel de petra, oleúmque de saxo durissimo*, si le soldat transit dans vne tranchee par l'inclemence d'vn rigoureux hyuer, s'il estouffe dans son harnois pendant les cruelles & penibles ardeurs de la canicule, s'il expose sa vie à mille & mille hazardeu zardeuses rencontres pour vne miserable solde qui chasse la faim de son corps, si le marchand trauerse les mers, pour fuir la disette.

----Currit mercator ad Indos,
Per mare pauperiem fugiens, per saxa, per
ignes.

Et plus poliment.

Mercator metuens otium & oppidi,
Laudat rura sui, mox refficit rates
Quassas indocilis pauperiem pati.

Si le chasseur endure tant de fatigues pour rassasier son appetit du gibier de sa prise.

-----Manet sub Ioue frigido
Venator tenerae coniugis immemor,
Seu visa est catulis cerua fidelibus,
Seu rupit teretes Marsus aper plagas.

Brief si le maistre de tout esprit & artifice, dict le satyrique, est le ventre, voire qui apprend aux animaux à parler.

Quis expediuit Psittaco suum χαῖρε,
Picásque docuit verba nostra sonare, &c.

Si la necessité donne tant d'apprehensions & fournit de toutes sortes d'inuentions pour s'en d'esprendre.

Si figit

—— Si figit Adamantinos
Summis verticibus dira necessitas
Clauos, non animum metu,
Non mortis laqueis expedies caput.

Quelles pointes doit exciter en vne ame belle & genereuse l'appetit de la vertu: car comme le desir du corps affamé est la viande, aussi de la volonté c'est le bien, lequel consiste en la vertu; *Virtus vnicum hominis bonum*, dit Seneca.

Encores heureuse faim de Iustice, laquelle transporte & transplante nostre affection des choses temporelles aux eternelles, des transitoires aux permanentes, des terrestres aux diuines, des mondaines aux celestes. Ie pense auoir assez clairement & amplement monstré en quelque lieu, combien sont disproportionnez à la qualité de nostre ame & dissemblables à sa nature les biens que le monde prise les choses caduques & fragiles, estans des obiects indignes de sa grandeur & excellence & les materielles impropres pour la contenter, elle qui est toute diuine & spirituelle, celuy qui donneroit des ratiocinations à manger à vn corps seroit tenu pour moqueur & ridicule, autant mal aduisez & impru

Au desdain de la terre.

imprudens sont ceux qui pensent rassasier leurs ames de biens sensibles & materiels, tout l'vniuers ne seroit pas capable d'assouuir l'infinité des desirs de nostre esprit & l'extreme estendue de ses affections, tesmoings Alexandre & Pyrrhus en l'histoire.

Le banquet de la gruë & du renard en la fable est plaisant; celuy cy donna à cest oyseau pour son festin de la soupe sur vne assiette, où elle ne pouuoit rien prendre, pour la longueur de son bec incommode pour prendre ainsy son repas, à son tour elle trompa le renard luy mettant à disner dans vne bouteille; ceste fallace me fait souuenir de l'abus de ceux qui tous attachez à la terre, veulent que leurs ames s'attachent à des objects de nature diuerse.

Non, les bien temporels ne sont point viande pour l'appetit de nostre ame, il n'y a nul rassasiement ny satisfaction pour elle; ce n'est point gibier pour son palais, son goust est trop tendre & delicat pour se plaire aux choses si grossieres & materielles, *quid hæc vobis prosunt?* diroit icy Sainct Bernard, *non sunt naturales cibi, magis famem hæc prouocant, quàm extinguunt*: elle est

trop

trop haultaine, pour se tant raualler ; trop libre, pour se captiuer ainsy; trop genereuse, pour souffrir ces entraues & empestremens, mais se desbordant de la matiere elle n'a point d'autres eslás que pour la vertu, entant qu'elle dirige à Dieu : c'est ainsy que l'entēd le Prophete Roy, quād il chante, *quid mihi est in cælo & à te quid volui super terram Deus cordis mei & pars mea Deus in æternum.* Or comme l'appetit & la faim est vn indice d'vn corps sain & bien conditionné, le desir de Iustice l'est encores plus de la santé & integrité de l'ame : car si le premier estoit que faict la maladie, est de nous oster le goust des viandes propres à nostre sustentation, aussi des que par le peché nostre esprit est mort à la grace de Dieu, & mis en la puissance du diable le premier traict que luy darde cest ennemy capital est de luy soustraire l'appetit qui guide à la vertu & qui fait souhaitter les choses diuines ; ainsi nostre ame deuient seiche, aride; *anima nostra sicut terra sine aqua, aruit cor meum & sicut testa virtus mea, quia oblitus sum comedere panem meum,* dict le Psalmiste en semblable occurrence se sentant engagé dans le peché, car comme le corps ne se peut resoudre de manger sans

appe

appetit & sans goust, & s'il ne mange il ne peut ny viure, ny subsister en estre, aussi l'ame ne peut durer en la grace de Dieu, sa vraye vie estant despourueuë de la faim, qui luy faict appeter les bonnes œuures.

Ceux qui sont pressez de la faim se precipitent plustost en toutes sortes de perils, que d'endurer de mourir par ceste extremité, & ce par vn instinct qui est mesmes commun aux animaux, comme le manger soustient la vie, & la vie est preferable à tous les biens du monde; aussi n'y a il rien de si precieux ny recommandable que l'on ne donne pour sa conseruation, Esau pressé d'vne faim desesperée donna pour vne soupe sa primogeniture à son frere Iacob qui estoit le plus riche & excellent de tous les biens qu'il eust au monde, eu esgard que le sacerdoce y estoit annexé. Abraham pour euiter la faim sort de son pays, puis va en Ægypte courant risque de son honneur & de sa vie. Les Iuifs en leur captiuité acheptoient l'eau au poix de l'or, *aquam nostram pecunia bibimus*, que n'eussent donné les Bethuliens, assiegez par Holophernes, pour soulager vn peu la soif qui les estouffoit.

La

la faim fait reuenir l'enfant prodigue à respiscence, voire tant c'est vne chose horrible & effroyable, a contraint beaucoup de fois à certains sieges, comme les histoires font foy, de rēdre des meres Medées, c'est à dire deuoratrices de leurs propres enfans. La faim cōtraignit les freres de Ioseph de passer en Egypte, quoy que le pays leur deust estre redoutable à cause de la malicieuse & abominable vente de leur frere qu'ils auoient faicte à des marchans de ce pays. Ieremie preferoit parmy les desastres des enfans d'Israël, les tuez par glaiue à ceux qui mouroient miserablemēt de faim: & ce mesme peuple voyāt parmy les deserts que tout secours humain luy defailloit, & que selon le train ordinaire de la raison ils ne pouuoient, leurs viures estās faillis, finir autremēt que par la faim: il souhaittoit d'estre peri parmy les pourreaux, les oignons & les souppes des marmittes Egyptiennes.

2. Reg. 6.
Ioseph. de
Bell. Iudaic. c. 8.

Si donc la faim corporelle porte à de telles transes, que toutes sortes de difficultez sont mesprisées, combiē pensons-nous que la spirituelle face de bien plus beaux & signalez effects és courages des gens de bien & vrayement vertueux. *Famem patientur vt canes, & circuibunt ciuitatem*, auquel traict ie donne ceste interpretatiō hardie, que com-

Tom. v. Dd me

me le chien affamé court çà & là par tous les carrefours & recoings pour trouuer dequoy se repaistre : ainsi les gens de bien ne laissent escouler aucune occasion, qu'ils ne l'empoignent aux cheueux : la difficulté redouble leur effort, & leur desir est esguisé par la malaisance, ils volent à l'estendard de la croix, à trauers les corps iouchez de leurs peres, trauersent le feu & l'eau des martyrs & angoisses, pour passer au refrigere : & comme d'autres Alphées ils coulēt par les eaux salees de la mer des amertumes pour s'aller vnir à l'Arethuse, qui est la vraye source de vie.

Qui est-ce qui donnoit ce courage surhumain aux martyrs parmy les plus barbares & cruelles rigueurs de leurs tourmens & de leurs gesnes, de dire des reproches iniurieux aux tyrans qui les bourreloient, sinon ceste faim de Iustice qui les excitoit, & leur enfloit la determination, qui faisoit crier à vn Sainct Laurens, *Assatum est, versa & manduca*. Qui faisoit souhaitter à Sainct Ignace les Lyons farouches outre l'ordinaire, sinon afin d'en estre plustost deuoré, se consolant qu'en ceste action il seruiroit à Dieu de froment esleu pour estre moulu & escrasé par les dents des feres Sauuages & rugissantes. Qui faisoit trouuer la Croix douce

douce à S. André, sinõ le desir qu'il auoit de s'enuoller à Dieu. *Ibant Apostoli gaudentes à conspectu concilij, &c.* Ils estoient assez instruicts, *ad magna præmia non perueniri nisi per magnos labores*, selon cest ancien, qui a fait trouuer du raffraichissement aux trois enfans dans la fournaise de Babylone, que ceste faim qui faisoit trouuer à certains martyrs, que les charbons & les flames estoient des licts des roses, sinõ ceste faim? qu'est-ce qui fait trouuer les austeritez, les veilles, les abstinéces, les mortifications, les fatigues & les incõmoditez douces aux bõs Religieux, sinõ ceste faim?

Mais au contraire les gens peu deuots & affectionnez à la pieté trouuent ces choses de dure digestion, ameres, reuesches & desagreables au goust, *Eorum anima nauseat super cibo isto leuissimo*, dit l'Escriture du mol degoust des Israelites sur la manne: ceste pasture miraculeuse & celeste: mais ils ne preuoyent pas, que fuyans ainsi les exercices de la vertu, qui sont les viandes de l'ame, qu'ils viennent iusques aux portes de la mort pour continuer aux termes du Roy prophete: *Omnem escam abominata est anima: eorum appropinquauerunt vsque ad portas mortis*: ce sont ces ames mondaines,

Dd 2 les-

lesquelles pleines de terrestres affections reiettent les douceurs celestes *Anima* *Prou. 17.* *saturata calcabit fauū*, dit le Sage, *esuriens verò etiam amarū pro dulci sumet:* à vne personne rassasiée les meilleures & plus friandes viandes sēblent insuaues & desplaisantes. Parlez du ciel à vne ame embourbée dās les passions de la terre, vous luy côtez des chansōs, au rebours il n'est sauce que d'apetit, dit le vulgaire apres Socrates chez Cicero, *Cibi optimum condimentum fames*.

A Denys Tyran de Syracuse qui par curiosité auoir faict venir vn cuisinier de Sparte, pour luy apprester du broüet noir qui estoit lors en fort singuliere recommādation, l'ayant reietté comme de mauuais goust dés la premiere fois qu'il en eust tasté, ô, luy fit le cuisinier, Sire, pour le trouuer bon il faut auoir ieusné le soir precedent, faire de grands exercices, trauerser la riuiere d'Eurotte, afin d'auoir vn grand appetit. La faim, dit Antiphanes chez Stobæus, rēd toutes choses douces. *serm. 93.* Darius en sa desroute ayant beu de l'eau trouble auec vne extreme soif confessa n'auoir iamais beu du vin plus delicieux, le mesme aduoua Artaxerxes en pareille occurrence, & Ptolemée trauersant l'Egypte en vne extreme disette trouua du

pain

LIVRE DIXSEPTIESME. 421

pain pourry & de l'eau puäte fort agreables, à cause de la grāde necessité où il se trouuoit reduict. L'aisance & l'abondance rebousch̄ent le desir & raualēt le prix des choses, *parit fastidiū copia*. Est-il goust si desesperé qui ne s'alanguisse à voir en nos festins l'horrible charge des mets, la multitude des seruices, l'enorme multiplicité des plats, l'on est soul seulemēt dés la premiere veüe. Quand en la primitiue Eglise c'estoit vn crime d'estre Chrestien, tous ceux qui faisoyent professiō du Christianisme estoient autant de saincts, de là les peuplades des deserts, les amples monasteres, les rigoureuses penitēces, les trouppes innōbrables des martyrs, depuis q̄ les souuerains se sont cōuertis, que la liberté a esté donnée, le vice s'est glissé auec la licēce, le zele refroidy, la ferueur allāguie. *Quod licet ingratū est, quod nō licet acrius vrit.*

Entre autres i'ay remarqué en l'histoire Ecclesiastique vn exemple tres-signalé & de resolutiō de tant plus tendue & determiné que moins elle tombe en vn sexe fragile & apprehēsif. Du temps de la persecution des Empereurs Valentinian & Valens en la ville d'Edesse en Mesopotamie vn Preteur eut commandement de faire mourir tous les Chrestiens qui se

Cassiodor. histor. tripart. l. 2. c. 32.

trouueroiēt, cest hōme assez doux & debonnaire les fit aduertir soubs main qu'ils eussent à s'enfuir: mais au rebours tout ce peuple ayant sceu ce qui estoit des commandemés des Empereurs court à la foule, à la place publique pour acquerir la couronne du martyre : c'estoit à qui premier dōneroit sa gorge à couper aux bourreaux. Entre autres vne femme sort precipitamment de sa maison toute deschevelée, à demy vestuë, se iette au milieu de la presse auec son petit enfant entre ses bras: le Iuge luy demande où elle couroit ainsi: au martyre: luy respondit elle: quoy? pensez vous que ie ne veuille auoir ma part d'vn si grand bien : mais encores luy redoubla il, où portes-tu cest enfant innocent? là mesme, luy repliqua elle, afin que au defaut de mes mammelles il soit glorieusement transporté deuant celles de la misericorde de Dieu, pour y estre repeu des torrens des voluptez celestes, qui sont preparez aux esleus. D'où venoit ie vous prie la resolutiō à ceste femme imbecille sinō de la faim de Iustice qui la possedoit, *Principes*, dit le Psalmiste, *persecuti sunt me gratis: sed à verbis tuis formidauit cor meū* : par quoy il denote fort proprement les martyrs lesquels ayās la crainte de Dieu viuement emprainte en leurs cœurs faisoiēt fort peu d'eſtat de redouter les menaces & cruautez des tyrans, ſelõ ce mot de noſtre Seigneur, *nolite timere eos qui occidũt corpus: ſed timete eum qui poteſt corpus & animã perdere in gehennam.*

Ainſi pouuons nous dire q̃ la faim que les vns ont de viure & de conſeruer leur eſtre, les martyrs l'auoient pour eſtre diſſoults, *catena illa qua nos alligatos tenet*, pour parler auec Seneca, ne les tenoit nullement *lucrum illis erat mori & viuere Chriſtus.* Ils peuuent dire auec la muſe Latine,

——— *per tela per hoſtes* [*mus*
Vadimus haud dubiã in mortẽ, mediáq́ tene-
Vrbis iter: nox atra caua circumuolat umbra:
& encores,

O paſſi grauiora, dabit Deus his quoque finem.
Ioinct q̃ ſelõ ceſt ancien, ce qui a eſté dur à patir eſt agreable à la memoire, n'eſtãt riẽ de ſi doux q̃ le ſouuenir des maux paſſez. Ainſi le pilote prend du cõtentemẽt à racõter les orages, tẽpeſtes & bourraſques qu'il a paſſées en ſes voyages: le Soldat, ou Capitaine, à diſcourir des deſtours & hazars de guerre: où il a paru & fait quelque mõſtre ſignalée de ſa valeur. A tant de ceſte faim en general, paſſons maintenant à l'examen plus particulier de ceſte Iuſtice, laq̃lle cõſtitue ceſte noſtre beatitude.

Dd 4 Ie

Ie sçay que l'Aristote tient ceste vertu pour vne perfection generale, comprenant soubs son genre toutes les autres, c'est vn vers de l'ancien poëte Hesiode:

La Iustice comprend en soy toutes vertus.

De maniere que ie tiens ceste faim de Iustice n'estre autre chose qu'vn grãd desir de la perfection, laquelle qui pourroit acquerir seroit bié iustemẽt qualifiée du titre d'heureux. Or par ce que la condition de nostre nature, à cause de la cheute de nostre premier pere nous esloigne par plusieurs notables defauts de ce supreme degré, encores est-ce quelque chose de le desirer, en plaignant nostre misere: nous sçauons que personne n'est exempt du vice, voire en sommes nous venus à ce poinct, de croire que ceux là sont bons qui sont les moins imparfaicts.

Nam vitijs nemo sine nascitur: optimus ille est
Qui minimis vrgetur.

C'est vne maxime generale qu'il n'est riẽ icy bas de tous poincts accomply:

—Nihil est ab omni
Parte beatum.

Il ne s'est iamais trouué aucun subiect où la nature eust ramassé tous ses plus beaux traicts pour en faire vn chef d'œuure,

Onc ne furent à tous toutes graces données.

S¡

LIVRE DIXSEPTIESME. 425

Si tous estoyét parfaits, il y auroit de l'incommodité en ceste vniformité: l'egalité est tres-inegale, dit cest ancié, nostre plus grande iustice a tousiours quelque tare d'iniustice, & souuent pour faire bien au public, le particulier reçoit du tort; si la perfection estoit vniuersellement espanduë par tout, il y auroit en cela de l'imperfection, tát l'humaine posture est vaine, qu'en quelque assiette qu'elle se pose, elle ruine ses bons traits par ses propres defauts; *Non omnia possumus omnes*, autrement il y auroit aussi tost de la confusion & du desordre: l'accord & le discord, principes d'Empedocles, nous figuroyent à l'aduenture la perfection & l'imperfectio: les deux plus essentielles pieces de nostre bastiment & composition. *Omnis humana iustitia diuina comparata, iustitia esse deprehenditur*, dit S. Gregoire le grand.

Ce q Democrite dit de la verité se pourroit plus iustement dire de la perfection, qu'elle est cachée au fond d'vn puits tres-creux, d'où elle ne peut estre tirée que par vne chaine d'or, qui est la charité, *charitas vinculum perfectionis*.

Et à fin qu'il ne semblast hors de propos de dire que par la faim de iustice fust entendu le desir de la perfection. Ie prendray

Dd 5

dray à garand S. Hierosme, lequel escrit ainsi à sa deuote Demetrias, *Omnes virtutū species vno iustitiæ nomine continētur*; & qu'est-ce autre chose la perfection sinon l'assemblage de toutes les vertus. Or comme cefeste est vn poinct plus à desirer que non pas à esperer ou pretendre, sinon par la grace pure & speciale de la bôté de Dieu, aussi n'est-il pas dit que ceux-là seuls entrent en ceste beatitude qui sont iustes, c'est à dire parfaits: mais ceux qui ont vn grand desir d'y paruenir. Beaucoup n'ont pas à mãger, mais tous ont faim: plusieurs pour la bassesse de leurs conditions ne peuuent pas faire tant de bonnes œuures qu'ils desireroyent bien: mais il n'est interdit à personne de desirer:

Vt desint vires, tamen est laudanda voluntas:
Hac ego contentos auguror esse Deos.
Hæc facit vt veniat pauper quoque gratus ad aram,
Et placeat caso non minus agna boue.

Es choses grandes, dit l'autre, c'est assez d'auoir voulu, notamment en ce poinct, où il s'agit de l'aquest de la perfection. Phaëton & Icare se signalarent par leur cheute. Il y a de l'honneur de deschoir d'vne si haute & digne entreprise: c'est vn tousiours vn tesmoignage de

LIVRE DIXSEPTIESME. 247

de bon courage de se mettre en deuoir de tendre où l'on ne peut atteindre.

Pars sanitatis est velle fieri sanum,

chante le Mimiambique : cognoistre sa maladie fait songer au remede, c'est l'entree de la perfection de recognoistre ses deffauts : plus on va auant en ceste descouuerte, plus on s'aduance vers le bien : si les ombres descroissent, c'est signe que le Soleil remonte sur l'horison, & plus vous laissez la vallee, plus vous vous auoisinez du feste de la montagne.

Ce que dit Seneca de la vertu, ie le transfere à la perfection, c'est vn Soleil qui va communiquant ses rays par tout, *Nemo est qui se abscondat à lumine eius,* ceux-là mesmes qui ne suiuent pas la perfection, ne laissent & de la recognoistre & de l'honorer, *Etiam qui non sequuntur eam vident.* Si vn homme de basse qualité cherissoit en son ame vne grande Princesse, à qui, pour le respect, il n'osast seulement parler, toute pretention luy estant prescrite, il n'y a rien qui puisse violenter la liberté de son amour, tous ne peuuent pas pretendre à la perfection, nul est exempt de la desirer & cherir.

At nobis casso saltem delectamine
Amare

Amare liceat, si potiri non licet.

L'enfant de l'embleme voudroit bien s'esleuer auec son aisle: mais le poids de la pierre le tient raualé côtre bas: si nous ne pouuons ce que nous voulons, il faut vouloir ce que nous pouuons, & brauer la fortune en nous rengeant sous sa iurisdiction. Ainsi peut-on faire la nicque aux loix, en ne les transgressant pas, & leur faire teste par l'obeïssance.

C'est vne belle bague que la perfectiõ, mais elle est hors de nos prises, ce n'est pas à qui mettra dedans, & l'emportera: mais seulement à qui fera les plus belles courses, si la puissance demeure courte, au moins que le desir y arriue, comme és maux c'est le propre d'vn insensé de vouloir, & ne pouoir nuire.

Quid stulti propriũ? nõ posse & velle nocere. Aussi estre le propre d'vn homme aduisé & iuste de ne vouloir le mal, quoy qu'il peust l'effectuer, *qui cùm potuit transgredi nõ est transgressus.* Encores parmy les grãdes desbauches & prauatiõs y a-il tousiours quelque espoir de resipiscence en ceste ame, laquelle quoy qu'elle œuure le mal, ne laisse pourtant de voir & desirer le bien, si les chaisnons de l'iniquité ne la tenoyent garrottee: ce n'est pas peu quãd la la volonté est deprauee & corrompue, par le violent transport des passions diuerses qui l'alienent de sa droite route, que pour le moins l'entendement charrie droit, tant q̃ le corps a du sentiment, quelque grande douleur qui l'accable, il y a tousiours de la vie : mais quand il vient à l'insensibilité, c'est vn presage de mort, tãt que la synderese pique le pecheur, & qu'il a quelque recognoissance de son iniquité, il y a tousiours dequoy esperer en luy, de guerison & de santé : mais lors que ses fautes ne luy donnent aucun sentiment ni remor, ls, il n'y a rien pour attẽdre qu'vne grande reprobation & cheute en sens peruerti, qui est le plus deplorable poinct où l'iniquité puisse conduire l'ame.

Le malade qui a desir de sa conualescence s'esuertuë & efforce de souffrir les fers des chirurgiens, d'aualer l'amertume des breuuages.

Vt corpus redimas, ferrum patieris & ignes,
Arida nec sitiens ora leuabis aqua.

Et celuy qui à trauers les brouillars du peché qui l'enueloppent & offusquent, ne laisse d'apperceuoir les clairs rayons de la vertu. Ie ne doute point que tost ou tard il ne face tout son possible pour se desprendre du vice & courir, à ceste belle le lumiere qui brille deuant ses yeux.

Ceux qui sont mordus du serpent que les naturalistes appellent Dypsas, meurent d'vne soif inextinguible, & ceux qui vne fois peuuent estre touchez du desir de la vertu, & de la perfection, ils ont vne faim & soif continuelle de iustice qui ne les abandonne iamais, que par la froideur de la mort.

On lit que la victoire de Miltiade empeschoit Alcibiades de dormir, & les belles ames pieusement esguillonnées des vertueuses actions des Saincts qui nous ont deuancé, ne donnent aucune trefue à leurs corps, ni à leurs esprits, qu'elles ne soyent paruenues au but de leur couronnement : *Non dabo oculis meis somnum, nec palpebris meis dormitationem, donec inueniam locum Domini, tabernaculum Deï Iacob,* disoit cest homme selon le cœur de Dieu.

Tout ici bas nous inuite à aspirer & tendre à la perfection, voire les choses insensibles : y a-il rien de plus parfaictement compassé que le bal des astres que nous voyons & considerons oculairement, roulans sur nos testes d'vn pas si fier & superbe, qu'il semble compassé à certaine cadence. Les Philosophes

sophes nous en apprennent que leur perfection consiste en ce cours si iustement reglé: pourrions-nous pas tirer de ceste belle leçon, si nous estiõs bons speculateurs du liure de nature, que si tous les ressorts, bransles, passions, & mouuemens de nos ames estoyent aussi bien policez & reglez, elles se rendroyent plaisantes, & agreables deuant Dieu, & les hommes, *quàm pulchri sunt gressus tui in calceamentis, filia principis*, est-ce dit de l'ame bien ordonnee & temperee en ses affections symbolisees par les pieds en l'Escriture.

La perfection du feu est d'aspirer en haut, de là pourrions-nous apprendre à nostre ame à se releuer de terre, pour pousser tous ses eslans au Ciel, celle de l'air, est la pureté de l'eau, la transparence de la terre, la fecondité. Que de beaux enseignemens peut-on tirer de là pour apprendre à estre purs, nets de cœur, & fertiles en bonnes œuures. Encores ceste belle harmonie & admirable accord qui est entre les qualitez primeraines & principales, qui composent l'Vniuers, nous deuroit enseigner à condescendre au prochain, & à tenir tout en equilibre parmy les actions de nostre vie.

Voyez

voyez comme les diuers fruicts dont la terre est richement tapissee, & vtilement reuestuë, tendent petit à petit à leur maturité, qui est leur perfection. Au reste cõsiderons comme d'vn instinct inné toutes choses cerchent leur centre, & n'ont aucun repos qu'elles n'y soyent paruenuës. Le feu ne cesse de voltiger, l'eau de couler, la pierre retombe lancee en l'air : le centre de l'ame c'est Dieu, parce qu'elle en vient : elle sera donc tousiours inquiete, si par le moyen de la vertu & de la perfection elle ne se reioinct à son principe.

Restuat causa quæ dedit esse.
Le bien estre des animaux est de viure sainement & sans douleur, ce que nous leur voyons procurer par toutes sortes de remedes & moyens propres à leur conseruation, que la bonne mere nature leur a appris, & le bien estre de l'homme en ceste vie, selon les Stoïques, est de viure selon la nature, & suyuant les mesmes, viure selon la nature, c'est viure vertueusement : ainsi auec vn des plus pertinens de ceste secte, *Non bonum viuere, sed bene viuere*, & pour monstrer que le viure vitieusement est viure contre nature, ie n'en veux d'autre tesmoignage que l'inquietude continuelle des meschãs, chose
aliene

aliene du repos que la vertu naturelle nous donne, *Non est pax impiis: viam pacis nescierunt: opus Iustitiæ pax*. Oyez les iusques dans les enfers: *seruiuimus diis alienis, qui non dederunt nobis requiem*.

La vraye pasture de l'ame capable de l'assouuir & nourrir, c'est Dieu. Toute autre viande est disproportionnée à son naturel, son amour est l'appast le plus puissant pour attirer les hommes au bien, cõme la volupté, disoit Cicerõ, est l'hameço du mal, S. Paul ayant gousté de ceste viande s'escrye, *Omnia arbitratus sum vt stercora, vt Christum lucrifaciam*: ainsi les enfans d'Israël negligerent toute autre nourriture, affriandez de la manne. D'auãtage Dieu est non seulement iuste, mais la mesme Iustice; car selon la maxime vulgaire de l'eschole, *quidquid est in Deo, Deus est*. Pourquoy donc ne dirons nous pas ceux-là bienheureux, qui ont faim de ceste Iustice; & ainsi pourroit-on hardimẽt & nouuellement entendre nostre beatitude: *Beati qui esuriunt & sitiunt Iustitiam*. Celuy qui peut guinder son ame à ce haut degré d'amour, peut bien d'vne façon toute desdaigneuse fouler aux pieds & mespriser les choses sublunaires.

―*Vidit quanta sub nocte iaceret*

Tom. V.   E e   *Nostra*

Nostra dies, risitque sui ludubria mundi.

Ceux qui voyagent sur mer ont tousiours les yeux fichez vers le pole, & le visage tourné vers le port où ils tendent, peu soucieux de cōtempler ou les ondes de la mer, ou la peinture bigarrée des riuages: & ceux qui ont tout leur dessein au Ciel, s'empeschet fort peu des choses de la terre. Il se lit de S. Bernard, qu'ayant demeuré l'espace de quelques mois en vne cellule, son esprit estoit sans cesse tellement occupé à la contemplation des choses diuines, qu'enquis de la forme du lieu où on l'auoit logé, il n'en peut rēdre raison, ny dire s'il estoit lambrissé ou non. Ainsi S. Paul reuenāt de son extase, *apertis oculis nil videbat*, dit le texte Sainct. L'aspect du Soleil par ie ne sçay quel eblouïssement nous rauit la veuë de ce qui nous enuirōne: *In terra deserta, inuia & inaquosa, sic in sancto apparui tibi.*

L'hydropique aualle incessammēt des liqueurs sans se remplir, voire sans saueur & sans goust, sans prendre garde dequoy il se gorge: & celuy qui est spirituellemēt hydropicque de la perfectiō, a beau s'emplir de vertus, tousiours il reste beant & alteré, sans se dōner aucun relasche, *sitiuit anima mea ad Deum fontem viuum*, dit ce grand grãd Prophete hydropique, *quando veniã, & apparebo ante faciem Dei?*

Ie compare, & si ie ne me trompe, assez propremēt, nostre soif de Iustice au tonneau des Danaïdes, qui ne peut iamais estre rēply: aussi est-ce vne chose impossible, qu'vn homme de soy puisse cōtenir toutes perfections.

Si on m'obiecte ce mot, *estote perfecti sicut Pater vester celestis perfectus est*, ie diray q̃ de vray tous sont obligez de tendre & viser à la perfection, mais peu y arriuent: *Omnes quidem currunt, vnus autem accipit brauium*; & puis pour soustenir mon interpretation, comment seroit-il possible que l'homme mortel approchast de la perfection du Createur?

Au contraire, il semble que plus on s'estime esloigné de ce point, plus on en soit voisin: cōme la Lune n'est iamais si pleine, qu'esloignee du Soleil, ny iamais si petite que quãd elle en est proche: qui y va autrement qu'à reculons, il ne chemine pas droit. Oyez Dauid: *Nō iustificabitur in conspectu tuo omnis viuēs: ecce in iniquitatibus conceptus sum, vniuersa vanitas omnis homo viuēs, substãtia mea tanquam nihilum ante te, verun tamen in imagine pertransit homo.*

Plus les yeux sont clairuoyans, mieux ils

ils voyent la distāce des lieux d'où l'on est esloigné, & plus on aduance vers la pefrectiō, mieux on recognoist ses propres defauts, & combiē l'on est distant de ce but. Lucifer pour s'estre estimé parfait a esté rendu le plus miserable des demons, & la Vierge pour se tenir pour la seruāte a esté esleuée par dessus toutes les creatures: on demādoit au glorieux S. François, lequel estoit vn exemplaire de perfection, & de saincteté en son teps, s'il ne sentoit point quelque pointe de vanité pour tant d'œuures miraculeuses q Dieu produisoit par luy, il respondit qu'il se reputoit pour le plus meschant pecheur du monde: & par ceste raison, que si Dieu eust fait autāt de graces au plus scelerat qu'à luy, peut estre eust-il mieux peu seconder ceste faueur gratuitement celeste.

Quād le Soleil darde, on voit les atomes, autremēt non : quand le Soleil de la vertu commence à poindre en l'ame, on viēt aussi tost à recognoistre les moindres & plus occultes pechez. Ceux qui pensēt estre parfaicts, sont grandement imparfaicts. L'exemple en est familier au Pharisé: *Qui se putat aliquid scire*, dit excellemment l'Apostre, *cùm nihil sciat, nondum scit quōmodo oporteat scire.*

On

LIVRE DIXSEPTIESME. 437

On côte que Promethee pour auoir desrobé le feu du Ciel est rongé par vn vautour : celuy qui desire attirer la perfectiõ du Ciel, est tousiours rongé d'vn desir renaissant de faire progrez & aduancemẽt au bien : *esurit & sitit Iustitiam*.

Certes ie ne doubte point qu'il n'y aye beaucoup de harpies affamees en ceste nostre chicquaneuse France, lesquelles ont vne grãde faim & soif de Iustice, c'est à dire de tirer la quinte-essẽce des bources, soubs couleur & pretexte d'exercer la Iustice : mais ces mangereaux ne sont pas compris en ceste beatitude : les auaricieux sont fort alterez de l'or:

Quò plus sunt potæ, &c.

ce sont sangsues qui criẽt perpetuellemẽt

assez, assez. ——

Crescentem sequitur cura pecuniam,
Maiorúmque fames.

——*quid non mortalia pectora cogis,*
Auri sacra fames?

Et pour parler plus pieusement, *Esurientes* Ps. 106. *& sitientes anima eorum defecit, diuites eguerunt & esurierunt.* Mais ceste faim n'est point suiuie de rassasiement : mais plustost de vacuité: *Dormierunt omnes viri diuitiarum in manibus suis, & nihil inuenerunt:* Ps. 31. mais de ceux qui ont faim de Iustice,

Ee 3 il

il est dit que, *Saturabuntur, inquirentes autem Dominum non minuentur omni bono.*
& encores,

Pf. 143.
Beati qui esuriunt : la faim est vne chose insupportable, l'abondance au rebours desirée, *Promptuaria eorum plena eructantia ex hoc in illud, oues eorum fœtosæ, abundantes in gressibus suis : boues eorum crassæ, beatum dixerūt populum cui hæc sunt.* Et voicy que nostre Seigneur pour contrepointer tous ces Iugemens humains fait vne beatitude & felicité de ceste misere, & vne calamité de ce bonheur : non pour autre subiect que pour transmettre nostre affection des choses transitoires aux permanentes.

I'adiouste d'abondant qu'vne des principales parties de la satisfaction & portes de la Iustice Chrestienne, estant le ieusne pour matter & reduire en esclauage la chair rebelle à l'esprit, ceux-là sont dits icy bien heureux, qui ont faim & soif, c'est à dire qui sont abstinens: *beati qui esuriunt:* tous ceux qui ieusnent ne sont pas pourtant heureux : l'auare s'abstient par tacquinerie : cest autre, gourmand peut estre s'il auoit dequoy, s'abstient par disette & necessité : mais ceux là seuls sont heureux qui endurent patiemment

la

la faim pour la iuste peine de leurs coulpes.

Ainsi les enfans d'Israël eurent faim dans les deserts, sortans de l'Egypte, & les bonnes ames se retirans de l'Egypte du monde, pour se ietter dans les deserts de la pœnitence, doiuent commencer par le ieusne: cest exercice maintient l'ame en son empire, & le corps en sa santé: la gourmandise enfante les maladies, l'abstinence produit la guerison.

La seconde chose que me represente aussi principalement ce mot de Iustice, c'est la grace: & ceux là sont vrayement bien-heureux qui en ont faim & soif: c'est d'elle que parle nostre Seigneur quand il dit, *Qui sitit veniat ad me, & bibat*: & la sagesse, *Qui edunt me adhuc esurient, & qui bibunt me adhuc sitient*: ceste grace est la vraye viande de l'ame sans laquelle elle ne peut subsister, & laquelle en la digerant laisse vn continuel appetit & desir de soy, c'est là proprement, *manna absconditum*, & le plus delicieux mets que Dieu face sauourer à ses esleus: & comme la manne auoit en soy toutes sortes de gousts & de saueurs, ainsi la grace de Dieu comprend en soy tout bien,

Ecclef. 24.

Apoc. 2.

Ee 4 *osten-*

ostendam tibi omne bonum.

C'est l'eschelle de Iacob par laquelle les Anges, c'est à dire les diuines inspirations, montẽt & descendent du ciel, c'est l'arbre de vie qui nous cõmunique l'immortalité, c'est le baston de Iacob auec lequel nous passons à saufueté l'impetueux torrent du monde, c'est l'eau de benediction de laquelle tous les sacrifices doiuẽt estre arrosez pour se rendre aggreables deuant Dieu, c'est ceste eau que la Samaritaine demandoit si instamment à nostre Seigneur, *Domine da mihi hanc aquam:* l'eau nettoye les taches, la grace purifie nos ames: l'eau feconde la terre, la grace fertilise nos cœurs: l'eau resiouit la veüe, & la grace donne la liesse à l'esprit : l'eau soustient, *bonum est gratia stabilire cor,* elle est tenue par vn Philosophe ancien pour le principe de l'vniuers, & la grace de Dieu est le commencement de nostre biẽ estre: *gratia Dei sum id quod sum.* Le Cerf eslancé se deslasse dans l'eau, la grace és persecutions renouuelle nos forces : *quemadmodum desiderat ceruus ad fontes aquarum, &c.* quand il veut muer & ietter son bois, il se laue dans vne fontaine, & quand le pecheur se veut dessaisir du fardeau de son iniquité, il faut qu'il se plonge

dans

LIVRE DIXSEPTIESME.

dans la source vifue de la penitence où il aura l'abondance des graces de Dieu, *Abundantia & diuitiæ in domo eius*. Ceste grace est vn zephir lequel espandant son souffle gracieux sur le iardin d'vne bonne conscience, en fait exhaller vne douce & suaue odeur, *Veni auster*, disoit l'espouse amoureuse de ceste grace, *perfla hortum meum, & fluant aromata illius*, ceste grace est l'esprit qui communique la vie à toutes nos œuures.

Spiritus intus alit----

C'est vn Soleil qui concourt auec toutes nos bonnes actions, sans lequel elles restent tenebreuses, sombres, de nulle mise & valeur: bien-heureux celuy de qui le plus grand appetit est d'estre rassasié de ceste grace.

La troisiesme principale signifiance que ie donne à ce mot de Iustice est, qu'il me represente la gloire en consequence de la grace, & ceux-là qui peuuent embraser leurs ames de ce genereux desir, & qui par consequent procurent d'y paruenir par tous efforts & effects, ne peuuêt estre que bien-heureux, *Beati qui esuriunt iustitiā*.

Dauid faisant l'enqueste dans vn Pseaume entier, qui seroit celuy doüé de tant d'heur lequel habiteroit dãs le tabernacle

sacré

sacré de la Ierusalem celeste, *Domine quis habitauit in tabernaculo tuo, &c.* Il conclud, *qui ingreditur sine macula, atque operatur iustitiam.* Bien-heureux donc sont ceux qui ont faim de ceste Iustice; car ils seront rassasiez: *Inebriabuntur ab vbertate domus tuæ, & torrente voluptatis potabis eos, quoniam apud te est fons vitæ, & in lumine tuo videbimus lumen.*

Aux Cantiques, *Comedite, & bibite: inebriamini charissimi*, heureuse yuresse, heureux rassasiement, *fluminis impetus lætificat ciuitatem Dei*. Et ce fleuue est vn torrent de laict & de miel. Il est escrit des freres de Ioseph que, *biberunt & inebriati sunt cū eo*, figure des ames beatifiees.

Ie sursoy le grand discours des contentemens celestes, que ie pourrois coudre: & parce que la digression en seroit trop longue, & d'autant qu'ailleurs i'ay assez manié cest ample suject, il me suffit de parler icy pour la closture de ceste beatitude, du desir affamé de ceste gloire, & de l'assouuissement qui s'y trouue. Pour le premier, il est certain que comme tous les ruisseaux cerchent de s'engouffrer en la mer, aussi toutes les ames bien faictes de se plonger dãs cest Occean de contentement indicible,

l. 6. des diuersitez.

voire

voire inimaginable selon S. Paul, & disent les Theologiens, que l'ame au partir du corps se porte ainsi precipitamment à Dieu, qui est son centre, comme la pierre iettee de l'air, retombe auec impetuosité sur la terre, le banny apres le temps expiré de son bannissement, ne retourne point auec tant d'allegresse à sa chere patrie, comme nostre ame se porte au Ciel, destachee des liens de ce corps mortel, ceste vie est vn pelerinage: *Ego autem peregrinus super terram, quotquot viuimus peregrinamur à Domino:* c'est vn passage, *transitus,* selon Seneca, & vne nauigation, qui, par la mer de ce monde, conduit au port de l'eternelle gloire.

L'aiguille frottee d'aymât, ne cesse qu'elle n'adiuste la boussole vers le Nort, & celuy q̃ peut vne fois espouser le desir feruent de ceste gloire, est en perpetuelle inquietude, iusques à ce qu'il soit paruenu au poinct de ses vœux, *satiabor cùm apparuerit gloria tua.* S. Augustin, *Inquietum est cor nostrum donec requiescat in te, sitiuit ad te anima mea, quàm multipliciter tibi caro mea.* Ceste amoureuse inquietude est belle à remarquer en l'espouse: *Vadam, & circuibo ciuitatẽ per vicos & plateas, quæram quem diligit anima mea.* Dauid poussé des saillies violētes pour tesmoigner ceste sienne soif, *Concupiui desiderare* (deux mots de mesme signifiance pour tesmoigner vn zele ardant) *iustificationes tuas*. Et encores, *Inclinaui cor meum ad faciendas iustificationes tuas in æternum, propter retributionem.*

Ie coule maintenant du desir & de la faim à la saturité & satisfaction, laquelle toutesfois sera meslangee d'vne pointe aigre-douce d'appetit, selon l'agreable doctrine de S. Gregoire : *Quando ad ipsum fontem vitæ venerimus, erit nobis delectabiliter impressa sitis simul & satietas : sed longè erit à nobis necessitas, longè à satietate fastidium, quia & sitientes satiabimur, & satiati sitiemus :* de sorte que la soif ne sera nullemét fascheuse, ains plustost elle sera comblee, voire au delà de toute nostre capacité. S. Chrysostome sur ce mot icy de S. Matthieu, *saturabuntur*, dit, *scilicet largitate remunerantis Dei, quoniam maiora erunt Dei præmia quàm sanctorum desideraria.* Ce feste sera au dessus de tous souhaits, *Quid enim est quod non videant qui videntem omnia videbunt.*

Psal. 131. C'est lors que sera accomply ce mot du Psalmiste, *Viduam eius benedicens, benedicam, & pauperes eius saturabo panibus*, par ceste vefue, dit S. Augustin, interpretant ce lieu, est entenduë l'ame du du iuste, laquelle s'estimant nuë, & despouillee de tous biens & perfections, sera rassasiee en ceste faim de la veuë de Dieu, qui est le pain vif, *Ego sum panis viuus qui de cœlo descendi*: ainsi se doit entendre ce traict du Cantique de la sacree Vierge, *Esurientes impleuit bonis*, sçauoir, ceux qui ont faim de Iustice, *& diuites*, les riches des biens de ce monde, *dimisit inanes*.

En fin *beati qui esuriunt iustitiam*, c'est à dire, qui ont vn grand desir de paruenir à la vision de Dieu, qui est le souuerain poinct de nostre immortelle felicité, le centre de nos contentemens, le comble de nos vœux. *Hæc est vita æterna, vt videamus te verum Deum, & quem misisti Iesum Christum.*

De la Misericorde. CHAP. V.

LA Misericorde selon Senoça n'est autre chose qu'vne tristesse, & esmotió d'ame, qui nous vient de voir souffrir iniustement l'autruy. C'est vn desplaisir que nous conceuons des maux de nostre prochain, dit S. Iean Damascene, & S. Augustin tient que c'est vne condoleance & compassion des calamitez & miseres de quelque persone affligee. Tout cela aboutit à mesme poinct, pour determiner que c'est

l. 1. de elemens.

l. 2. c. 24. de fid orthodox.

c'est vn sentimēt humain que nous auons du desastre d'autruy, que nous espousons comme le nostre propre, & auquel nous desirons & taschons de remedier.

Ceux qui traittans ces beatitudes, l'entendēt de l'aumosne, me semblēt restressir par trop son estēduë, laquelle n'est aucunement bornee ni circōscripte d'aucūs termes: ce n'est pas que ie n'approuue ceste vulgaire distinction qui se fait des œuures misericordieuses en corporelles & spirituelles; mais ce septenaire qu'on luy donne de part & d'autre, me semble n'arrondir pas assez iustement ses limites, ce sont bien quelques effects de la misericorde, mais non pas tous.

Or si elle se resserroit à l'aumosne, il s'ensuyuroit que ceux qui n'ont pas les moyens & facultez de la faire, ne pourroyent acquerir ceste beatitude, ce qui n'est pas, car grands & petits, pauures & riches, indifferemment, tous peuuent y paruenir, d'autant qu'il n'est question que d'vn sentiment d'ame, qui nous porte à compatir aux miseres d'autruy, auec vn grand desir d'y subuenir, selon la puissance que nous auons en main. Ce n'est donc point mon intention de parler icy de l'aumosne, moins de m'estēdre sur ces œuures

de

de misericorde, que l'on a tirees diuersemét de l'Escriture. Ie laisse ces effects pour me ietter à la recognoissance de la cause.

Ie dis donc que la misericorde est vne passion qui nous vient d'vn vray ressentimét de nostre humaine infirmité & fragilité, *se igitur hominem abnegat*, diray-ie auec Quintilian, *qui alteri non compatitur*. Didon ceste farouchement passionnee amante, toute furieuse & desesperee, pour le despart precipité de son Ænee fuitif, ne se despite point tant contre luy de sa perfidie, de sa trahison & desloyauté, de ce qu'il l'abandonne en proye à ses ennemis circonuoisins, de ce qu'il la delaisse seule, de ce qu'il va cercher des Royaumes estrangers & incogneus, en laissant vn ample & florissant tout acquis, comme elle se courrouce de ce qu'à ses pleurs & doleances il ne donnoit aucun ressentiment de pitié, misericorde & compassion: pour cela elle luy dit mille iniures:

Nec tibi diua parens, generis nec Dardanus author,
Perfide, sed duris genuit te cautibus horrens
Caucasus, hyrcaniæq; admôrunt vbera tygres.
Nã quid dissimulo, aut quid me ad maiora reser-
Num fletu ingemuit nostro? nũ lumina flexit? (uo?
Num lacrymas victus dedit? aut miseratus amantem est?

Et

Et il y a dans tout ce poëtique discours des amoureux trāsportez de ceste Royne delaissee, des traicts si deplorablemēt pitoyables, que S. Augustin aduoue en leur lecture, les larmes luy estre souuent coulees & roulees des yeux, où ie renuoye le curieux de trouuer des inuentions artistes, & des mouuemens violens, pour induire les plus reuesches & barbares cœurs à la misericorde.

Aussi lisons-nous en l'Euangile qu'aux grands iours des generales assises, que le Fils de Dieu doit tenir pour venir icy bas iuger diffinitiuement par vn arrest eternel les viuans & les morts, qu'entre les plus grieues & signalees reproches que ce doux Createur, ce bō Redempteur, ce seuere Iuge doit faire aux reprouuez, celle de la cruauté sera la plus remarquable: car il ne les reprendra point tant d'auoir esté larrons, homicides, paillards, violateurs de sa Loy, comme de n'auoir point exercé les œuures de misericorde enuers les pauures & miserables, *Ite maledicti,* &c. *Esuriui enim, & non dedistis mihi manducare, sitiui & non dedistis mihi bibere,* &c. Comme au rebours sa plus courtoise & amiable congratulation aux bons, sera de leur applaudir pour leur misericorde, *Venite benedicti,*

LIVRE DIXSEPTIESME. 449

dicti, &c. *Esuriui enim & dedistis mihi manducare*, &c.

Pour cela vne goutelette d'eau est refusée au mauuais riche, lequel auoit esté si immisericordieux de ne vouloir pas donner vne miette de pain au pauure Lazare qui mouroit de faim à sa porte. Ainsi, *Iudicium fiet ei sine misericordia qui non fecerit misericordiam*, n'estant rien plus raisonnable que de passer par le mesme droict que l'on aura establi sur autruy, selon ceste maxime des Iurisconsultes: *quod quisque Iuris*, &c. Iacob. 2.

Donc, *Beatus vir qui intelligit super egenũ & pauperem in die mala* ; c'est à dire au Iugement vniuersel, *Liberabit eum Dominus*: ce iour mauuais aussi se peut prẽdre pour celuy de la mort, duquel parle l'Ecclesiastique, *diem malam præcaue.* Sur quoy Sainct Hierosme excellemment, *nunquam memini*, dit-il, *mala morte mortuum qui libenter opera pietatis exercuit.* Suiuons le Psalmiste : *Dominus conseruet eum & viuificet eum & beatum faciat eum in terra, & non tradat eum in animam inimicorum eius.* Voila de grandes recompenses temporelles, & encores plus selon l'air de l'interpretation precedente, *Dominus opem ferat illi super lectum doloris eius, vniuersum stratum eius* Ps. 40.

Tom. v.   Ff

eius versasti in infirmitate eius. Tout cela verifie ce mot du sage aux Prouerbes, *Qui miseretur pauperi, beatus erit*, & confirme encores plus nostre beatitude: *Beati misericordes, &c.*

Les Etymologistes vont tirant l'origine de ce mot, *misericordia*, de ce que *miserum cor faciat aliena miseria*: & ie trouue que leur rencontre est bien fort energique pour exprimer au vif la nature de ceste emotion d'ame, laquelle ie remarque sur toutes les autres auoir plusieurs branfles, ressorts, & visages diuers: ce que l'on dit du poulpe qu'il prend la couleur des lieux où il s'attache: se peut rapporter au misericordieux lequel s'accommode par vne foupple compassion à toutes les calamitez qu'il void souffrir à son prochain.

Examinons particulierement quelques vnes de ces qualitez qui conuiennent à ceste vertu. Le vray misericordieux ressent en soy toutes les miseres estrangeres: estoit ce point ce ressort qui tiroit des larmes des yeux d'Heraclite sur tous subiects, pour ne recognoistre rien icy bas qui ne fust deplorablement miserable?

I'appelle ce mouuement de compassion,

sion, lequel nous est tant recommandé par l'Apostre aux Romains: *flete cum flentibus, idipsum inuicem sentientes*: Le Sainct personnage Iob, entre vn monde de perfections qui decoroient son ame, & la rendoient acceptable deuant Dieu, il ne met ceste condoleance en dernier rang, comme estant vn des principaux offices que l'on puisse rendre à vne ame affligee: voicy ses mots: *flebam super eo qui afflictus erat, & compatiebatur anima mea pauperi*: & l'experience nous enseigne qu'en quelque douleur & affliction d'esprit ou de corps rien ne soulage tant, que de deposer son desplaisir dans le sein d'vne ame fidelle: & riē n'allege tāt le mal que de se sentir pleindre à quelque autre: de sorte que ce bon office tant vtile au prochain ne peut estre que bien agreable à Dieu.

Vn des plus grands reproches que forme vn Prophete sur l'ingratitude & lasche mescognoissance du peuple, qui deuoit mettre le Messie à mort, est celuy-cy: Que le iuste mourant personne n'en a du ressentiment en son cœur: *Ecce quomodo moritur iustus & nemo percipit corde.* Vn Poëte Chrestien, pour nous exciter à compassion sur ceste douloureuse passion dit des beaux mots:

Ff 2

Aspicite immiti traiectum pectora ferro,
Pectora, fœdatásque manus, perfusáque tabo
Ora, cruentatúmque caput, crixésque reuulsos
Aspicite, & plenos lacrymarum fundite riuos.

Sainct Paul tranche cela bien plus net quand il dit, que si nous ne compatissons par austerités à ces trauaux & douleurs que nostre Maistre a souffert pour nous, que nous ne conregnerons iamais auec luy, *Si non compatimur non conregnabimus.*

Sainct Gregoire ratiocine excellemment, quand il prouue que le compatir est plus grand & meritoire que de donner l'aumosne; parce, dit-il, que c'est bien donner de soy-mesme, & de sa propre & essentielle personne, que non pas de ses biens: comme la peau nous est plus proche que la robe. Or celuy qui compatit donne de ce qui est plus purement sien, qui est vne douleur interieure & amertume de cœur: l'aumosnier n'eslargit que bien peu de sa substance temporelle. Ce Sainct Pere apporte encores vne autre belle raison: Celuy qui n'a point de compassion, en cela est miserable, de ce qu'il semble denier ce que neantmoins il donne: car les loix de la nature sont bien plus puissantes & fortes que la dureté de la barbarie : & n'y a si farouche &
sau

sauuage, qui voyant vne grande misere, n'en soit touché : & faute d'en donner quelque demonstration, il paroist desnaturé & insensible : au contraire le misericordieux ne peche point contre la nature, cachant & trahissant iniustement le ressentiment de son ame, & encores ce qui est de bon, c'est que tousiours il sortit son effect : car considerant le malheur d'autruy, s'il ne peut y remedier d'effect, il y suruient par l'ostention d'vne bonne volonté, & ce qu'il ne peut de la main, il le donne du cœur, qui est la monnoye du meilleur alloy aux ames bien faictes.

Comme c'est le propre d'vn esprit mal né, & pis que brutal, de n'auoir aucun ressentiment du mal de son prochain, de n'auoir que de l'aigreur & du fiel au lieu de douceur & misericorde, comme il s'en void qui chassent les pauures auec rudesse, qui iniurient les pelerins & passagers, rebutent les affligez, fuyent de voir les vlcerez & malades, non contens de ne leur point faire de bien, mais mesmes les renuoyant indignement, & quelque-fois auec menaces, aussi est-ce le propre de la misericordieuse charité, d'auoir les bras ouuerts pour tous,

Charitas patiens est, benigna est, &c. & ceste perfection, voire la lascheté vers la pitié est affectée aux grandes ames. Cassiodore, *Proclinior semper ad misericordiam via bonis mentibus patet.*

Regia, crede mihi, res est succurrere lapsis: & encores,

Dextera præcipuè capit Indulgentia mentes.

Asperitas odium, sævaq́; bella mouet.

Quanto quis maior est, tanto placabilis iræ,
Et faciles motus mens generosa capit.

Plus vn courage est assis en bon lieu, & animé d'vn beau sang, plus il est flexible & ployable à la misericorde, n'ayant rien en plus grande horreur que la cruauté & inhumanité. *Qui perituro succurrere potest, & non succurrit, occidit:* c'est aussi manque de iugement, de ne secourir son prochain en son malheur, ne prouoyant pas qu'estans hommes le semblable nous peut arriuer.

Cuilibet accidere potest, quod cuiquam potest.

L'arrogance, *nullius opera indigere se putat qui suam alteri denegat:* Nulle qualité est plus vniuersellement attachée à l'homme comme l'infirmité, la misere, la calamité:

homini

homine nil miserius, dit Pline: & le tragique Seneca,

Quemcumq; miserum videris, hominē scias.

Le Philosophe plus expressiuement: *Mors, exilium, luctus, dolor non sunt supplicia: sed tributa nascendi, per varias mortalis æui ærumnas emetiendum est confragosum hoc iter.*

L'infortune & le desastre sont inseparablemēt ioinctes à nostre estre, comme l'ombre au corps: de sorte que ce que nous desirerions nous estre fait en nos afflictions nous aurions à practiquer ce mesme deuoir en celles de nostre voysin; si nous ne portons de l'eau,

— *cùm proximus ardet Vcalegon;* —

il y a grand danger qu'on ne nous abandonne en l'incendie de la nostre: *gratia gratiam appellat: alteri facias quod tibi fieri vis:* nous crie la nature. *Voluit nos ille mortalitatis artifex Deus in commune succurrere, & per mutuas auxiliorum vices quamquam in alterum conferre :* dit le precepteur de l'eloquence.

Ie me vay expliquer par de beaux concepts. Les naturalistes remarquent que quand vn Elephant est tombé il ne se peut releuer; à cause qu'il n'a

ōmnuiis decl. 5.

point de ioinctures aux iambes : mais par son cry, il appelle à soy ses compaignons, qui tous ensemble le releuent auec leurs trompes : d'où nous deurions apprendre quand nous voyons quelqu'ũ de nos freres tombé dedans le bourbier du peché, duquel il ne se peut releuer, de soy mesme, *perditio tua ex te, Israël, spiritus vadens & non rediens*: de faire quelques assemblées, afin de le releuer : si vn Elephãt ne peut redresser son compaignon, il en appelle plus grãd nombre, ainsi quãd nostre frere fait vne faute, il faut selon le conseil Euangelique le corriger & reprendre seul à seul, s'il fait l'acariastre, le communiquer à l'assemblée de l'Eglise, afin de remedier à ce membre qui se gaste : s'il est tout à faict obstiné, *sit tibi tamquam ethnicus & publicanus*: que si la compassion de leur semblable, renuersé dans vne fosse assemble ainsi les Elephans brutes, irraisonnables, à combien plus grande raison deuons-nous és afflictions de nos prochains y compatir, & si seuls nous n'y pouuons subuenir, nous deuons pescher en plusieurs bourses dequoy luy ayder legitimement, pour le releuer par vn ayde commun & mutuel.

Voyez

Voyez, dit la bouche d'or, comme librement le pied sert à l'œil, & l'œil au pied, chascun en sa propre fonction, ainsi les gens de bien, membres d'vn mesme corps, qui est l'Eglise, s'entraident l'vn l'autre, celuy-là de son conseil, l'autre par ses richesses, cestuy-cy pour son sçauoir, cest autre par sa vaillance & dexterité: l'embleme de l'aueugle portant le boiteux auec ceste inscription, *Mutuum auxilium*, est assez cogneuë, sans estre dilatee icy: mais ie luy-pourray coudre ce mot de Iob, fort expressif, *Oculus fui cæco, & pes claudo: pater eram pauperum.* Cela mesme faisoit dire à S. Paul, *quis infirmatur, & ego non infirmor? quis scandalizatur, & ego non uror?* Voire le poussoit iusques à cest eslancement de desirer estre anatheme pour ses freres: *Optabam ego ipse anathema esse à Christo pro fratribus, qui sunt cognati secundùm carnem, qui sunt Israëlitæ, quorum adoptio est & gloria.* Ceste mesme compassion faisoit souhaitter à Dauid de mourir pour son fils Absalon: *Absalon, fili mi, quis mihi det vt moriar pro te?* Et pourront seruir ces exemples à soustenir ce mot veritable du grand S. Gregoire en ses morales: *tanto quemque perfectiorem esse, quanto perfectius sentit dolores alienos.* Plus vn corps est bien

29.

1. Cor. 11.

Rom. 9.

l. 19.

Ff 5   dispo-

disposé & delicat, plus il est sensible, &
mieux vne ame est sensée, plus elle est
susceptible de compassion: & comme ceste mesme delicatesse de corps le rend
beaucoup plus prompt à se charger de la
maladie de quelque autre, aussi la tédreur
de l'ame est fort portee à la pitié & misericorde, les yeux ne se peuuët tenir de di-
stiller quelque humeur en voyât d'autres
pleins de chassie & d'ordure, il y a certains
maux, dit le plus ingenieux des poëtes, qui
se prênent par trasition & cómunication:

Dum spectant oculi læsos, lædantur & ipsi:
Multaq́, corporibus transitione nocent.

Les sangsues & les vétouses attirent à soy
tout le mauuais sang des corps mal-sains.
J'apporte tout cela pour le ioindre au misericordieux, lequel estant de complexió
douce & delicate en l'esprit, espouse aussi
tost & couche en soy, les mesmes douleurs
& afflictions qu'il void souffrir à l'autruy,
il est malade auec les malades, & ne peut
tenir la bonde de ses larmes quand il void
pleurer l'affligé, l'infortune de cestuy-ci le
touche, la toux de celuy-là luy vlcere les
poulmons. Côme ce Sybarite qui se rompit vne veine, en voyant trauailler à la terre vn de ses esclaues, le froid de ce pauure
le transit, cest vlceré luy touche le cœur,
cest

cest orphelin le fend de commiseration, il attire sur soy toutes les miseres qui accablent l'autruy, & tasche de soulager son prochain, portant vne partie de son ioug & de sa Croix, cóme vn autre Cyreneen: bref c'est le seul misericordieux, à mó aduis, qui est capable de mettre à execution ce secód des deux preceptes, esquels consiste toute la Loy & les Prophetes, sçauoir d'aimer son prochain comme soy-mesme.

Pline fait mention de certaines pómes iumelles, qui se trouuent en l'Arabie, desquelles si vous froissez l'vne, l'autre monstre aussi tost la meurtrisseure en mesme endroit: le misericordieux est tellement vni par le lié d'Amour auec son prochain, que le mesme traict de douleur qui le trauerse l'outreperce, il cherit son frere comme la paupiere de son œil. Or nous sçauós que nos yeux, quoy que iumeaux, ont toutesfois vne telle sympathie & rapport de leurs especes à mesme centre & cellule, ont vne telle conduitte en leurs mouuemēns, qu'encores qu'ils soyent deux, ils ne representent toutesfois qu'vne chose: ils se portent ensemble d'vn mesme costé, & iettent des pleurs en mesme instant, le misericordieux, comme il se resiouit de la prosperité de son frere chrestien;

aussi

aussi se desplaist-il de la misere qu'il luy void souffrir, il compatit en tout auec son prochain.

Ils disent que les palmieres, quoy qu'insensibles, ont toutesfois comme distinctiõ de sexe : aussi certaines inclinations l'vn à l'autre, iusques à ioindre & entrelasser leurs branchages ensemble : que si l'vn meurt & seiche, l'autre allanguit & perit aussi tost: pareilles impressions, & encores plus viues, souffre l'ame misericordieusement amoureuse de son prochain.

C'est vne chose douce, chante vn Poëte ancien, de voir du riuage de la mer vn nauire battu & agité de la tourmente, cela donne en l'ame ie ne sçay quel aise de se voir exempt des perils où l'on void les autres.

Suaue mari magno, turbantibus æquora ventis,
E terra magnum alterius spectare laborem.

Si est-ce que si l'on a tant soit peu de sentiment de pitié, que ces agitations hazardeuses, & ces risques que l'on void courre à l'autruy, donent beaucoup d'entorses à l'ame : or on pallit, or on tremble, or on transit pour la frayeur de la perte, or on rassereine sa face, or on se resiouït quand l'espoir de sauueté commence à paroistre, & toutesfois parmy toutes ces inquie inquietudes, on ne laisse de maintenir son ame en vne assiette droite & reposee, parce que propremēt elles ne nous touchēt pas que par reiect & cōtrelutte, ainsi le misericordieux voyant les orages des afflictiōs & miseres du monde qui agitent son frere, il en ressent en soy de merueilleuses tranchees : mais toutesfois à trauers de ces compassions & condoleances, il ne laisse de maintenir la ioye interieure, & le repos de son cœur : au contraire Dieu luy augmente de tant plus sa tranquillité, qu'il s'empresse au soulagement de l'autruy.

L'on remarque que les cerfs ont ceste coustume, quand ils veulent passer à nage quelque bras de mer, ou vn fleuue bien large, de s'assembler vne bonne trouppe : & parce que leur teste chargee de ce grand ramage de bois est ce qui leur pese le plus, ils la chargent file à file sur la croupe l'vn de l'autre : & parce qu'il est necessaire que celuy de deuant la porte sans appuy, ils fendent l'eau les premiers chacun à leur tour: nous qui auons la mer de ceste tempestueuse vie à trajetter en ceste nauigation que nous faisons sur la terre, pour surgir apres quelques iours au port de salut, nous sentans les testes chargees d'imperfections, de miseres & c͞ itez

nous

nous nous deurions misericordieusement soulager les vns les autres à supporter ce faix auec douceur & patience : rien n'esprouue tant l'amy que ce soulagement és aduersitez: mais n'auroit point visé Salomon à ce rencontre, quand il a dit, *Ceruus amicitiæ, & pullus gratiarum tuarum colloquatur tecum*? Les plus subtils & curieux voyent, nous, concluons auec les mots de l'Apostre: *Alter alterius onera portate, & sic adimplebitis legem Christi.*

Voyez, dit le diuin S. Augustin, les beaux rapports, & l'agreable & harmonieux cōcert de nos membres en nostre corps humain, considerez quand la teste est saine combien ressentent d'aise toutes les autres parties de ceste santé, au contraire quelque mēbre souffre-il douleur, voyez comme tous les autres y cōpatissent. Voila que le pied marche sur vne espine, & s'en trauerse, y a-il rien plus esloigné que l'œil, & toutesfois il cerche aussi tost ceste pointure: ce n'est pas assez, le dos se courbe, la main s'y porte, tous les mēbres vnanimement sont attentifs au soulagement de cestuy-cy. nous sommes tous membres d'vn mesme corps, qui est l'Eglise, de qui le chef est nostre Seigneur: c'est pourquoy quand nous voyons quelque affligé parmy nous,

il

LIVRE DIXSEPTIESME. 463

il faut que tous accourent à contribuer à son secours: & tous ces ressorts se meuuēt par la misericorde: c'est le poids qui fait marcher l'horologe de nos deportemens; c'est le premier mobile qui doit emporter par sa rapidité tous les cieux de nos desirs.

Pline fait recit d'vn certain poisson qu'il appelle du nom de scie, lequel estant pris dans les rets ou filets des pescheurs, tous les autres de pareille espece n'ont point cessé qu'il ne l'ayent deliuré, soit en rongeant, soit en brisant les lignes & autres pieges: quand nous voyons quelqu'vn pris au piege de quelque mauuaise volupté, enlassé dans les prisons de l'iniquité, nous ne deuons auoir aucune cesse, soit par douceur, soit par aigreur que nous ne rompions ses liens, pour le remettre en liberté, au train de la vertu: *Opportunè, importunè argue, obsecra, increpa cum omni patientia & doctrina.*

Icy cede la regle des Iurisconsultes, *Inuito beneficium non dari*: à celuy qui ne veut pas deuenir bon pour l'amour de la vertu, il luy faut faire vouloir par force: *aliquando pietatis genus est, in hac re esse crudelem.* Ce fol, si vous l'en croyez, ne consentira iamais que les estriuieres

seruent

seruent à guerir sa frenaisie, cessera-on pour cela de luy apporter sa guerison par ce remede vn peu aigre: mais salutaire pourtant. Assez de la compassion.

Ie voy encores vn autre rejetton de la misericorde, qui est le pardon. En S. Luc apres que la misericorde nous est recommandee sur l'exemple de Dieu, *Estote misericordes sicut & Pater vester cælestis misericors est*, il y a ausi tost, *dimittite, & dimittetur vobis*: c'est la leçon du sage, *Relinque proximo tuo nocenti te, & tunc deprecanti tibi peccata soluentur*: Et apres il monstre que sur la forme du pardon que nous aurons faict à nostre ennemy, Dieu nous pardonnera nos offenses: *Homo homini reseruat iram, & à Deo quærit medelam. In hominem similem sibi non habet misericordiam, & pro peccatis suis deprecatur,* &c. S. Paul aux Colossiens, *Donãtes vobismetipsis, si quis aduersus aliquem habet querelam: sicut & Dominus donauit vobis.* Ie n'entre pas plus outre en la recerche de ce ressort, de peur qu'il ne me menast trop auant.

Il y a aussi vn autre effect, que l'on peut qualifier du tiltre de deploration, par lequel on regrette iusques aux sanglots, & aux larmes, les calamitez des pauures: ainsi nostre Seigneur plora sur Ierusalem:

ainsi

LIVRE DIXSEPTIESME. 465

ainsi S. Paul dit qu'il a le cœur serré pour la perte de quelques freres: *Tristia est mihi magna & continuus dolor cordi meo.* Les lamentations de Ieremie tendent la plus part à ce poinct, de deplorer les miseres du peuple: Isaye pensant au rauage de Babilon, ne peut côtenir le torrent de ses pleurs: *Propter destructionem Babylonis repleti sunt lumbi mei dolore, sicut angustia parturientis:* & encores, *Recedite à me, quia amarè flebo: nolite incumbere vt consolemini me super vastitate filiæ populi mei.* Ainsi les Sainctes Dames de Sion, voyans mourir cruellement & iniustement le doux Agneau qui portoit les pechez du monde, elles l'accôpagnoiét de leurs pieuses larmes, tandis que les Iuifs le trainoyét au Caluaire.

Isai. 11.

22.

Vn autre branche de ce tronc est la cōgratulation: car si, selon les maistres, la science & consequence des contraires est la mesme chose, ce qui nous fait condouloir du mal d'autruy, nous fait par participation coniouir de son bien: & ce sont là, comme allegorise excellemment S. Bernard, les deux mammelles de l'Espouse, tant celebrée aux Cantiques: *Compassione quidē,* dit-il, *vni vberi assignamus, & congratulationē alteri: & pro diuersitate vberū, diuersæ etiā & lactis species proponuntur: nam congratulatione,*

Serm. 10. super Cāt.

Tom. v. G g

latione, exhortationis ; compassione vero, conso-
lationis lac funditur. Icy ioindra bien S. Basile: *Dilectionis duo hæc præcipua sunt, tristari
quidē, & sollicitum esse ob ea, in quibus læditur
qui diligitur: gaudere autē pro ipsius vtilitate.
Ideò dixit Paulus, si afflictū fuerit vnū membrū,
compatiuntur omnia mēbra, pro ratione omninò
dilectionis in Christo, & si glorificatū fuerit vnū
membrū, congaudet omnia membra, complacēdo
alteri: qui verò non ita affectus est, manifestum
se facit quòd fratrem nō diligit.* La plenitude
de la loy Chrestienne, estant la dilection,
selon l'Apostre, & toute nostre professió
n'estāt qu'amour, celuy qui n'ayme point
son prochain, n'est pas Chrestien, *qui fra-
trum curam non habet, infideli deterior est*: &
les deux tesmoignages plus precis de
cest amour, sont la ioye du bien, & la tristesse du mal d'autruy: *Gaudete cum gaudē-
tibus, flete cum flentibus.* Ainsi les amis de
Tobie se viennent resiouir auec luy, au
recouuremēt de son fils, & ceste congratulation desracine tout à fait l'enuie: *neque cum inuidia tabescente, iter habebo*: ainsi
Moyse respondit à Iosué qui se faschoit
qu'Eldab & Medab prophetisoyent parmy le peuple: *quid æmularis pro me, quis tri-
buat vt omnis populus prophetet & det eis Dominus spiritū suū?* Ainsi cest Athenien ayāt
esté debouté d'vn office public qu'il auoit

In regul. breuiorib.

Sap. 6.

Num. XI.

LIVRE DIXSEPTIESME. 467
recherché, s'é retourna ioyeux de ce qu'é la Republique il s'en estoit trouué vn plus capable que luy, preferant le bié public à son honneur particulier. S. François ce tant grand exact professeur de la pauureté, & seuere contempteur de tous les biés de la terre, disoit gratieusement, que cestoit vn bon moyen de meriter, voire, & en affectionnant les biens du monde, se coniouir d'en voir son prochain abondamment comblé par la munificence & liberalité de Dieu. Ie laisse tout plein d'autres ruisseaux de ceste ample source, que ie pourrois deduire icy, pour trancher par vn deuoir, que ie nommeray communication, par lequel ressort, selon la puissance spirituelle ou temporelle, on va departant de ses biens aux miserables, ou de ses cōsolations aux affligez: & ceste cōmunicatiō se doit faire rondemēt, simplemēt, confidemmēt, sans acceptation de persōnes, s'ā n'espluchet leurs qualitez & conditions auec trop de circōspectiō, imitant en cela Dieu, lequel *nō est acceptor personarū*: mais indifferemment, *solem suū oriri facit super bonos & super malos & pluit super iustos & iniustos.* Sur quoy ie forme vn assez getil rencōtre. Il est aduoué par le cōmun cōsentemēt de la plus saine philosophiā

Rom. 2.
& 10.
Coloss. 3.
Act. 10.
Iacob. 2.
Matt. 5.

Gg 2   la

la chaleur naturelle & l'humidité radicale sont les deux causes principales & primeraines des generatiõs, & corruptiõs, celle-la seruant de forme, celle-cy de matiere, de sorte que le Soleil & la pluye sont les causes secondes plus vniuerselles qui composent les corps: d'où ie tire que la misericorde est la plus estendue vertu, & qui enclost en soy toutes les autres perfectiõs. Et cõme le Soleil s'estẽd par tout & sur la boue, & sur les roses, sur les vallées, & sur les montaignes, comme aussi la pluye se diffond sur les boues & mauuaises terres, aussi-tost sur des marescages & sablons, que sur de grasses & fertiles collines: aussi le misericordieux par tout où il void de la calamité, il compatit & y porte le remede qui luy est possible: l'intention est le niueau où se reiglent nos actions: c'est la reigle pour les compasser, c'est la pierre de touche pour recognoistre leur valeur: si elle est simple & droite, aussi fera l'œuure, *si oculus tuus fuerit simplex, evit & totum corpus, sed & si fuerit nequã.* Ouy, mais la lumiere naturelle & sagesse humaine veut-elle pas que l'on distingue le vray calamiteux d'auec l'imposteur & affroteur: cela c'est s'empestrer de beaucoup de choses comme Marthe, mais Marie,

Marie, c'est à dire la consideration que c'est pour l'amour de Dieu, est bien plus quiete & reposee. Ces grãds enquereurs sont ordinairement peu larges de leurs biens, vous diriez qu'ils baillent des aumosnes à rente ou à prest à Dieu, tant ils cherchẽt de cautions & precautiõs pour bien placer & asseurer leurs liberalitez. Mais n'est-ce pas vne des plus essentielles qualitez de la beneficẽce, que le iugemẽt, le bienfaict cessant d'estre tel, si ceste piece de discretion luy manque. Ie respõs en vn mot que toute ceste sagesse humaine est vne pure folie deuant Dieu: c'est d'vn coup de pied reuerser tout ce briquetage de petits enfãs, l'aumosne & la misericorde n'est plus telle quand elle a vn autre œil que le pur & simple amour de Dieu, sans aucune attente ny espoir de recompense, ces gens trafiquẽt auec Dieu comme auec leur compagnon, & c'est le traiter indignement.

Cõme Dieu n'a point d'autre motif de nous bien faire & de nous donner tãt de tesmoignage de ses graces misericordieuses q̃ sa propre bonté, aussi si nous le desirons imiter selon le precepte Euãgelique il faut que nous nous portions à la misericorde vers l'autruy pour le pur & simple

Gg 3

ple amour de la vertu : ainsi se pourra trouuer tres-vray ce mot ancien que rien n'auoisine tant de Dieu l'homme mortel comme la misericorde : *Nulla de virtutibus plurimis admirabilior nec gratior misericordia : homines enim ad deos nulla re propius accedunt, quàm salutem hominibus dando : nil habet fortuna maius quàm vt possit, nec natura melius quàm vt velit seruare quamplurimos.* Cest ancien soubschantera bien icy, qui disoit que tout l'examē des vertus cedoit honorablement à la misericorde. S. Bernard sur ce mot du Psal. *Miserationes eius super omnia opera eius*, rend ceste raison, *quia miseris*, dit-il, *misericordia sapit dulcius.* en fin
— *Cum vincamur in omni Munere, sola deos aequat clementia nobis.*

Les Poëtes dōnent à Mercure, messager de leurs imaginaires dieux. vn Caducée cōposé de cornes d'abondance, entortillé de serpens, ils luy donnēt aussi des aisles à l'ayde desquelles il se porte d'vne vistesse incroiable, par tout où il est mandé. Ie voy là le symbole du misericordieux, lequel promptemēt, & sās dilayer, a pitié de la misere de l'autruy, & la secourt selō sō pouuoir. D'auantage Dieu le rend abondant en tous biēs, *dispersit, dedit pauperibus: Iustitia eius manet in saeculum saeculi: cornu eius exaltabitur in gloria, tota die miseretur & como-*

Cic. orat. pro Ligario.

dat, dispenit sermones suos in Iudicio. Au reste les serpens qui se desuestent de leur peau pour raieunir me representent le misericordieux, q se despred de sa substāce, pour effacer ses fautes: *date eleemosinā & ecce omnia mūda sunt vobis, expoliātes veterē hominē, &c.* On dit q le serpēt degorge son venin pour se ioindre à la murene, & le pecheur touché de misericorde depose tout poison de rancune & de mauuais vouloir.

Mais d'vn accord plus pieux ne la pouuōs-nous point biē accatter à la verge serpētine du grand legislateur Moyse: car si celle cy à fait beaucoup de miracles en l'Egypte, la misericorde fait encores plus de merueilles parmy le mōde: si celle-là fut appelée le doigt de Dieu, celle-cy est vne vertu, cōme ie viēs de mōstrer, qui nous approche fort de la diuinité. Mais à contrepoil, si la verge a conuerty les eaux en sang, la misericorde au rebours tourne le sang du courroux & despit en l'eau de douceur & mansuetude, cy celle là a apporté des tenebres, celle-cy la lumiere: si celle-là des playes celle-cy la guerison, en cecy conuiennent elles, q cōme l'vne a diuisé la mer rouge pour deliurer le peuple de la seruitude de Pharao, aussi l'autre nous fait trauerser le rouge torrent de la Iustice

Iustice diuine, pour euiter les prises du diable, & gaigner l'asyle de la diuine bonté, selon le sens de nostre beatitude, *beati misericordes, &c.* Et encores comme l'vne *percussit petram, & fluxerūt aquæ:* aussi l'autre en la consideration des calamitez presentes tire les larmes des yeux plus secs : *quis dabit capiti meo aquam, &c.* Certes en nos propres maux & miseres, il semble que ce soit par vne vile lascheté desmentir la generosité d'vn courage masle, & assis en bō lieu, que se laisser emporter aux pleurs.

Tu ne cede malis, sed contra audentior ito, mais pour celle d'autruy c'est estre hōme, & vrayement homme d'en auoir douleur & compassion, sinon c'est vne ferocité inhumaine, brutale, & pleine de barbarie, c'est estre desnaturé.

—— Mollissima corda Humano generi dare se natura fatetur.

Voire estre vne cruauté plus que bestiale, car encores dit-on du Lyō que *prostratis parcit,* & sur tout qu'il a empreinte en soy quelque reuerence pour l'homme, ie laisse le Lyō recognoissant d'Andronicus. Pline dit que l'Elephant trouuant vn hōme esgaré dans vn bois le remeine & redresse en sō chemin: mais ie renuoie cela sur la foy de cest autheur, la garantie & caution

caution, duquel on beaucoup de lieux m'est fort suspecte. L'on tiét que les loups, tous cruels & malicieux qu'ils sont de leur naturel, espargnent toutesfois les petits enfans de mammelle. Ie ne sçay si la Louue qui allaitta les petits Romulus & Remus, pourroit point seruir d'exéple pour seconder ceste opinion. Celuy donc est pire que brute, lequel estant homme, mais seulement de face, n'a point de pitié de son semblable calamiteux.

Or selon le prince de l'eschole, le nerf & motif principal de la misericorde, c'est de voir : s.Thom. 2.2.q.30.

Segnius irritant animos demissa per aurem,
Quàm quæ sunt oculis commissa fidelibus.

L'Autopsie ou inspection d'vn pauure mendiant affamé, allanguy, tout couuert de vermine & d'vlceres touché par l'entremise de nos yeux, nostre ame d'vne secousse si verte, & violente que si elle n'est renuersee, au moins est-elle bien esbranlee. Il y a ie ne sçay quelle tendreur qui amollit les plus durs & reuesches courages, pour les faire venir à quelque condoleance & ressentiment : pour cela le sage nous conseille sur tout de ne destourner nostre face du pauure : *ab inope ne auertas oculos tuos.* Quand le Soleil darde ses rays Eccl.4.

sur la bouë, voyez comme il en faict sortir des fleurs & des fruicts : & quand l'œil du misericordieux se lance sur la disette du pauure, il fait aussi tost esclorre de son sein des fleurs de compassion, qui produisent tantost apres les fruicts des bones œuures.

Ie donne deux visages à ce mot, *Vulnerasti cor meum in vno oculorum tuorum*. L'ame charitable le peut dire, quand par l'aspect des calamitez de son prochain, que selon la Loy de Dieu elle ayme comme soy-mesme, elle se sent touchee, & aussi l'Espoux tesmoigne par là à sa bien-aymee, que par vn seul traict de misericordieuse compasssiō elle luy naure & rauit le cœur, *& in vno crine colli tui* : car comme les cheueux sont la plus foible partie du corps, & contournables en tous sens, & auec cela le plus beau & naturel ornemēt du corps humain, aussi est la misericorde vne molle douceur & flexibilité d'ame ployable, selon les maux occurrens : & outre cela de toutes les perfections qui peuuent decorer vn esprit, nulle est comparable à la misericorde de tant plus belle qu'elle est naturelle & simple.

Sur ceste mention de cheueux, il me souuient de ce que Abacuc fut porté par vn Ange qui le sousleuoit d'vn cheueu,

à fin

LIVRE DIXSEPTIESME. 475
à fin de subuenir de viures à Daniel, qui estoit dans la fosse des Lyons : d'où ie tire que les gens de bien sont merueilleusement legers à s'addonner aux actions pieuses. Comme certes aussi les mondains aux folies & passe-temps du siecle. Voyez combien il faut peu de chose pour destourner ce peuple de l'attentiõ qu'il doit à la parole de Dieu, combien facilement celuy-là se distrait de sa priere, auec quel ayse ceste damoiselle quitte l'Eglise pour se trouuer au bal : ainsi à la premiere semonce sous les Israëlites donnarent leurs ioyaux & dorures, pour en fabriquer l'Idole de leur veau : & combien voyons-nous de mondains qui n'espargnans rien pour leurs plaisirs, plaindroyent d'employer vn denier en œuures misericordieuses : mais la fin iugera de tout : *Qui parcè seminat, parcè & metet.*

Le plus sage des Rois, & le Roy des plus sages nous donne bien vn plus salutaire aduis, quand il nous conseille de nous faire vn beau carquan de misericorde, de le mettre autour de nostre col, de grauer la pitié sur nostre cœur, & qu'en cest atour & parement nous nous rendrons l'accés du Ciel libre, trouuans grace deuant Dieu & les hommes :

Mise

Prouerb. 3. *Misericordia & veritas te non deserant, circunda eas gutturi tuo, & scribe in tabulis cordis tui, & inuenies gratiam & disciplinam bonam coram Domino.*

Aussi est-ce à la verité vne des plus precieuses pierres, & qui peut le plus embellir & decorer la couronne de la perfectiõ, voire elle comprend en soy la perfection mesme, elle peut estre comparee pour ceste occasion à ceste pierre, qu'ils appellent Iris, à cause qu'elle represente les mesmes couleurs que l'Arc-en-Ciel : le misericordieux empreint aussi en soy toutes sortes de graces. Les naturalistes outre la forme remarquẽt encores ceste proprieté, qu'elle ayde és enfantemens, & mitige les douleurs des femmes qui sõt en ces trauaux, & la misericorde soulage les miseres de l'autruy.

Elle peut aussi estre comparee à la myrrhe, laquelle comme elle preserue les corps de la putrefaction, aussi fait la misericorde les ames de la contagion du peché : celle-là purifie le corps de ses humeurs maluaises : *peccata tua eleemosynis redime, & misericordiis pauperum,* peut-on dire de l'autre : celle-là est chaude en son temperament naturel, celle-cy prouient de la charité, qui est vn feu plein de zele feruẽt,

la

la myrrhe est vn arbre qui croist en l'heureuse Arabie, & ceux qui sont misericordieux sont heureux: il iette comme quand la vigne pleure certaines gouttes espesses & gommeuses, lesquelles sont les meilleures, aussi l'espouse fait estat sur tout de la myrrhe premiere: *Manus eius stillauerunt myrrham primam, & myrrham prolatissimam*: Apres ceste premiere liqueur, les habitans du païs ont ceste coustume, d'esgratigner ces arbres auec des fers crochus: mais ceste seconde myrrhe n'est pas si pure & salutaire: aussi en la misericorde il y a ceste premiere & volontaire propension, qui nous porte promptement à bien faire à nostre prochain, & ceste allegresse est fort agreable à Dieu, lequel *hilarem datorem diligit*, parce que, *hestit iuxta motionem Spiritus sancti gratia*: car ces aumosnes & bien faits qui se font ou par l'importunité que font les miserables, ou par force, ou par honte, ils ne meritent pas le beau nom de misericorde, pensez que c'estoit vne belle grace que faisoyent à nostre Seigneur ces meschans & malicieux Iuifs, de luy bailler du fiel à boire en l'agonie de sa passio, *dederunt in escam meam fel, & in siti mea potauerunt me aceto*: ceux qui font l'aumosne au pauure par despit pour s'en desfaire, ou

par

par regret, s'ils ne font pareille malice, au moins commettent-ils semblable impertinence. Si la myrrhe est amere au goust, aussi est la misericorde vne amertume & aigre ressentimēt de la douleur d'autruy: si odoriferante, y a-il rien qui dōne meilleure renōmee à vn homme, que d'estre charitable & misericordieux ? *In memoria æterna erit, ab auditione mala non timebit.* Bref la myrrhe par sa cōseruation sēble redonner la vie au cadauer mort, ainsi *qui misericors est, adiiciet vitam, sicut palma multiplicabit dies.* On dit que l'Aigle pour l'inimitié capitale qu'elle a auec le serpēt, de peur que ses petits n'en soyent mordus, a de coustume de tenir en sō nid la pierre Aetites, laquelle est fort souueraine contre ce poison: si dans le cabinet de nostre ame nous conseruons la misericorde, le diable par le venin du peché ne nous peut liurer que de legeres attaintes, *Benefacit animæ suæ vir misericors:* & encores: *qui sequitur misericordiam, inueniet vitam, iustitiam & gloriam.*

Quàm pulchra sunt mammæ tuæ, soror mea, sponsa. Par ces mammelles la plus grand part des interpretes entendent la misericorde de l'ame pieuse, & non sans beaucoup de raisons, que ie rencontre par ces conuenances: elles sont appellees *vbera ab vber*

LIVRE DIXSEPTIESME. 479

ubertate, à cause de leur fecondité : rien ne remplit l'homme de tant de felicité, que la misericorde, plus vous tirez de laict d'vne bonne mammelle, plus il en reuient, & & du plus pur : comme les viues sources des claires fontaines croissent & se subtilisent, plus elles sont puisees : plus la misericorde puise la bourse pour l'eslargir en œuures pies, plus Dieu la remplit de biens & de commoditez, le laict c'est la pasture des petits, la misericorde nourrit les affligez & miserables, les mammelles sont d'vne matiere molle, spongieuse & fort remplie d'esprits subtils qui ont ceste proprieté de cõuertir le sang en laict, la misericorde est vne flexibilité & mollesse d'ame toute pleine de doux ressentimens, qui cõuertit le sang du courroux au laict de la mansuetude : ou bié qui trásmue l'argét, qui est appelé par vn poëte Comique le sang de la vie, au laict de la nourriture des pauures, & disetteux. Les mammelles sont voisines du cœur, & c'est la chaleur d'iceluy qui les aide en ceste cõuersion de substance, & la misericorde cõuertit & attendrit le cœur par la cõpassion. La multiplicité des mammelles és animaux denote leur fecondité, & ceux qui sont les plus misericordieux, sont les plus fertiles en bonnes œuures : si

le

le sang vient aux mammelles au lieu de laict, c'est vn signe, dit Hyppocrate en ses aphorismes, de frenaisie & manie, qui doit suruenir, si on n'attire promptement ce sang corrompu par vne ventouse. Et si au lieu de pitié on traitte auec rigueur & mespris vn pauure mendiant, demandant l'aumosne, n'est-ce pas signe d'vn sens reprouué, & d'vne dureté tres-vicieuse: si on ne corrige promptement ceste ferocité par quelque actió subsequente de liberalité & de benignité: par la retention du laict il se fait quelquesfois des endurcissemens aux mamelles, d'où procedent des maladies tres-dangereuses: de là naissent des fils, qu'ils appellent, qui sont cóme des poils, qui engendrent des vlceres & corruptions douloureuses: ce sont là les deux plus signalez deffauts. Et comme la zizanie que le diable *inimicus homo*, va entre-jettant & sursemant dans les œuures pies & de misericorde, sçauoir la dureté de l'auarice, quand on donne chichement & escharcement, desserrant à peine la bourse, voila l'endurcissement: l'autre le pois de la vanité quãd on donne largement: mais à fin d'estre prisé, & acquerir de la vaine gloire: contre cela l'Escriture nous donne cest enseignement. *Cùm facis eleemosynam, noli tuba canere.*

Ie parfourniray la carriere de ce dif-cours par l'interpretation de cest autre mot du Cantique, *Oleum effusum nomē tuū, ideò adolescentulæ dilexerunt te.* C'est huile espanduë, tant cherie des ieunes pucelles, qu'est-ce autre chose que la misericorde de Dieu, vnique asyle des belles ames, qui se refugient à luy ? Escoutons Dauid disant excellemment à ce propos en l'vn de ses Pseaumes, *Deus meus miseri-cordia mea:* sur quoy triomphe l'admirable Sainct Augustin, duquel voicy ses beaux mots : *Non inuenit impletus bonus Dei sanctus Dauid quid appellaret Deum suū, nisi misericordiam suā: ò nomē sub quo nemini desperandū est! Deus meus, inquit, misericordia mea: quid est misericordia mea ? si dicas salus mea, intelligo quia dat salutem : si dicas refugium meum, intelligo quia confugis ad eum : si dicas fortitudo mea, intelligo quia dat fortitudinem : misericordia mea quid est? Totū quidquid sū, de misericordia tua est: dedisti mihi vt essem, & vt bonus essem. Nā si tu mihi dedisti vt sim, & potuit mihi alius dare vt bonus sim, melior est ille qui mihi dedit vt bonus sim, quàm ille qui mihi dedit vt sim.*

Oleum effusum, vne autre traduction dit, *sanguis effusus,* ou biē, *sanguis exinanitus:* aussi certes en la passion de nostre Seigneur reluit le plus grand & signalé effect de sa

Ps. 58.

Tom. v. H h mise

misericorde, selon qu'auoit chāté le Psalmiste : *quoniam apud Dominum misericordia, & copiosa apud eum redemptio* : ouy certes copieuse & abondāte; car il luy en a cousté iusques à la derniere goutte de sō sang

L'huile a ceste propieté, de surnager toutes sortes de liqueurs. Ie pourrois dire qu'en Dieu, *superexaltat misericordia iudiciū*, & que *miserationes eius super omnia opera eius*: mais ie dis que la misericorde doit tenir le rang plus digne entre les perfections qui decorent vne belle ame.

On ne faisoit point autrefois de libatiōs sans huile; & nulle actiō pieuse est agreable à Dieu, si son principal motif n'est la misericorde. l'Elephāt qui peut māger de l'huile se guerit de toutes ses infirmitez, la misericorde modifie & nettoye l'ame.

L'huile engresse, à cause qu'elle est onctueuse, & espesse: nō, le gras desbord du Nil ne fertilise point tant l'Egypte, cōme la misericorde l'ame. Les tableaux faicts auec l'huile se conseruent longuement, & sont de grāde durée; sans cela ils se gastent & vsent aussi tost, toute œuure pie fondée sur la misericorde, pousse sa durée iusques dans l'eternité. S. Leon Pape: *Misericordiæ virtus tanta est, vt sine illa cetera virtutes, & si sint, prodesse non possint: quamuis enim*

enim aliquis fidelis sit, & castus, & sobrius, & alijs majoribus ornatus insignibus, si misericors tamē non est, misericordiā non meretur. Voyez comme le tableau de la perfection ne peut estre bien fait sans l'huile de la misericorde.

La premiere expression de l'huile qui se fait au pressoir cōme du vin ce qu'ils appellent la mere goute, c'est la meilleure & plus exquise. D'auantage l'huile plus elle est fresche & recente, meilleure elle est, le temps ne luy apporte que du deschet: en la misericorde: *bis dat qui citò dat.* Les retardations raualent de sa dignité: la prōptitude releue voire redouble sō pris. On remarque l'huile en estre plus douce & suáue, si premier que mettre les oliues soubs la meule on les trempe dans l'eau chaude : pensez combien ceste aumosne est plaisante à Dieu qui est accompaignée de l'eau chaude de la compassiō de cœur, tesmoignée quelquefois par des deuotieu ses larmes, qu'vn Iuste ressentiment de la misere de l'indigēt arrache & tire de nos yeux.

Plus l'huile est espurée de crasse & terrestreité, meilleure elle est, plus l'œuure misericordieuse est esloignée d'intention, terrestre & mondaine, plus pure elle

Hh 2 est

est deuant Dieu: *Te autem faciente eleemosy-nam, nesciat sinistra tua quid faciat dextera.*

Quand on espanche l'huile elle ne fait point de bruit, côme les autres liqueurs: ceux-là font les meilleures aumosnes, qui en font le moins d'esclat & de feste.

L'huile illumine, parce qu'elle entretient le feu à la lampe, & la misericorde sert de flambeau pour diriger nos pas em my les tenebres de ceste vie: *per viscera misericordiæ Dei nostri, in quibus visitauit nos Oriens ex alto, illuminare his qui in tenebris, & in vmbra mortis sedent, ad dirigendos pedes nostros in viam pacis.*

L'huile mundifie les playes, oste les inflamations, adoucit les aigreurs & pointes, & entre autres l'huile de baume est fort souueraine pour consolider les playes. De cest'huile peut estre se seruit le bõ Samaritain pour conforter les blesseures de ce pauure homme, que les larrons auoyent nauré à mort: la misericorde a tous ces effets en l'ame.

L'huile amollit les apostumes, & les fait creuer, la misericorde purge l'ame de toute rancune: & comme l'huile fait vomir le poison, celle-cy le venin de la haine.

Elle renforce, & pour cela les Athletes

tes anciens s'huiloyent les corps pour s'exercer à la luitte: la misericorde nous rend inuincibles & insurmontables à nos ennemis capitaux.

Les vierges folles, faute d'huile, furent excluses du banquet: nul a la misericorde au ciel, qui ne l'aura prattiquée en terre.

Le corbeau demeure sur les charoignes, la colombe auec vn rameau d'Oliuier reuient à l'arche: les immisericordieux seront enseuelis soubs les flots du deluge du courroux de Dieu, les misericordieux seront receus au haure de grace, où ils auront moissonné des thresors eternels, non subiets aux mains rauissantes des larrons, au temps, à la rouille, à la vermoulure: mais ce seront des sacs qui iamais ne s'vseront: c'est là où ils trouueront les amis, qu'ils se seront acquis par l'effusion de l'inique Mammon: c'est ce qu'a & nettement, & ingenieusement chanté vn Poëte, auec les vers duquel i'acheue:

Callidus effractà nummos fur afferet arcâ,
Prosternet patrios impia flamma lares:
Debitor vsuram pariter sortémque negabit,
Non reddet sterilis semina iacta seges:
Dispensatorem fallax spoliabit amica,

*Mercibus extructas obruet vnda rates:
Extra fortunam est quicquid donatur amicis,
Quas dederis solas semper habebis opes.*

De la Pureté de cœur. CHAP. VI.

Ps. 50.

D'Entrée ie feray ma saillie par plusieurs interpretations non vulgaires de ce mot assez commun de Dauid au grand Pseaume de sa penitence, *Cor mundum crea in me Deus.* toute l'estrangeté de ceste maniere de parler consiste en ceste diction de creer : car encores si le Prophete eust vsé d'vn autre terme, comme de purger, renouueler, refaire, nettoyer sanctifier, la difficulté eust esté moindre: mais toute l'eschole & Philosophique & Theologique conuient en ce poinct, que creer signifie faire vne chose de rien, de sorte que le Psalmiste vsant de ceste parole aduoueroit n'auoir point de cœur: chose impossible en nature : d'autant que selon le S. Thomas, *cor est primum principium virium vitalium.*

3. q. 9.

Pour la premiere intelligence nous noterons que Dieu s'est reserué cinq choses speciales priuatiuement : la gloire ; *gloriam meam alteri non dabo*, *soli Deo honor & gloria*: la vengeance ; *Mihi vindictam, & ego retribuam*: le iour du Iugement vniuersel:

de die

de die autem illa nemo scit, nisi Pater solus; la cognoissance des pensées, scrutans corda & renes Deus, & la creation, In principio creauit Deus cœlum & terram. Dauid doncques voudroit-il point dire à Dieu, Seigneur, comme c'est vous seul qui pouuez créer, aussi est-ce de vous que doit prouenir la pureté de mon cœur?

Mais quoy? pour passer au second sens ce Prophete estoit-il sans cœur, ou bien en vouloit-il auoir deux? Car encores s'il vsoit de ce langage, de faire comme ailleurs en pareil suiect du cœur, il dit, fiat cor meum immaculatum in iustificationibus tuis. l'interpretation seroit facile; mais puis qu'il dit, crea, il y a quelque subtilité cachée que nous desuoilerons à l'ayde de S. Basile, ceste grande lumiere de l'Orient. Ce docteur tombant sur l'exposition de ce passage assez ferme d'Isaye, *Ego Dominus creans malum*, qui de prim'abord semble faire Dieu autheur du mal, chose toutefois qui n'est ny ne peut estre: *Deus absque ulla iniquitate, Deus non-volens malum.* Il tient que Dieu cree le mal quand il le change & tourne en vn grand bien: c'est bien l'adueu frequent de l'eschole, que Dieu ne fait pas le mal, mais il le tolere & permet, & la raison pourquoy,

Isa. 45.

Hh 4 nonob

nonobstant sa toutepuissance, ce grand Dieu ne sçauroit faire le mal, est & subtile & excellête. Ils tiennent que le mal de soy n'est qu'vne priuation de bien, & la priuatiõ, cõme sçauent ceux qui sont tant soit peu imbus des premieres maximes de la Philosophie, n'est rien: par exemple les tenebres ne sont rien que priuatiõ de lumiere. Ainsi peut on dire que le sombre manteau de la nuict qui va voilant la terre d'vn crespe obscurement noir, n'est autre chose que l'opposition de la terre, corps opaque & dense, aux rays lumineux du Soleil: ainsi le vice n'est rien, mais la vertu est quelque chose de reel & subsistant, de sorte que l'estre vicieux prouiet de l'impuissã ce plustost que du pouuoir, partãt Dieu seroit impuissant s'il pouuoit mal faire: mais pour reuenir à ce traict d'Isaye, d'où ceste question me sembloit esforer. Ie tiens que l'enodation de S. Basile est fort adextre, de tenir q̃ Dieu crée le mal quand il le conuertit en bien, parce que en ce changemẽt il tire l'estre du non estre: ce qui est propre à la creation. I'ay besoing de quelque exemple pour faire mieux conceuoir mon imagination. En voicy vn, mais plusieurs: L'enuie est vn vice, & par consequent vn rien, *substantia mea,*

mea, disoit ce Prophete, se recognoissant auoir peché, *tanquam nihilum ante te: veruntamen vniuersa vanitas omnis homo viuens:* & encores par le vice, *ad nihilum redactus sum & nesciui.* Ce fut par ceste passion que Ioseph fut vendu par ses freres, & de là Dieu tira le bien de leur recognoissance: la grandeur de Ioseph, la consolation du pere: la richesse de la famille; la conseruation de l'Egypte. Certains animaux sont tres-bons à mâger, qui toutesfois se nourrissent de poisons & herbes venimeuses, mais leurs facultez naturelles tournent en bon suc ce qui de soy est pernicieux: ainsi les bons estomachs changent en bien les plus nuisibles viandes, tesmoin ce Roy dás l'histoire, qui rengea le sien à la digestion de la cigüe: c'est tirer des bôs effects d'vne mauuaise cause. Le peché d'Adam est appelé heureux par vn pere de l'Eglise, à cause qu'il nous a apporté l'abondâte redemption & copieuse misericorde qui apparut en la Passion de nostre Seigneur; ainsi les grands pechez de la Magdeleine luy ont causé vne grande componction: ainsi le reniement de S. Pierre vn torrent de larmes. Il n'appartient qu'à Dieu de tirer du mal par vne alchymie toute occulte secrette & cachee, vne quinte essence de bien, pour me recueillir, ie tiedrois que David diroit à Dieu: Seigneur, mon cœur estant tout plein de peché, ie vous supplie de creer ce mal qui y est, & le conuertir en bien, selon vostre ordinaire procedure.

Ou bien pour couler à vn troisiesme visage, il a voulu peut estre tesmoigner à Dieu que son cœur estoit si gasté de la contagion pestilente du peché, que pour exprimer vne renouation totale, il n'a point trouué de mot plus expres que celuy qui fait tout de nouueau, comme en vne maison qui menaceroit ruine de toutes parts, il ne seruiroit de rien de l'appuyer, la reblanchir & replastrer, le plus expedient est de la porter par terre, & puis la rebastir tout à neuf.

La quatriesme face me reuient plus: David sans doubte n'auoit plus de cœur, de maniere que n'en ayant plus, il ne se faut pas esmerueiller s'il en demande vn, la beauté de Bersabee le luy auoit rauy par l'entremise de ses yeux, *Oculus meus deprehendatus est animam meam*, ainsi le confessent ceux qu'vn amour deshonneste tient attachez à sa cordelle: oyez cestuy-cy.

Quid habes illius, illius
Quæ spirabat amores,

Et me surpnerat mihi:

Ce qui pourra faire recognoistre la verité de ce traict asses cogneu de S. Augustin, que *Anima plus est vbi amat, quàm vbi animat*, & par consequent le cœur, siege principal de l'ame: car les affections enleuent bien tellemēt l'esprit hors de son asiette qu'il va par tout où elles l'entreinēt:

———*Trahit sua quemque voluptas,*
Amore feror quocumque feror.

Ainsi l'auare a son cœur, c'est à dire, sa volonté en son thresor, *Vbi thesaurus, ibi cor.* Matth.6. Ainsi le luxurieux transporte toutes les facultez de son ame au subject aymé Osee, 4. *Fornicatio & vinum auferunt cor.* Voyez comme le Psalmiste, s'il le faut interpreter par luy-mesme aduouë franchemētcette alienation de cœur, de sens, & de jugement aueuglé de ce fol & adultere amour, *Cor meum dereliquit me & virtus oculorum meorum & ipsum non est mecum:* De ceste façon tous les vicieux n'ont point de cœur à eux, mais ils le mettent où les cōduit leur affection, *Audi popule stulte qui nō habes cor. Osee factus* Hierem.5. *est Ephraim, quasi columba seducta, non habens cor.* Disons donc que Dauid auoit raison de demander à Dieu vn nouueau cœur tout pur & net, puisque le sien sale & immonde estoit appliqué à vn autre subiect.

Icy

Icy ioindra la cõsideration que l'on peut former sur ceste parabole Euangelique des trois qui refuserent de se trouuer au bãquet du pere de famille: le premier qui auoit achepté vne seigneurie, le second vne paire de bœufs, s'excusent, *rogo te habe me excusatum*, disent-ils, & l'vn & l'autre: mais le troisiesme qui auoit pris femme ne respond à l'inuitant autre chose sinon, ie ne peux aller. Ie laisse les diuerses explicatiõs des interpretes sur tout cela, me contentant de remarquer pour mon suject que principalement *fornicatio aufert cor*, la paillardise aliene tout à fait l'esprit de Dieu, donne vn mespris du Ciel, fait oublier son salut, rauit & emporte le courage, tellement que l'on desdaigne tout autre soin que celuy de son propre plaisir, & pour ce mot de *Vxor*, on ne pense pas que pour cela on tiẽne le mariage pour mauuais, & retirãt l'ame des pensées celestes, encores que Sainct Paul aye dit du marié que *diuisus est*. Car par ce mot *Vxorem duxi*, tous les peres conuiennent en ceste intelligence, que le peché de la chair est denoté.

Ie viens à vn cinquiesme ressort pour ouurir le secret de nostre verset, c'est vne des belles & grandes questions de la Theo

LIVRE DIXSEPTIESME. 493

Theologie que celle de la iustification: mais sans l'enfoncer dauantage, il est tenu par accord commun qu'elle nous prouiët de la pure & liberale bonté de Dieu, non point de nos œuures ny merites, *Non ex* Tim. 3. *operibus iustitiæ quæ fecimus nos, sed secundum misericordiam suam saluos nos fecit*, non que les pieuses & bonnes actions ne seruent d'vn grand acheminement & preparatif à la grace iustifiante, parce que si nous ne marions nostre vouloir auec l'ayde de Dieu, nous ne serons iamais heureux, d'autant que selon ce mot assez vulgaire de sainct Augustin, celuy qui nous a creés sans nous, ne nous peut pas sauuer sans nous. Vne comparaison esclaircira bien ce faict, si nous disons qu'en l'arc, comme il y a trois pieces principales, le bois, la corde & la fleche, qui concourent en telle sorte que sans l'vne tout le ieu & effect manque, aussi en la iustification il y a la prouidence de Dieu, le libre arbitre: voilà la corde, & le bois, & la fleche, la bonne action. Si est-ce que nous deuons referer tout nostre bien à Dieu, comme à son vray & legitime principe, *Omne bonum desursum est descendës à Patre luminum*: comme les ruisseaux à leur source, les branches au tronc, les rays au Soleil, les veines

au

au cœur les lignes au centre. Tout ce que nous faisons de bien c'est Dieu qui l'œuure en nous : *Omnia opera nostra operatus est in nobis.* C'est luy qui nous dône le parfaire, & mesmes le vouloir, *Deus operatur in nobis velle & perficere pro bona voluntate.* Toute nostre suffisance est relatiue, & mendiee de luy, nous n'auons aucune perfection qui n'aye sa dependance emanee de la sienne, *Non sumus sufficientes aliquid cogitare à nobis, quasi ex nobis* : nous n'auons rien que par luy, *In ipso viuimus, mouemur & sumus.* Il est plus nous-mesmes, que nous ne sommes nous-mesmes, tout ce que nous sommes procede de sa grace, *Gratia Dei sum, id quod sum* : Et sa grace est toute pure simple & tres-gratuite, *si autem gratia, iam non ex operibus: alioquin gratia non esset gratia.* Ce que nous nous portons au mal, vient de nostre deffaut : ce que nous nous releuons vient de la grace de Dieu : L'hôme est *spiritus vadens*, au peché, *sed non rediens*, sans l'assistance du Ciel, nous auons beau ieusner, prier, aumosner, veiller, trauailler, faire toutes sortes d'actions pies, si est-ce que nostre iustification est deuë à la pure grace de Dieu : Or ceste iustification est vne autre creation, ou pour vser de ce mot re-crea

Rom. 11.

LIVRE DIXSEPTIESME. 495
creation d'ame, de sorte qu'auec raison le Psalmiste vse de ce terme de creer pour impetrer de Dieu sa grace iustifiäte.

Peut seruir à ce propos le rapport d'vne fable ancienne, pleine d'vn enseignement tres-vtile: Minerue demanda, disent les poëtes, vn iour à Iuppin, pourquoy tous les Dieux ayans mis leur affection en quelques plantes particulieres en terre, quasi tous ces arbres qui leur estoyent dediez estoyent infructueux, comme le laurier d'Apollo, le myrthe de Venus, le Ieneure de Iuno, le Pin de Neptune, le peuplier d'Hercules, laissans là les bons & fructueux, comme l'Oliuier, le pōmier, & autres. Il luy fut respondu, que c'estoit à fin que les hommes ne creussent pas qu'allechez de la douceur & plaisant goust du fruict des arbres fertiles, ils les eussent choisis & fauorisez: mais bien qu'ils auoiēt mis leur plaisir aux autres, pour leur apprendre que c'estoit de leur propre bonté nō du merite des choses, q procedoit leur bien veillance: fiction fort cōuenable à ceste verité, q c'est de la pure bōté de Dieu que vient nostre iustification, sans aucun esgard à nos œuures, ausquelles seules qui se fie par trop, on peut dire qu'il marche sur vne planche pourrie & s'appuye sur vn baston de roseau.

Sou

Souuent les peintres se trouuent plus empeschez à refaire & renouueler vn tableau desfiguré par l'vsure, ou à qui le temps a faict crouste-leuer par esclats les plus beaux traicts, ou bien consumé par la poussiere, ou par l'air la viuacité des couleurs, que non pas d'en tracer vn tout nouueau, selon les preceptes de son art, il est gesné & contrainct en ses fonctions, il faut qu'il s'accommode aux lineamens precedens, qu'il relaue & rehausse ce qui est descheu, qu'il perfectionne ce qui est imparfaict, r'adoube ce qui est rompu; bref sa peine est de beaucoup plus grande. Le plus ingenieux des poëtes aduouë que de corriger son ouurage estoit vne chose bien plus difficile que non pas vne nouuelle composition.

Corrigere at res est tanto magis ardua, quanto Maior Aristarcho magnus Homerus erat.

Aussi est-il aduoüé que de toutes les œuures de Dieu il n'y en a point de si mal-aisee que la conuersion d'vne ame pour la conduire à la iustification, pour creer tout ce monde, il ne luy faut qu'vne parolle, *Dixit & facta sunt*, pour le recreer, le rachepter, le iustifier, il faut que le verbe s'incarne, qu'il traine icy bas vne vie miserable, souffre vne mort la plus igno ignominieusement douleureuse de toutes les morts, voyez de combien en peine surpasse la redemptiõ la creation. L'homme auoit par le peché tout defiguré la viſue Image de Dieu empreinte en son ame: *Fecit hominem ad imaginem & similitudinem suam.* Ce grand ouurier luy voulant redõner son lustre ancien & sa splendeur premiere: il prend la toile de son humanité semblable à la nostre, laquelle il estend sur le mestier de la croix: il la colle auec les crachats des Iuifs, il l'esbauche auec les soufflets & les coups de fouët qui tracent sur son sacré corps des lignes diuerses, il prend ses clous teincts en son sang, redonne le vermillon à son Image gastée, il l'ombrage auec le grand pinceau de la lance, passe l'esponge par dessus son sang, qui estoit vn huile espandu, luy sert à destremper son sang & son eau, qui couloyent à gros randons de son costé: le tout pour rebailler la perfection à son ouurage, & rendre ceste perfection admirable à tout sain iugement.

Voila le procedé de ce diuin peintre sur le fait de nostre iustification, soubs des termes non tant metaphoriques qu'ils ne soient faciles à conceuoir aux plus simples.

Or ce qu'il y a de plus penible en ce fait est que nonobſtāt toutes ces fatigues que noſtre Seigneur a ſouffertes, pour nous lauer de nos pechez en ſon ſang, ſelon les termes de la ſaincte Parole, demeurēt inutiles pour nous, ſi nous ne portons auſſi par concurrēce à vouloir accomplir en nous ce benefice : de maniere qu'il faut qu'en cela le pinceau ſe rapporte au tableau, & la reigle à la pierre. De toute ceſte longue conſideration, ie tire ceſte interpretation ſixieſme de noſtre verſet: *cor mundū crea in me*, Seigneur, dit le Prophete, vous m'auez dōné vn coeur pur & tout blanc d'innocence, ceſte belle candeur a part en moy. Aux premiers ans de ma plus ieune enfance, i'eſtois vn Nazarien plus blanc que la neige, plus net que le laict, plus vermeil que le pourpre, plus clair que le ſaphir : mais ma face eſt deuenue changee entieremēt, ie ſuis deuenu noir cōme le charbon, ie ne ſuis du tout point cognoiſſable : ce coeur que ie deuois auoir conſerué en ſa netteté premiere, ie l'ay tellement ſaly & gaſté, que vous auriez biē plus toſt fait, ô mon Dieu, de me redonner vn nouuel eſtre, *& ſpiritum rectū innoua in viſceribus meis*, que non pas de prendre la peine de me nettoyer

& pu

& purifier: donques *cor mundum crea.*

Ie continue au septiesme sens: le coeur du pecheur n'est point en luy, mais bien en ce que desordonnémét il affectione, il est donc question d'en auoir vn: de reprendre ce mauuais, il est hors de raison, mais il est plus à propos d'en prendre vn neuf: *Facite vobis cor nouũ*, dit Ezechiel, & cela ne se peut mieux faire qu'en creant.

Le coeur du pecheur n'est non seulemét pas en luy, mais il est aneanty par le vice, qui est vn neant, côme nous auons monstré. Il en falloit donc à ce Psalmiste faire vn neuf: c'est pourquoy, *crea*: & voyla vn huictiesme secret.

Le coeur du pecheur est vn mal, & pourtát il est priué du vray biē, qui est la grace de Dieu, grace qui est la vie du coeur côme le coeur, siege & throsne de l'ame est la vie du corps, quád Dieu fait naistre quelque creature, on dit qu'il la creé: & le Psalmiste disant à Dieu que son coeur est noir pour l'ordure de son peché, en luy demandant la vie de sa grace, vse du terme de creer: & c'est vn neufuiéme sétier.

Violent seroit ce poison qui infecteroit tellement vn vase, q̃ iamais puis on ne le peut lauer, ny nettoyer de ceste côtagiõ: le peché est vn venin si mortel, qu'estant

I i. 2 vne

vne fois mis dans le vase de nostre cœur, il le corrompt & le gaste entierement, de sorte que l'on auroit quasi aussi tost fait d'en auoir vn nouueau, que s'arrester à purifier cestu-cy : c'est à l'aduenture comme l'entend le Psalmiste, & pourra seruir ceste intelligēce pour la dixiesme. Voyez & iugez combien ceste contagiō est glissante, puisque depuis la cheute de nostre premier pere iusques à nous s'est coulé ce mortel venim, ce *fomes peccati* de nos maistres, ceste propension & inclination au mal, ceste rebellion & contradiction que nous ressentons en nous de l'estrif du corps contre l'esprit : ce qui fait appeller ceste vie vne guerre à Iob, ce qui fait dire à Sainct Paul qu'il ressent vne loy contrariante, & vne sensible repugnance en ses membres, se reuoltans contre la raison. On dit de la Torpille que quād elle est prise par les pescheurs au filé, ou à l'hameçon, elle coule insensiblement vn ne sçay quel engourdissement au bras de celuy qui la pense tirer hors de l'eau : aussi par succession continue nous tirons de nos parens l'ordure, engourdissement du peché, que nous contractons par nostre origine, naissans *hæredes peccati, naturâ filij iræ*.

Rom. 7.

Mais,

Mais, pour ne tirer plus de langue ces diuerses interpretations, voicy ma derniere: estant vray que les delices de Dieu sont de conuerser auec les enfans des hommes, & de loger en leurs cœurs: *deliciæ meæ esse cum filijs hominum. Quid est homo, quia innotuisti ei? Quare magnificas eū, & apponis erga eum cor suum?* Il est bien raisonnable de ne loger pas en vn lieu sale vn Prince si pur & si amoureux de la netteté: *domum tuam, Domine, decet sanctitudo. Templum Dei sanctum est,* dit l'Apostre, *quod estis vos.* Et encores, *an nescitis quia corda vestra templa sunt Spiritus sancti?* Pour cela Dauid demande à Dieu vn cœur net, pour le receuoir plus dignement: mais pour penetrer à la mouelle plus intime de nostre *Crea*, nous remarquerons que Iudas Machabée, ayant veu le temple de Ierusalem prophané par les sacrileges mains d'Antiochus, il le purifia, le fit rededier nouuellement, & destruisit tous les autels où ce Payen auoit sacrifié à ses Idoles, & appela cela le renouuellement du Temple.

Macch. 4

Nos corps sont les temples viuans de Dieu, nos cœurs en sont les Autels, sur lesquels ayans meschamment sacrifié aux Idoles de nos passions, il les faut

Ii 3 briser

briser & destruire par la contrition & vn grand desplaisir d'auoir offensé Dieu: *cor contritum, Deus, non despicies* : & en refaire de nouueaux, purs & nets, sur lesquels nous puissions sacrifier à Dieu des sacrifices de Iustice, des holocaustes moëlleux, des hosties qui luy soyent agreables. Dauid donc se voulant releuer de sa cheute & renouueler le temple de son corps, qu'il auoit pollu par vn infame adultere, demande à Dieu vn autel nouueau, le priant de luy creer vn cœur pur: *Cor mundum crea in me, Deus.*

D'vne si ample moisson de diuers sens & biens sur vn motet l'aduisé & iudicieux lecteur pourra tirer & trier telle route qu'il luy plaira: & tandis qu'il s'arrestera à admirer la soupplesse de l'Escriture à receuoir tant de variables formes, ie couleray cependant à d'autres nouuelles inuentions.

Pone me, dit l'espoux à sa bienaymée en son Epithalame sacré, *vt signaculū super cor tuum.* Sur quoy ie forme diuers rencontres. Il dit *Pone*, mets, au present, non point *posuisti*, non pas *pones*: ce n'est rien d'auoir eu l'amour de Dieu d'autres fois, si on ne le conserue, ce n'est riē de promettre & se resoudre de l'acquerir vn iour, si on ne s'en s'en met en deuoir, semblables à ces images de S. Hierosme, qui iamais ne se frappent l'estomach, quoy que tousiours le bras soit leué, comme pour ce faire. Et ce téps present enseigne qu'en tout temps, en tout lieu Dieu doit estre graué en nostre coeur.

Apres il y a *me*, c'est à dire Dieu seul, nõ le monde: comme l'ambitieux, qui n'a que les vanitez & pópes en teste, non la chair, comme le luxurieux: non l'or & l'argent comme l'auare: non la haine & le despit, comme le cholerique.

Vt signaculum: ô que cela vient à propos apres ce *me*, vne belle cõception de Picus prince de la Mirande: Si on prend vn seel & qu'on l'imprime sur la cire ou quelque autre espece de metal, cestuy mesme seul pourra rẽplir les espaces vuides, les traces & lignes qu'il aura faictes: iamais vn autre n'arriuera à ce point. Or voyez, quand Dieu crea l'homme, il graua en luy cõme dãs vne terre molle les traits de son image: *fecit Deus hominem ad imaginem & similitudinẽ suam*: de maniere qu'il n'y a que luy seul qui puisse contenter, satisfaire & rẽplir les vuides, & les desirs de nos coeurs: *Ipse replet in bonis desiderium nostrum*. Ioinct que nos coeurs, c'est à dire nos ames, cités immortelles de leur nature, infinies en leur capacité, & n'y ayant rien icy bas de mortel & finy: & Dieu estant seul & Eternel, & la mesme infinité, il s'ensuit que celuy-là seul peut borner & combler nos ames: ce que ne sçauroit l'entiere machine de l'vniuers: c'est pourquoy il est fort à propos de dire, *pone me*, & pour l'entiere comparaison, *ut signaculum*.

Enfonçons des considerations sur ce sceau: penses-tu pas, ô ame Chrestienne, quand tu vois ton Redempteur en la Croix,

—— *Lacerum crudeliter ora,*
Ora manúsque ambas, ——

que c'est vn seel bien digne d'estre imprimé en ton cœur par vne frequente meditation? Mais côme quand on veut imposer le cachet sur la cire il faut qu'elle soit amollie par le feu, aussi faut-il pour grauer en soy Iesus crucifié, auoir le cœur liquifié, attendry & rendu flexible par le moyen du feu de la charité. Quand le seau entre en la cire, ce qu'il y a de plein entre dedans la cire, & la cire entre dans les vuides espaces du seau, ainsi l'vn se conforme à l'autre beau symbole: comme pour nous perfectiôner nous deuons

uons suyure l'exemple de celuy qui nous a rachetez, *vt sicut fecit, ita & nos faciamus.*

Mais pourquoy est-ce, à vostre aduis, que peu de gens veulent imprimer ce seau sur leur cœur, & y faire comme dans vne couchette delicieuse reposer le doux Iesus? Helas! c'est parce qu'il a la teste toute chargee de poignantes espines, espines symbole de la malediction de la terre, que ce bon Seigneur en a arrachees pour en estre l'expiateur, en les mettāt sur sō chef. Oyez comme doucement il se plaint chez S. Matthieu, de ce que *Vulpes habent foueas, & volucres cœli nidos, filius autem hominis non habet vbi caput suum reclinet.* O si l'auare laissoit vn petit de temps reposer cest homme-Dieu en son cœur, il entendroit aussi tost ces paroles aiguës, cōme des espines poignantes, qu'il est tresque difficile que le riche entre au Ciel, que celuy qui ne renonce à tout, ne peut aller apres nostre Seigneur. *Vade, vende omnia quæ habes,* &c. L'ambitieux seroit piqué d'oüyr, *estote mites & humiles corde, nisi efficiamini sicut paruuli isti,* &c. Et ainsi tous les autres pecheurs sentiroyent des aigres reprehensions: c'est pourquoy ils redoutent l'impression de ce cachet.

Suyuons, *super cor*: il ne dit point sur

la langue, pour chanter ses louanges, comme ailleurs: *Immola Deo sacrificium laudis, sacrificium laudis honorificabit me, Domine, labia mea aperies*, &c. Non sur les yeux, pour le considerer: non sur les oreilles, pour les rendre attentiues à sa parole: non sur les pieds, pour les faire cheminer droict: mais bien sur le cœur, c'est à dire, qu'il veut estre aymé au dessus de toutes choses. Voyez-vous, les infideles peuuent donner l'aumosne, ieusner, prier, faire toutes les autres bonnes œuures: Mais aymer Dieu de toute son ame, c'est la proprieté plus essentielle du bon & vray Chrestien, d'autant que, comme dit l'Apostre, *plenitudo legis dilectio*.

Dauantage *super* au dessus non au dessous, comme font ceux qui laissent Dieu à la moindre occasion qui se presente de mal faire, non à costé, comme ceux qui tiedes & lasches en leur affection ayment Dieu, en sorte qu'ils font concourir aussi & aller de pair l'amour du monde, celuy seul est digne de consideration & agreable deuant Dieu, qui le met au dessus de son cœur, desdaignant & mesprisant entierement tout autre amour que le sien.

En

En fin il y a *tuum*, non pas *alienum*. Il veut que ce cœur sur lequel nous le grauerons, ce cher espoux, qu'il soit nostre. Prescheur, peu te seruira par tes beaux discours, & harangues polies, de faire admirer les prodiges de ton eloquence, en chatouillant les aureilles d'autruy: voire quand mesmes par la force de ta persuasion tu aurois enfoncé l'amour de Dieu dans leurs ames, si tu ne l'as toy-mesme dans ton cœur: tu as beau dire d'or, & parler le langage des Anges: *Vox es, præterea nihil*, disoit le Spartain au Rossignol: & selon sainct Paul, *Si linguis hominum loquar & Angelorum, charitatem autem non habuero, factus sum velut as sonans, aut cymbalum tinniens*, ce ne t'est donc pas assez, de persuader l'autruy, si toy-mesmes n'es bon.

Tuum, le tien est tel, qu'il est si petit ie veux ton petit cœur; si grand, mets-y moy en grand volume: le cachet imprime sur tout, sur la cire, sur le beurre, sur la bouë, sur le plomb, l'argent, l'or, tout luy est indifferent: ouy, mais si mon cœur est sale, plein d'ordure, indigne d'estre presenté à Dieu: & bien, ce bon maistre pour cela ne le desdaigne: il le purifiera, le guerira, le rendra digne

digne de soy, l'ennoblira, le desgagera des entrailles & liens du peché.

Il y a plus, *tuum* : mais il faut que ce cœur soit nostre, c'est à dire, qu'il ne soit point vendu à l'auarice, liuré au monde, attaché à la chair : car comme nous auons ja faict voir le vicieux à son cœur, non à soy, mais à sa passion. Prosper raconte vne histoire qui fera fort pour tesmoigner ceste verité : Vn richard meurt apres auoir fort taquinement entassé & amassé beaucoup d'escus, & ses amis voulans sçauoir la cause de la mort subite qui l'auoit ainsi vistement troussé, l'ayans faict ouurir, le trouuarent sans cœur : ils vont à son thresor, où ils le rencontrent entre les pattes du diable qui le deschiroit en forme de dragon, de maniere qu'ils cogneurent la verité de ce mot, *vbi thesaurus tuus, ibi cor tuum*.

<small>li. de don. timor.</small>

Donc pecheur si tu veux appliquer ce seau sacré sur ton cœur, il le faut r'auoir s'il est engagé, il le faut, paillard, retirer des griffes de ceste concubine : ambitieux, de ceste vaine esperance, qui te le ronge : auare, de ce thresor que tu couues si soigneusement, il se faut conuertir, & puis le donner à Dieu. *Conuertimini ad me in toto corde vestro.*

LIVRE DIXSEPTIESME. 509

Reconquis & purifié que nous l'aurons il faudra lors pratiquer soigneusement ce beau & salutaire conseil du sage, de garder d'vne diligence & vigilêce exacte, cestuy nostre cher cœur, puis que c'est la source & principe de nostre vie : *Omni custodia serua cor tuum, ab ipso enim vita procedit.* Les etymologistes tiennent que le mot de *Cor* vient de *cura*, d'autant que c'est la partie premiere & principale, qui communique, espand & distribue le sang & la vie à tout le reste du corps, & ce qu'ils tiennent actiuement, moy passiuement, parce que nous ne deuons point auoir tant de soucy d'aucune autre chose comme de la conseruation de nostre ame : *quid prodest homini si vniuersum mundum lucretur, anima autem sua detrimentum patiatur?*

Or ce n'est pas sans raison que nous deuons veiller continuellement en sentinelle autour de ce fort, selon l'aduertissemêt du Prince des Apostres, parce que le diable, le sang, & le monde nos ennemis capitalement coniurez, comme des Lyons rugissans, des Tygres cruels, des Ours sauuages rodent sans cesse autour, pour deuorer ceste precieuse partie : mais *cùm fortis armatus custodit atrium suum, omnia quæ intus sunt in pace sunt.* Quand par vne
belle

belle resolution, nous nous armons contre les illusions du monde, les prestiges du diable, les tentations de la chair, & que nous fermans bien toutes les aduenuës & les fenestres, qui sont nos sens, pour en dechasser ces larronneaux, *intrauit latro per fenestras, oculus meus prædatus est animam meam.* C'est lors que nous possedons nos cœurs en paix & patience, *In patientia vestra possidebitis animas vestras.*

Pepigi fœdus, disoit Iob, *cum oculis meis vt non cogitarem quidem de virgine.* Voyez comme il estoit aduisé à se donner garde des embusches, *Si secutum est cor meum oculos meos*, dit le mesme, par où il nous monstre clairement, que nostre cœur porte volontiers sa conuoitise, à ce que les yeux contemplent: ceste magnificence, quand nous la considerons attentiuement, nous laisse des esguillons d'ambition:

Apiumq́, par volantum
Vbi grata mella fudit
Ferit icta corda morsu.

Ces thresors trop regardez, nous donnent des esblouïssemens par leur esclat brillant & splendide, & nous donnent des attaintes d'auarice, appellee par sainct Iean concupiscence: des yeux rarement peut-

peut-on euiter les pieges & lacs, quand on les recerche: qui cherit le peril, y perira, dit le plus sage des hommes, rarement desire-on ce que l'on ne voit point: l'ambition, l'auarice & autres imperfections sont forcloses de la vie des champs, elles sont contagieuses en la presse des villes, la solitude les perd, la compagnie les fait reuiure, raciocine Seneca.

Quand aux titillations & desirs de la chair, chascun sçait que leur premiere origine vient des yeux:

Vt vidi, vt perÿ, vt me malus abstulit error.

Sur quoy certes on pourroit former vne notable consideration, comment les yeux qui sont membres d'vn mesme corps, que le coeur, trompent ainsi miserablement ceste principale piece, de luy donner des alteres & esmotions, pour vn suject qu'il ne voit point, eux restans insensibles & sans douleur: car pour estre les yeux priuez de l'obiect aymé, ils n'en ressentent pour cela pas tant de douleur, ouy bien le coeur tant d'inquietude, de tristesse, & de fascherie, qu'il en perd tout repos & contentement, & encores, qui est vn artifice & stratageme estrange, les yeux qui ont abusé le coeur d'vn fol & d'vn passionné amour, luy

luy font desirer vn plaisir, dont luy mesme ne iouira pas. Ie crois bien que l'on me pourroit respondre, parce que de sa nature il n'a pas esté destiné à ceste fonction: mais que cela vient de la sympathie & harmonieux accord des membres, qui vont tissans & bastissans nostre corps, si est-ce qu'il se rencontre peu que nos autres parties se prestent ainsi de mauuais offices: la main ne donnera iamais du poison à la bouche, non pas mesmes rien qui luy soit à degoust & contre-cœur, si ce n'est par vn extreme desespoir elle n'ouurira iamais la poitrine d'vn fer sacrilege & meschant, les pieds ne portent point le corps à vn precipice, & toutesfois c'est l'office le plus ordinaire des yeux, par l'obiect des faces des dames, apres lesquelles les moins aduisez bruslent si impuissamment de deceuoir, tromper, piper, voire perdre le cœur, par vne malice toute extrauagante, ne leur reuenant aucun bien de cest abus, n'y aucun plaisir au cœur.

Dōc pour assagir nos yeux cōme plus subtils, aussi les premiers plus nobles & excellēs de tous nos sens, ie leur ferois volontiers ceste leçon, qu'ils aduisassent vn peu à leur condition & à celle du cœur. Quād l'embrion est cōçeu en la matrice, la

LIVRE DIXSEPTIESME. 513

la premiere piece qui se forme de nous c'est le cœur, selon la plus saine opinion des medecins, c'est le centre d'où se tirét les diuerses lignes à la circonference de nostre corps, ainsi est-ce le premier membre viuant, quand l'homme est pressé des agonies de la mort de toutes parts le sang se retire à la citadelle du cœur, de sorte que c'est la derniere partie qui meurt en nous: ainsi a-on raison de dire en l'eschole que, *cor est primum viuens & vltimū moriens*, voyons pour les yeux, & nous trouuerons tout le contraire: car il est sans doubte que les premiers iours que nous sommes produits sur la terre, nous ne voyons que tres-imparfaictement à cause & de la foiblesse de nostre veuë, & de certaines humeurs qui la troublent & offusquent, de façon que les yeux sont les derniers à naistre, & quand nostre mort est voisine, le premier & plus asseuré augure de nostre dissolution est, quand les yeux perdent leur office, se tournent & sont troublez, lors on peut dire que c'est fait de la vie: ainsi les yeux sont les derniers viuans & les premiers mourants: qu'ils considerent donc l'ineptie de leur deception, puis qu'eux mesmes en seront punis les premiers. Car aduenant que le cœur

K k meure,

meure, ils sont les premiers determinez au trespas.

Ainsi deuons-nous estre extremement soigneux de boucher nos sens, pour garder nostre cœur de surprises, pour le toucher, sachans que, *Vasa lutea portamus, quæ faciunt sibi inuicem angustias* : par l'ouye, *sermo impij quasi cancer serpit* : par le goust, *plures occidit gula quàm gladius* : & ainsi des autres. Voyez és maisons habitées, pour se garder de l'inclemence & intemperie d'vn froid & rigoureux hyuer, ou bien des chaleurs ardemment immoderees de l'esté ou des orages & impressions de l'air, ou de l'agitation des vents, comme soigneusement on bouche les fenestres & portes : si nous craignons que les bourasques & tempestes des passions ne trauersent nos ames, il faut bien conseruer nos sens de toutes impressions exterieures.

Le vent a beau battre la maison, pourueu qu'il n'entre pas : ny le venin ne nuit aucunement, pourueu qu'il n'infecte le cœur : ny le Diable ne gaigne rien sur nous par ses tentations, pourueu qu'il ne gaigne poinct l'arcenac de nostre volonté. Les ennemis des enfans d'Israël s'estans rendus maistres de la citadelle de Sion,

Sion, gaignerent tost apres la ville de Ierusalem: le Diable ne sçauroit nous destruire & ruiner, si premier il ne gaigne le fort de nostre cœur.

On a beau battre l'acier & la pierre, ces estincelles sans mesche resterons inutiles: & l'ennemy a beau battre par suggestions, & tentations l'acier de nostre esprit, si nous n'y prestons la mesche du consentement, ses efforts seront nuls.

Apres la garde des sens pour la conseruation du cœur je tiens que le reiglement des pensees est fort necessaire, car de là on vient aisement aux effects: l'industrie est d'y resister à l'abord, lorsqu'elles sont petites & faciles à reietter. *Principiis obsta.* Pharao ayant commandé que l'on fist mourir tous les premiers nais de l'Egypte, Moyse eschappa, & il fut cause de sa mort. Si nous n'estouffons dans le berceau, c'est à dire en leur naissance, toutes les mauuaises pensees, qui sont les premiers nais, il y a grand danger que venans à croistre elles ne causent la mort à nostre ame.

C'est de ces illusions premieres que le Prophete Roy a chanté: *Beatus qui tenebit & allidet paruulos tuos ad petram.* Ce sont ces petits renardeaux aux Cantiques qui perdent toutes les vignes.

Isaye nous admoneste de fuir le peché comme la couleuure, *quasi à facie colubri fuge peccatum*: s'il disoit de la face de la vipere, ou du serpent, qui ont du venin, il y auroit quelque raison: mais les couleuures n'ont presque rien de venimeux: ainsi quand le peché vient à nous, il nous paroist si doux, si leger, si peu nuisible, auec vne façon si douce & attrayāte, qu'il ne se peut dire plus: mais tantost apres qu'il aura pris pied en nous par quelque habitude, il sera le maistre d'vn furieux & tyrannique visage, il nous deuorera comme vn Dragon: *De radice colubri Regulus egredietur.*

La poincture d'amour au commencement ce n'est que la picqueure d'vne espingle, d'vne mouche: mais apres l'adultere commis, c'est vne morsure de Lyon, vne attainte de lance. Socrates tout vieil, tout refroigné, tout austere, auquel,

Frigidus obstabat circum præcordia sanguis, à qui & la Philosophie, rigide maistresse, & les ans faisoyent leçon de froideur & de temperance, parlant chez Platon d'vn obiect d'amour: M'estant, dit-il, appuyé de l'espaule contre son bras, li-
sans

fans enfemble dans quelque liure, ie reſſenty auſſi-toſt comme vne picqueure dans l'eſpaule, qui ſe gliſſa dans mō cœur & enuoya dās mes moëlles vne demangeaiſon & titillatiō vniuerſelle. Conſiderez le peu de ſubiect vn toucher d'eſpaule, & caſuel; & l'attention à lire ce liure, capable de diuertir l'eſprit de toute autre penſée, & le rencontre impremedité, & ceſte pointure ſi viſue, ſi gliſſante, ſi forte, ſi pleine, eſmouuoir & esbranſler vn corps appeſanti & aggraué de l'aage plus froid qu'vne ſtatue, au rapport de la courtiſane Laïs: alambiquer vn cerueau ſi ſolide, eſchauffer vne ame la plus exceſſiue du monde en reformation.

Toutes ces choſes bien peſées diſons auec ceſt ancien, que *Parua ſcintilla magnū plerunque excitat incendium*: vn petit pepin fait vn grand arbre, vn petit penſer apporte vn grand mal à l'ame: c'eſt vn grain de mouſtarde qui croiſt aprés deſmeſurément.

Si l'on n'eſgoutte ſouuent le nauire par le battement de la pompe, il eſt danger que l'eau qui eſt entrée petit à petit en la ſentine par les trous & creuaſſes, ne vienne en fin à ſubmerger le vaiſſeau, & ſi nous ne reiettons les diuerſes penſées

qui roulent sans cesse dans nostre cerueau
pour petites qu'elles soyent, si elles sont
mauuaises il est danger qu'elles ne nous
facent faire nauffrage. Au commencemēt
que les ronces commencent à croistre en
vn champ, il n'est rien si facile que de l'en
desfricher: mais si par traict de temps elles y prennent racine profonde, elles s'en-
trelassent en sorte en vieillissant, qu'à
peine apres en peut on despeupler la terre: au commencement les mauuaises pensées se coulent en nostre cœur soubs vn
masque d'indifference, & soubs pretexte
qu'il ne peut estre sans penser: mais apres
il s'embarrasse tellement en ses imaginations, se fiche & arreste tellement en des
resolutions malicieuses, que par apres ces
habitudes sont difficiles à abolir.

Nostre ame est comme vn moulin qui
sans cesse tourne & meult, il est en bransle
& agitation perpetuelle: or come c'est à
la discretion du meusnier de ietter soubs
ses meules du fromēt, de l'orge ou de l'y-
uroye, aussi est-il en nostre pouuoir de
donner des bōnes ou mauuaises pensées à
digerer à nostre ame, nous sçauons en ce
choix ce que la prudence nous dicte.

Pompée parmy les guerres Romaines
se trouuant en Espagne, demāda permission

sion à un Roy de ces contrées de permettre aux soldats malades & blecés de son armee, de s'aller faire panser en la ville capitale, cestuy-cy comme allié & confederé du peuple Romain, l'accorda tresvolontiers : ces troupes gueries s'emparerent de la Cité, & la pillarent : voyez en ceste action, comme fait le vice, il s'empare de nos ames, sous couleur de foiblesse : si ie ne donne plaisir à mon corps, dira ce voluptueux, ie mourray : les poëtes amans sont pleins de telles folies : mais depuis que la passion s'est emparee du donjon du cœur, elle fait un grand degast à toutes les facultez de nostre ame : donc quelque couleur que prenne le peché pour nous seduire, il faut dire, *Quicquid id est, timeo Danaos, & dona ferentes.*

Le Diable, pour gaster nostre cœur, en oste la semence de la parole de Dieu : *Deinde venit diabolus*, est-il escrit en S. Luc, *& tollit verbum de corde eorum, ne credentes salui fiant :* pour le contrecarrer il faut en arracher l'yuraye des mauuaises pensees, & mediter les choses sainctes, pour le conseruer contre le peché : *Lex tua meditatio mea est, in corde meo abscondi eloquia tua, ut non peccem tibi.*

K k 4   Quand

Quand le mal entre en noſtre cœur par le penſer d'vne formy, il ſe fait tantoſt vn Elephant: ne ſert de rien à vne ville d'eſtre bien remparée, s'il y a vne breche par où l'enhemy ſe puiſſe couler à la file, ny à vn homme d'eſtre bien armé de pied en cap, s'il y a le moindre defaut en ſes armes par où le coutelas ennemy puiſſe trouuer ouuerture pour ſe tremper en ſon ſang.

C'eſt bien ſigne que le Roy eſt en ſon Palais, quand par toutes les portes il y a des gardes & huiſſiers, qui oſtent la liberté de l'entrée & de la ſortie: quand chacun va & vient, c'eſt vne marque que le Prince eſt dehors: quand nos penſees ſont ainſi vagabondes à l'abandon, c'eſt vn ſigne que Dieu n'habite pas en noſtre cœur: mais quand nos ſens ſont bouchés de circonſpections & ſentinelles, lors on en peut dire ce traict des Cantiques, *En lectulum Salomonis, ſexaginta fortes ambiunt ex fortiſſimis Iſrael, omnes tenentes gladios & ad bella doctiſſimi: vniuſcuiuſque enſis ſuper femur ſuum propter timores nocturnos.*

Ie viens maintenant au quatrieſme & dernier des paſſages principaux, deſquels i'auois proietté d'eſtoffer & baſtir tout

tout ce discours. Il est és prouerbes du Sage, *fili, præbe mihi cor tuum*: toutes paroles tres-dignes de grandes considerations, & esquelles on peut hardiment tenir que consiste le sommet de la perfection Chrestienne.

Examinons-les à parcelles: premierement il dit, *Fili*: mot plein de dilection & de douceur. Il ne dit pas *Homo*, cela seroit trop general: non *serue*, encores qu'il soit nostre Seigneur & maistre: *Ego seruus tuus, & filius ancillæ tuæ*: cela sent sa rigueur & son auctorité imperieusement magistrale, qui n'a rien de commun auec l'amour, lequel n'aduient pas bien auec la grauité majestueuse, a chanté vn poëte, où il y a de la crainte, la dilection est froide: ce qui a donné lieu au prouerbe, *Tot serui tot hostes*: Et encores pour nous monstrer sa bonté & benignité, Dieu nous appelle de ce nom charitable d'enfans: ainsi en l'Oraison que Iesus Christ nous a prescripte, nous commençons par ce mot de Pere: *Non accepimus spiritum seruitutis in timore, sed habemus spiritum adoptionis, in quo clamamus, Abba Pater.*

D'abondant, *Fili*, pour exclurre les infideles, Payens, heretiques, schismatiques, qui n'ayans point l'Eglise pour

Mere, dit vn Docteur de l'Eglise, ne peuuent auoir Dieu pour Pere. Ioinct que ceux-là ne luy peuuent bien donner leur cœur qui n'ont pas la vraye creance: *sine fide impossibile est placere Deo: qui non credit, iam iudicatus est.*

Il y a puis *Præbe*, c'est à dire, donne-moy en pur don. Il ne dit pas *Commoda*, preste, ou *Vende*, vends-moy, mais donne-moy purement ton cœur, sans aucune consideration vtile, que celle de mon cœur.

Il y en a beaucoup qui trafiquent ainsi auec Dieu de leur cœur, la plus part du peuple le luy preste les bonnes festes, le nettoyent quant & les Eglises, & les desparent quant & quant aussi.

Ils iettent comme ces merciers leurs balles delà le ruisseau, & les reprennent estans passez, posent leurs vestemens à l'entree du bain, pour apres les reprendre: & rengorgent le venin qu'ils auoyent vomy, comme les serpens, apres auoir beu à la fontaine des sacremens: les hyppocrites aussi prestent leur cœur à Dieu en apparence, mais ne le luy donnent pas: tout cela ne vaut rien. Encores moins de le luy vendre, comme celuy qui se faict d'Eglise, pour attrapper vn gros &

gras

gras benefice, ceux qui donnent l'aumosne à dessein d'augmenter leurs reuenus temporels: ce sont ames viles, mercenaires & abiectes.

Non non: il luy faut donner purement & simplement pour l'Amour de l'Amour: *Solo amore pensatur amor*, dit vn Pere ancien, tu as beau luy donner par les yeux des torrens de larmes, par la bouche mille prieres, benedictions, loüanges, sanglots, souspirs, par le ventre l'abstinence, par tout le corps des austeres macerations, par les mains les thresors de Crœsus, tout cela n'est rien, si tu ne luy donnes le cœur: mais irreuocablement; *Si dederit homo omnem substantiam suam, pro dilectione, quasi nihil despiciet eam.* Qui est vne intelligence nouuelle, non toutesfois trop esgaree.

Par apres, *Mihi*, à moy, mais seul, non à autre: car ie suis vn Dieu ialoux, qui ne veux auoir rien de commun, auec le monde & le diable, pour nostre incompatibilité & contradiction. Ie ne veux ny compagnon, ny riual: *diliges me ex toto corde tuo*. Nous auons ja estendu ceste imagination sur ce mot, *Depone me*, comme aussi nous auons interpreté celuy de *tuum*.

Reste

Reste maintenant cestuy-cy de cor, sur lequel ie feray ma derniere, mais plus ample digression, & n'est pas sans de grandes & importantes causes, que Dieu demande si instamment ceste partie seule : car aussi certes c'est le mets delicat, c'est le morceau & plat friand, c'est la piece du maistre, tout l'homme depend de ce maistre ressort.

Mais pourquoy encores de toutes les parties du corps humain a-il tiré celle-là? les yeux, la teste, les pieds, les mains ont bien des fonctions belles & necessaires, ouy : mais aucune où il aye vne si vniuerselle dependance, il ne s'en trouuera pas : tel aura les yeux propres aux larmes, qui aura les mains escharses à l'aumosne : tel sera prompt aux pelerinages, qui sera impatient à prier : tel orra volontiers les predications, qui aura les yeux pirouëtans & pleins d'adultere, comme parle sainct Pietro : mais qui donne le cœur à Dieu, il a les yeux plorans ses pechez, la teste appanchee par humilité, les mains promptes aux œuures pies, les oreilles dociles aux remonstrances, le ventre abstinent, la bouche pleine de bons propos, il sera tout à Dieu en toutes ses fonctions.

La

La raison naturelle de tout cela est, qu'ils tiennent que de toutes les parties du corps, voire des extremitez plus esloignees, tout aboutit au coeur, soit par veines, tendons, cartilages, esprits & autres tenans, que les anatomistes sçauent fort proprement deschifrer.

De la corde & du balancier dependent tous les mouuemens de l'horologe, & le coeur estant aduoüé par tous les philosophes pour le premier mouuant, voire le principe du mouuement perpetuel, qui nous donne la vie, de luy par consequent dependent tous les branstes de nostre corps.

Ioinct que (comme tient la plus grand part des Medecins) l'ame estant generalement estenduë par tout le corps, elle tient toutesfois son siege principal au coeur, comme le Roy en sa Cour, quoy que son pouuoir s'estende par toutes les terres de son Empire, de sorte que l'ame estant le vray homme que Dieu demande, *da mihi animas, caetera tolle tibi*, il a par consequent raison de demander le coeur où elle loge en son throne.

Quelle est la racine tel est l'arbre : si bonne & saine, les fueilles seront vertes, les fleurs fresches, les fruicts excellens : si

pour

pourrie, les branches sechent, les fleurs ternissent, les fueilles flestrissét, les fruicts se gastent, tout n'en vaut rien : si le cœur est imbu de l'amour de la vertu, les pensees seront saines, les desirs pieux, les œuures sainctes : si depraué par le vice, il ne sortira que corruption de la personne.

Le ruisseau se sent tousiours de la condition de sa source, nette & impure. *De corde prauo exeunt malæ cogitationes, adulteria, fornicationes, homicidia, furta, auaritia, nequitia, dolus, impudicitiæ, oculus malus, blasphemia, superbia, stultitia:* & au rebours, *bonus homo de bono thesauro cordis sui profert bonum*, &c.

Marc. 7.

Luc. 6.

Dieu vouloit en la Loy ancienne que tous les premiers nais luy fussent offerts, leuant le voile de la lettre, ie dis que cela nous apprend en la nouuelle alliance de luy sanctifier nostre cœur, puis que nous auons monstré que c'est nostre premier nay, *primum viuens*. Et ce mot de sanctifier, veut dire faire sainct, en luy consacrant : *Hæc est voluntas Dei, sanctificatio nostra* : car tout ce qui est offert à Dieu est estimé Sainct : quel pere ne presenteroit ses enfans à vn Prince, si de ce seul offre ils deuenoyent grands. Quelle stupidité

Exod.
Numer.

LIVRE DIXSEPTIESME. 527
pidité donc nous possede, de n'aduiser pas que ceste seule presentation le peut aggrandir. Au reste ce mot de *Sanctus*, est dit par le Grec ἅγιος, comme qui diroit, *sine terra*, c'est à dire, ne respirant rien de terrien: de sorte que pour purifier nostre coeur, il le faut destacher & desprendre de la terre, ainsi *sanctificabimus primogenitum*.

Le coeur c'est la fontaine de la chaleur naturelle, c'est pourquoy Dieu, de qui l'estre & la loy n'est qu'amour, le nous demande, comme le siege du vray amour.

Le coeur est rouge & sanglant, signe qu'il doit tousiours estre enflâmé de charité: il est petit, d'où nous apprendrons à ne l'enfler point par la superbe: il bat en haut, pour nous enseigner que nos desirs doyuent tendre au Ciel: *quæ sursum sunt quærite*: il est en mouuement continu, & nous deurions estre en action, tousiours prests à bien faire: *Charitas non est otiosa*: quoy qu'il soit vnique, sa forme est triangulaire, figure proportionnee à son obiect, qui est Dieu, trine en personnes, vnique en essence: il a la pointe en bas, parce que nostre moindre souci doit estre de penser à la terre: aussi est il est-il sans poil, pour monstrer comme il il ne doit point s'arrester aux choses friuoles & transitoires.

De plus Dieu veut nostre coeur, parce que c'est la boutique du bien & du mal, bien mieux, selon cest ancien, que la langue : ce n'est pas tousiours mal faict, de tuer vn homme, dit sainct Augustin, & en done l'exemple du bourreau. Et l'on peut faire homicide, sans oster la vie, en desirant de tuer, comme adultere des yeux, *Qui respicit vxorem proximi sui ad concupiscendum eam, iam mœchatus est in corde suo.* Le Loup auoisine le parc, mais il ne peut rauir les brebis : il est tousiours loup & larron : celuy qui ne peut moins, voudroit voler : en vn mot, l'intention qualifie nos actions, voire nos desseins & desirs.

Ce seruiteur me fait de bons offices, mais en rechignant; ce mauuais coeur me faict desaggreer tous ses seruices plus signalez, c'est vne belle pomme, mais elle est rongee d'vn ver.

Au mariage le lien principal est l'vnion de cœur, le consentement des volontez, autrement plat & fade, est le simple commerce des corps, qui n'abhorreroit de posseder vn corps de qui l'ame seroit alienee ? seroit-ce pas iouir d'vn cadauer

cadauer, ou embrasser vne statue, comme Pigmalion, ou comme la Lune d'Endimion dormant : ce n'est que l'escorce, l'effection est la mouëlle.

Encores Dieu veut le cœur, & de tous: car tous luy peuuent bailler, & nul luy peut legitimement refuser : le sourd n'a point d'oreilles, & ne peut ouyr la diuine parole : l'aueugle n'a point d'yeux, le manchot, le boiteux sont priuez de leurs functions; mais à vn cœur capable d'estre presenté à Dieu. De ceste offrande, me semble, doit estre entendu ce commandement que Dieu fit à Moyse en l'Exode, qu'il eust pour la fabrique du tabernacle à exiger vn demy cicle de tous les Israëlites, & que ny le riche donnast plus, ny le pauure moins.

L'Oracle ancien enquis quelle chose plaisoit le plus à Dieu, respondit,

Dimidium sphæræ, sphæram, cum principe Romæ.

Le milieu d'vn rod c'est vn C. vne sphere c'est vn O. & le commencement du mot Rome, c'est vne R. lesquelles lettres assemblées font *Cor* : c'est cela que Dieu ayme, & qu'il requiert de nous, & qu'il est tres-facile de luy donner. Le pauure dira, ie ne peux faire l'aumosne, ce malade

Tom. v. L l

lade ny moy ieufner, ny veiller: mais aucun ne sçauroit dire, ie ne peux aymer Dieu. *Potest mihi dicere*, parle Sainct Augustin, *aliquis, non possum vigilare, ieiunare, non possum peregrinari, non possum eleemosynam facere: sed non potest mihi dicere, non possum Deum diligere.*

Chacun peint la perfection à sa guise, comme Arelius, tous les visages des femmes à l'air de celles qu'il affectionnoit. Tel n'osera tremper sa langue dans l'eau faisant grand cas de l'abstinence, qui la plongera dans la mesdisance & calomnie, tel sera chaste que le couroux transportera à des homicides, tel doux qui sera gourmand: mais la veritable perfection consiste à aymer Dieu de tout son coeur, apres cela l'Apostre nous dit que *Omnia adijciuntur nobis.*

Dieu és oeuures ne regarde point tant l'offrande que le coeur: voyez, *Respexit ad Abel,* au coeur de ce iuste, & puis, *ad munera eius*: Le bon larron que donna-il à nostre Seigneur pour auoir pardon sinon le coeur? Marthe s'empressoit de beaucoup d'affaires: mais Marie en donnât son coeur faisoit beaucoup plus. Celuy-là se tuë en la multitude de ses oraisons & suffrages, l'autre d'vn seul traict

iaculo

LIVRE DIXSEPTIESME. 531

iaculatoire plein de feruer precede tous ces remuemens des leures. *Deus*, dit Sainct Gregoire, *non attendit verba deprecantis, sed cor orantis.* C'est à faire aux hommes dit le pere des contemplatifs de cognoistre le cœur par les paroles.

Socrate à vn ieune homme, Parle, luy fit-il, que ie te voye: mais Dieu cognoist les paroles par le cœur. *Apud homines cor ex verbis, apud Deum vero verba ex corde pensantur*: il voit les reins & les pensées, *vidit cogitationes hominum quoniam vanæ sunt*, & que, *Meditantur inania*: c'est pourquoy il dit ailleurs: *Populus hic labijs me honorat, cor autem eorum longè est à me.*

Daniel estoit vn homme sage, prudent, vertueux, chaste, craignant Dieu, plein de mille perfections: mais celle dont il est plus recommandé par la bouche de l'Ange est d'estre homme plein de bons desirs, luy tesmoignant par là que Dieu a plus d'esgard aux affections espurées de nostre cœur, que non pas à nos œuures.

Tout l'homme & sa structure plaist bien à Dieu comme l'ouurage recrée son ouurier: mais si est-ce que de tout ce bastiment nulle piece luy reuient tant

Ll 2 que

que le cœur, c'est le cabinet secret & caché où ce Dieu, *vere absconditus*, eslit sa retraitte: plus volontiers és grands & superbes Palais des Princes, il y a des galeries, des sales, des antichambres, des chambres: mais ordinairement pour euiter l'empressement de la tourbe du monde, ils font leurs demeures dans des cabinets retirez & desrobez, non que Dieu n'aille quelques-fois se promenant par les espaces des sens, par les yeux quand l'homme sur l'estampe de la beauté transitoire des choses basses esleue son ame à l'inimaginable perfectiõ du Createur, par l'ouye quand sur l'harmonie musicale des voix & instrumens il s'imagine les beaux concerts des Anges és Cieux, par le nez quand en flairant des boucquets on se souuient des douces & suaues odeurs de l'espoux, par le goust, quand sur les saueurs corporelles on ratiocine sur les spirituelles du banquet des nopces de l'Aneau, du toucher quand de l'esgale polisseure des corps on passe aux contentements de l'ame, & que l'on dit, *Tenui eum, nec dimittam*: par la fantasie quand elle est remplie de belles imaginations, comme par vne galerie ornée de rares peintures, par la memoire quand elle est garnie de
sainctes

sainctes & deuotieuses souuenances, par l'entendemét quand il est plein d'vn grãd respect & d'vne religieuse apprehension de la diuinité: voyla les destours & appartenances de l'humaine architecture: mais le cabinet où Dieu fait son seiour plus ordinaire: c'est en la volonté, c'est au cœur, c'est la où ce doux amant a establi sa couchette pacifique toute dorée, toute argentée, toute ionchée de pourpre: cela est la description d'vn coeur pur & net, *Ferculum fecit sibi Rex Salomon, de lignis Libani, columnas eius fecit argenteas, reclinatorium aureum, ascensum verò purpureum*: c'est là le lict de l'espoux, *thalamus sponsi*, où par tant d'instance il prie sa bien aymée, de l'y introduire, auec promesse de mille faueurs & benedictions: *Aperi mihi soror mea sponsa, caput meũ plenum est rore, &c.* c'est ce lict où l'espouse le cherche, c'est à dire dans l'intime amour de son coeur, *in lectulo meo per noctem quæsiui quem diligit anima mea.*

Or si nous auons vn si grand soing de tenir les licts où nous reposons bien nets & propres: ie vous prie quelle solicitude deuons-nous apporter pour conseruer nostre cher coeur, le reposoir d'vn si grand Prince?

Ll 3   Nous

Nous ne voudrions pour rien du monde boire que dans vn verre bien net, nous ne faisons qu'oster les moindres ordures de nos vestemens, nos maisons sont curieusement nettoyées & tout estant si terse en nostre exterieur nous resterons salés au dedans, & logerons nostre Seigneur dans vne estable toute pleine d'ordure: ce seroit reuenir à ce mot d'vn ancien, *Cultus magna cura, magna cordis incuria*.

Les pigeons n'habitent que dans des colombiers bien nets, delaissans les immondes & ne croirons-nous pas que nostre Seigneur se desplaise dans vn coeur impur, luy qui est la pureté mesme?

Quand vn miroir est terne ou crasseux on s'y void difficilement, & Dieu ne peut voir sa ressemblance en l'homme qui a le coeur plein d'ordure & immondicité.

Et comme le Soleil n'attire que les pures & claires vapeurs, aussi Dieu n'esleue à sa contemplation & ne communique ses graces qu'aux ames nettes & espurées, c'est ce que nous enseigne le loyer de ceste nostre beatitude, *Quoniam ipsi Deum videbunt*. C'est pourquoy Dauid en ce verset cy dessus exposé,

deman

demande à Dieu premierement vn cœur net, & puis en consequence, *Ne proijcias me a facie tua.*

Ceste petite verge de fumée aromatique, qui s'esleue du desert en haut au Cantique, me represente le cœur purifié au feu d'vne charité saincte, lequel ainsi pousse ses eslans droit à Dieu: *Dirige cor tuum in viam rectam*, en Ieremie, & le Psalmiste; *Generatio quæ non direxit cor suum, nec est creditus cum Deo spiritus eius, cor eorum non erat rectum, cum eo nec fideles habiti sunt in testamento eius.*

Donc pour conseruer ce cœur en sa pureté tant agreable à Dieu, il faut imiter les petites abeilles, lesquelles pour empescher les freslons ou les araignées d'entrer en leurs ruches, & corrompre leur miel, ont de coustume de boucher les aduenues auec des herbes ameres & picquantes, comme les bons mesnagers qui enuironnent leurs terres de hayes, de peur que *quadrupedes paupertem faciant.*

Aussi pour la crainte de Dieu, espineuse & amere, nous deuons tenir nos sens & nostre cœur clos aux attraicts & alleichemens du monde.

Que si quelcun s'estonne de tant de précautions & solicitudes comme font les enfans du siecle, qui se rient de ceux qui employent tant de soing à conseruer leurs ames, il nous faut respondre comme Dauid à ceux qui s'esmerueilloient des prodigieux apprests qu'il faisoit pour la structure de son temple, *Grande opus est, seu Deo præparatur habitatio.*

Voyez auec combien de circonspection l'on conserue ces vaisseaux de cristal & de porcelaine, le soing que l'on a de les tenir nets & polis: à cause qu'ils sont chers, & que de leur rupture il en vient vn grand dommage, & qu'auons-nous de plus precieux que nostre cœur, & du malheur duquel nous reüssisse d'auantage de detriment: que chacun donc auise à la conseruation d'iceluy selon le conseil de l'Apostre: *Sciat vnusquisque vestrum suum vas possidere in sanctificatione & honore.*

Vn vase ne peut estre remply de bonne liqueur, si premierement estant plein de quelque mauuaise, on ne le vuide: si nous voulons mettre l'amour de Dieu dans le vase de nostre cœur, il en faut vomir celuy du monde.

On

On laue aussi vn vase pour le rendre net, *Laua à malitia cor tuum*, auec l'eau des larmes penitentes: pour emplir vne cruche, il la faut abbaisser dans la fontaine, & humilier le cœur pour le remplir de la source de la grace Diuine, *Inclinaui modicè aurem, & excepi eam*, dit le Sage. Vn vase cassé & entr'ouuert est inepte à contenir aucune liqueur, *Gratia fatuorum effundentur*: parce que *Cor fatui tamquam vas confractum*. Tout cœur diuisé menace l'animal de mort, *diuisum est cor eorum, nunc interibunt*. Eccle. 20. Eccle. 21.

Si nous portons tant impatiemment vne ordure dans l'œil, que nous ne pourrons trouuer d'assez prompt collyre pour l'oster, auec combien de vistesse deuons-nous purifier nostre cœur, par la penitence, quand nous le sentons chargé de l'ordure du peché.

Suetone rapporte que Germanicus, ayant esté empoisonné, iamais son cœur ne peut brusler en ces funerailles, selon l'ancienne coustume des Romains, de brusler les corps: & depuis qu'vn cœur est vne fois infecté du poison du peché, il n'y a nul, mais que le feu d'vn amour celeste, qui le puisse embraser.

Ie tombay l'autre hier sur les proprietez du corail: & ie trouuay en rumināt apres, que la purification du cœur y a tout plein de conuenāces, c'est vne herbe qui croist dans la mer rouge, & le cœur se nettoye dās la mer de la penitence, rouge du sāg de Iesus, & dans l'amertume de la contrition: ceste plante est molle dans l'eau, dure si tost qu'elle en est tirée, le pecheur est doux & traittable dans les eaux de la penitence: mais s'il s'en tire, son cœur s'endurcit comme de la pierre. On dit qu'il y a du corail de deux sortes, de blāc & de rouge, symbole & de la pureté, & de la honte de la penitence, ou bien de l'inflammation de l'amour: on tient qu'il preserue du foudre, & la pureté de cœur des attaintes de la diuine iustice: son vsage plus ordinairement experimenté est pour remedier aux fluxions du sang, & la netteté de cœur est souueraine pour restraindre les bouillons de la chair & du sang.

C'est la carte blanche sur laquelle on peut tracer toutes perfections, comme les teinturiers sur le blanc couchent toutes couleurs, pour ce à l'aduanture le Sage nous aduise d'auoir en tout temps nos

Eccles. 9.

vestemens

vestemens blancs, c'est à dire le cœur net.

De la Paix. CHAP. VII.

AV Leuitique l'hostie des pacifiques deuoit estre sans tache, *si hostia pacificorum fuerit eius oblatio, animalia immaculata offeret coram Domino.* ce qui viendra fort proprement & pour l'entree de ceste beatitude & sa liaison auec la precedente, sa connexion en ce que ces holocaustes deuoyent estre nets & sans defaut: voyla la pureté de cœur que nous auons exposée au discours precedent, laquelle est preambulaire de la paix interieure, aussi certes sans la netteté & sincerité de conscience, il est impossible d'auoir la tranquillité interne que nous recommande ceste beatitude. Les malfaicteurs sont en agitation & inquietude continuelle.

Istud habet vitium damni inter cætera, quòd Pictorius. *mens*
Palpita assiduo flagitiosa metu
Semper enim, vel si non deprendatur, in ipso
Sese deprendi posse putat scelere.

Déque,

Déque suo alterius quoties de crimine sermo est,
Cogitat & credit se magis esse reum.
Inque dies timor hinc crescit, de moribus ergo
Cura sit: intrepidos nos bona cura facit.
Pensez quelle anxieté c'est,

Lucan. 7. *Nocte dieq́; suum gestare in pectore testem.*

Le tragique Seneca,

Hyppolit. *Quid pæna præsens conscia mentis pauor*
Animúsque culpa plenus & semet timens.

Stat. 3. ——— *Inuigilant animo scelerísque parati*
Thebaid. *Supplicium exercent curæ: tūc plurima versat*
Pessimus in dubiis augur timor. ———

Les poëtes sont tous farcis de descriptiõs & peintures des transes que donnent aux cœurs les consciences cauterisees:

Iuuenal. ——— *quodcumque malum committitur ipsi*
sat. 13. *Displicet auctori: prima est hæc vltio, quòd se*
Iudice nemo nocens absoluitur improba quamuis
Gratia fallacis prætoris vicerit vrnam.
Quid sentire putas omnes Caluine recenti
De scelere & fidei violatæ crimine?

Ce satyrique en ce lieu faict des merueilles en la representation des trauerses d'vne conscience chargee de coulpe & d'iniquité.

I'apprens donc de tout cela que pour auoir la paix, il faut premier auoir le cœur net, ainsi vont par degrez nos beatitudes: de sorte que pour paruenir à vn eschelon

il

il faut passer par l'autre.

Les Critiques ont quelque raison de vouloir ioindre ces deux traittez de Seneca de la tranquillité de l'ame, & de la vie heureuse: mais ce qu'ils ne fondent que sur des manuscripts & copies anciennes, friuoles considerations. Ie le trouuerois plus sortable s'ils disoyent que c'est parce que la vie heureuse n'est autre que le repos de l'esprit, & au rebours, de sorte que s'il y a quelque felicité en ce monde, elle consiste en la tranquillité: ainsi sera vraye & essentielle nostre beatitude, *Beati pacifici*.

Encores Seneca tout offusqué qu'il fut des erreurs de son temps, guidé toutesfois par les rays de la lumiere naturelle n'a pas laissé de recognoistre que ce repos & ceste felicité consistoyent en l'vsage de la vertu, & en l'ordonnance bien reglee de nos passions, ce qu'il poursuit largement en ces traittez.

Nous, qu'vne plus claire verité illustre, nous disons auec asseurance ce qu'il affermoit que doubteusement, sçauoir, que pour auoir la paix du cœur, il faut estre iuste, aymant & craignant Dieu, & cheminant en la voye de ses commandemens: c'est ce qu'a chanté le Roy Prophete.

phete. La iustice & la paix se sont entrebaisees, sur quoy excellemment sainct Augustin: *Duæ sunt amicæ iustitia & pax, Tu forte vnam vis & alteram non facis, nemo enim est qui non velit pacem: sed non omnes volunt operari iustitiam: interroga omnes homines, vis pacem? vno ore respondebit tibi genus humanum opto, cupio, amo, volo: Ama iustitiam, quia duæ sunt amicæ sunt iustitia & pax. Ipsa se osculantur, si amicam pacis non amaueris, non te amabit ipsa pax nec veniet ad te.*

Psal. 84. & ibi August.

C'est là d'où ie tire la verification de ce traict d'Isaye, *Opus iustitiæ pax*. Et Pindare autresfois auoit chanté que la paix estoit fille de la iustice: le Psalmiste, *Orietur in diebus illis iustitia & abundantia pacis*. Voyez comme il faict la iustice auant-courriere de la paix: & ailleurs, *Pax multa diligentibus legem tuam, & non est illis scandalum*.

Isa. 32. Pindar. Pyth. Od. 8. Psal. 71.

Psal. 118.

En fin pour estre paisible il faut estre homme de bien: au contraire les meschans sont en trouble & agonie perpetuelle *Contritio & infœlicitas in viis eorum, viam pacis non cognouerunt*.

Psal. 12.

Ils ne font que tournoyer, sans arrest, *In circuitu impij ambulant*.

Ils ne sçauent que c'est que repos, *viam pacis*

pacis nescierunt : continuelles inquietudes, *Non est pax impiis.* Non que les pecheurs en la iouïssance de leurs plaisirs ne pensent estre fort quietes : mais c'est vn sommeil letargique & dangereux. Manasses traine sa chaine, apprehendant d'estre deliuré de cest esclauage, auec vne suauité maligne & mortelle : c'est vn doux poison, vn agreable mourir, mais leur paix est fausse comme ces ardans feux volages de la nuict, qui brillent dans les prees, lesquels sans y penser conduisent dans des precipices ceux qui fuyuent leur splendeur.

Auguste admiroit vn homme fort endebté qui dormoit : mais le pecheur qui dort auec asseurance, est bien plus estrangement aueuglé : toutesfois voyez comme les mondains se flattent : ô, disent les ieunes, nous auons prou de temps à faire penitence : ô, dira l'autre, la misericorde de Dieu est infinie : ô, dira ce desesperé, *Peccaui, & quid mihi accidit triste?* Mais *væ vobis qui nunc ridetis, quia lugebitis.*

Ceste mere à son enfant qui s'amusant à badiner, a laissé escouler l'heure de l'eschole, par amadouemens elle luy persuade en apres que cela n'est rien ; que le maistre luy pardonnera bien pour

pour ceste fois cela l'attire à d'autres fripponeries, ceux qui allògent ainsi la misericorde de Dieu, pour en abuser, courent grande risque de tomber dans les rigueurs de ceste Diuine Iustice. Pour cela Dieu commande au Prophete, *Dic populo meo scelera, & peccata eorum*, c'est folie au prescheur d'applaudir au peuple, il le faut tabutter & gourmander, c'est vne beste farouche que la douceur exaspere, que la flatterie peruertit.

En Ezechiel Dieu menace rigoureusement ces gens, qui applaudissent aux pecheurs; *Erit manus mea super Prophetas, qui vident vana, & diuinant mendacium, eo quòd deceperint populum meum, dicentes pax, pax, & non est pax, & ipse ædificabat parietem. Illi autem liniebant eum luto absque paleis.*

Ezech. 13.

La fin de ce passage, qui me sembloit obscur, m'a poussé à en recercher ceste interpretation, que par ce paroy est entenduë l'obstination au peché, auquel ce peuple s'endurcissoit, & ceste muraille, le diuisoit de Dieu; *Peccata vestra*, dit Isaye, *diuiserūt inter me & vos.* Lequel obstacle a esté fracassé & renuersé par la mort de nostre Seigneur: *Ipse enim est pax nostra, qui fecit vtraq; vnum & mediū parietem*

Isaye 59.

mace

maceria; c'est à dire, qui a exterminé le peché, qui nous separoit de Dieu, *soluens ini-
micitias*, contractees auec Dieu, *in carne sua*,
crucifié pour nous. Vn mot de S. Gregoire *Moral.18*
esclaircira toute l'obscurité de ce doute; *cap.13.*
*Parietis nomine peccati duritia designatur; ædi-
ficare parietem, est contra se quemquam obstacula
peccati construere, sed parietem liniunt, qui peccata perpetrantibus adulantur, vt quod illi per-
uersè agentes ædificant, ipsi adulantes quasi ni-
tidum reddant.* C'est reblanchir vne mes-
chante paroy que d'applaudir & palier le
pecheur en son iniquité.

   Le mesme Prophete, *Væ ijs qui consuunt* *Ezech.13*
*puluillos sub omni cubito manus, & faciũt cerui-
calia sub capite vniuersæ ætatis ad capiendas animas, & cùm capiebant animas populi mei viui-
ficabant animas eorum.* Ce chirurgien auroit
il pas bonne grace, qui, de peur de faire
douleur au naufré, laisseroit luy escouler
tout le sang plustost que toucher à sa playe?
Il faut que la douleur remedie à la douleur. Ceux sõt des flatteurs & des traistres
qui flattent le vicieux en son mal: la verité est odieuse; mais salutaire, *oderint dum
saluentur*, doit dire le prescheur de son au-
ditoire: ainsy Nathan pour faire venir
Dauid à resipiscẽce luy reuela son forfaict

Tom. 5.   M m

à sa barbe; ainsy procedoit Sainct Iean Baptiste, & auec autãt de vertu & d'integrité; si Herodes eust esté susceptible de remonstrance & de correction: en cela disoit vn Tyran ancien, sont à pleindre les princes, & quoy que vitieux; c'est miracle, comment ils ne le sont au centuple, de ce que & personne ne les ose reprendre, & tout le monde au contraire les applaudit en leurs plus desprauées passions, en leurs plus desreiglées affections, en leurs actions plus desbordees: & nos errãs d'auiourd'huy qui ont trouué vn chemin pour ce guinder au ciel selon leur capricieuse fantaisie, tout plain de rosee iouché de contentemens & de facilité, laschans la bride à toute ordure, promettans l'impunité, estans la crainte de la Iustice de Dieu qu'ils ont reduitte en vn petit coing, pour desborder les torrens de ses larges misericordes, auec vne seule fin peinte à leur mode, auec vne fiance & certitude pleine d'impudence & d'effronterie, ont ils pas bonne grace de coudre ainsy des petits oreillers mollets soubs les coudes de leurs auditeurs, & de faire coucher mollement leurs petits troupeaux? *Væ ijs qui consuunt puluillos*, &c.
vbi suprà Sainct Gregoire sera encores l'expositeur
de

de ce second passage, *Ad hoc puluillus ponitur, vt mollius quiescatur: quisquis ergo male agentibus adulatur, puluillum sub capite, vel cubito iacentis ponit, vt qui corripi ex culpa debuerat, in ea fultus laudibus molliter quiescat.* Ainsy voyons nous comme les vitieux se forment des repos: mais imaginaires, le iouir leur apporte de l'alteration & ceste soif de l'inquietude; oyez les dānez, *seruiuimus dijs alienis* à leurs passiōs *qui non dabant nobis requiem die ac nocte.* En outre que le peche porte tousiours son repentir en crouppe, accompaigné de mille apprehensions de la Iustice du ciel, *scelus aliquandò tutum nusquam securum fecit.*

Nocte breuem si fortè indulsit cura soporem,
Et toto versata thoro iam membra quiescunt.
Continuò templum, & violati numinis aras,
Et quod præcipuis mentem sudoribus vrget,
Te videt in somnis tuâ sacra & maior Imago
Humanâ turbat pauidum, cogitque fateri.
Hi sunt qui trepidant & ad omnia fulgura
  pallent,
Cùm tonat examines primo quoque murmure
  cœli,
Non quasi fortuitò, nec ventorum rabie, sed
Iratus cadat in terras & vindicet ignis:
Illa nihil nocuit cura grauiore timetur

Mm 2

Proxima tempestas, &c.

Et quel moien d'auoir la paix emmy ces remuemens; donc pour auoir ce don du ciel il faut bannir le peché de nous, *pacem habent apud Deum, in quorum corpore non regnat peccatum*, dit l'Apostre.

Passons à des rencontres nouueaux. Ie remarque au Genese que l'Arche de Noë deuoit estre *ex lignis leuigatis bitumine illitis*. Ainsy non seulement l'Eglise, mais aussy tout estat, toute communauté, toute famille doit estre bien iointe par l'vnion, & celle de concorde & bonne intelligence: si l'on veut euiter le deluge de la confusiõ & du desordre qui ne menace que ruine, vne nauire creuassee & qui puise l'eau de toutes parts, ne peut attẽdre qu'vn naufrage asseuré; *Omne regnum diuisum desolabitur*. Et toute ame distraitte en plusieurs passions & emportée en des affectiõs desreiglées, est voysine de sa perte. Au reste tout esprit ainsi trauaillé de ces diuerses boutées ne peut en quelconque maniere auoir la paix.

Noë par commandement de Dieu receut indifferémẽt toutes sortes d'animaux dans son arche, sans esgard des farouches & mansuets des mundes ou immundes, des traittables ou sauuages, des venimeux ou

LIVRE XVII. 549

ou non: parce que telle estoit la volonté de Dieu: ainsy pour auoir la paix icy bas, nous deuons loger dans l'affection de nostre cœur & amis & ennemis, *diliges proximum tuum sicut teipsum, diligite inimicos vestros, si esurierit inimicus tuus ciba illum*: sans acceptation de personnes: car telle est la loy Chrestienne, sinon nous courons risque d'estre absous dans le deluge de l'ire de Dieu.

Les animaux farouches se rendoient doux & priuez, entrez dans l'arche: bel enseignement aux Chrestiens qui par le baptesme sont entrez en l'Eglise, de quitter tout trouble, toute contention & discorde, pour embrasser la douceur de la paix.

Voiez quand les petites abeilles sont en bonne intelligence auec combien de facilité & de diligence elles trauaillent apres leur emmiellee œconomie, toute ceste police est si ingenieusement descripte par le plus excellent des poëtes, que c'est perdre temps de le retaster apres luy: mais quand le desordre & la contention se mesle en ce petit estat pour l'Empire & la principauté, tout le labeur cesse, la saison de cueillir les fleurs se passe, le miel se

M m 3

pourrit, tout va en deperissant : en tout
estat l'on sçait les biens qu'apporte la paix,
& les miseres que la guerre traine, sans que
i'abandonne au recit de ma plume ce que
l'experience ne faict que trop manifestement recognoistre à nos yeux : cela n'em-
peschera pas que ie n'en face voir deux
beaux tableaux & riches tapisseries de
1. Var. ep. haute lice, l'vne de Cassiodore que voicy,
1. *Omni regno desiderabilis debet esse tranquillitas,
in qua & populi proficiunt, & vtilitas gentium
custoditur. Hæc est enim bonarum artium de-
cora mater, hæc mortalium genus reparabili suc-
cessione multiplicans facultates protendit, mores
excolit & tantarum rerum ignarus agnoscitur,
qui eam minimè quæsisse sentitur* : l'autre de
Serm. de Sainct Augustin, plus germain de la paix
verb. de nostre beatitude. *Pax est serenitas mentis,
Dom.* *tranquillitas animi, simplicitas cordis; vinculum amoris, consortium charitatis; hæc est quæ si-
multates tollit, bella compescit, iras comprimit,
superbos calcat, humiles amat, discordes sedat,
inimicos concordat, cunctis est placida; nescit ex-
tolli, nescit inflari, hanc qui acceperit teneat, qui
perdiderit repetat, qui amiserit exquirat ; quoniam, qui in eadem non erit inuentus, à patre ab-
dicatur, à filio exhæredatur, à Spiritu sancto alie-
nus efficitur, nec ad hæreditatem Domini poterit
venire,*

venire, qui testimonium, pacis noluerit obseruare.
Ce qui sert d'intelligence à la recompense de ceste nostre beatitude qui est d'estre dicts enfans de Dieu : car si l'enfant doit ressembler au pere, nous deuons aymer la paix, puisque c'est vne des plus frequentes qualitez que le Pere Celeste prenne és Escritures que de se dire Dieu de paix, *Pacem habete, & Deus pacis erit vobiscum. Ego Dominus faciens pacem*, en Isaye. Comme les grands Seigneurs prennent leur titre de l'vne de leurs plus belles, & signalées Seigneuries : heureux donc les pacifiques, puisqu'ils sont enfans d'vn si paisible pere, l'heritage du ciel ne les peut fuir.

2. Cor.13.
Item 1.
Cor.14.
1. Thessal.
1. Thess.
3. Isa.45.

Pour persister en nos abeilles on tient qu'elles n'arrestent iamais leurs exains és lieux où il se forme des echos & repercussions d'air, & le sainct Esprit n'habite gueres és ames criardes & contentieuses, mais bien dans les paisibles & quiettes.

En l'edification du temple, dict l'Escriture, ny le marteau, ny la scie ont esté entendus : si nous voulons que Dieu habite és temples de nos cœurs, il y faut apporter la paix, *in pace locus eius ; ducam eam in solitudinem, & loquar ad cor* : il hait le tracas, le tabut & le tintammarre qui ne fait que

Mm 4

troubler la paix de l'ame.

Les portes de ce mesme temple estoient de bois d'Olivier, signe que la paix doit estre à l'entrée de nos cœurs pour en forclorre toute inquietude.

C'est ce grand bien que nostre Seigneur vray Salomon, qui sonne en Hebrieu Roy de paix, est venu apporter çà bas en terre, à sa naissance tout le monde estoit en profonde paix, & se remarque que les fontaines coulerent d'huyle, symbole de paix les Anges annoncerent aux pasteurs la paix, *Pax hominibus bonæ voluntatis*, en sa vie & lieux, où il entroit il disoit, *Pax huic domui*. Vn peu deuant sa mort à ses Apostres. *Pacem meam do vobis, pacem relinquo vobis, non quomodo mundus dat, ego do vobis*, aprés la resurrection à son apparition premiere. *Pax vobis*, c'est ce que Zacharie auoit prophetisé auant son arriuée qu'il viendroit *visitare nos ex alto, & illuminare his qui in tenebris, & in vmbra mortis sedebant, ad dirigendos pedes eorum in viam pacis*. Toute sa loy n'est que dilection, & l'Amour est le ciment de la paix, la Hierusalem celeste, où nous tendons veut dire vision de paix, *Vbi habitabit populus in plenitudine pacis*. Brief nostre Seigneur prise plus la paix qu'il a apportée

tée au monde que tous ses trophées : car il n'a souffert que pour la nous acquerir, ce que cest ancien de la vertu, ie le dirois volontiers d'elle que c'est le seul bien immortel escheu aux mortels, la guerre ne se faict que pour l'acquerir.

Silius
Italic. 18.

  ―――― *Pax optima rerum*
 Quas homini nouisse datum est, pax vna triumphis
Innumeris potior, pax custodire salutem,
 Et ciues aequare potens.

Et l'autre,

 Pondibus actiacis comtos redimita capillos
  Pax ades, & toto mitis in orbe mane:
 Dum desunt hostes, desit quoque causa triumphi,
  Tu ducibus bello gloria maior eris.

Ce prince est plus loüable qui sçait establir vne ferme paix en son païs que celuy qui par la violence des armes acquiert mi le lauriers, le plus bel ornement du triomphe de nostre Sauueur c'est la paix, c'est le fruict de toutes ses victoires.

Nostre Homere françoys voulant loüer vn de nos Roys estleue beaucoup plus sa pacification que ses conquestes.

 N'est-ce pas toy qui nous rapportes
 La paix, & qui de toutes parts

Mm 5

As verrouillé de tes mains fortes
Le temple beant à cent portes,
Où forcenoit l'horrible Mars.

Le Mantuan Chrestien,

Pax plenum virtutis opus, pax summa laborum,
Pax belli exacti pretium est, pretiúmque pericli
Sydera pace vigent, consistunt terrea pace,
Nil placidum est sine pace Deo, nec munus ad aram.

Les deux premiers vers de ceste derniere authorité soustiennent ce que i'auoy aduancé que la paix estoit le fruict des fatigues militaires ; mais les deux autres me portent à de plus hautes speculations ; le penultiesme me fait prendre garde que de quelque costé ie puisse tourner les yeux tout l'vniuers m'est vne eschole generale où la paix s'apprend & se lit grauée en lettres d'or. Car soit que ie considere en gros ceste grande machine que nous appellons monde, i'y voy vn accord mutuel & esgale temperature des quatre premieres qualitez, lesquelles tiennent chaqu'vne leurs rangs en vn iuste equilibre, autrement si les elemens se peslemesloient tout retourneroit en son premier chaos, soit lançant le regard vers les voutes des cieux i'aille mirant & admirant leurs mouuemens si bien reiglez, ceste police si paisible me rauit, que si ie considere le microcosme en son corps i'y voy diuerses humeurs de l'accord, desquelles prouient la santé de la dissonance, la maladie & en fin la mort, si en son ame il y a quelque passion qui vueille predominer, ce n'est que remuement & rauage, si les ressorts internes sont bien dressez tout va d'vn bel air par tout; en somme est peinte la beauté de la paix & l'horreur de la guerre.

Ie viens à nostre dernier vers, auquel souschante tout clairement ce precepte, *priusquam offeras munus tuum ad altare, vade reconciliari fratri tuo*. Le sacrifice de Cain fut reprouué de Dieu à cause de la rancune qu'il couuoit contre son frere, tu as beau ieusner si tu es en castille auec ton frere, cela ne te sert de rien deuant Dieu, la rencôtre de Sainct Hierosme est agreable sur ce mot de Dauid, *laudate Deum in tympano & choro*. Ceux, faict il, qui macerent leur chair, & maschent des inimitiez, ils louent Dieu *in tympano*: mais non pas *in choro*.

Mais, *quàm bonum & quàm iucundum*, s'escrieroit icy le Roy prophete *habitare fratres in vnum*: non la symmetrie des plus
superbes

superbes bastimens du monde ny leurs prieres tant artistement arrangees & industrieusement elabourées n'est point tant agreable à contempler, comme de voir vne belle assemblée bien d'accord, non les plus doux accords de la musicque ne sont point à comparer à cela, ny le plus poly ageancement des iardins que l'antiquité a tenu pour merueilles.

Heureux le siecle d'or, chantent les poëtes, à cause de la pleine paix qui regnoit parmy les hommes heureux; aussy le temps de l'Eglise naissante lors que *credentium erat cor vnum & anima vna*. Lors les Chrestiens *solliciti erant seruare vnitatem Spiritus in vinculo pacis*.

Actor. 4.
Ephis. 4.

Où ce mot de *Spiritus* me fait souuenir de ceste similitude de Sainct Augustin, *sicut spiritus humanus nunquam viuificat membra, nisi fuerint vnita, sic Spiritus sanctus nunquam nos viuificat, nisi pace vnitos*.

L'apologue de Menenius pourroit se couler & coucher icy: mais il est trop commun, n'est pas tant ceste conception de Sainct Macharie en quelque homilie. Voyez, dict ce bon Pere, auec quel accord les membres de nostre corps s'entreseruent, l'œil void par tout le corps, le pied marche,

marche; ainſy des autres ſans qu'ils ſe veuillét brouiller ny rêuerſer leurs offices, nous qui ſommes membres d'vn meſme chef, liez par la foy de l'Egliſe ne deuons point auoir de contradictions & contentions les vns auec les autres; c'eſt ce que Sainct Paul recommande tant que l'on banniſſe & enuoye bien loing, chacun doit en paix faire ſa charge & eſtre de bonne intelligence auec ſon prochain.

Ainſy l'Egliſe ceſte belle eſpouſe de Dieu pourra paroiſtre à ſes ennemis terrible, comme vn exercite bien ordonné, ſelon l'epithete des Cantiques, quand vne armée a ſes eſquadrons bien ioincts & ſerrez nulle force la peut fendre & veincre. l'Egliſe eſt inuincible gardant ſon vnion; mais ſi la diſcorde s'y gliſſe tout eſt à la desbandade, *cōcordia res paruæ creſcunt, diſcordia magna dilabuntur*. Peu de gens bien d'accord ont faict desroute de grandes multitudes en l'armée Chreſtienne; l'eſtandard c'eſt la Croix, ſigne de paix, le mot du guet, c'eſt dilection, vnité.

La brebis qui s'eſcarte du troupeau court riſque d'eſtre priſe du loup, il faict mauuais & dangereux s'eſgarer de l'vnion des fideles. Goliath tout puiſſant qu'il eſtoit

estoit sorty de son armée fut tué à l'escart de son gros par vn petit berger, les plus sublimes esprits font naufrage en la foy, si tost que se fondās sur leurs propres & presomptueuses opinions ils abandonnent d'vn pas le doujon de l'auctorité & creance de l'Eglise.

Le ieune Horace, comme il est assez cōmun en l'histoire Romaine pour venir à bout des trois Curiaces les escarta, les heretiques ainsy sont faciles à veincre, diuisez comme ils sont en vn monde de sectes.

Le traict de Scylurus auec son trousseau de flesches est notoire assez sans faire autre chose, ny sinon le monstrer au doigt & en tirer ceste instruction que,

Quæ non prosunt singula multa iuuant.
La vertu ramassée est tresforte, disent les clers, comme de plusieurs grains de froment pestris ensemble se fait vn pain, telle doit estre l'vnion & l'assemblée des fideles de la leur communion soubs mesme pain.

Nostre ame est vn Royaume, *regnum cœlorum est intra nos.* l'Eglise aussi *simile factum est regnum cœlorum, &c.* En tant de paraboles qui denotent l'Eglise, si celle cy est bien liee en ses membres, nulle armée ennemie

la

la peut terrasser, *concordia simul iuncta vinci non possunt*, dit Sainct Cyprian, si celle n'est point distraitte en ces affections elle ioinct desia des ce monde par anticipation d'vn essay de l'eternelle fœlicité, *quid enim est pax transitoria*, dict Sainct Gregoire en ses Morales, *nisi quoddam vestigium patriæ æternæ*.

Lon pourroit dire que la paix est le sel de la vie, sans quoy elle est insipide, & plustost à fuir qu'à desirer.

Nulla salus bello pacem te poscimus omnes.
Que c'est ce lien qui tient tout en esgale temperature: mais i'ayme mieux en apporter ceste raison assez subtile, voyez comme le sel mis dans l'eau se fōd, dissout & liquefie tout doucement, s'incorporant dans cest element sans aucune contradiction; au rebours mis dans le feu il craquette & petille tout haut, tel est l'homme paisible, lequel estant vne publicque societé, *aquæ multæ populi multi*, sçait tellement se former à la concorde, & condescendre à la paix, qu'il ne semble né que pour appaiser toutes contentions & querelles, au rebours s'esmeut il du trouble, le feu s'enflamme, il tempeste, il remue tout pour l'esteindre & l'assoupir.

Mais

Mais les mauuais gouuerneurs, pestes des republiques, *genus hominum publico exitio natum, & pœnis numquam satis coercitum*, côme parle vn ancien ressemblant à certain sel sulphure de Sicile, dont fait mention le Pline, lequel par contrarieté percille dans l'eau & se resoult dans le feu, aussi les boutefeux de l'estat ne peuuent durer dans la tranquillité de la paix, ne pouuans compatir auec les bons, n'aymans que le trouble, la confusion & le desordre pour se maintenir en humeur, & faire leurs affaires par rapines & brigandages. Patorculus parlant de la paix presque vniuersellement espandue & estendue du temps de Cæsar Auguste: *Erant tamen* (dit-il,) *qui hunc fœlicissimū statum odissent*: ainsy les escargots haissent les roses, & les hiboux la splendeur du Soleil.

Iamais prince qui aymast les brouillemens n'y fit œuure, ces maximes d'estat de menacer la guerre pour se maintenir en paix, sont, & côme la plus part des autres, plus fondées en vanité qu'en verité, *medici plus quiete, quàm agitatione proficiunt*. La santé du corps public c'est la paix & le repos la guerre, & le remuement est la maladie qui le pert & le ruine.

Mercure

Mercure est feinct par les Poëtes pour messagier de paix, aussi son faisseau ou Caducee m'en represente le symbole, ces serpens sont la prudence qui la maintient, *Pacem sapientiæ firmasse*, (dict Tacitus) *quam bellum per artes confecisse laudabilius* : le mesme, mais ailleurs, *In turbas & discordias pessimoc uique plurima vis, pax & quies bonis artibus indigent*, & ces cornes d'abondance figurent les biens & commoditez qui reuiennent du repos & de la paix.

2. *Annal.*

Hister. 4.

Au reste l'homme y est comme destiné par sa naissance, la guerre a ie ne sçay quoy de farouche & brutal,

Candida pax homines, trux decet ira feras.
Les autres animaux ont tous des armes naturelles offensiues ou deffensiues, le seul homme en naist despourueu, que fust-il au moins comme les bestes, elles ont cest instinct naturel de ne ruiner point leur semblable, le Lyon quoy que cruel & affamé ne tue point son compaignon, ny le Tygre vn autre Tygre, de sorte que les hommes qui se guerroient sont au delà de toute brutalité.

Au contraire c'est des animaux que nous pouuons apprendre la concorde, nous les voyons quasi tous se ramassans à trouppes, non seulement les abeilles ou fourmis, non les domestiques & priuez, comme les moutons & autres; mais iusques aux sauuages, comme les Cerfs, les Daims; voire les cruelles, comme les Loups, les Ours.

Voyez moy ces bœufs accoustumez à mesme ioug ils font vn tel cousinage ensemble, qu'à peine dans les pastis les peut on diuiser, si on les separe ce ne seront que mugissemens, cela deuroit faire honte aux Chrestiens, lesquels faisans profession de porter le mesme ioug suaue de Iesus ne s'affectionnent neantmoins aucunement: mais s'entretiennent en castilles & discordes.

I'acheueray ce discours de la paix quand i'auray representé que si la guerre est vne espine, la paix est la rose, si celle là l'amertume, celle cy la douceur, si celle là l'orage, celle cy la bonace, si là tourmente, l'autre le calme; si celle là est pleine de maux, celle cy de biens. *Sicut maris, cælique temperiem:* pour vser des termes de Pline, *Secundum turbines, tempestatésque commendant, ita ad augendam pacis gratiam tumultus præcedens plurimum confert.* Ainsi les contraires se prestent la main, & se donnent l'vn à l'autre

du lu

du lustre, rien ne faict tant aggreer la clairté d'vn beau iour que la sombre obscurité de la nuict, & le vin paroist plus doux quand le goust est picqué d'amertume.

Ie ne voudrois point donner d'autre esguillon à vne ame bien faitte pour l'exciter à l'amour de la vertu que de luy faire voir d'vne veuë nette, & non troublée la laideur du vice, parce que la contrepointe nous picque merueilleusement, ainsi pour faire gouster nostre beatitude pacifique, ie ne desireroy d'vn esprit bien formé, sinon qu'il consideraft meurement & iugeast equitablement des transes & agonies que donne le vice à l'ame qu'il regente & possede, & ie m'asseure qu'il quittera bien tost le miserable & idolatre seruice de ces dieux estrangers pour se ietter à celuy de Dieu son centre, son repos & sa paix.

De la Patience.

CHAP. VIII.

LEs deux plus notables branches qui prouiennent du tronc de ceste vertu moralle, qu'on appelle force, ou autrement vaillance, sont sans controuerse la patience & la constance, desquelles i'ay entrepris de traitter icy pour l'esclaircissement de nostre derniere beatitude : Ce mot de *patiuntur* me conuie à discourir de celle là, l'autre *propter iustitiam* de celle cy, ce que ie feray par ordre pour ne rien confondre ; car encores qu'elles aboutissét, ce semble, à mesme point qui est de souffrir, comme la force en general consiste à endurer toutes trauerses & aduersitez : si est-ce toutesfois qu'elles sont aucunement distinctes & differentes, certes ie sçay encores que le martyre est leur plus grand & signalé effect, comme m'apprend S. Thomas : mais ie surseoiray d'en parler icy, & de peur de longueur, & parce qu'il me semble n'estre pas tout à faict le lieu d'en escrire expressement.

Pour la premiere donc la patience n'est autre chose, selon le Pere de l'eloquence suiuy en cela par le Genie de l'eschole que *voluntaria, ac diuturna perpessio rerum arduarum*, à quoy mesme abutit S. Augustin en vn traitté qu'il en a faict.

De ce simple placart qui nous en propose vne deffinition toute nuë pouuons nous iuger qu'il n'y a de toutes les vertus aucune, dont l'exercice & l'vsage nous soit plus vniuersellement necessaire que de celle

Cicero lib. 2. de Inuen. D. Thom. 2.2 q. 39. art. 6.

celle cy : car puisque par tout ce monde il n'y a que mal & calamité, ce qui le faict surnommer val de misere, si nous n'auions que plaintes, reuolutions & decadences de fortune, douleurs, afflictions, maladies, inquietudes nous auons à toute occurrence besoing de l'assistance de ceste aide pour nous sortir de ces miserables bourbiers & nous soustenir en ces agonies.

Iob qui est le vray miroir de ceste vertu n'a point de plus grande consolation en son desnuement general de toutes commoditez que de se representer son estre; *Nudus egressus sum de vtero matris meæ, nudus reuertar illuc.* Iob.1. Si nous pensions ordinairement, selon Seneca, que l'exil, les pleurs, les pertes, les douleurs sont les tributs de ceste vie, ces traicts preneurs de longue main nous offenseroient beaucoup moins, on peut faire nature de la calamité, comme les corps se durcissent au trauail, aussi peuuent les esprits *callum obducere* aux afflictions & angoisses, comme ce Lacedemonien, qui à force de porter ses armes se sentoit soulagé, les ayant sur le dos ; oyez S. Paul, *gloriabor in infirmitatibus meis, vt inhabitet in me virtus Christi*, & quelle est ceste vertu sinon la patience. Agesilaus en temps de paix faisoit faire les mesmes exercices à ses soldats qu'en temps de guerre, affin que les troubles suruenans ne les prissent au despourueu, celuy là mesme conseille d'intermettre vn peu de l'austerité de sa vie en vn temps de repos ne le voulut iamais, disant qu'il s'accoustumoit aux reuers de la fortune contraire; ainsi Seneca conseille son Lucille, *vt interponat aliquot dies, quibus contentus vilißimo cibo atque horrida veste dicat, hoc est quod timebam.* Le moien de ranger l'inconstance de la fortune sous ses pieds, s'est de se loger en esprit en la plus basse marche,

Qui iacet in terrâ non habet vnde cadat.

C'est ainsi qu'il se fault releuer par le raualement & faire teste par les talons. Quel mal peut arriuer à celuy qui est resolu au pis qui est la mort, disoit ce Roy Spartain en Plutarque?

Les traicts lancez contre le patient sont des flesches tirees contre vn roc, souuent elles retournent blesser ceux qui les ont laschées, ce mesdisant attacquera sa renommee, laissez iapper ce chien, il ne le mordra pas, laissez hurler ce loup, la Lune ne laissera d'aller son train. On se mocquoit de nostre Seigneur en sa passion, & il se taist:

taist : bel enseignement de respondre aux gausseurs par le silence, ce n'est iamais faict de leur replicquer, vous eschauffez leur bile, aigrissez & irritez leur humeur cacochime, laissez escouler ce torrent, les digues & obstacles le font enfler & bruire dauantage. *In silentio & spe sit fortitudo tua*, conseille Isaye. Imitons le Roy Psalmiste, *Ego autem tamquam surdus non audiebam, & sicut mutus non aperiens os suum, & factus sum sicut homo non audiens, & non habens in ore meo redargutiones*. S. Ambroise exposant cest autre verset du mesme Dauid. *Multi persequuntur me & tribulant me, à testimoniis tuis non declinaui.* En la prosperité il est, ce semble, aisé de bien faire, comme il est facile de cingler en plaine mer auec bon vent: mais és afflictions & tribulations c'est où reluit la patience, comme la vertu & conduitte d'vn bon Pilotte parmy les plus rudes tempestes & furieuses bourrasques.

Ις. 30.

In Psal. 118. serm. 20.

Les espines releuent la beauté de la rose, & les trauerses font esclatter la patience. *Qui non est tentatus quid scit.*

Si nous auions les corps de Diamans ils seroient exempts de toutes attaintes, & les esprits patiens sont innumerables.

Chrysost. homil. 2. ad pop. Antioch.

C'est signe d'vn corps fresle & mince de

ne pouuoir supporter la chaleur du Soleil en l'esté ou quelque froideur en hyuer, & c'est le faict d'vn esprit foible de ne pouuoir endurer patiemment des aduersitez & contradictions.

Le cholerique qui se prend au patient, c'est vn fer rouge qui se plonge dans l'eau froide, cestuy-cy est doüé de ceste force d'ame qui peut estre assortie à la pierre Amatite qui rend incombustible les choses qu'elle touche, nul feu de cholere peut embraser le patient. La pierre Memphis meslee dans du vinaigre faict vne liqueur qui rend les membres insensibles, la patience a le mesme effect de rendre par le vinaigre des afflictions, ie ne sçay quelle fiere dureté & roide insensibilité à nostre ame.

On vous iniurie, disoit-on à Socrates, ie ne me tiens pas pour iniurié, fit il à quelqu'vn, qui luy donna vn soufflet ; & quoy, dict il, si vn asne m'auoit donné vn coup de pied, on bannit Diogenes de Sixone, & moy fit il, ie relegue les Sixoniens dans leur ville, on mesdisoit de Plato qui dict pour response, qu'il viuroit en sorte que sa vie seroit exemplaire. Il y a mille exemples pareils, seroit-ce point ceste vertu que
Dieu

Dieu promettoit à Ezechiel, quand il luy disoit qu'il rendroit son front de caillou, & sa face dure comme diamant.

Aux ieux Olympiques ceux emportent le prix qui en terrassent le plus, & en la lice de la patience ceux qui en supportent d'auantage, icy celuy qui est frappé, non celuy qui frappe est couronné.

Ioseph ce iouuenceau miroir de chasteté abandonne son manteau à sa maistresse pour se sauuer en fuyant: laisse, Chrestien, le manteau de ta renommee entre les pattes de ce calomniateur pour sauuer ton innocence, tantost apres la verité qui est fille du temps se recognoistra, comme celle de Ioseph & brillera de tant plus clair qu'elle aura esté voilee d'ombrages, comme le Soleil quand ses rayons ont esté rebouschez par vne nuée.

Pense que celuy qui t'en veut est alié né d'esprit à cause de sa passion, & ne nous offensons non plus de ses insolences que des outrages d'vn furieux & insensé; la cholere est vne briefue fureur. Le chirurgien ne laisse d'aller son train en sa cure pour toutes les inuectiues que la douleur suggere à son patient contre luy, lequel tantost apres sa santé recouuerte le comble de benedictions & graces, si tu as tant soit peu de retenüe, celuy qui t'outrage te loüera, te demandera pardon, te seruira, t'aymera, t'admirera.

L'Arche de Noë estoit composée de bois quarré pour soustenir les efforts du deluge, ceste quadrature me faict souuenir de l'homme quarré, c'est à dire, patient, chez Platon, lequel ne peut tomber que debout, & sur son cube de quelque costé que le vent donne il est en sa solide baze pour en soustenir le choc.

Quand vne porte est bien assise sur ses gonds qu'on l'ouure & ferme sans cesse, elle est tousiours en sa place ferme & en son assiette droitte & iuste, poussez & trauaillez tant qu'il vous plaira, l'homme patient il est tousiours luy mesme tout branlera autour de luy sans que son interieur ressente aucune esmotion.

Voiez & oiez Iob en sa ruine totale, *Dominus dedit, dominus abstulit, sicut domino placuit : Ita factum est, sit nomen eius benedictum.* Est-il immobile?

Tamquam dura silex veluti marsepia cautes.

In Ps. 31. Il y a plus raciotine S. Augustin, il ne dict pas *Dominus dedit, diabolus abstulit*, parce que le mesme Dieu qui luy auoit donné l'abondance

dance luy enuoioit auſſy la diſette: *Intendat ergo charitas veſtra*, pourſuit-il, *ne fortè dicatis hæc mihi diabolus fecit prorſus ad deum refer flagellum tuum, quia nec diabolus tibi aliquid fecit, niſi ille qui deſuper habet poteſtatem permittat, aut ad pœnam, aut ad diſciplinam: ad pœnam impiis, ad diſciplinam piis; flagellat autem omnem filium quem recipit, non te ſine flagello ſperes futurum, niſi fortè cogites exhæredari, flagellat omnem filium quem recipit, ita omnem? vbi te volebas abſcondere omnem & nullus exceptus, nullus ſine flagello erit: quid eſt omnem? vis audire quem omnem? etiam vnicus ſine peccato, non tamen ſine flagello, ſcilicet ipſe vnigenitus filius Dei.*

Que ſi nous receuons ſi alaigrement des biens de la main de Dieu: & pourquoy auſſy n'en receurons nous pas des maux? Il faut auoir l'eſprit eſgal & le loüer en tout temps, ſouuent l'aduerſité qu'il nous enuoye, nous eſt plus ſalutaire que la proſperité, laquelle *vt vinum merum ſapientes infatuat*, teſmoing Salomon, & c'eſt pour couper coup à ceux qui accuſent Dieu en leurs infortunes qui eſt vn treſgrand mal: car ſi le creancier qui reprend le ſien ne nous faict point de tort, quoy que Dieu nous oſte tout eſt à luy, voire la vie.

Vitáque

Vitáque mancipio nulli datur omnibus vsu.
Si nous auons l'vsage des biens de la terre, la proprieté & souueraineté en appartient au Createur.

D'auantage de ce traict de Iob nous pouuons tirer vne presque pareille occasion de patience que du precedent, en ce que parmy nos miseres c'est vn asyle fort seur que la resignation entre les mains de Dieu, *in manibus eius sortes nostræ.* Il verse sur nous de quel tonneau il veut, disoit le bon Homere de son Iupin.

In Psal. 1. Mais pour en faire encores mieux nostre profit, nous deuons, dit S. Augustin, croire que Dieu est vn medecin, & l'affliction le medicament, qui est plus pour nostre santé que pour nostre douleur : le chirurgien vous oyt crier, il trauaille cependant à vostre santé, non à vostre volonté.

Dieu esprouue ses esleus comme l'or en la fournaise de la patience, la paille s'y consume, l'or s'y espure, le mesme crible separe le froment de l'iuroye, les bons durent auec patience, & ainsy possedent leurs ames, l'impatiéce ruine les peruers, comme nous ferons tantost voir.

Plus le fer est manié, plus il se polit & rend luisant & le patient se perfectionne en en

en endurant, *Tribulatio patientiam operatur,* Rom. 5.
patientia probationem, probatio verò spem; spes
autem non confundit.

L'encens ne sent rien s'il n'est mis au feu; mais bruslé il exhalle vne odeur fort soüefue, la beauté de la patience ne se recognoist qu'à l'espreuue. Car lors comme les odeurs remuées s'espandent & s'estendent bien loing, aussy la vertu paroist en l'action & se parfaict dans les trauerses, pour cela S. Paul en tant de lieux se glorifie en ses angoisses, pour tesmoigner sa patience. *Li-* 2.Cor.12. *benter gloriabor in meis infirmitatibus, propter quod placeo mihi in infirmitatibus, in contumeliis, in necessitatibus, in persecutionibus, in angustiis pro Christo: nunc gaudeo in passionibus meis,* Rom.5. Coloss.1. *& gloriamur in tribulationibus.* Il est escript Act.5. des Apostres qu'ils s'en alloiët tous ioyeux apres qu'ils auoient receu quelque opprobre pour le seruice de Dieu, *Cùm persecuti* Mat.5. *vos fuerint homines, & omne malum dixerint aduersum vos, mentientes propter me, gaudete & exultate, quoniam merces vestra copiosa est in cœlis. Omne gaudium existimate cùm in varias ten-* Iacob.1. *tationes incideritis, exhibeamus nos tamquam* 2.Cor.5. *Dei ministros, in multa patientia, in tribulationibus, in necessitatibus, in angustiis. Patientia vobis necessaria est, vt reportetis repromissionem.* Les

estoiles

estoilles, dict S. Bernard, ne se voyent que la nuict, & la patience qu'ez aduersitez.

Le grain de moustarde escrasé pousse sa force, & le patient comme Antée trie sa vigueur de son terrassement, sa vertu se picque par le contraste, L'antagoniste renfle ses veines, & roidit ses nerfs.

Lucan. 9. de bell. ciuil.
----gaudet patientia duris,
Lætius est quoties magno sibi constat honestum.
Où est l'espaix de la meslée, s'est là que se porte le vaillant, & le patient s'affermit par la grandeur de l'affliction qui le presse, comme ces paux qui s'enfoncent plus on les coigne.

Ne peut-il se qu'il voudroit il renge son veuil à sa puissance, faisant vertu de la necessité.

Durum nam leuius fit patientia
Quidquid corrigere est nefas.
L'espoir que le malade a de sa santé luy faict aualer en patience l'amertume de la drogue, le patient, comme l'abeille tire du miel d'vn suc amer & aigre, voire *mel de petra, oleúmque de saxo durißimo.*

Deuter.
Ce mot du Deuteronome *qui inundationem maris quasi lac sugunt.* Ie l'entends des patiens qui conuertissent en douceur les tribulations plus ameres & reuesches.

La pa

La patience c'est le pain de la vie : car comme l'on mesle le pain à toutes sortes de mets & de viandes, aussy nostre pasture plus ordinaire estãt les miseres, *homo repletur multis miseriis*, sans cesse nous auõs besoing de ce soustien qui conforme nostre cœur.

Le pain par sa temperature nous rend les autres nourritures propres à l'entretien de nostre corps & c'est la patience qui donne prix à nos œuures, & selon elle que nous sommes recompensez, elle parfaict nos actions, *patientia opus perfectum habet. Vnusquisque mercedem accipiet secundum proprium laborem.* Sur lesquelles parolles de l'Apostre tombant S. Chrysostome en donne vne interpretation subtile, & qui fera fort à mon propos, *Dicam aliquid quod opinionem multorum videatur excedere, non tamen veritatem; Etsi bonum quis operatus fuerit magnificum vel virile, non autem cum labore, atque periculo, ne v aliquam multam recipiet mercedem; Vnusquisque enim propriam mercedem recipiet secundum suum laborem, non secundum magnitudinem facti, sed prout fuerit qualitas passionis.* Ainsi nostre loyer se mesure à l'aulne de nostre patience: *Esto fidelis vsque ad mortem, & accipies coronam vitæ; qui perseuerauerit vsque in finem, hic saluus erit.*

Iacob. 1.
1. Cor. 3.

In epi. ad Olymp.

Voiez

Voyez comme mesmes és acquisitions des biens du monde vne grande patience est requise; le laboureur iette son grain à l'aduenture dans les sillons de la terre, il attend vn an entier la recolte, cependant il fremit à l'intemperie des saisons, de peur que le froid ne gele son rapport, les pluyes ne le pourrissent, les vers ne le rongent, le Soleil ne le rostisse, le larron ne le vole; ô que de patience à ce marchand en ses voyages par mer & par terre, ou bien mesmes attaché à sa boutique comme à vn billot, quelle ce soldat en ce siege, en ce camp accablé de mille fatigues, quelle cest enfant pour paruenir à quelque science, quelle ce courtisan pour faire reussir ses desseings, quelle cest auare à entasser des escus par mille illicites voyes, quelle ce voluptueux pour venir à chef de ses malheureuses intentions, bref nous aurions à souhaitter que la raison peut persuader aux hommes d'endurer le trauail auec autant de patience, pour l'acquisition de la vertu ou de la gloire celeste, comme ils font pour satisfaire à leurs vitieux appetits.

Chez le Psalmiste où il y a *nimis honorati sint amici tui Deus*, vne autre version porte,

nimis

nimis afflicti sunt, de sorte que la mesme diction en Hebrieu qui denote l'affliction, denote aussi l'honneur, en quoy nous pouuons recognoistre combien c'est de gloire de supporter les maux auec patience: les cicatrices & blesseures sont glorieuses aux soldats comme des enseignes & tesmoignages de leur valeur; ainsi se consoloit ce Lacedemonien boiteux de ce qu'il ne marchoit vn pas sans souuenance de son courage, & mocqué de ce qu'il retournoit encores à la charge, tout incommodé qu'il estoit, il respondit fierement qu'il y alloit pour combattre, & non pour fuir.

Et de vray n'est-ce pas beaucoup de grace à vn Seigneur quand son Roy le fauorise de son ordre; heureuse donc la patience qui nous enroolle en la compaignie de Iesus nostre grand Prince & Capitaine, son estendart c'est la Croix, il faut militer soubs ceste banniere de souffrance. Il seroit desraisonnable, diroit icy S. Bernard, de voir des membres delicats soubs vn chef couronné d'espines; Ioab estant soubs les tentes & pauillons, Vrie a honte de reposer auec sa femme. La marque des enfans de Dieu c'est la douleur, ceux qui sont marquez de la lettre Tau symbole de la Croix

Tom. 5. Oo

sont espargnez par le glaiue de sa Iustice, le soldat que le Capitaine cherit d'auantage c'est celuy qu'il hazarde le plus, comme les armes que l'on veut porter sont celles que l'on essaye le plus rudement.

Les nautonniers flottans à la mercy des vagues arrestent leur vaisseau auec l'anchre, pour affermir nostre resolution dans les trauerses du monde. Ie croy que l'anchre plus propre c'est la Croix, Croix vray miroir de patience.

Car si les compaignons en misere seruent de consolation aux malheureux, & si la confrontation des calamitez d'autruy donne quelque soulagement aux nostres, quand elles sont moindres; combien pensons nous que nous apportera d'allegement la consideration de la Croix du Sauueur du monde!

Souffres tu, regarde ses douleurs; es-tu mocqué, pense à ses ignominies; es-tu spolié de ses biens, considere sa pauureté, sa nudité, si tu compares tes maux aux siens, tu accarres vne goutte d'eau à tout l'Occean l'infiny au finy, le tout au rien. Les eaux de Mara furent adoucies par certain bois, & la Croix de Iesus seruira de liniment à toutes nos aigreurs & amertumes,

LIVRE XVII. 579

les estoilles disparoissent en la presence du Soleil, les afflictions de nostre Redempteur dissiperont les nostres, on tempere l'acrimonie du vinaigre auec l'huile qui est douce, le sang espandu de Iesus, *oleum effusum* ostera l'aigreur du vinaigre de nos plus picquantes douleurs. Socrates disoit que si l'on pouuoit mettre toutes les miseres humaines en vn tas, & que chacun en prist sa ratte part aucun ne se trouueroit qui n'aymast mieux garder les siennes particulieres que de prendre sa portion publicque, mais le mal est que nous n'aduisons pas, estans en affliction sur ceux qui sont encores plus en peine que nous, comme l'ambitieux regarde tousiours au dessus de soy, non au dessoubs, tresbien vn poëte.

———Nec enim fortuna ferenda
Sola tua est, similes aliorum respice casus
Mitius ista feres.

Ouid. vl. Metam.

L'impatient n'aduise pas à toutes ces choses, mais fermant les yeux à toutes raisons il veut secouer tout ioug pour peu qu'il le blesse, ce ieune taureau inaccoustumé au trauail se donne plus de peine à se debattre & demener que s'il tiroit franchement, puis qu'en ceste vie nous ne pouuons estre sans ioug, & sans Croix, il vaut bien mieux condefcendre à la neceffité que d'eftriuer contre la bride, & regimber contre l'efperon; mais l'impatient reffemble à ces cheuaux retifs qui fe font affommer de coups, & n'aduancent rien, à ces crapaux qui s'enflent fi toft qu'on les touche, à ces fcorpions qui picquent quand on les approche, à ces cloches qui fonnent quand on les tire, aux verres qui font fi fragilles de fe caffer au moindre heurt.

Tertullien a faict vn beau traitté de la patience, où, fans autrement repaffer par fes piftes, il prouue que l'impatience eft la matrice de tout mal pour eftablir en la patience la fource de tout bien.

Pour moy ie tiens que nous ne pouuons eftre trauaillez d'impatience que pour trois fortes de maux, du corps, de l'efprit & de la fortune, lefquels tous bien confiderez font incapables de nous donner aucune legitime attainte, qui nous puiffe deftourner de noftre droitte defmarche, & defmonter de noftre iufte affiette, pour les douleurs du corps. Ie laiffe mille hiftoires & prophanes & fainctes qui fourmillent de toutes parts dans les liures de ceux qui les ont mefprifées que ie defdaigne de radouber icy; ioinct que fi nous penfons que noftre corps
n'eft

n'est qu'vn fragile & vil vaisseau de terre, il n'y a celuy, qu'aspirant plus haut, n'en desire estre despris. Pour les agonies & inquietudes d'esprit, elles prouiennent sans doubte du desreiglement des passions, & ne se faut pas estonner si l'horologe va mal qui a les ressorts interieurs gastez, le corps est malade, qui ayant le goust depraué trouue tout amer, celuy qui passe d'vn nauire dans l'esquif ne laisse de sentir des tranchees, parce qu'il porte sa bile quand & soy.

Cœlum non animum mutant qui trans mare currunt.

Ce fiebureux a beau changer de lict, le feu est dans ses moëlles, l'ambitieux, l'auare, le voluptueux tout cela impatient, ostez le vice, la vertu serenera l'ame. Pour les biens de fortune, Diogene se mocquera de la pauureté & de l'esclauage, Chrysippe dira que s'il n'eust perdu ses richesses, il estoit perdu, Seneca les appellera des iouets de petis enfans: en fin ce sont obiects incapables d'esmouuoir vne ame forte & genereuse.

Au demeurant que sert en ces miseres d'estriuer contre Dieu, se despiter contre le sort, & comme des Titans, tirer des flesches au ciel quand il tonne. Puisque nous auõs tous à porter la Croix, au moins que ce soit auec patience: ô que beaucoup portent la Croix, mais non pas le Crucifié, quelles croix pensez vous que portent ces ambitieux auares voluptueux? insupportables! souuent ils succombent au faix, mais que Dieu est esloigné d'eux. Le seul patient qui souffre pour l'amour & à l'imitation de Iesus porte la Croix, & le Crucifié, tout ensemble oiez S. Paul *Christo confixus sum cruci*. Il ne dict pas seulement *confixus cruci*, mais *Christo*, qui est le principal: ainsi ils portent la consolation, quand & la desolation en vn mesme faisceau, *secundùm multitudinem dolorum meorum, in corde meo consolationes tuæ lætificauerunt animam meam*.

Ce mondain monstre en apparēce tout plein de contentemens, mais que d'espines sont au pied de ces apparētes roses, que de serpēs sous la bigarreure de ce pré esmaillé. Que voyla de beaux habits; mais ils gesnent beaucoup vne suitte magnificque, mais qui traihe aussi apres soy de grandes debtes: Au rebours les gens de bien font monstre de beaucoup d'espines, mais ce ne sont que fleurs; leur viure semble austere, mais ce n'est que douceur; la Croix est rude,

rude, mais le Crucifié est doux. *Multi vident cruces nostras,* disoit S. Bernard, *sed non vident vnctiones.* Quand les gonds des portes sont enrouillez, cela faict vn craquetement importun; quand la rouille de l'impatience tient vne ame, elle ne faict que rompre les oreilles d'vn chacun de ses plaintes, *fœlicitas superba,* disoit vn ancien, *sed importuna, & querula calamitas.* S. Chrysostome seconde ceste comparaison, *ferrum rubigo, lædit lanam tinea ouium greges lupus, vinum aceti permixtio, lolium segetes, grando vineam, sed hominem, nec morbus, nec exilium, nec mors, nec iniuria, nec contumelia, sed sola animi impatientia lædit.*

Homil. quod nemo laditur nisi à seipso.

Bien plus aduisé est celuy qui en imitant la patience de son Redempteur, trauerse le feu & l'eau des afflictions par patience pour paruenir au refrigere. Aux Cantiques, où il y a *Botrus Cypri,* vne autre leçon dict *Ramus camphoræ,* & est le camphre, vn bitume sulphuré, qui allumé, ne se peut estendre par aucune liqueur; telle a esté la charitable patience de nostre Seigneur que toutes sortes d'afflictions n'ont iamais peu estendre ny estouffer; pour cela l'espouse dict, *Ramus camphoræ, dilectus meus.*

Celuy qui veut se perfectionner à l'imitation de cest exemplaire, *debet sicut ipse am-*

Oo 4

bulauit, & ipse ambulare, & ne relascher en rien de sa ferueur parmy les plus rudes assauts de l'aduersité: car c'est la vraye pierre de touche pour cognoistre le vray or de la magnanimité: *Doctrina viri*, dict le Sage en ses Prouerbes, *per patientiam noscitur*. Ce n'est pas le tout de bien discourir de la vertu il la faut reduire en practique. Ce diseur d'or faict quelquefois de plomb; cest escholier est souuent tout ethique de desbaucher, en lisant ses Ethiques.

Prou. 19.

*-----Virtutem verba putant, vt
Lnam ligna.*

A l'aduenture comme vne piece de monstre & parade seulement propre pour pendre en vn cabinet, non vne piece d'vsage ou de mise, comme ces armes à faire monstre belles, bien grauées & dorees, mais inutiles au seruice; c'est aux effects que se recognoist la vertu, non à l'elegance des parolles.

Moyse s'estonnoit de voir vn buisson bruslant sans se consommer, le patient est bien plus admirable de ne desmentir rien de son courage parmy les plus rudes trauerses, *in medio ignis non æstuatur*, comme ces trois enfans dans la fournaise, mais pourquoy ne brusloyent-ils point? parce que

51.

Dieu

Dieu estoit auec eux; aussi *Beati qui patiuntur propter Iustitiam*, parce que *martyrem facit non pœna, sed causa*. C'est ce que ie voy declarer en tournant sur le second pole de ce discours, sçauoir sur la constance, laquelle est vne trempe & constitution d'esprit forte, dure & inflexible à toute sorte de malheur, est vne assiette d'ame stable & resolue contre les efforts de toute aduersité, c'est vne malle & tendüe vigueur qui s'oppose genereusement aux attaintes des reuers de fortune qui foule aux pieds les plus sinistres inconuenients, qui pointe sa route d'vn vol hautain & superbe par dessus les miseres de la vie humaine, qui se rit desdaigneusement de toutes calamitez, qui se releue contre ce qui nous accable, qui se renforce contre ce qui nous force : bref, qui surmonte tout ce qu'icy bas l'on appelle maux, soit afflictions & amertumes d'esprit, soit douleur de corps, soit perte de ces biens qui dependent de la fortune.

L'opiniastrise, vice opposé, semble auoir quelque air de ressemblance & quelques traicts approchans de ceste peinture, mais il y a entre ces deux extremitez ceste essentielle difference que celle la, belle & courageuse ne se porte iamais à la souffran-

ce que pour le bien : mais celle cy lasche & casaniere ne s'attache qu'au mal : Ainsy voions nous que le diable a ses martyrs les heretiques aussi bien que Dieu les siens qui sont les Catholiques. Ceux cy sont constants, parce qu'ils endurent & meurent pour la deffense de la verité, ceux-cy sont obstinez, mourants pour le soustien de leurs erreurs & mensonges, & par consequent damnez, de sorte qu'on peut dire qu'ils ont bien de la peine d'aller en enfer. Voiez comme Horace en ceste riche description qu'il faict de l'homme constant, que pour estre commune ie ne trouue pas moins excellente, comment dis-je il commence par ce mot de iuste, voulant que celuy qui endure soit iuste & patisse pour la Iustice, *Beati qui persecutionem patiuntur propter iustitiam*, autrement il n'aura que l'ombre de la constance qui est l'obstination, aussy fondé sur ce ferme pilier de l'equité & de la verité, voyez comme il le despeint inflexible à toutes attaintes & aux menaces des Tyrās plus barbares & cruels & à la mutinerie d'vne populace, furieuse & enragée, voire entier & immuable au courroux des vents & des flots de la mer tempestatiue, que dis-je. Il le faict hardy &
sans

DIVERSITEZ   587

sans frayeur mesmes au croulement de la machine de l'vniuers; voicy ces beaux mots:

> *Iustum & tenacem propositi virum* 3.od.3.
> *Non ciuium ardor praua iubentium,*
> *Non vultus instantis tyranni*
> *Mente quatit solida, neque Auster*
> *Dux inquieti turbidus hadriæ*
> *Nec fulminantis magna Iouis manus*
> *Si fractus illabatur orbis*
> *Impauidum ferient ruinæ.*

Boëce le suit de pres.

> *Quisquis composito serenus æuo* l.1.de con.
> *Fatum sub pedibus egit superbum,* sol. metr.
> *Fortunámque tuens vtramque rectus*
> *Inuictum potuit tenere vultum*
> *Non illum rabies minæque ponti*
> *Versum funditus excitantis æstum,*
> *Nec ruptis quoties vagus caminis*
> *Torquet fumificos Veseuus ignes,*
> *Aut celsas soliti ferire turres*
> *Ardentis via fulminis mouebit.*

Voyla vn constant bien fier & rogue, Stace met encores le sien en vne desmarche plus brauache & morgante, il semble qu'il y aye de la rodomontade Gygantine

> ——— *Hominésque, deósque* 2. Syluar.
> *Et varios casus, & cæca lubrica vitæ*
> *Effugit*

Effugit immunis fati, non ille rogauit,
Non timuit, metuítve mori.

Il se lit en l'histoire Romaine vn exemple de prodigieuse cōstance en vn serf barbare, lequel desesperé de la mort de son maistre, assassina Asdrubal qui en auoit esté l'autheur, pris qu'il fust & sur le champ il commença à se resiouïr mōstrant vne face gaye & chere ouuerte, comme s'il se fust eschappé, & maintint ceste façon mocqueuse, riante & desdaigneuse, mesmes parmy les plus facondes & cruels tourmens qu'on peut inuenter pour le punir, *Et comprehensus,* dict T. Liue, *à circumstantibus, haud alio quam si euasisset vultu fuit, tormentis quoque cùm laceraretur eo fuit habitu oris, vt superante lætitia dolores ridentis etiam speciem præbuerit.*

l. 21. v.
Iustin. l.
44. Val.
Max. l. 3.
c. 3.

Il me souuient lisant cecy de ces traicts.

Luc. l. 5.
de bell.
ciuil.

Intrepidus quācumq; datis mihi numina morte
Accipiam.

Et l'autre,

Mens intacta manet, superat, ridétque dolores
Spectanti similis.

Sil. Italic.
l. 5. bell.
punic.

Outre la constāce i'y remarque encores vn appetit de vengeāce furieux & aueuglé de tuer vn Roy au milieu de tant de gardes, vn regret extreme de la mort de son maistre, vn aise d'auoir deschargé son courage,

Nam

Nam vindicta bonum vita iucundius ipsa.

Ce sont là les ressorts principaux qui ont donné le bransle à ceste constance, ressorts peu remarquez par les historiens, & c'est ce qu'il faut principalement considerer de separer *pretiosum à vili*, car telle action semblera vertueuse par les effects qui ne le sera nullement en la cause.

En voicy vn autre que ie trouue plus pure & ou la vertu brille d'auátage. Piso enuoyé Prefect de Prouince en Termeste, traittant tyranniquement le peuple de ce lieu, vne faction s'esmeut, vt complot se faict de luy oster la vie, vn manant entrepréd de l'assassiner, le tue, puis comme par la violence des tourmens on taschoit de luy faire declarer ses cõplices & les associez de sa cõiuration, se mocquant de toutes les gehennes, il s'escrioit que iamais aucun excez de douleur ne luy pourroit arracher aucun nom de la bouche, *cum tormentis edere conscios adigeretur*, dit Tacitus, *voce magna frustra se interrogari clamitauit, nullam vim tantam doloris fore, vt veritatem diceret*.

4. Annal. l. 4. c. 8. Horat. 3. od. 5. Sil. Ital. l. 6. & 13. bel. punic. Cornel. Nepos c. 12. T. Liuius l. 1. Oros. l. 2. c. 1. Martial. 1. ep.

La constance de Mutius Scæuola, celle de Regulus, comme de plusieurs autres rapportez par le Grand Valere est assez cogneue sans les retistre & retaster icy,

icy, ces choses par trop communes sont plus ennuieuses que profitables, importunes que vtiles & necessaires.

J'admire bien autant la constance au mespris des voluptez qu'en la souffrance des douleurs, d'autant que les esguillons de celles là sont bien plus chatouilleux que ne sont viues les pointes de celles cy. Ce ieune adolescent descrit si delicatement par S. Hierosme que la peinture n'est pas si expresse que ses parolles sont energicques, courbé, nud & lié à vn lict de roses, sollicité par vne courtisane qui vouloit corrompre sa pudicité, en fin resolu de ne consentir iamais à vn si miserable acte, desnué de toutes autres armes que de ces dents, dents encores qu'il ne pouuoit employer contre ceste infame paillarde, il s'aduisa de les tourner contre soy mesme pour renforcer sa chasteté par l'infirmité & debilitation de son corps causée par la vehemence de la douleur, ce fut en tronçonnant sa langue, laquelle il cracha noyé dans son sang au visage de ceste vilaine, c'est là vn acte heroïque & de pure constance, où on peut voir comme dans vn miroir bien clair la pureté & netteté d'vn ame autant genereuse que chaste.

De

De ioindre icy l'insensibilité de Socrates desia tout chenu & vieil, ie ne voy pas qu'il y aye grande conuenance, ses escholiers pour voir s'il estoit autant versé en l'exercice de la vertu qu'il estoit excellent à en discourir, luy iettarent vn iour dans son lict Laïs, la plus belle & renommée Courtisane de son temps, laquelle par tous ses charmes & attraits ne peut iamais esmouuoir ceste souche froide & glacée, de sorte qu'en se leuant elle protesta qu'vne statuë morte eust peu estre touchée de ses caresses, aucuns attribueront cela à l'impassibilité stoique tant recommandée par ce Philosophe, autres à la viue force d'vne masle & vigoureuse vertu, autres à la vanité qui peut estre predominoit la chair en ceste teste Philosophique, pour moy i'ayme mieux donner ceste loüange à l'aage decrepit & vsé qui luy donna en ceste action prou de constance pour resister aux alechements de la chair il ne laissoit pas la volupté: mais la volupté le laissoit; volupté, qu'Euripide dict estre irreconciliablement courroucée aux vieillards, voire le goust de laquelle leur est desagreable & amer. Ie fonde mon opinion sur ce mot de cestuy mesmes Socrates qui se voit chez l'escriuain

Laert. in eius vita

uain de sa vie, par lequel il remercioit la vieillesse entre autres graces de l'auoir deliuré de la puissance d'vn Maistre aueugle, fol & furieux, sçauoir l'Amour.

Plut. si on prof. en vertu.

Pyrrho Philosophe Sceptique auoit bien meilleure grace, lequel estant vn iour embarqué sur mer, voiant le vaisseau où il estoit agité d'vne tempeste si violente & d'vne si puissante bourrasque que la nautonniers n'en attendoient qu'vn naufrage asseuré, se mocquant auec son indifference des vents, des flots & de la mort, & encores de ces mariniers pasmez d'apprehension leur releua le courage qu'ils auoient abbatu par l'aspect d'vn pourceau qu'il leur fit voir, faisant bonne chere sans frayeur parmy cest orage, ce n'est pas qu'il y aye aucune ombre ny teinture de constance aux bestes, si est ce toutesfois que nous les voions bien plus determinees & resolues que nous aux dangers & perils, & ne faut pas alleguer que c'est vn aueuglement & manque de cognoissance qui offusque ces brutes, car ie prendrois de là occasion de blasmer les hommes, lesquels sont moins asseurez, fermes & arrestez auec toute leur raison, Iugement, circonspection.

L'indifference Pyrronique me semble conuenir

cōuenir en ce poinct auec la fermeté & vigueur Stoïque, quoy que ces sectes fussent autant esloignées qu'aucuns des anciens, ie dirois quasi opposées qu'elles vuidoient de nos ames les passions esgalement, mais par des voyes diuerses. Les Stoïques vouloient qu'à viue force de vertu leur sage ne peut souffrir aucune iniure, & par consequent fust impassible comme le Cœneus de Pindare, c'est à dire qu'il fust tellement constant qu'il ne fust subiect à s'esmouuoir pour aucun reuers de fortune, ains qu'il resistast contre tous les efforts de malheur, immobile & sans aucune alteration, ils permettent bien qu'on voye & preuoye les traicts sinistres, voire qu'on souffre & endure les douleurs & afflictions, mais ils entendent que ce soit auec insensibilité, dureté, fermeté: les autres vsent de diuersion, & n'allans pas de droict fil à la vigueur d'vne forte vertu qui se tient à vne desmarche inesbranlable, ils y vont par vne voye oblique & destournée, ils se tiennent au milieu entre les deux extremes, nageans & flottans entre deux eaux, & balottans entre deux airs, c'est l'indifference, par laquelle comme par vn guichet de derriere ils esquiuent la premiere furie des afflictions,

Plut. contre les Stoïques.

Tom. 5.   P p

& puis apres ils s'y familiarisent.

C'est ainsi que tiroient ces pauures aueugles parmy les noires ombres de la gentilité, ils approchent quelque fois de la cognoissance de la vertu, mais d'atteindre au blanc ie ne voy pas que leurs opinions soient droittes, la plusgrande partie de leur vertu auoit plus de mine que de ieu, ils en auoient l'escorce, non pas le tronc, le masque, non le visage, mais la vraye constance pour me tenir dans les termes de ce discours n'a point d'autre but que la verité & la gloire du vray Dieu, ignoré par ces erräs, elle ne côsiste point en mine & geste. Il est permis aux martyrs de crier, de pleurer, de gemir, pourueu que l'esprit ne fleschist point.

Mens immota manet lacrymæ voluuntur inanes.

Aux maladies il est permis aux Chrestiens de grincer des dents, se debattre, se plaindre, pourueu que le desespoir n'aye point de lieu en l'ame, baste pour ces chimagrees, si le goutteux se sent soulager en criant qu'il crie, si les pleurs font escouler le mal de teste qu'on pleure, si le gemissement console le paralitique qu'il gemisse, il importe peu du corps, pourueu que l'ame me soit sans attainte : ie ne veux pas pour cela que mon malade blaspheme, criaille, entre en cholere soubs ombre d'alegement & puis quil die

Iuraui lingua mentem iniuratam gero.

On ne peut dispenser au preiudice des loix de Dieu, mais ie dis que comme à la souffrance des maux sans sonner mot ie ne mets pas la constance, aussi ne l'oste ie pas à qui ie vois se douloir & crier, les ressorts de ceste vertu sont cachez & occultes, bien difficile est-il de iuger de l'homme interne par l'externe, mille erreurs viennent de là; entre autres celle que nous disons des Stoïques & indifferens, lesquels ne iugeans que par les sens mettoient la vertu ou en ces grimaces ou en paroles.

Virtutem verba putant vt Lucum ligna

leur reproche vn satyrique.

Cicero en ses Tusculanes rapporte d'vn, *l. 1.* lequel pressé de quelques violentes tranchees de colique, deuisant auec quelqu'vn de ses amis, disoit souuent, douleur, tu as beau faire, si ne me feras tu pas confesser que tu sois mal, voyez vous pas tout à clair à ces parolles la vanité Philosophicque & si ce n'est point le mal, luy eusse ie repliqué;

pourquoy en parles-tu? laisse la pour vn néant, tu veux que ie voye ta constance, ie l'eusse veuë & creüe si tu te fusses teu.

Vn autre comme on luy dechiquetoit les iambes qu'il auoit toutes perdues de gouttes ne faisoit pas vn seul mouuement qui sentist à la douleur, ains continuoit à la lecture d'vn liure qu'il auoit commencé auant qu'on le dechiquetast, voyez comme la vanité se guinde iusques au plus pres de la vertu, si que les plus clair voyans n'ayent pas peu de peine à discerner ceste difference.

On tient qu'il y a certain or Sophistique que les font par artifice, lequel endure toutes sortes de touches, excepté la coupelle, ainsi y a-il tousiours quelque moien pour discerner le faux d'auec le vray quoy qu'il y aye de la peine; il en est ainsi de la vertu & du vice.

Et principalement en la constance, car l'obstination laisse tousiours parmy ses souffrances quelque tache terne & noire qui la faict recognoistre, mais la vertu brille & esclatte tousiours, c'est vn or pour persister en ceste similitude qui s'affine par les touches, qui reluit par la coupelle, & s'espure en la fournaise sans deperir ny se diminuer

Plin. 33. hist. nat. c.3.

minuer en rien, bien est-il vray qu'il se liquefie: ainsi la constance se renforce par ce que la force esclatte parmy les tribulations, & redouble au lieu d'amoindrir dans les fournaises des angoisses & destresses & ne laisse de se maintenir entiere quand le corps seroit reduict en poudre.

Anaxarche Philosophe à vn tyran qui l'escrasoit par la peine des Anges, *Tunde*, disoit-il, *Tunde Anaxarchi vasculum; Anaxarchum autem nil teris*: par le vaisseau il entendoit le corps, l'estuy & la boëtte de l'ame: par Anaxarche l'esprit qui est le vray homme, homme exempt de la mort & par consequent de la iurisdiction des tourmens.

Il se lit de tout plein de nos martyrs Chrestiens, lesquels bruslans dans les flammes reprochoient courageusement aux tyrans leurs cruautez & leur barbaries.

Ainsy les gesnes qui sembloient deuoir amoindrir leur vertu redoubloient leur generosité à mesme que leurs corps s'auoisinoient de la mort; ainsi voions nous que l'eau des forgerons au lieu d'esteindre la flâme, l'embrase dauantage par antiparistase & contrarieté; ainsi voions nous que le feu se renflamme par ce qui semble le vouloir esteindre, sçauoir le vent lequel luy donne

Pp 3

la vie à mesme qu'il semble luy donner mort, ce qui paroist le vouloir amortir c'est ce qui luy preste l'amorce.

L'enclume s'endurcit & se fortifie par le battement continuel des marteaux, de maniere que ce qui sembleroit la devoir amollir, c'est ce qui luy donne la dureté; le constant est vn enclume qui se durcit par les coups de l'aduersité.

La Palme, comme chacun sçait, a ceste proprieté de se tenir tousiours droitte & esleuée, que si on la charge de quelque pesant fardeau elle se relance contre le faix, ne pouuant supporter le raualement, ce qui semble opprimer la vertu de Constance, c'est ce qui la picque & redresse, *Minuit sine aduersario virtus*, dit Seneque, & celle cy principalemẽt, seroit lasche & destendue, si elle n'auoit vn Antagoniste, la contraste la reueille, c'est és efforts qu'elle se fait paroistre, cõme le soldat aux cõbats & le Pilotte en l'orage, dans les accidents fascheux luit sa beauté; Beauté masle & virile qui consiste, non point en vne aisance & facilité, mais dans les plus difficiles & poignantes espines, beauté qui n'est ny feminine ny fardee, mais toute masle, & qui se faict priser, non point par la delicatesse & vermeille

le blancheur de son teint, ny en la pollisseure esgale d'vne peau tendre & douce, mais qui consiste en la force & vigueur de ses muscles és tendons & veines enflées au teint brun basané, & en la roideur des bras en la fermeté de toute ses parties.

Ces grands & prodigieux arbres, Pins, Chesnes, Ormes, & autres que nous voions sur ces hautes montaignes battus incessamment de mille diuers vents tous violents & forts, c'est par & pour ces agitations qu'ils vont espandans si loing & si auant leurs dures & robustes racines, il n'y a rien qui redouble tant la constance que les diuerses & furieuses secousses des malheurs plus coniurez, ceste vertu s'enracine plus auant en nos cœurs par la multiplicité de ces variables branfles & remuements de fortune.

Lactance elegamment & excellemment à mon propos, *Constantia agitata malis quatientibus stabilitatem capit, & quantò frequentius impellitur, tantò firmius roboratur.*

Plus la Camomille (herbe assez commune és Iardinages) est raualee contre terre & foulee aux pieds mieux elle fructifie, meilleure est son est odeur, plus le Constant pressé, plus il foisonne en vertu, plus il espand l'odeur suaue de sa belle renommee.

Ils content de la Panacee qu'elle guerit toutes maladies ce que sonne ce mot en Grec, ie ne m'enquiers pas de la verité de ceste plate, mais ie tiens qu'à tous les maux humains la constance sert de souuerain & singulier antidote.

Daphné ceste belle nymphe consacree à la chaste Diane ne voulant point consentir aux embrassemens d'Appollo, fut, comme content les poëtes, metamorphosee en Laurier, Laurier symbole de victoire, Laurier exempt des attaintes du tonnerre, disons, que celuy qui maintient constamment sa pureté à la barbe des voluptez, qu'il sera là haut couronné du Laurier d'Immortalité, Laurier constant & à iamais perdurable, Laurier nullement subiect aux foudres de la Iustice diuine, c'est quasi ce que nous vouloit tantost dire Horace.

Nec fulminantis magna Iouis manus.

N'auez vous iamais pris plaisir à voir ces rochers qui s'esleuét en plaine mer ou bien les falaises, ou costes voisines du riuage, lors que les ondes sôt mutinees & que boursouflees par les véts qui tournebouléct elles vôt ore se láçans dans les cieux, ore se raualants dans

dans les plus creux & profonds abysmes, il semble lors que la mer vueille par ces souleuemēs engloutir la terre,& puis tout soudain se rengoufrer dans les entrailles d'icelles, les flots roulent l'vn sur l'autre auec vn tintamarre & mugissement effroiable, ces rochers & ces falaises restent immobiles & fixes pendant ces tourmentes,& fendans les vagues les renuoyent par vn contrechoc aussi & plus rudement qu'elles ne sont venues heurter à l'encontre, la bourasque passée, vous voiez quand le beau soleil vient à renouueler la serenité par la dissipation des brouillards & nuages que ces roches auees & lissées brillent & esclattent comme vn marbre poly,& semble que leur insensibilité se mocque des vents & des flots que sans se remuer elles ont dissipez: belle figure d'vn homme constāt & ferme, lequel est comme vn Rocher asseuré au milieu de la mer orageuse de ce monde, monde qui va roulant continuellemēt sur luy mille vagues d'affliction & de miseres, comme vn flot pousse l'autre,

velut vnda impellitur vnda.

Mais sa vertu dissout tous ces orages, voire il esclatte parmy ces malheurs, mesme si quelquefois il ne les surmonte par effect au moins tousious par courage fondé sur la baze asseuree de sa vertu, il ne peut estre esbranslé moins renuersé, bref il despite la fortune, comme exempt & de sa iurisdiction & de ses attaintes.

Il se voit par le monde de certaines montaignes si hautes & sourcilleusement esleuees que de leurs cimes & sommitez elles passent la moienne region de l'air, ou rodent les nuees, ou se forment les meteores, ou roulent les tonnerres, de sorte que ceux qui sont à leur feste iouissent d'vn air net & pur, nullement offusqué de nuages & brouillards, mais de la serenité d'vn doux & agreable printemps : l'homme Constant me semble merueilleusement bien representé par ces montagnes, par ce que esleué sur la pointe de sa belle vertu, tous les orages du monde sont soubs ses pieds, il n'est point subject aux remuements du monde, aux decadences de fortune, aux afflictions & angoisses, iouissant à part soy d'vn plaisir net, d'vne paix & tranquilité profonde.

A tant de ceste derniere beatitude. Et affin d'arrondir la guirlande de ce liure du mesme air que ie l'ay commencé, comme

i'ay

j'ay discouru à l'entree de la beatitude en general entant que subiect, maintenant i'en diray deux mots entant qu'obiect, & ainsy ie clorray les ruisseaux, les prez, ce me semble, ayans assez beu selon la pastoralle conception d'vn poëte, c'est à dire ayans assez exposé & estendu ces matieres & reidindray par mesme moyen ma fin à son principe.

A quo principium sic desinet.
Que toutes ces huict beatitudes Euangeliques que nous auons traitees ayent la felicité eternelle pour visee, pour but, pour loyer, il est tout clair, elles tédent toutes la, quoy que par diuers termes & circonlocutions: la premiere, *quoniam ipsorum est regnum cælorum*; la seconde, *quoniã ipsi possidebunt terram*, c'est à dire la terre des vinons; la troisiesme, *quoniam ipsi consolabuntur*, est cela mesme, *absterget Deus omnem lacrymã ab oculis sanctorum, non erit fletus, neque ullus dolor, &c.* la quatriesme *quoniam saturabuntur* au banquet eternel des nopces de l'Agneau, *Venite, inebriamini charissimi*; la cinquiesme, *quoniam misericordiam consequentur* deuant le throsne de Dieu; la sixiesme, *quoniam ipsi Deum videbunt*, *hæc est vita æterna, vt videamus te verum Deum*; la sepciesme, *quoniam filij Dei vocabun*

vocabuntur, *venite benedicti Patris mei*, *percipite regnum*, *si filij & hæredes*, la derniere est claire comme la premiere, *quoniam ipsorum est regnum cœlorum*.

Donc il appert que comme les rayons se rapportent au Soleil, les meubles au corps, les branches au tronc, les ruisseaux à la source, les veines au cœur, les traicts au blanc, les lignes au centre; aussi que toutes ses beatitudes visent directement à l'acquisition de la gloire du ciel.

Elles sont fort proprement comparées à l'eschelle de Iacob, qui de la terre touchoit les cieux, parce que de ces beatitudes terrestres on se guinde aux celestes.

Certes qu'elles ne soyent de difficile pratique il ne se peut nier sans offenser la verité & l'experience; mais aussi Dieu a mis la sueur au deuant de la vertu, & la difficulté est le prix des belles choses. La montée de ce seiour bien-heureux, comme celle de l'oratoire de Salomon aux Cantiques, est toute iouchée de pourpre, c'est à dire de trauaux il y faut entrer par vne petite porte & se porter aux lambris azurez du temple de ceste celeste Hierusalem par vn eschalier estroit & tortu, comme à celuy de Salomon.

Quoy?

Quoy? si les Israëlites ont souffert volontiers tant de fatigues pour paruenir à la terre promise, que ne debuons nous faire pour l'eternité, si Iacob s'esclaua sept ans pour acquerir la belle Rachel, n'estimant à rien ses trauaux, dict l'Escriture, pour la grandeur de son amour, que doibt faire le Chrestien pour venir au feste de la felicité qui luy est promise? aussi S. Paul tranche court que *non sunt condigna passiones huius temporis ad futuram gloriam, quæ reuelabitur in nobis*, & toutesfois *quod momentaneum est & leue tribulationis nostræ supra modum in sublimitate æternum gloriæ pondus operatur in nobis.* O *Anima mea* s'escrieroit icy S. Augustin, *si quotidie oporteret nos tormenta perferre, si ipsam gehennam longo tempore tolerare, ut Christum in gloria sua videre possimus & sanctis eius sociari, nonne dignum esset pati omne quod triste est, ut tanti boni, tantæque gloriæ participes habeamur.* Nostre Seigneur mesme a trouué ceste felicité si delectable, que *proposito sibi gaudio isto sustinuit crucem*, & apres *l'oportuit Christum pati*, nous auons *l'oportet per multas tribulationes intrare in regnum cœlorum*, & c'est par ces beatitudes.

Au reste nous ne pouuons à ceste gloire contribuer aucune loüange, mais seulement

ment de l'admiration en ce qu'elle est infinie, plus l'on y pense, comme disoit Simonides de Dieu, plus on y voudroit penser, parce que c'est vn Ocean & abysme de contentemens qui n'a ny fonds ny riue. Les Cherubins du propitiatoire estoyent en posture d'admirateurs des merueilles de Dieu, ils sont bien autrement rauis là haut & d'vn bien plus puissant extase, voyans la lumiere dans la lumiere mesme & les merueilles en leur source.

La Royne de Saba ne pouuoit saoüller ses yeux & considerer la pompe & magnificence de la Cour de Salomon, & rauie s'escrioit, *Beati viri tui qui stant coram te semper*. O ame Chrestienne si tu peux vne fois quitter la basse region de ce monde pour t'esleuer à ceste gloire que tu dirois bien tost toute extatique ; *Beati qui habitant in domo tua Domine, in sæcula sæculorum laudabunt te*, & encores *quam magna multitudo dulcedinis tuæ Domine, quam abscondisti diligentibus te*.

S. Paul pour en auoir seulement ressenty l'ombre d'vn eschantillon en son rauissement confesse que ce sont des contentemens incogneus aux yeux, aux oreilles, aux cœurs : raisons nous donc nous autres qui
ram

rampons contre terre, puisque cest aigle qui a poussé son vol si hault se tapit dans le cachot de la nonintelligence, puisque ceste beatitude est inimaginable, elle est par consequent indicible; brisons donc icy à la rade de l'admiration; tirons le rideau du silence, il nous sera bien plus seant que non pas d'abandonner peu iudicieusement & temerairement vn si puissant subiect à la foiblesse du recit de ma plume vne si haulte matiere à la bassesse de mon stil.

AV LISEVR.

L'AVTHEVR en ses discours poursuit si iustement sa pointe, & s'esloigne si peu du droict fil de sa carriere, que la Table des Chapitres posee à l'entrée, doit suffire à tout esprit bien fait, pour recognoistre l'Idée du contenu. Cecy te dis-ie, Liseur, afin que tu ne croies pas y auoir icy de l'imperfectiõ, pour estre ce Liure sans Indice des memorables, c'est vne erreur populaire, qui n'infecte que les foibles cerueaux, qui appellent cela, l'ame du Liure, & c'est l'instrument de leur stupidité: Ces gens peuuent estre appelez Doctores Tabularij, lesquels sapiunt tantum per Indices. Les enquerez vous de ce qu'ils sçauent? ils vous demandent vn Liure pour le monstrer, & aussi tost à la Table pour trouuer ce qu'ils cherchent, les habiles appellent cela le pont aux Asnes. Qui veut auoir le bon de la

noix,

noix, dit vn Comicque, il la luy faut casser, & espluchet, & lire aussi tout vn Liure, pour en faire profit, & y remarquer les bonnes chasses. Les Epitomateurs ont fait perdre les bons autheurs, pour exemple, Iustin nous est resté en la place de Troge Pompée, & ces Tables nourrissent la nonchalance, gastent vn ouurage en lieu de le perfettionner, reculent ains qu'aduancer, la plus part de nos estudians se reposent là dessus sans se peiner, leur faut-il mettre la main à l'œuure, ils ne peuuent rien faire sans tablature : sotte chose qu'vne science relatiue, mendiée, furetée, non paranda solùm, sed & fruenda sapientia est. Les Tables des Tomes precedens de l'Autheur, faites par ie ne sçay qui, & à son insçeu, luy desplaisent, sçachant qu'il faut retrancher tant que l'on peut, ce qui fomente la paresse, paresse mere de l'ignorance. Et à Dieu.

CORRIGEZ AINSI LES FAVTES
suruenues en l'impression.

Page 21. ligne. 7. à coy, lisez à cry.
p. 24. l. 7. le bie, lisez autāt le bien.
p. 30. l. 26. duc, lisez dire.
p. 34. l. 4. peripsoma, lis. peripsema
p. 37. l. 23. pedante, lisez pedant.
p. 41. l. 14. le tout. Il, lis. le tout, il
p. 45. l. 23. sitidicus, lis. sibi dirus
p. 51. l. 9. pauperis, lis. pauperies.
p. 72. l. 24. plaine, lisez pleine.
p. 74. l. 12. Satyrique, lis. Satyrique.
p. 84. l. 15. vente, lisez vento.
p. 132. l. 19. grauiora, lis. grauiore.
p. 140. l. 5. petens, lisez potens.
p. 140. l. 9. Leui, lisez Leni.
p. 149. l. 18. Vini, lisez Viui.
p. 152. l. 20. à me, lisez à vne. & en la ligne 22. à vne, lisez à me.
p. 164. l. 2. dedas, lisez dedans.
p. 177. l. 9. est aisé aisé, lis. est aisé.
p. 244. l. 22. habitus, inuentus, lisez habitu inuentus.
p. 274. l. 4. vidit, lisez vidi. & ligne 28. fremit, lisez fremis.
p. 276. l. 25. verue, lisez venue.
p. 277. l. 9. bonūmq; lisez bonūmq;
p. 283. l. 25. des yeux, lis. des ieux.
p. 286. l. 10 Leonici, lis. Leonis.
p. 293. l. 13. pendant, lis. fendant.
p. 331. l. 14. redis, lisez reddis. &

ligne 15. infidelis fili, lis. infideles filij.
p. 385. l. 18. funerum, lis. fuerunt.
p. 402. l. 17. Cocodrille, lisez Crocodille.
p. 409. l. 18. Alexandra, lisez Alexandre.
p. 448. l. 2. amoureux, lis. amours.
p. 454. l. 17. cour age, lis. courage.
p. 462. l. 9. voyent, lis. le voyent.
p. 470. l. 12. l'examen, lis. l'exain.
p. 477. l. 8. prolatissimam, lisez, probatissimam. & ligne 27. siel. lisez fel.
p. 490. l. 24. depræhendatus, lis. deprædatus.
p. 507. l. 20. qu'il est, lis. que s'il est
p. 539. l. 23. Palpita, lisez Palpitat.
p. 574. l. 15. la, lisez ce.
p. 581. 22. estendre, lis. esteindre.
p. 584. l. 13. Luam, lisez Lucum.
p. 588. l. 12. facundes, lisez fatouches.
p. 597. l. 9. Anges, lisez Auges.
p. 598. l. 16. Mauet, lis. Marcot.
p. 604. l. 6. meubles, lis. membres. & ligne 23. iouchée, lisez ionchée.

www.ingramcontent.com/pod-product-compliance
Lightning Source LLC
Chambersburg PA
CBHW051329230426
43668CB00010B/1197